Guia de Qualidade de Vida: Saúde e Trabalho

2ª Edição

Guia de Qualidade de Vida: Saúde e Trabalho

2ª Edição

Editor da série

Guias de Medicina Ambulatorial e Hospitalar

NESTOR SCHOR
Professor Titular da Disciplina Nefrologia do Departamento de Medicina da Escola Paulista de Medicina da Universidade Federal de São Paulo (EPM-Unifesp). Titular da Academia Brasileira de Ciências (ABC) e da Academia Nacional de Medicina (ANM).

Coordenação deste guia

DENISE PARÁ DINIZ
Especialista em Gestão de Qualidade de Vida (Relacionada à Saúde e no Trabalho) e em Gerenciamento de Estresse Pessoal e Ocupacional pela EPM-Unifesp. Especialista em Negociação Interpessoal e Gestão de Conflitos nas Organizações, Gestão de Pessoas – Motivação nas Organizações, Psicologia Hospitalar e Psicologia Clínica pelo Conselho Federal de Psicologia. Mestre, Doutora e Pós-doutora (PhD) em Ciências da Saúde pelo Departamento de Medicina da EPM-Unifesp. Coordenadora do Setor de Gerenciamento de Estresse e Qualidade de Vida da Unifesp. Coordenadora do Setor de Psicologia da Nefrologia do Hospital São Paulo – Sociedade Paulista para o Desenvolvimento da Medicina (SPDM)/Unifesp. Coordenadora e Docente de Cursos de Pós-graduação da Unifesp.

Editor Gestor: Walter Luiz Coutinho
Editora: Karin Gutz Inglez
Produção editorial: Juliana Morais, Cristiana Gonzaga S. Corrêa e Tamiris Prystaj
Projeto gráfico e capa: Nelson Mielnik e Sylvia Mielnik
Editoração eletrônica: Departamento Editorial da Editora Manole

Dados Internacionais de Catalogação na Publicação (CIP)
(Câmara Brasileira do Livro, SP, Brasil)

Guia de qualidade de vida : saúde e trabalho/coordenação Denise Pará Diniz. – 2. ed. –
Barueri, SP : Manole, 2013. – (Série guias de medicina ambulatorial e hospitalar/
editor da série Nestor Schor)
Bibliografia.
ISBN 978-85-204-3351-5
1. Qualidade de vida 2. Saúde – Promoção
I. Diniz, Denise Pará. II. Schor, Nestor. III. Série.

13-00063 CDD-613

Índices para catálogo sistemático:
1. Promoção da saúde 613
2. Qualidade de vida 613

1ª edição – 2008
2ª edição – 2013

Direitos adquiridos pela:
Editora Manole Ltda.
Avenida Ceci, 672 – Tamboré
06460-120 – Barueri – SP – Brasil
Tel.: (11) 4196-6000 – Fax: (11) 4196-6021
www.manole.com.br
info@manole.com.br

Impresso no Brasil / *Printed in Brazil*

Este livro contempla as regras do Acordo Ortográfico da Língua Portuguesa de 1990, que entrou em vigor no Brasil em 2009.

São de responsabilidade da coordenadora e dos autores as informações contidas nesta obra.

Aos meus queridos filhos, Roberto e Rodrigo, significado maior da minha vida, agradeço pelos ensinamentos, parceria e apoio constantes.

Aos meus pais, Perla e Fausto, por semearem em mim o respeito à individualidade humana e pela formação que permite colaborar para que as pessoas possam alcançar o que almejam e tornem-se aquilo que desejam ser.

Autores

Alvaro Pacheco e Silva Filho

Professor-associado Livre-docente da Disciplina Nefrologia da Escola Paulista de Medicina da Universidade Federal de São Paulo (EPM-Unifesp). Coordenador Médico do Programa de Transplante Renal e Pâncreas-rim do Hospital Israelita Albert Einstein (HIAE).

Ana Laura Albertoni Giraldes

Especialista em Anestesiologia pela EPM-Unifesp.

Daniel Suslik Zylbersztejn

Especialista em Reprodução Humana pela Unifesp. Doutor em Urologia pela Unifesp. Médico-assistente da Disciplina Reprodução Humana do Departamento de Urologia da Unifesp. Membro Titular da Sociedade Brasileira de Urologia.

Daniella Ap. Marques

Psicóloga Clínica. Especialista em Psicologia Hospitalar pela Universidade de Santo Amaro (Unisa). Especialista em Psiconefrologia pela Unifesp. Mestranda pela Unifesp.

Dartiu Xavier da Silveira

Médico Psiquiatra. Professor Livre-docente pelo Departamento de Psiquiatria da EPM-Unifesp. Professor Adjunto do Departamento de Psiquiatria da EPM-Unifesp. Coordenador-geral do Programa de Orientação e Atendimento a Dependentes (Proad) do Departamento de Psiquiatria da EPM-Unifesp.

Denise Pará Diniz

Especialista em Gestão de Qualidade de Vida (Relacionada à Saúde e no Trabalho) e em Gerenciamento de Estresse Pessoal e Ocupacional pela EPM-Unifesp. Especialista em Negociação Interpessoal e Gestão de Conflitos nas Organizações, Gestão de Pessoas – Motivação nas Organizações, Psicologia Hospitalar e Psicologia Clínica pelo

Conselho Federal de Psicologia. Mestre, Doutora e Pós-doutora (PhD) em Ciências da Saúde pelo Departamento de Medicina da EPM-Unifesp. Coordenadora do Setor de Gerenciamento de Estresse e Qualidade de Vida da Unifesp. Coordenadora do Setor de Psicologia da Nefrologia do Hospital São Paulo - Sociedade Paulista para o Desenvolvimento da Medicina (SPDM)/Unifesp. Coordenadora e Docente de Cursos de Pós-graduação da Unifesp.

Eleonora Menicucci de Oliveira

Especialista em Metodologia da Pesquisa Qualitativa pela Universidade Federal da Paraíba (UFPB). Mestre e Doutora em Ciência Política pela Faculdade de Filosofia, Letras e Ciências Humanas da Universidade de São Paulo (FFLCH-USP). Mestre e Doutora em Sociologia pela UFPB. Professora Livre-docente e Titular em Saúde Coletiva da Disciplina Ciências Humanas em Saúde do Departamento de Medicina Preventiva da Unifesp.

Elaine Horibe Song

Especialista em Cirurgia Plástica pela Unifesp e Sociedade Brasileira de Cirurgia Plástica (SBCP). Especialista em Administração Hospitalar e em Sistemas de Saúde pela Fundação Getulio Vargas (FGV). Doutora em Ciências Médicas pela Unifesp. Master Business Administration (MBA) pela Anderson School of Management da University of California (UCLA).

Hélio Romaldini

Médico Pneumologista. Especialista em Pneumologia pela EPM-Unifesp. Doutor em Pneumologia pela EPM-Unifesp. Professor Adjunto Aposentado da Disciplina Pneumologia do Departamento de Medicina da EPM-Unifesp. Médico Pneumologista do Hospital Israelita Albert Einstein (HIAE).

José Cássio do Nascimento Pitta

Mestre em Psiquiatria pelo Departamento de Psiquiatria da EPM-Unifesp. Professor-assistente do Departamento de Psiquiatria da EPM-Unifesp.

Juliana de Souza Cunha

Fisioterapeuta. Especialista em Ortopedia e Traumatologia pela Unifesp. Mestranda em Ciências (Nefrologia) pela Unifesp.

Kleiton Augusto Santos Silva

Educador Físico pela Universidade Federal de Alagoas (Ufal). Mestre em Ciências (Nefrologia) pela Unifesp. Doutorando em Ciências (Nefrologia) pela Unifesp.

Luciano Ribeiro Pinto Junior

Mestre em Neurologia pela USP. Doutor em Ciência pela Unifesp. Academia Brasileira de Neurologia: Neurologia e Medicina do Sono. Sociedade Brasileira de Neurofisiologia Clínica: Eletroencefalografia e Polissonografia.

Lucila do Amaral Vianna

Enfermeira. Especialista em Saúde Pública. Mestre e Doutora em Saúde Pública e Epidemiologia. Professora Titular do Departamento de Administração e Saúde Coletiva da Unifesp. Professora Titular da Escola Paulista de Enfermagem da Unifesp.

Marcelo Andery Naves

Cirurgião Dentista. Especialista em Ortodontia pela Universidade Cruzeiro do Sul (Unicsul). Mestre em Ciências da Saúde pelo Departamento de Patologia da Unifesp. Doutorando em Ciêncas da Saúde pelo Departamento de Medicina da Unifesp.

Marco Aurélio Scarpinella Bueno

Especialista em Pneumologia. Doutor em Medicina pela EPM-Unifesp. Médico Pneumologista do HIAE.

Marco Túlio de Mello

Doutor e Pós-doutor pela EPM-Unifesp. Livre-docente pela EPM-Unifesp e Pela Unicamp.

Maria Concepción Menéndez Montañés

Psicóloga e Professora Universitária. Pós-graduada em Ergonomia pela Universidade Politécnica de Cataluña. Doutora em Psicologia pela Universidade de Barcelona. Professora da Disciplina Ergonomia e Psicosociologia Aplicada em Diferentes Instituições. Professora Emérita do Departamento de Psicologia Evolutiva e da Educação da Universidade de Barcelona. Professora da Univesidad de la Experiencia.

Maria Cristina de Andrade

Especialista em Pediatria com Área de Atuação em Nefrologia Pediátrica pela EPM-Unifesp. Mestre e Doutora em Ciências da Saúde Pediátrica pela EPM-Unifesp. Professora Afiliada da Disciplina Especialidades Pediátricas do Setor de Nefrologia Pediátrica do Departamento de Pediatria da EPM-Unifesp.

Maria Teresa D. P. da Cruz Lourenço

Especialista em Psiquiatria pela Associação Brasileira de Psiquiatria (ABP). Doutora em Medicina pela EPM-Unifesp. Diretora do Núcleo de Psico-oncologia do Hospital A.C. Camargo. Coordenadora do Grupo de Apoio ao Tabagista do Hospital A.C. Camargo. Professora do Curso de Pós-graduação da Fundação Antonio Prudente.

Marina Stahl Merlin Marchesoni

Psicóloga Especialista em Neuropsicologia Infantil (Bolsista de Aprimoramento) pela Universidade Estadual de Campinas (Unicamp). Mestre em Ciências pelo Departamento de Psiquiatria da EPM-Unifesp.

Martin A. B. Alvarez Mateos

Médico-coordenador do Serviço de Interconsulta e Ambulatório do Núcleo de Psico-oncologia do Hospital A.C. Camargo. Médico-colaborador do Ambulatório de Transtorno de Personalidade Borderline do Programa de Atendimento e Pesquisa em Violência (Prove) do Departamento de Psiquiatria da Unifesp.

Mary Carla Estevez Diz

Mestre em Nefrologia pela Escola Paulista de Nefrologia da EPM-Unifesp. Coordenadora do Serviço de Nefrologia do Hospital do Servidor Público Municipal. Médica Nefrologista e Preceptora do Programa de Residência Médica do Hospital do Servidor Público Estadual. Médica Nefrologista do Hospital do Rim e Hipertensão.

Miguel R. Jorge

Professor-associado Livre-docente em Psiquiatria Clínica da EPM-Unifesp.

Mirian Aparecida Ghiraldini Franco

Especialista em Bioética pelo Instituto Oscar Freire da Faculdade de Medicina da USP (FMUSP). Mestre e Doutora em Ciências pela Unifesp. Professora Colaboradora da Disciplina Bioética do Curso de Biomedicina. Professora Responsável pelo Curso Tecnologia em Saúde do Comitê de Ética em Pesquisa da Saúde pela Unifesp.

Nayda Parisio de Abreu

Educadora Física pela Ufal. Especalista em Treinamento Desportivo pela Universidade Gama Filho. Mestre em Ciências Nefrológicas pela Unifesp. Doutora e Pós-doutora em Ciências (Nefrologia) pela Unifesp.

Nestor Schor

Professor Titular da Disciplina Nefrologia do Departamento de Medicina da EPM-Unifesp. Titular da Academia Brasileira de Ciências (ABC) e da Academia Nacional de Medicina (ANM).

Paula Costa Mosca Macedo

Pós-Graduada em Psicologia Hospitalar pelo Instituto de Infectologia Emilio Ribas. Especialista em Psicologia da Saúde pela Unifesp. Mestre em Ciências da Saúde pela Unifesp. Psicóloga do Departamento de Psiquiatria da Unifesp. Coordenadora do Núcleo de Capacitação e Assessoria ao Profissional de Saúde do Hospital São Paulo da Unifesp.

Priscila Silveira Duarte Pasqual

Psicóloga. Mestre e Doutora em Ciências pela Unifesp.

Rafael da Silva Luiz

Graduado em Educação Física. Especialista em Fisiologia do Exercício pela Unifesp. Mestre em Ciências (Nefrologia) pela Unifesp.

Renato Fraietta

Especialista em Reprodução Humana pela Unifesp. Doutor em Urologia pela Unifesp. Professor Afiliado do Departamento de Cirurgia da Unifesp. Médico-assistente da Disciplina Urologia da Unifesp. Coordenador do Setor de Reprodução Humana da Unifesp.

Ricardo de Castro Cintra Sesso

Especialista em Nefrologia e Epidemiologia Clínica. Mestre e Doutor em Nefrologia pela Unifesp. Mestre em Epidemiologia Clínica pela University of Pennsylvania. Professor-associado da Disciplina Nefrologia do Departamento de Medicina da EPM-Unifesp.

Rioko Kimiko Sakata

Especialista em Dor pela AMB. Mestre e Doutora em Anestesiologia pela EPM-Unifesp. Professora-associada da Disciplina Anestesiologia, Dor e Medicina Intensiva do Departamento de Cirurgia da Unifesp.

Rosana Zuolo Coppini

Especialista em terapia Ocupacional em Saúde Mental. Mestre em Saúde Mental pelo Departamento de Psiquiatria e Psicologia Médica da Unifesp. Coordenadora do Setor de Terapia Ocupacional e do Curso de Especialização de Terapia Ocupacional em Saúde Mental do Centro de Atenção Integrada à Saúde Mental da Santa Casa de São Paulo.

Sérgio Luís Blay

Doutor em Psiquiatria e Psicologia Médica pela Unifesp. Professor-associado da Unifesp.

Sergio Tufik

Professor Titular do Departamento de Psicologia da Unifesp.

Sibela Vasconcelos Andrade

Especialista em Psicologia da Saúde pela Pontifícia Universidade Católica de São Paulo (PUC-SP). Mestre e Doutoranda em Ciências da Saúde pela Disciplina Nefrologia do Departamento de Medicina da Unifesp. Supervisora do Setor de Psicologia da Nefrologia da EPM-Unifesp.

Solange Sumire Aoki

Especialista em Fisiatria.

Sonia Maria G. P. Togeiro

Pneumologista Doutora, Pesquisadora e Professora do Instituto do Sono-SP. Professora Orientadora do Programa de Pós-graduação da Disciplina Medicina e Biologia do Sono da Unifesp.

Sylvio Renan Monteiro de Barros

Médico Especialista em Pediatria pela Unifesp-Hospital São Paulo.

Tania Maria Nava Marchewka

Especialista em Direito Sanitário, Gestão de Serviços em Saúde Mental e Saúde Mental e Qualidade de Vida no Hospital-geral. Mestre em Direito Penal pela Universidade Gama Filho (UGF). Doutora em Direito pela UGF. Procuradora de Justiça do Ministério Público do Distrito Federal e Territórios (MPDFT).

Thaís Marques Fidalgo

Acadêmica de Terapia Ocupacional pela Unifesp.

Thiago Marques Fidalgo

Doutorando pela EPM-Unifesp. Coordenador do Setor de Adultos e de Adolescentes do Programa de Orientação e Atendimento a Dependentes (Proad) do Departamento de Psiquiatria da EPM-Unifesp. Chefe de Plantão do Serviço de Emergências Psiquiátricas do Hospital São Paulo da EPM-Unifesp. Coordenador do Ambulatório de Dependências do Hospital A.C. Camargo. *Research Fellow* pela Harvard University.

Valdemar Ortiz

Especialista em Urologia. Mestre e Doutor pela Unifesp. Professor Titular de Urologia do Departamento de Cirurgia da EPM-Unifesp.

Valdir Reginato

Especialista em Bioética pela USP – Instituto Oscar Freire. Doutor em Ciências pela USP. Membro-relator do comitê de Ética em Pesquisa da Unifesp. Membro do Centro de História e Filosofia das Ciências da Saúde (CEHFI) da Unifesp.

Wilza Vieira Villela

Médica Especialista em Psiquiatria pela Universidade Estadual do Rio de Janeiro (Uerj). Doutora em Medicina Preventiva pela USP. Professora Livre-docente em Ciências Sociais e Saúde da Unifesp.

Sumário

Apresentação à 2ª edição XV
Apresentação à 1ª edição XIX
Prefácio XXIII

1. Qualidade de vida relacionada à saúde e ao trabalho 1
2. Tendências na avaliação da qualidade de vida relacionada à saúde 11
3. Desenho e metodologia de pesquisa em qualidade de vida 21
4. Atividade física e saúde 35
5. Sono, distúrbios do sono e qualidade de vida 49
6. Síndromes dolorosas crônicas e qualidade de vida 55
7. Tabagismo, saúde e qualidade de vida 67
8. Infertilidade e qualidade de vida 85
9. Psiconefrologia: humanização e qualidade de vida 97
10. Ações para promover qualidade de vida a crianças e adolescentes 113
11. Drogas e qualidade de vida: implicações em saúde e trabalho 121
12. Faces e interfaces da violência e suas repercussões para a saúde e a qualidade de vida 129
13. Evolução tecnológica e humana: transplantes e qualidade de vida 137
14. Impacto da depressão na qualidade de vida 153
15. Qualidade de vida e transtornos mentais graves 161
16. Saúde mental e direitos humanos 179
17. Relacionamentos interpessoais na área da saúde 197
18. Morrer com dignidade 205
19. Ergonomia a serviço do bem-estar pessoal e do trabalho 217
20. Estresse: saúde e trabalho 237
21. Qualidade de vida no trabalho: custos e benefícios 255

Índice remissivo 267

Apresentação à 2ª Edição

Qualidade de vida tornou-se um indicador significativamente importante na literatura científica, gerando crescimento expressivo de pesquisas e práticas relacionadas à saúde.

Estudos nacionais e internacionais comprovam a associação desse indicador na área da saúde a índices de óbitos, morbidades, número de hospitalizações, entre outros. Também há comprovação científica da associação entre qualidade de vida e trabalho, apresentando como esse indicador contribui para melhor desempenho e maior motivação no trabalho, custos organizacionais, entre outros parâmetros.

Ao realizarmos uma busca no banco de dados Medline pelo tema "qualidade de vida", a partir de 1966 até novembro de 2012, pudemos constar 110.617 artigos, sendo que apenas 661 eram em português. Já pela busca do termo "*life quality*", encontramos 176.351 ocorrências, sendo 1.247 em português. Pelo termo "*quality of life*", por sua vez, encontramos 175.946 artigos, sendo 1.247 em português. Em sua maioria, a publicação desses artigos ocorreu após 1975.

A partir de uma busca na base de dados Lilacs, desde 1981 até novembro de 2012, pelo termo "qualidade de vida", encontramos 9.332 artigos; pelo termo "*quality of life*", o número foi de 8.010. As referências brasileiras foram incluídas nessa base de dados, principalmente, após 1992. Entretanto, o índice de publicações no país ainda continua a desejar, já que mais da metade das publicações dessa base relacionadas aos termos pesquisados não se refere a estudos brasileiros.

Foi com o objetivo de divulgar o conhecimento científico já adquirido sobre qualidade de vida relacionada à saúde (QVRS) que elaboramos o primeiro *Guia de Medicina – Qualidade de Vida* publicado no Brasil, com resultados de pesquisas, diretrizes básicas e condutas clínicas, com enfoque na divulgação dos trabalhos realizados por pesquisadores e especialistas da Universidade Federal de São Paulo (Unifesp). Tivemos como constante incentivador e parceiro o Prof. Dr. Nestor Schor, fornecendo sua respeitabilidade acadêmica, saber e apoio nessa empreitada que possui como objetivo maior abrir novos caminhos de pesquisa e conhecimento científico, bem como possibilidades de desenvolvimento de outros pesquisadores.

Desenvolvemos, em paralelo a essa publicação, cursos e eventos de grande porte, como o I Congresso Brasileiro de Qualidade de Vida da área da Saúde, ocorrido na Escola Paulista de Medicina (EPM-Unifesp) e realizado com o objetivo de instalar um fórum para conhecimento e trocas de pesquisas e ações estratégicas desenvolvidas por cientistas que trabalham em instituições de referência em todo o Brasil.

Nessa trajetória pela busca constante de QV para pacientes, seus familiares e profissionais assistentes, estruturamos, ainda na EPM-Unifesp, um departamento denominado Setor de Gerenciamento de Estresse e Qualidade de Vida, criado para realizar capacitações e ações dirigidas aos nossos colaboradores.

A primeira edição do *Guia de Qualidade de Vida* da EPM-Unifesp superou nossas expectativas. A busca de vários especialistas pela obra e o retorno desses profissionais relatando o suporte que receberam com o livro nos revelaram a validade do *Guia* e nos motivaram a lançar esta segunda edição. Os capítulos relacionados à área da saúde foram atualizados, destacando-se: Desenho e metodologia de pesquisa em qualidade de vida; Evolução tecnológica e humana: transplantes e qualidade de vida; Sono, distúrbios do sono e qualidade de vida; Síndromes dolorosas crônicas e qualidade de vida.

Decidimos, ainda, ampliá-la, incluindo temas atuais que relacionassem qualidade de vida e saúde, e que se mostravam importantes e careciam de abordagem. Nossos autores e coautores, por meio de suas competências profissionais, abordam de forma brilhante questões para ampliar o saber científico, desenvolver práticas clínicas, bem como valores e cultura corporativos, o que possibilita o aprimoramento de pessoas, desempenho e resultados conjuntamente.

O conjunto dos capítulos novos é composto por: Tendências na avaliação da qualidade de vida relacionada à saúde; Qualidade de vida relacionada à saúde e ao trabalho; Faces e interfaces da violência e suas repercussões para a saúde e qualidade de vida; Tabagismo, saúde e qualidade de vida; Infertilidade e qualidade de vida; Impacto da depressão na qualidade de vida; Relacionamentos interpessoais na área da saúde; Ações para promover qualidade de vida de crianças e adolescentes; Morrer com dignidade, abordando, entre outras questões, a eutanásia, a distanásia e a ortotanásia.

Além disso, um novo módulo foi inserido: Qualidade de Vida no Trabalho (QVT), com os capítulos Estresse: saúde e trabalho; Qualidade de vida no trabalho: custos e benefícios; Ergonomia a serviço do bem-estar pessoal e do trabalho, entre outros, que trazem resultados de pesquisas científicas comprovando o quanto ações estratégicas de QVT podem gerar motivação, maior desempenho, desenvolvimento de autoestima, portanto, saúde, em seu conceito multidimensional e integrado para os colaboradores, o que costuma reverter lucrativamente para as corporações que as implementam.

A inserção do módulo QVT complementa nosso objetivo geral, que é alinhar saúde, bem-estar, motivação, desempenho e produtividade.

Cada capítulo dos módulos QVT e QVRS permite ao leitor o conhecimento de diretrizes que podem contribuir para orientar pesquisas e práticas.

Espera-se, com esta segunda edição do *Guia de Qualidade de Vida: Saúde e Trabalho*, possibilitar a avaliação, o planejamento e a implementação de ações estratégicas nas áreas da saúde e trabalho.

Sempre caminhando junto a vocês na busca contínua pela implementação de qualidade de vida no Brasil, permaneço à disposição.

Denise Pará Diniz
Coordenadora deste Guia

Apresentação à 1ª Edição

Os cuidados com a saúde têm sido considerados, tradicionalmente, medidas clínicas objetivas para a interpretação de resultados, tais como a resposta biológica ao tratamento, as comorbidades e a mortalidade. Entretanto, mais recentemente, em função da evolução de programas preventivos e terapêuticos nesta área, pesquisadores e profissionais têm demonstrado que indicadores subjetivos, especialmente os que avaliam, analisam e permitem a interpretação da Qualidade de Vida (QV), também devem ser considerados.

Esses indicadores subjetivos tornam-se medidas-padrão em estudos clínicos com controle randomizado e permitem que se reconheça a importância dos aspectos não-clínicos do tratamento.

A busca pela QV é muito antiga e o desenvolvimento histórico-cultural da humanidade traz referências quanto às tentativas de se definir a QV, como as que aparecem em Nicomachean Ethics, no qual Aristóteles (384-322 a.C.) menciona que pessoas distintas concebem boa vida ou bem-estar como sendo a mesma coisa que felicidade. Mas o que é felicidade torna-se uma questão de contestação [...] alguns afirmam que é uma coisa e outros dizem que é outra e, de fato, muito freqüentemente o mesmo homem diz diferentes coisas em tempos diferentes: quando ele adoece, ele concebe saúde como sendo felicidade, quando ele empobrece, como riqueza e prosperidade.

Portanto, podemos notar que a QV, desde essa época, já era compreendida como resultado de percepções individuais, podendo variar de acordo com a experiência da pessoa em um dado momento. Porém, acompanhando o desenvolvimento de definições em relação ao termo QV, constata-se que o termo raramente foi abordado até o século XX, quando estudiosos começaram a notar que felicidade ou bem-estar das pessoas podem ser conseqüência de sua QV. Por exemplo, em 1900, George Bernard Shaw afirmou que "felicidade não é o objetivo de vida. Vida não é o objetivo: é um fim em si mesmo; e coragem consiste em disposição para sacrificar, às vezes, o que se considera felicidade por uma intensa qualidade de vida".

Assim, em função do uso constante do termo Qualidade de Vida por filósofos e pesquisadores, esse tornou-se genérico. A definição de QV, de seus conceitos e de suas propostas baseou-se em diferentes fundamentações teóricas e práticas, até que, em 1948, a Organização Mundial da Saúde (OMS) declarou que saúde é "o estado de completo bem-estar físico, mental e social, e não apenas a ausência ou presença da doença". A partir dessa declaração, iniciou-se um ciclo de formação em QV, que, apesar de parecer difícil de ser completado, já permite reciclagem técnico-científica de acordo com a área profissional.

Atualmente, QV é definida também de acordo com a sua área de aplicação. Ela engloba duas tendências:

- QV como conceito genérico, que enfatiza de forma ampla os estudos sociológicos;
- QV relacionada à saúde (QVRS), em inglês, Health-Related Quality of Life (HRQOL), que considera também aspectos relacionados às enfermidades, às disfunções e às necessárias intervenções terapêuticas em saúde.

O termo QVRS é freqüentemente utilizado para se distinguir QV em sentido mais geral e QV relacionada a parâmetros médicos e clínicos. A QVRS aborda aspectos relevantes que podem variar a cada estudo, mas que, em geral, englobam saúde, sintomas físicos, toxicidade, funções físicas, emocionais, cognitivas e sexuais, aspectos sociais, estado funcional e as possíveis conseqüências desses fatores.

Diversos questionários e escalas de medidas têm sido desenvolvidos para a avaliação da QVRS e são usados em determinadas circunstâncias. Há instrumentos que focalizam um simples conceito, como as funções emocionais, e outros que avaliam aspectos pertinentes às dimensões da QVRS. Porém, sendo a QV reconhecida como um construto multidimensional e havendo várias potenciais dimensões para serem avaliadas, é impraticável tentar medir todos os conceitos simultaneamente em um único instrumento.

Apesar de atualmente a avaliação, a análise e a interpretação da QV possuírem uma variedade de métodos psicométricos e estatísticos, não se devem ignorar as percepções subjetivas de pacientes, familiares e profissionais da área da saúde, bem como a existência de métodos que incluam não apenas os instrumentos validados cientificamente, mas também aspectos observados por meio da assistência individualizada e/ou das dinâmicas de grupo. Os métodos para diagnóstico e ações práticas que contribuem para melhorar a QVRS podem ser complementares e não-antagônicos.

Este livro surgiu da constatação de que muitos projetos assistenciais, de pesquisa e de ensino sobre a QV, desenvolvidos e praticados há muitos anos no complexo da Unifesp-EPM, têm como tema a percepção do indivíduo de sua posição na vida, no contexto da cultura e sistemas de valores nos quais vive e em relação aos seus objetivos, expectativas, padrões e preocupações, o que, segundo a OMS, melhor define o termo Qualidade de Vida.

Entretanto, esses trabalhos, que contribuíram para o aprimoramento de teorias e técnicas e para a avaliação de afirmações terapêuticas, apesar de serem tão importantes e merecedores de divulgação, ainda não haviam sido reunidos em um único volume.

Esta obra pretende discutir questões relacionadas à QVRS com uma diretriz de reflexão sobre a atualização da ampla variedade de pesquisas e trabalhos sobre QV desenvolvidos na Unifesp-EPM.

Inicialmente, discorre-se sobre os princípios da QV e os possíveis temas de estudos, abordando desenhos de pesquisas, aplicações e uso de escalas de medidas. Em seguida, relata-se a diversidade de projetos humanitários e científicos desenvolvidos, incluindo domínios inerentes ao conceito de QV, como saúde física, estado psicológico, níveis de independência, relacionamento social, características ambientais e, até mesmo, padrões espirituais, considerando que os seres humanos possuem capacidades funcionais resultantes da dinâmica integrada de suas funções físicas, psicológicas e sociais.

A originalidade e a aplicabilidade dos trabalhos desenvolvidos na Unifesp-EPM e no Hospital São Paulo, com objetivos preventivos, terapêuticos e de reabilitação, são evidentes nesta edição.

Cada capítulo permite ao leitor o conhecimento das primeiras diretrizes e dos pontos fortes que orientarão sua prática.

Espera-se, com esta obra, aguçar nos especialistas o desejo pela busca contínua da Qualidade de Vida de todos os seres humanos.

Denise Pará Diniz
Coordenadora deste Guia

Prefácio

Em nosso meio é bastante frequente a utilização de guias ou manuais procedentes de instituições universitárias internacionais para a consulta rápida e objetiva por jovens estudantes de medicina, residentes e profissionais da área da saúde.

Entretanto, apesar de a procedência dessa literatura ter inquestionável valor científico, raramente está adaptada à realidade médica de nosso país, apresentando diferenças relacionadas à disponibilidade dos meios de diagnóstico e de medicamentos, à incidência e à importância de determinadas doenças. Sem dúvida, a continentalidade do Brasil é um fator relevante, que deve ser considerado no desenvolvimento de estudos e pesquisas médicas de estudantes e profissionais.

Por essas razões, e com o objetivo de nos aproximarmos da realidade brasileira, foi criada a série *Guias de Medicina Ambulatorial e Hospitalar da EPM-Unifesp*. Esta série fundamenta-se no conhecimento e na prática cotidiana nos diversos serviços da Universidade Federal de São Paulo (Unifesp) e também na orientação das disciplinas em esfera ambulatorial (Hospital São Paulo e centros de saúde afiliados) e hospitalar (Hospital São Paulo, Hospital da Vila Maria, Hospital Pirajussara, Hospital de Cotia, Hospital de Diadema, entre outros), onde exercemos uma medicina pública de excelente qualidade intelectual. A rede ambulatorial e hospitalar utilizada por nossa Universidade é renomada não só por propiciar ensino e prática médica de qualidade, mas também por elevar os padrões e as exigências necessárias para o atendimento digno a que nossa população tem direito.

Visando a manter uma educação continuada vinculada à prática médica atual, mais de quarenta guias, os quais são constantemente atualizados, estão à disposição de graduandos, residentes, pós-graduandos e profissionais de diferentes áreas da medicina.

A maturidade e o elevado padrão médico dos serviços oferecidos à comunidade pela Unifesp refletem-se nas obras da série, engrandecidas por oferecer os proventos auferidos a seus respectivos centros de estudo, o que reverte e amplia a possibilidade de aprimoramento científico das disciplinas.

A segunda edição deste *Guia de Qualidade de Vida – Saúde e Trabalho*, coordenado pela psicóloga Denise Pará Diniz, resulta do trabalho pioneiro que ela tem desenvolvido na Disciplina Nefrologia do Departamento de Medicina da EPM-Unifesp e no Setor de Gerenciamento de Estresse e Qualidade de Vida da EPM-Unifesp.

O surgimento da abordagem da qualidade de vida e a necessidade reprimida de sua incorporação, na prática multiprofissional, ao atendimento do enfermo pelas diferentes especialidades médicas induziram o desenvolvimento de cursos de especialização e a geração de uma nova subespecialidade dentro da nefrologia, a psiconefrologia. Em razão do impacto e da importância dessa nova área, serão desenvolvidas várias outras subespecialidades, como a cardiopsicologia, a neuropsicologia, a reumatopsicologia, a oncopsicologia, a gastropsicologia, etc.

Apesar de a psiconefrologia ser uma área recente, a organização do seu conhecimento, que estava esparso nas diferentes disciplinas e setores profissionais responsáveis pelo melhor atendimento ao paciente, é sem dúvida um avanço na qualidade profissional em geral.

Este *Guia*, ao reunir tópicos sobre os aspectos multiprofissionais da qualidade de vida, torna-se útil para a consulta por profissionais da saúde mental, enfermeiros, assistentes sociais, médicos, fisioterapeutas, nutricionistas e outros profissionais da área da saúde.

Esta segunda edição, totalmente refeita, com abordagem atualizada, apresenta 21 temas, iniciando com capítulos básicos: Qualidade de vida relacionada à saúde e ao trabalho; Tendências na avaliação da qualidade de vida relacionada à saúde e Desenho e metodologia de pesquisa em qualidade de vida, situando o leitor na área da qualidade de vida.

Em seguida, os capítulos são direcionados para setores mais específicos, como: Atividade física e saúde; Sono, distúrbios do sono e qualidade de vida; Síndromes dolorosas crônicas e qualidade de vida; Tabagismo, saúde e qualidade de vida; Infertilidade e qualidade de vida. O tema "Psiconefrologia: humanização e qualidade de vida" talvez seja, pela experiência da coordenadora deste guia, o fio condutor dos capítulos: Ações para promover qualidade de vida a crianças e adolescentes; Drogas e qualidade de vida: implicações em saúde e trabalho; e Faces e interfaces da violência e suas repercussões para a saúde e a qualidade de vida.

Não poderia faltar um capítulo associando a depressão à qualidade de vida, já que, dentre as síndromes psiquiátricas, a depressão é uma das mais frequentes e devastadoras no que diz respeito à qualidade de vida. Destaca-se ainda o capítulo Saúde mental e direitos humanos, tema de bastante interesse e de escassa literatura.

Esse conjunto de temas atualizados, que, em geral, são estudados dispersamente na literatura, tem o mérito de associar didaticamente os múltiplos aspectos dessa área, e, por que não dizer dessa especialidade, a qualidade de vida, nas suas mais diferentes abordagens.

A atividade acadêmica, entre outras funções, engloba a produção de material educacional, e nossos *Guias* cumprem tal proposta. Enfatizamos que essa atividade tem sido pouco valorizada pelos atuais critérios de avaliação da produção científica dos docentes e, por isso, consideramos que os autores desses volumes possuem o mais elevado espírito acadêmico e científico.

Para a realização desta série, não poderia faltar a participação de uma editora com o padrão da Manole.

Nestor Schor
Editor da Série

CAPÍTULO

1

Qualidade de vida relacionada à saúde e ao trabalho

DENISE PARÁ DINIZ

QUALIDADE DE VIDA

O Brasil tornou-se o 84º colocado no *ranking* do Índice de Desenvolvimento Humano (IDH) em 2011 e permanece no mesmo nível em 2012, pelo Programa das Nações Unidas para o Desenvolvimento (PNUD). A lista de 2011 inclui 187 países e o índice varia de 0 a 1, sendo que quanto mais próximo de 1 for o resultado, melhor será o desempenho. O IDH 2011 do Brasil é de 0,718.[1]

Em comparação ao ano de 2010, o Brasil subiu uma posição. A Noruega manteve a liderança no *ranking*, com IDH de 0,943. Em seguida, estão a Austrália (0,929) e os Países Baixos (0,910), no grupo com desenvolvimento muito elevado. Nas últimas posições, com os piores índices, estão o Burundi (0,316), o Níger (0,295) e a República Democrática do Congo (0,286), todos na África Subsaariana. O IDH considera três dimensões fundamentais para o desenvolvimento humano: o conhecimento, medido por indicadores de educação; a saúde, medida pela longevidade; e o padrão de vida digno, medido pela renda.

Em 2011, para o Brasil, foram registrados 73,5 anos de expectativa de vida[1], 13,8 anos esperados de escolaridade (para crianças no início da vida escolar) e 7,2 anos de escolaridade média (considerando adultos com mais de 25 anos). Desde a criação do IDH, em 1980, o Brasil registra evolução no índice. Em três décadas, a expectativa de vida do brasileiro aumentou em 11 anos e a média de escolaridade subiu 4,6 anos.

Entre 2006 e 2011, o Brasil subiu três posições no *ranking* do IDH, segundo o PNUD. Apesar dos avanços, o índice do Brasil está abaixo da média da América Latina (0,731). O desempenho brasileiro está atrás do Chile (0,805), da Argentina (0,797), do Uruguai (0,783), de Cuba (0,776), do México (0,770), do Panamá (0,768), do Peru (0,725) e do Equador (0,720).[1]

Em 2011, além do índice principal, o PNUD divulgou também o IDH Ajustado à Desigualdade (IDHAD), o qual capta perdas no desenvolvimento humano em razão das disparidades socioeconômicas. Nessa avaliação, o Brasil caiu 27,7% em relação ao IDH, ficando em 0,519. Embora o Brasil tenha aumentado ligeiramente seu IDH em 2011 e subido uma posição no *ranking* global do indicador, o país mostrou resultados piores quando consideradas a desigualdade social e a de gênero.[2]

Enquanto o IDH clássico é um índice potencial, o IDHAD retrata melhor a situação real de um país, pois leva à reflexão de questões conceituais importantes. Não importa viver em uma sociedade que tenha um razoável indicador de saúde, de renda e de educação, mas na qual as pessoas convivem com diferenças no dia a dia. Assim, focaliza-se a importância de se considerar as percepções individuais.

No Brasil, a desigualdade de renda também é a principal responsável pela perda de pontos no IDHAD, seguida pela desigualdade na educação e na expectativa de vida. O Brasil tem seu desempenho prejudicado também quando a desigualdade entre homens e mulheres é levada em conta. Nesse quesito, o país fica na 80ª posição entre 146 nações. O *ranking* é liderado pela Suécia, pelos Países Baixos e pela Dinamarca e tem, nas últimas posições, Iêmen, Chade e Níger.[1,2]

Um dos principais fatores impactantes é a realização dos programas de transferência de renda, os quais, segundo economistas, devem refletir no índice nos próximos anos.[3] Embora revele a disparidade social e de gênero no país, o relatório elogia práticas adotadas pelo Brasil nos últimos anos, como a expansão no acesso à água e a criação do Bolsa Família, programa de transferência de renda que beneficia famílias mais pobres. O documento afirma que o programa custa apenas 0,4% do PIB (Produto Interno Bruto) do país e que pode estar por trás da diminuição do fosso de renda entre os trabalhadores de alta e baixa especialização nos últimos anos.

Através de estudos que compararam indicadores econômicos e sociais de 150 países constatou-se que o Brasil foi o país que melhor utilizou o crescimento econômico alcançado nos últimos cinco anos para elevar o padrão de vida e o bem-estar da população. Se o Produto Interno Bruto (PIB) brasileiro cresceu a um ritmo médio anual de 5,1% entre 2006 e 2011, os ganhos sociais obtidos no período são equivalentes aos de um país que tivesse registrado expansão anual de 13% da economia (Boston Consulting Group).

Em função desses estudos criou-se o Índice de Desenvolvimento Sustentável (SEDA, na sigla em inglês), elaborado com base em 51 indicadores coletados em diversas fontes, como Banco Mundial, Fundo Monetário Internacional (FMI), Organização das Nações Unidas (ONU) e Organização para Cooperação e Desenvolvimento Econômico (OCDE).[22]

Além disso, o Brasil ganhou uma posição no *ranking* de competitividade em 2011. Segundo dados divulgados em novembro de 2011 pela Federação das Indústrias do Estado de São Paulo (Fiesp), o País passou de 38º lugar em 2010 para 37º no ano passado com alta de 0,1 na nota que forma a classificação, obtendo 22,5 de um limite máximo de 100.

Interessante observar-se, que apesar de o País ter melhorado de um ano para o outro ainda ficou abaixo de nações com economias semelhantes como a Rússia que ficou em 24º lugar, a China que atingiu a 22ª posição e a Argentina que ficou como 29ª colocada no *ranking*. Economistas concluem que sendo assim, a renda no Brasil cresceu, mas nos países selecionados essa alta foi muito maior.[23]

O relatório denominado "Da riqueza para o bem-estar", divulgado em novembro de 2012, conclui que o desempenho brasileiro, nos últimos anos,trouxe melhorias da qualidade de vida (QV) da população.Isso se deve principalmente principalmente à distribuição de renda.Podemos encontrar no texto desse relatório que "O Brasil diminuiu consideravelmente as diferenças entre ricos e pobres na década passada, o que possibilitou reduzir a pobreza extrema pela metade. "Colocam ainda, que "...o número de crianças na escola subiu de 90% para 97%, desde os anos 90".

Os dados utilizados foram captados pelo banco de 150 países e permitiram traçar um programa abrangente de diferentes áreas:estabilidade econômica, renda, emprego, distribuição de renda, sociedade civil ,e ainda:educação, saúde, ambiente, infra-estrutura e governança (referencia a liberdade de expressão,direito de propriedade, etc).

Houve, também, a elaboração de mais três indicadores, a partir do ranking-base. Esses foram criados para permitir a comparação do desempenho, efetivo ou potencial, dos países em tempos diferente.São eles:

1. Atual nível sócio-econômico do país.
2. Progressos feitos nos últimos cinco anos por esse país.
3. Sustentabilidade a longo prazo das melhorias atingidas pelo país.

Além disso, a ONU alerta para a degradação ambiental, a qual ameaça o progresso em países emergentes, refletindo a necessidade de prestar atenção na evolução de projetos relacionados à qualidade de vida (QV) do meio ambiente. Portanto, se a promoção do desenvolvimento humano e a saúde integral dos indivíduos forem os objetivos, deve-se observar que, na prática, esses são o resultado direto da integração dos domínios biopsicossociais. Assim, é fundamental entender as desigualdades existentes no país como consequência de vários domínios da vida, e não apenas do *status* referente ao padrão de vida. Além disso, é primordial a análise das variações individuais e socioculturais, incluindo o sistema de valores, percepções e interpretações.

Como exemplo, pode-se analisar outro índice que permite conhecer a influência de alguns dos domínios mencionados, o Índice de Pobreza Multidimensional (IPM). Esse índice, divulgado pela ONU também em 2011, no mesmo período que o IDH, inclui a avaliação da renda e, mais que isso, a avaliação das privações nas áreas de saúde, educação e padrão de vida. O índice considera privações em dez indicadores, como nutrição, acesso à água potável, saneamento, acesso à energia e anos de escolaridade (período mínimo).

É considerado multidimensionalmente pobre o indivíduo privado de pelo menos um terço dos indicadores. No Brasil, segundo o PNUD, 2,7% da população estão nesse tipo de pobreza, tendo sido registrados, no ano de 2011, cerca de 5,075 milhões de pessoas vivendo em situação de pobreza multidimensional. Ainda segundo esse levantamento, cerca de 7% da população correm o risco de entrar nessa condição. Por esses critérios, 1,7 bilhão de pessoas em 109 países, ou um terço da população mundial, vivem em situação de pobreza. O valor é ainda maior do que o grupo de 1,3 bilhão de pessoas que vivem com US$ 1,25 ou menos por dia, que é considerada a linha internacional de pobreza.[3]

Por esse levantamento, nota-se que o Brasil tem uma elevada proporção de pessoas em situação de pobreza grave (com privação em pelo menos cinco dos dez indicadores), calculados em 375 mil indivíduos. No entanto, é importante observar que 13,2 milhões de pessoas se encontram em uma situação vulnerável, sofrendo até três privações.

Em contrapartida, esse mesmo relatório do PNUD (2011) apresentou aos brasileiros um avanço considerável na área da saúde. Refere-se aos indicadores de mortalidade materna, que revela que o Brasil se tornou um país menos desigual entre homens e mulheres. O relatório de 2010 mostrava que 110 brasileiras morriam a cada 100 mil partos, enquanto o de 2011 apontou que esse número caiu para 58.

Assim, constata-se que o todo da saúde e da produtividade dos seres humanos não pode ser avaliado e taxado apenas pelo padrão de vida (renda). Está claro que, além do crescimento econômico, o desenvolvimento social, como educação, saúde e ambiente, amplia esse conceito, mostrando a magnitude de outras variáveis objetivas e subjetivas, as quais se mostram associadas e com poder de impacto nesses índices, como ações psicossociais dirigidas à população.

Programas que possuem investimentos em promoção de saúde ampliam, além da longevidade, outras dimensões fundamentais para o desenvolvimento humano, como o conhecimento e a divulgação de informações ofertados em programas de prevenção em saúde, medidos por indicadores de educação. Consequentemente, elevam os níveis de desenvolvimento sociocultural e contextos organizacionais do país.[4-7]

Após a Segunda Guerra Mundial, houve uma ampliação do conceito de padrão de vida, principalmente relacionado à obtenção de bens materiais, como casa própria, carro, salário e bens adquiridos. Existem avaliações, como esses índices divulgados por centros de referência, que permitem constatar que houve uma ampliação do conceito que relata como medir e classificar o desenvolvimento de uma sociedade.[8]

Mesmo em relação às perspectivas de desenvolvimento econômico, constata-se que a noção de sucesso associada à melhoria do padrão de vida, incluindo os aspectos subjetivos dos seres humanos, torna esse conceito multidimensional.

A humanidade registra evolução e, quando analisada em sociedades diferentes, por inúmeras investigações científicas, constatam-se determinantes de condições objetivas existentes no meio e na vida das pessoas, além de determinantes relacionados à forma como os indivíduos percebem e interpretam ações sociais e serviços disponibilizados para sua saúde e produtividade.[2,3]

Em outubro de 2011, no Rio de Janeiro, houve 3 dias de reuniões entre 120 países, organizados pela Organização Mundial da Saúde (OMS). Ao final, a OMS discorreu sobre uma declaração pedindo esforço de todos os setores para lidar com o impacto das desigualdades sociais na saúde. Esse relatório, nomeado Declaração do Rio, é um documento consensual da primeira Conferência Mundial sobre Determinantes Sociais da Saúde e tem como principal mérito ampliar a visão sobre a saúde. Ele dá provas de que, atualmente, é preciso eliminar a visão setorial e evoluir para uma visão ampla de responsabilidade social, de governos e da sociedade.

O tema das determinantes sociais da saúde mobiliza a comunidade internacional desde 2005, quando uma comissão foi composta para elaborar um estudo, divulgado 3 anos depois, mostrando a relação entre problemas de saúde e desigualdades sociais. Segundo Paulo Buss, coordenador de relações internacionais da Fundação Oswaldo Cruz (Fiocruz), os dados chamaram atenção, na época, para enormes iniquidades na saúde – "desigualdades injustas porque são evitáveis, porque não se justificam pela biologia humana".[9]

Esse documento possui limitações naturais por ser produto de consenso entre 120 países diferentes. Entretanto, o Instituto Sul-americano de Governo em Saúde (Isags), braço da Unasul, ressaltou uma perspectiva comum entre essas posições políticas: a ideia de que "a saúde é política e socialmente determinada".[9]

Assim, ao se analisar esses índices e fatores associados aos escores finais, é primordial dar cada vez mais atenção aos estudos e práticas baseados em parâmetros de avaliação multidimensionais que permitam investigações dessas influências objetivas e subjetivas, bem como a busca de estratégias e soluções que promovam a saúde e o trabalho da população brasileira.

Valorizar a percepção que os indivíduos que constituem uma sociedade possuem em relação a saúde, educação, trabalho, renda e ambiente tornou-se necessidade emergente de um país em desenvolvimento. Conforme afirmou Lyndon Johnson, em 1964, então presidente dos Estados Unidos, "os objetivos de um país não podem ser medidos através do balanço dos bancos. Eles só podem ser medidos através da qualidade de vida que proporcionam às pessoas".[13]

ASPECTOS CONCEITUAIS

Qualidade de vida é um termo de complexa conceituação. Durante as últimas décadas, foram vários os cientistas, filósofos, políticos e especialistas de áreas tão diferentes que tentaram e até hoje tentam estabelecer um consenso em relação a esse conceito.

A humanidade registra inúmeras tentativas de conceituação de QV. Conforme afirmou Sesso et al.,[10] de Aristóteles a Pigou (profissional de outra área, com perspectiva econômica, que discutiu o suporte governamental para pessoas de classes sociais menos favorecidas e o impacto sobre suas vidas e o balanço orçamentário do Estado), vários especialistas de áreas diferentes fizeram (e fazem) referência e utilização desse indicador.[10-12]

Atualmente, QV continua sendo um termo amplamente empregado. Além de ser utilizado na linguagem cotidiana, por pessoas da população geral, é utilizado por profissionais do contexto da pesquisa científica em diferentes campos do saber, como medicina, enfermagem, psicologia, serviço social, economia, sociologia, educação, odontologia, marketing, gestores organizacionais e motivacionais e gestores ambientalistas.

Apesar da crescente mudança de enfoques quando se investiga e se pratica QV, verificou-se que esse construto permite perspectivas, objetivos e práticas diferenciados, como econômica, demográfica, antropológica, bioética e, mais recentemente, ambiental e de saúde pública.[10] Deve-se destacar, entretanto, um denominador comum para quem tem como objetivo geral qualidade de vida relacionada à saúde (QVRS) ou qualidade de vida no trabalho (QVT): considerar, nas avaliações e práticas específicas de cada área, a influência da percepção do indivíduo em relação aos aspectos biopsicossociais presentes, tornando esse construto multidimensional e subjetivo.

Kluthcovsky et al.[13] afirmam que a QV pode ser descrita sob três referências:

- histórica: focaliza a importância da percepção em um determinado tempo de uma sociedade, ou seja, existe um parâmetro de QV que pode ser diferente de uma para outra época da mesma sociedade;
- cultural: os valores e as necessidades são diferentes nas várias sociedades, sendo que os padrões de bem-estar estratificados entre as classes sociais permitem a existência de desigualdades acentuadas e podem sugerir que o conceito de QV fique relacionado ao bem-estar das pessoas pertencentes aos níveis sociais mais elevados;[13]
- mutável: partindo do pressuposto que a percepção da QV pode modificar-se em função de tempo, local, experiências pessoais e contexto cultural.[13]

Assim, a partir dos resultados de inúmeras investigações científicas e estratégias que incluíam QV, realizadas tanto no Brasil quanto no exterior, constatou-se que a QV é um construto eminentemente interdisciplinar, sendo necessária a contribuição de diferentes áreas do conhecimento para o aprimoramento metodológico e conceitual em especialidades diversas.

A OMS, por meio de um grupo de especialistas de diferentes culturas, em um projeto colaborativo multicêntrico, concluiu que a QV possui três aspectos fundamentais: subjetividade, multidimensionalidade (incluindo, pelo menos, as dimensões física, psicológica, social e ambiental) e bipolaridade (presença de dimensões positivas e negativas).[13]

Conforme afirmaram Sesso et al.:[10]

> No domínio da produção técnica, destacam-se três âmbitos fundamentais de análise, relativos à QV, que são complementares. Um primeiro tem a ver com a distinção entre os aspectos materiais e imateriais da QV. Os aspectos materiais dizem respeito às necessidades humanas básicas, como, por exemplo, as condições de habitação, abastecimento de água, sistema de saúde, ou seja, aspectos de natureza física e infraestrutural. Historicamente e para sociedades menos desenvolvidas, estas questões materiais eram decisivas ou pelo menos tinham uma focalização muito grande; hoje em dia, as questões imateriais mais ligadas ao ambiente, patri-

mônio cultural e bem estar tornaram-se centrais. Um segundo âmbito, faz a distinção entre os aspectos individuais e os coletivos. Os componentes individuais mais relacionados à condição econômica, condição pessoal e familiar, relações pessoais, e os coletivos mais diretamente relacionados aos serviços básicos e serviços públicos. O terceiro âmbito seria a distinção entre aspectos objetivos da qualidade de vida que são facilmente apreendidos através da definição de indicadores de natureza quantitativa e os aspectos subjetivos que remetem à percepção subjetiva que os indivíduos têm sobre QV, o que varia conforme a pessoa e o estrato social.

A característica de multidimensionalidade permitiu que a QV tivesse evoluções específicas em áreas distintas. Duas dessas áreas se destacam por princípios e métodos específicos estabelecidos para sua prática: a QVRS e a QVT. Foram inúmeros os trabalhos científicos desenvolvidos durante muitos anos, em sociedades diferentes, por especialistas pertencentes às áreas da saúde e organizacional, que permitiram que a QV passasse a ser um indicador tanto no contexto da saúde (QVRS) quanto nas gestões administrativas (QVT). Essas áreas possuem objetivos e soluções específicas, baseando-se em instrumentos de avaliação, recursos e estratégias diferenciadas, descritas a seguir.

Qualidade de vida relacionada à saúde

Segundo o Grupo de Qualidade de Vida da Organização Mundial da Saúde (The World Health Organization Quality of Life Assessment Group – WHOQOL, 1998), a QV é definida como "a percepção que o indivíduo tem sobre a sua posição na vida e no contexto de sua cultura, de acordo com os sistemas de valores da sociedade em que vive e em relação aos seus objetivos, expectativas, padrões e preocupações".[14] Por essa definição, constata-se que QVRS associa QV com atenção biopsicossocial, o que colaborou para tornar o conceito de promoção da saúde uma estratégia central.[15] Essa definição inclui quatro domínios principais (físico, psicológico, social e ambiente) e possui consenso em relação às dimensões que o conceito de QVRS deve abranger: indicador da patologia, estado funcional (incluindo as funções físicas, psicológicas e sociais) e percepções de saúde.[10]

Atualmente, os instrumentos da QV incluem em suas questões sintomas, limitações funcionais e percepções gerais da saúde e do bem-estar psicológico. São esses os conceitos aos quais se limita, de maneira empírica, a QVRS, que é relevante no âmbito clínico. O modelo de Wilson e Cleary[16] assinala os fatores pessoais e sociais que influenciam o ocorrido entre a patologia e a QVRS, além de avaliar sua situação dentro e fora dos serviços de saúde.

Essa concepção da QV foi criticada por sua ênfase no funcionalismo, por confundir a saúde com a QV e pela falta de um marco teórico rigoroso que justificasse a compartimentalização das dimensões da saúde.[10,16] Entretanto, por meio de inúmeros instrumentos de avaliação e práticas clínicas, a QVRS tornou-se um indicador comprovadamente associado a mortalidade, morbidade, número de hospitalizações e custos.[15,17]

Qualidade de vida no trabalho

Está comprovado, por inúmeros trabalhos realizados em contextos corporativos tanto no Brasil quanto no exterior, que quem promove o sucesso de uma organização são as pessoas.[18,19] Assim, quanto mais saudáveis os colaboradores estiverem no ambiente de trabalho e fora dele, maiores e mais consistentes serão as perspectivas de êxito da empresa nos seus mercados de atuação.

As mudanças provocadas dentro das empresas na busca por novas tecnologias, como exigência de um mercado cada vez mais competitivo, ofereceram consequências significativas na forma de gerenciamento das organizações. Atualmente, o contexto ocupacional passou a inserir programas de QVT como parte de ações estratégicas para alcançar produtividade, saúde do trabalhador, clima organizacional efetivo e menos custos. Conforme afirmaram Rodrigues et al.,[18] "a qualidade de vida no trabalho tem sido uma preocupação do homem desde o início de sua existência com outros títulos em outros contextos, mas sempre voltada para facilitar ou trazer satisfação e bem estar ao trabalhador na execução de sua tarefa".

A QVT teve sua origem associada ao surgimento da abordagem sociotécnica, pelos idos de 1950, sendo que, em 1960, ganhou maior foco de atenção, pois ocorreram iniciativas de cientistas sociais, líderes sindicais, empresários e governantes, na busca de melhores formas de organizar o trabalho, a fim de minimizar os efeitos negativos do emprego na saúde e no bem-estar geral dos trabalhadores.

Na década de 1970, o professor Louis Davis, ampliando seu trabalho sobre o projeto de delineamento de cargos, introduziu publicamente o conceito de QVT. Principalmente, nos Estados Unidos, devido à preocupação com a competitividade internacional e o grande sucesso dos estilos e técnicas gerenciais dos programas de produtividade japoneses, centrados nos empregados, a QVT passou a ganhar força. Nessa época, tentou-se associar os interesses dos empregados e empregadores por meio de práticas gerenciais capazes de reduzir os conflitos. A maior motivação dos trabalhadores passou a ter destaque, também influenciados pelos filósofos da escola de Relações Humanas, como Maslow, Herzberg e outros.[20] Dessa forma, a QVT evoluiu, obtendo influência de muitos pesquisadores, conforme discutido no Capítulo 21 – Qualidade de vida no trabalho: custos e benefícios.[18,19]

As relações entre trabalho, corpo, capacidade de perceber, refletir, interpretar e reagir a estímulos exteriores e internos foram observadas em sua importância e influência nas relações interpessoais e na produtividade das organizações. Por um lado, têm-se como objetivos a eficácia e a qualidade de trabalho, mas, por outro, a motivação e a saúde do trabalhador, os projetos sociais e a sustentabilidade presentes no ambiente corporativo.[21]

A implementação de programas de QVT é imprescindível para organizações que possuem gestão administrativa que opta pela valorização da vida, pelas capacidades de cada trabalhador e pelos bens coletivos.

CONCLUSÕES

Estudos e práticas mostram que a sociedade moderna precisa ser repensada, incluindo todos os aspectos que influenciam a saúde e o trabalho na interação dos vários domínios pertencentes à QV e na observação da relação intrínseca entre essas áreas. Isso é uma tarefa para todos, mas, de maneira especial, um desafio para os cientistas, que podem lançar mão de pesquisas que avaliem as influências de indicadores como QV, e os profissionais das várias áreas, que podem praticar estratégias para chegar a soluções.

O entendimento sobre QV, ao longo dos anos, possibilitou que fossem considerados aspectos de subjetividade e multidimensionalidade, abrangendo domínios relacionados ao físico, psíquico, social e meio ambiente, em conjunto ou separadamente do homem e de grupos sociais.

A evolução científica que comprova a associação entre saúde, QV e produtividade parece sugerir o caminho obrigatório que doravante se deve percorrer para que cada vez mais se possa ter e praticar soluções sensatas para a promoção de saúde pessoal e corporativa.

Os profissionais das várias áreas, ao se utilizarem desse indicador (QV), ganham, ainda, possibilidades de agregar o saber adquirido e praticado de outras áreas (saúde, economia, tecnocratas, gestores organizacionais), pois a QV se faz com a integração e a interface dos vários domínios. Assim, tem-se a oportunidade de adquirir um novo método de trabalho, o qual não anula as especificidades de cada especialidade. Pelo contrário, avaliar e praticar QVRS e QVT é agregar conhecimentos, experiências e aspectos metodológicos, transformando esse método em saber científico, o qual certamente poderá fornecer resultados positivos para saúde e produtividade dos homens.

A QV fornece, ainda, a possibilidade de se debruçar sobre os graves problemas da modernidade, o que se torna mais construtivo para todos os homens e o planeta em que vivem.

Espera-se que as reflexões das questões sobre as relações entre saúde, QV e trabalho presentes nos capítulos deste livro sirvam de estímulo para novas pesquisas e práticas de QVRS e QV no contexto corporativo e institucional.

Ao discorrer sobre QVRS e a QVT, não se pode esquecer de um texto de Fernando Sabino:

> De tudo ficaram três coisas: a certeza de que estamos começando, a certeza de que é preciso continuar e a certeza de que podemos ser interrompidos antes de terminar. Fazer da interrupção um caminho novo, fazer da queda um passo de dança, do medo, uma escada, do sonho, uma ponte, da procura, um encontro. E assim terá valido a pena existir.

REFERÊNCIAS BIBLIOGRÁFICAS

1. Brasil. Ministério da Saúde. Diretoria de Pesquisas. Instituto Brasileiro de Geografia e Estatística. Tábuas completas de mortalidade – 2010. Disponível em: http://www.ibge.gov.br/home/estatistica/populacao/tabuadevida/2010/default.shtm. Acessado em 05/09/2012.
2. Fellet J. Brasil avança no ranking do IDH, mas alta desigualdade persiste. Da BBC Brasil em Brasília. Disponível em: http://www.bbc.co.uk/portuguese/noticias/2011/11/111102_brasil_idh_jf.shtml. Acessado em 02/02/2012.
3. Brasil avança para a 84ª posição no IDH. Jornal do Comércio. Disponível em: http://jcrs.uol.com.br/site/noticia.php?codn=77650. Acessado em 19/04/2012.
4. Wood J. International classification of impairments, desabilites and handicaps: a manual of classification relating to the consequences of disease. Genebra: World Health Organization, 1980.

5. National Library of Medicine. Apresenta resumos de artigos sobre Medicina e correlatos. Disponível em: http://www.ncbi.nlm.nih.gov/entrez/query.fcgi?CMD&=DB=Pubmed. Acessado em 03/11/2012.
6. Instituto Brasileiro de Informação em Ciência e Tecnologia. Disponível em: http://www.ibict.br. Acessado em 02/02/2012.
7. Palma LTS. Educação permanente e qualidade de vida: indicativos para uma velhice bem-sucedida. Passo Fundo: UPF Editora, 2000.
8. Siqueira JE. Evolução científica e humanização. Revista Bioética 1997; 5(1):1-10.
9. Carneiro JD. Encontro da OMS no Rio alerta para impacto da desigualdade social na saúde. BBC Brasil no Rio de Janeiro. Disponível em: http://www.bbc.co.uk/portuguese/noticias/2011/10/111021_conferencia_saude_jc.shtml. Acessado em 19/04/2012.
10. Belasco AGS, Sesso RCC. Qualidade de vida: princípios, focos de estudo e intervenções. In: Diniz DHMP, Schor N (orgs.). Guia de qualidade de vida. Barueri: Manole, 2005.
11. Bowling A, Brazier J. Quality of life in social science and medicine – Introduction. Soc Sci Med 1995; 41:1337-8.
12. Rogerson RJ. Environmental and health-re lated quality of life: conceptual and methodological similarities. Soc Sci Med 1995; 41:1373-82.
13. Kluthcovsky ACGC, Magosso AM. Qualidade de vida – aspectos conceituais. Rev Salus 2007; 1(1):13-5.
14. The WHOQOL Group. The World Health Organization quality of life assessment (WHOQOL): development and general psychometric properties. Soc Sci Med 1998; 46(12):1569-85.
15. Minayo MCS, Hartz ZMA, Buss PM. Qualidade de vida e saúde: um debate necessário. Ciência e Saúde Coletiva 2000; 5(1):7-18.
16. Wilson IB, Cleary PD. Linking clinical variables with health-related quality of life. A conceptual model of patient outcomes. JAMA 1995; 273:59-65.
17. Diniz DHMP, Schor N. Apresentação. In: Diniz DHMP, Schor N (orgs.). Guia de qualidade de vida. Barueri: Manole, 2005.
18. Rodrigues MVC. Qualidade de vida no trabalho: evolução e análise no nível gerencial. 2.ed. Petrópolis: Vozes, 1994.
19. Vasconcelos AF. Qualidade de vida no trabalho: origem, evolução e perspectivas. Caderno de Pesquisa em Administração, São Paulo 2001; 8(1). Disponível em: http://www.ead.fea.usp.br/cad-pesq/arquivos/v08-1art03.pdf. Acessado em 03/11/2011.
20. Moretti S, Treichel A. Qualidade de vida no trabalho x auto-realização humana. Criciúma: Instituto Catarinense de Pós-Graduação, 2007. Disponível em: http://icpg.com.br/artigos/rev03-12.pdf. Acessado em 19/09/2011.
21. Dejours C. Subjetividade, trabalho e ação. Rev Produção 2004; 14(3):27-34.
22. Marcos P. Curitiba é a capital mais desenvolvida do país; SP é a segunda. Disponível em: http://exame.abril.com.br/brasil/noticias/curitiba-e-a-capital-mais-desenvolvida-do-pais-veja-lista. Acessado em 03/03/2012.
23. Paula de Paula. Brasil sobe uma posição em lista de países competitivos. Disponível em: http://www.panoramabrasil.com.br/politica/brasil-sobe-uma-posicao-em-lista-de-paises-competitivos-id98565.html. Acessado em 03/12/12.

CAPÍTULO 2

Tendências na avaliação da qualidade de vida relacionada à saúde

PRISCILA SILVEIRA DUARTE PASQUAL
RICARDO DE CASTRO CINTRA SESSO

INTRODUÇÃO

A medicina, especialmente nas últimas duas décadas, tem valorizado a percepção que o paciente tem sobre os efeitos dos tratamentos médicos ou de outras intervenções em seu estado geral de saúde e em seu nível de bem-estar.[1] Esse processo de avaliação da saúde configurou-se em um campo de pesquisa denominado qualidade de vida relacionada à saúde (QVRS), termo internacionalmente descrito como *health-related quality of life* (HRQOL),[2] em que os resultados permitem compreender e intervir sobre o contexto do indivíduo ou grupo exposto a diferentes tipos de doenças e/ou condições agravantes de saúde.[3] Os órgãos de regulamentação de medicamentos também têm endossado essa terminologia, como o Food and Drug Administration (FDA), publicando guias que tratam do uso dos resultados relatados pelo paciente (*patient-reported outcomes* – PRO) em ensaios clínicos para novas aplicações das drogas.[4]

A crescente demanda por avaliações baseadas nesse modelo (avaliações de QVRS) é um fenômeno presente em ensaios clínicos, extraindo conceitos de outras disciplinas, como a economia. Alguns tipos de instrumentos têm sido utilizados em análises econômicas para justificar os recursos destinados ao tratamento,[5,6] como em estudos de custo-efetividade.

As avaliações de QVRS são possíveis por meio de instrumentos, índices, escalas ou questionários de avaliação, compostos por itens que resultam em um ou mais domínios ou dimensão (p.ex., saúde funcional, dor, sono, etc.), que devem ser rigorosamente testados quanto às suas propriedades psicométricas (confiabilidade, validade e responsividade). Por causa da concentração de instrumentos de avaliação de QVRS na literatura anglo-americana, orientações específicas sobre o processo de tradução e validação dos questionários para outros idiomas têm sido preconizadas.[7]

INSTRUMENTOS DE QVRS

As medidas de avaliação da QVRS são geralmente classificadas em três tipos: instrumentos genéricos ou de avaliação, específicos ou preditivos e modulares ou discriminativos.[8]

Os instrumentos genéricos avaliam conceitos gerais e comuns de saúde, não sendo, portanto, específicos à idade, à doença ou ao tipo de tratamento. Sua utilidade clínica consiste em avaliar diferentes domínios e estados de saúde em populações gerais, obter dados descritivos de grupos de pacientes ou da população geral, fazer comparações entre esses resultados e definir a gravidade do problema.[3,9-11] Podem ser de dois tipos:

- para avaliar estado de saúde: analisam aspectos da QV de diferentes tipos de doenças. Suas vantagens são: avaliar a QV por meio de um único instrumento, reduzir o tempo de aplicação e a comparação dos efeitos de uma intervenção terapêutica específica para vários tipos de doença. Como desvantagem, apresenta menor sensibilidade para avaliar aspectos específicos e inerentes a determinada doença;
- para avaliar *utility* (termo relativo à preferência): instrumentos genéricos derivados da economia, classificados como índices que refletem a preferência dos pacientes por determinados estados de saúde, por meio de uma escala variando de 0 (morte) a 1 (saúde perfeita).

Já os instrumentos específicos avaliam conceitos de saúde que são próprios de uma doença ou intervenção e produzem escores separados para cada domínio, agrupando todos os aspectos de saúde considerados no processo de avaliação.[10,11] Podem ser específicos a uma doença, população, função ou condição ou a um problema específico[6] e, por isso, apresentam mais responsividade. Sua vantagem em ensaios clínicos é a avaliação de modalidades terapêuticas e sua desvantagem é não permitir comparações entre diferentes tipos de doenças.

Os instrumentos modulares, por sua vez, também conhecidos como baterias de escalas, combinam os aspectos genérico e específico da doença que será avaliada, mantendo um módulo central de questões aplicáveis a diversas doenças e populações, em que as questões mais relevantes da doença ou do tratamento em análise são acrescidas quando necessário.[11,12]

PROPRIEDADES DE MEDIDA

Confiabilidade (reprodutibilidade)

Capacidade do instrumento de demonstrar resultados semelhantes para pacientes estáveis depois de ser aplicado de forma repetida em outras situações, separadas por um período (reprodutibilidade teste/reteste), pelo mesmo observador (reprodutibilidade intraobservador) ou por observadores diferentes (interobservador).

A confiabilidade é avaliada estatisticamente por coeficientes de correlação (p.ex., coeficiente de correlação intraclasse).

Validade

Capacidade do instrumento de medir ou avaliar aquilo a que se propõe, isto é, tipos de validade (aparente ou de face), de conteúdo, de critério, de construto e discriminativa.

É avaliada estatisticamente por coeficientes de correlação Pearson.

Responsividade (sensibilidade)

Capacidade que um índice apresenta de detectar uma mudança ou diferença, caso ocorra em determinado período. Examina os efeitos da intervenção e distingue diferenças individuais na resposta ao tratamento.[6,13,14]

ESCOLHA DO QUESTIONÁRIO

A definição do instrumento de medida depende de:

- definição dos participantes (quem serão os pacientes, nível educacional, gênero, idade, linguagem e diversidade cultural) e do objetivo do estudo (descrever um grupo de pacientes, comparar grupos diferentes ou avaliar o resultado de um tratamento);
- análise de suas propriedades de medida (confiabilidade, validade e responsividade);
- capacidade dos participantes de avaliar sua própria qualidade de vida (prejuízos cognitivos, déficits de comunicação, dificuldades físicas ou emocionais) e completar corretamente o questionário;
- tempo de mensuração, incluindo o tempo necessário para a aplicação e o número de aplicações necessárias para monitoração do paciente;
- informação prognóstica (falta de informação pode limitar a precisão da avaliação).[8,15,16]

FORMAS DE ADMINISTRAÇÃO E MEIOS DE OBTENÇÃO DOS DADOS

- Administráveis (entrevista): aplicadas por profissionais que trabalham na área da saúde, preferencialmente antes da aplicação de outros testes, devidamente treinados para garantir padronização na administração. Apresentam custo e tempo maiores, porém são a forma mais utilizada para minimizar erros de compreensão;

- autoadministráveis (o próprio paciente lê e responde as questões): dependem do nível de escolaridade e compreensão do participante – dados podem ser perdidos se não forem preenchidos todos os itens. Apresentam menor custo e maior privacidade;
- telefone (certificado antes das condições necessárias do paciente para compreensão e comunicação): aplicado por pesquisador com treinamento prévio, o questionário deve ser simples e estruturado;
- correio: pode ter como desvantagens o risco de não devolução do questionário e a incompreensão dos dados;
- respondedores substitutos (terceira pessoa – pais, cônjuge ou cuidadores): contribuem na investigação para predizer resultados que seriam obtidos pelos pacientes que estão impossibilitados física ou psicologicamente de responder, como crianças, idosos e aqueles muito comprometidos pela doença. Sua desvantagem é a percepção diferente e enviesada do problema.

TRADUÇÃO, ADAPTAÇÃO CULTURAL E VALIDAÇÃO

Algumas etapas são necessárias para realizar o processo de tradução até a validação de um instrumento, geralmente definidas pelo grupo de autoria ou baseadas em normas internacionalmente aceitas, como as de Guillemin[17], descritas a seguir.

Tradução

Deve ser feita por pelo menos dois tradutores independentes e a tradução deve ser capaz de obter sua língua materna.

Retrotradução ou *back-translation* (tradução de trás para a frente)

Consiste em traduzir a versão estabelecida no idioma em que se pretende aplicar o instrumento para o original.

Revisão de um comitê de especialistas

Reunião ou painel composto por membros multidisciplinares e *experts* na doença que será analisada, para comparar a fonte e as versões finais, com base em todas as traduções realizadas. Os pacientes são convidados a participar e opinar.

Pré-teste

Aplicação do instrumento em amostra piloto (no mínimo, 10 pacientes) para checar a qualidade da tradução.

Validação

Pode ser avaliada por meio da sua relação com parâmetros sociodemográficos, clínicos e laboratoriais. O instrumento em processo de validação pode ser comparado a outros questionários considerados padrão-ouro.

QVRS EM CRIANÇAS, ADOLESCENTES, ADULTOS E IDOSOS

O conceito de QVRS foi inicialmente desenvolvido e operacionalizado com população de adultos doentes. Em pediatria, as recentes avaliações de QVRS fornecem informação descritiva sobre a condição de saúde de crianças com doenças crônicas, facilitam a identificação de crianças com diferentes níveis de morbidade, têm potencial de melhorar o processo de tomada de decisão clínica pelo maior grau de entendimento das experiências e consequências associadas a diferentes doenças e permitem comparar pacientes em diferentes estágios da doença, avaliando a eficácia de diferentes protocolos de tratamento e do progresso da criança ao longo do tempo em resposta ao tratamento médico e na identificação de riscos para o desenvolvimento de problemas psicológicos.[18] Medidas genéricas são úteis para avaliação de crianças e os pais são a maior fonte de informação nas avaliações.

Na população idosa, a QVRS é considerada uma das mais importantes dimensões de resultados de saúde. Os instrumentos de avaliação nessa população devem levar em conta as percepções, os valores e as preferências, mas principalmente o *status* de saúde funcional (habilidade do indivíduo para desempenhar certos tipos de atividade). Muitas vezes, esse grupo de pacientes acaba sendo excluído das pesquisas clínicas pelas dificuldades para medir validade e confiabilidade, em razão dos prejuízos cognitivos ou de comunicação.

O SF-36[19] tem sido testado em suas propriedades psicométricas para vários idiomas[20] e é o questionário de avaliação mais aplicado em idosos.[21]

VERTENTES ATUAIS DOS ESTUDOS QUE AVALIAM QVRS

QVRS como indicador de efetividade e eficácia no tratamento

Os principais tipos de resultados de um tratamento médico para um paciente incluem três áreas principais:

- clínica: mudanças nos sinais e sintomas da doença, bem como outros benefícios medidos diretamente;
- econômica: os custos do tratamento do paciente e quais limitações estão atuando sobre o sistema por causa dos fatores econômicos;
- pessoal: benefícios das avaliações de QVRS sobre ele mesmo e impacto do tratamento sobre os vários domínios e seus componentes.[12]

Considerando-se esses resultados, as medidas de QVRS exercem um papel importante em estudos de efetividade de uma intervenção. Nos estudos de intervenção, devem ser considerados os efeitos positivos e adversos do tratamento e o tempo de curso dos efeitos.[16] A seleção do instrumento precisa ser cuidadosa e precisa levar em conta o tempo, a variabilidade e a habilidade dos pacientes para responder. O uso de medidas específicas à doença deve ser priorizado, por seu poder discriminativo e sua sensibilidade à mudança, bem como as medidas genéricas, que podem avaliar os efeitos de comorbidade e auxiliar no controle de certos tipos de vieses.[8]

A combinação de medidas de *status* de saúde e *utility* tem sido recomendada para a avaliação da eficácia de tratamento[22] e a inclusão do grupo controle para determinar quais mudanças podem ser suficientemente atribuídas para os estudos de intervenção.[16]

QVRS como indicador de práticas assistenciais

Diversas ações baseadas em resultados de avaliações de QVRS têm norteado a implementação de programas em saúde. Como essas avaliações possibilitam a identificação de problemas funcionais e emocionais por vezes não investigados nas avaliações convencionais[23], são mais facilmente detectadas as necessidades de recursos de atenção e tomada de decisão clínica no início de tratamentos específicos, como no caso de doenças crônicas.[24] O SF-36, em especial, tem fornecido informações longitudinais sobre amostras de pacientes, permitindo uma análise comparativa da efetividade dos diferentes serviços de saúde.[25]

Um estudo para avaliar a efetividade da terapia cognitivo-comportamental em grupo de pacientes depressivos com insuficiência renal crônica terminal mostrou que aqueles que receberam atendimento psicológico tiveram melhora significativa de seus escores de QVRS, bem como dos sintomas depressivos,[26] o que pode estimular práticas de atendimento psicológico nas unidades de diálise.

QVRS como indicador de produção de conhecimento

As publicações sobre avaliação da qualidade de vida na literatura biomédica obtiveram um avanço surpreendente no período de 1985 a 1994. A proporção de artigos utilizando o termo qualidade de vida como palavra-chave foi de 0,21% para todos os artigos publicados em 1985 e de 0,76% para aqueles publicados em 1994. No entanto, muitos continham as palavras-chave qualidade de vida e qualidade de vida relacionada à saúde, mas nenhuma avaliação formal era descrita. A área de oncologia concentrava 22% do total desse tipo de literatura.[10]

Entre 1990 e 1999, houve um aumento considerável de artigos utilizando medidas específicas à doença e um declínio do uso de medidas genéricas.[27] Nesse período, também surgiram o periódico *Quality of Life Research*, uma sociedade internacional para divulgação de pesquisa de qualidade de vida, e a International Society for Quality of Life Research. Desde então, programas de pós-graduação em medicina também têm tido a qualidade de vida como linha de pesquisa.[28]

Atualmente, em pesquisa no banco de dados da PubMed (2011), foram encontrados 17.498 artigos publicados com o termo *health-related quality of life*. Esse termo associado à morbidade resultou em 4.353 publicações e, à mortalidade, em 1.317. A maior parte das publicações de QVRS concentra-se na população de adultos (11.677 artigos) e a menor, em idosos (1.387 artigos).

Algumas sociedades científicas têm criado grupos para debater o papel da QVRS na pesquisa clínica, a fim de definir o verdadeiro valor das avaliações de QVRS em ensaios clínicos e principalmente analisar a falta de qualidade metodológica das revisões sistemáticas que incluem instrumentos de medida.[29] Há um consenso de que revisões sistemáticas de alta qualidade podem fornecer evidência para a seleção de instrumentos melhores.[2] Preocupados com esse conceito, o grupo da Cochrane, Quality of Life Methods Group (www.cochrane-pro-mg.org), foi criado para desenvolver metodologia e recomendar os autores sobre quando e como incorporar na publicação de revisões sistemáticas os resultados relatados pelo paciente, como sintomas, *status* funcional, saúde geral, QVRS e algum outro domínio relacionado à saúde. Muitos autores têm encontrado dificuldades na interpretação de dados e para avaliar a validade dos instrumentos de resultados relatados pelo paciente (PRO), como autoridades de saúde, clínicos e companhias farmacêuticas que procuram indicadores que demonstrem diferenças em resultados válidos entre tratamentos similares e os PRO. O grupo pretende produzir futuramente guias sobre interpretação dos escores de PRO e reunir exemplos de ensaios clínicos que incorporam a pior e a melhor qualidade nas avaliações.[30]

SOCIEDADES INTERNACIONAIS E BANCOS DE DADOS SOBRE QVRS

1. International Society for Quality of Life Studies (ISQOLS) – http://www.cob.vt.edu/market/isqols/: concentra-se em estudos de QV em geral.
2. International Society for Quality of Life Research (ISOQOL) – http://www.isoqol.org/: constitui-se na organização dedicada à pesquisa da QVRS.
3. Consolidated Standards of Reporting Trials (CONSORT) – http://www.consort-statement.org/: recomendações sobre registro e publicações de ensaios clínicos randomizados.
4. Quality of Life Methods Group pelo Cochrane Collaboration: também denominado Health Related Quality of Life Methods Group e, atualmente, Patient Reported Outcomes (PRO) Methods Group – www.cochrane-pro-mg.org/.
5. Clinician's Computer Assisted Guide to the Choice of Instruments for Quality of Life Assessment in Medicine – http://www.qolid.org/: banco de dados de instrumentos de qualidade de vida.
6. MAPI-Trust Institute – http://www.mapi-trust.org/: banco de dados contendo mais de 3 mil instrumentos, sendo mais de 500 traduzidos em mais de 145 idiomas.
7. Patient-Reported Outcome and Quality of Life Instruments Database (PROQOLID): criado em 2002, fornece informações gerais sobre instrumentos de PRO, permite acesso a esses instrumentos e a seus autores e facilita a escolha de um instrumento apropriado. Possui mais de 1.000 instrumentos.
8. Patient-Reported Outcomes & Drug Marketing Authorizations (PROLabels): banco de dados FDA e European Medicines Agency (EMA) – http://www.mapi-prolabels.org/: fornece fácil acesso à informação sobre às reivindicações, os PRO para o FDA e o EMA. Possui informação sumarizada e tendências nas reivindicações dos PRO nos Estados Unidos e na Europa. Pesquisadores e fabricantes com informação estratégica sobre como competidores têm diferenciado seus produtos baseados em informação de PRO, com guias para orientação de ensaios clínicos.
9. The US Department of Health and Human Services Food and Drug Administration – http://www.fda.gov/: criou em 2006 um guia para auxiliar na interpretação de

resultados de QVRS que descreve como se deve avaliar o uso dos PRO como ponto final da efetividade de ensaios clínicos.

10. International Society for Pharmacoeconomics and Outcomes Research (ISPOR – ISPOR Quality of Life. Regulatory Guidance Issues) – http://www.ispor.org/: discute práticas em QVRS.
11. The On-Line Guide to Quality of Life Assessment (OLGA) – http://www.olga-qol.com/: banco de dados que fornece informações para a escolha de questionários para estudos clínicos e farmacoeconômicos.

CONCLUSÕES

O grande número de instrumentos de avaliação disponíveis aos pesquisadores e clínicos indica que a QVRS é um resultado importante dos desfechos clínicos e para o desenvolvimento de novos produtos na indústria farmacêutica. Esse crescente número de questionários vem acompanhado de problemas metodológicos, principalmente relacionados às propriedades de medida, atualmente debatidos com um rigor maior, principalmente em relação às suas publicações em revisões sistemáticas.

Embora a interpretação clínica das escalas que sintetizam QVRS ainda careça de melhor compreensão, é inegável a grande contribuição que esse conceito trouxe para a avaliação de intervenções na área da saúde.

REFERÊNCIAS BIBLIOGRÁFICAS

1. Hoffmann EC. Health-related quality of life. Nova Science 2009; 192.
2. Fayers PM, Machin D. Quality of life: the assessment, analysis and interpretation of patient-reported outcomes. 2.ed. Chichester: John Wiley & Sons, 2007.
3. Alonso J. Fundamentos conceptuales y metodológicos de la investigación en calidade de vida. [Conferencia realizada em 6/12/2002a]. Anais III Encontro Brasileiro de Pesquisadores em Qualidade de Vida. São Paulo, 2002a.
4. Arpinelli F, Bamfi F. The FDA Guidance for industry on PROs: the point of view of a pharmaceutical company. Health Qual Life Outcomes 2006; 4:85.
5. Ferraz MB. Qualidade de vida – Conceito e um breve histórico. Jovem Médico 1998; 4:219-22.
6. Guyatt G, Feeny DH, Patrick DL. Measuring health-related quality of life. Ann Internal Med 1993; 118(8):622-9.
7. Herdman M, Fox-Hushby J, Badia X. Equivalence and the translation and adaptation of health-related quality of life questionnaires. Qual Life Res 1997; 6:237-47.
8. Herdman M. The measurement of health related quality of life. Med Clin (Barc) 2000; 114(Suppl.3):22-5.
9. Alonso J. Tendencias en la investigación em calidade de vida. [Conferência realizada em 7/12/2002b]. Anais III Encontro Brasileiro de Pesquisadores em Qualidade de Vida. São Paulo, 2002b.

10. Apolone G, Mosconi P. Review of the concept of quality of life assessment and discussion of the present trend in clinical research. Nephrol Dial Transplant 1998; 13(Suppl.1):65-9.
11. Testa MA, Simonson DC. Assessment of quality of life outcomes. New Engl J Med 1996; 334:835-40.
12. Spilker B. Quality of life and pharmacoeconomics in clinical trials. 2.ed. Filadélfia: Lippincott--Raven Publishers, 1996.
13. Centers for Disease Control and Prevention. Measuring Health Days – Population Assessment of Health-Related Quality of Life. Georgia: CDC, 2000.
14. Kirshner B, Guyatt G. A methodological framework for assessing health índices. J Crohn Dis 1985; 38(1):27-36.
15. Brown JRS. Strategies and pitfalls in quality of life research. Hepatology 1999; 29:95-8.
16. Friedman LM, Furberg CD, Demets DL. Fundamentals of clinical trials. 4.ed. Nova York: Pringer, 2009.
17. Guillemin F, Bombardier C, Beaton D. Cross-cultural adaptation o health-related quality of life measures: literature review and proposed guidelines. J Clin Epidemiol 1993; 46:1417-32.
18. Levi R, Drotar D. Critical issues and needs in health-related quality of life assessment of children and adolescents with chronic health conditions. In: Drotar D. Measuring health-related quality of life in children and adolescents. Implications for Research and Practice 1998; 3-24.
19. Ware JE, Sherbourne CD. The MOS 36 Item Short-form Health Survey (SF-36). I. Conceptual framework and item selection. Med Care 1992; 30:473-83.
20. Bullinger M, Alonso J, Apolone G, Leplege A, Sullivan M, Wood-Dauphinee S et al. Translating health status questionnaires and evaluating their quality: the IQOLA Project approach. International Quality of Life Assessment. J Clin Epidemiol 1998; 51:913-23.
21. Feasley JC. Health outcomes for older people: questions for the coming decada. Washington: National Academy Press, 1996.
22. Revicki DA, Kaplan RM. Relationship between psychometric and utility-based approaches to the measurement of health related quality of life. Quality of Life Research 1993; 2:477-87.
23. Deyo RA, Patrick DL. Barriers to the use of health status measures in clinical investigation, patient care and policy research. Med Care 1989; 27:S254-S268.
24. Wasson J, Keller A, Rubenstein L, Hays R, Nelson E, Johnson D. Benefits and obstacles of health status assessment in ambulatory settings: the clinician´s point of view. The Dartmouth Primary Care COOP Project. Med Care 1992; 30(5Suppl):M542-9.
25. Tarlov AR, Ware JE Jr, Greenfield S, Nelson EC, Perrin E, Zubkoff M. The Medical Outcomes Study. An application of methods for monitoring the results of medical care. JAMA 1989; 262:925-30.
26. Duarte PS, Miyazaki MC, Blay SL, Sesso R. Cognitive-behavioral group therapy is an effective treatment for major depression in hemodialysis patients. Kidney Int 2009; 76(4):414-21.
27. Garratt A, Schmidt L, Mackintosh A, Fitzpatrick R. Quality of life measurement: bibliographic study of patient assessed health outcome measures. BMJ 2002; 321:1-5.
28. Coordenação de Aperfeiçoamento de Pessoal de Nível Superior – Capes. Disponível em: http://www.capes.gov.br/cursos-recomendados. Acessado em 26/11/2010.

29. Mokkink LB, Terwee CB, Stratford PW, Alonso J, Patrick DL, Riphagen I et al. Evaluation of the methodological quality of systematic reviews of health status measurement instruments. Qual Life Res 2009; 18:313-33.
30. Patrick D. Cochrane Patient Reported Outcomes Methods Group. The Cochrane Collaboration 2007; Issue 3.

CAPÍTULO 3

Desenho e metodologia de pesquisa em qualidade de vida

SÉRGIO LUÍS BLAY
MARINA STAHL MERLIN MARCHESONI

INTRODUÇÃO

O termo qualidade de vida (QV) é o resultado final de um processo de desenvolvimento histórico cujas primeiras tentativas conceituais surgiram a partir de 384 a.C., quando Aristóteles referiu a associação entre "felicidade" e "bem-estar". Já nessa ocasião, as diferenças interpessoais (variação entre pessoas distintas) e intrapessoais (variação de acordo com situações de vida específicas) em relação à satisfação com a vida eram consideradas essenciais para a compreensão do "bem-estar". Lapidações conceituais sobre o tema foram sendo delineadas por filósofos, teólogos e interessados, propiciando melhor abrangência do tema ao longo do tempo.[1]

A partir do século XX, a expressão "qualidade de vida" tornou-se familiar, sendo inicialmente utilizada no senso comum, informalmente, com bases em um conhecimento intuitivo, desprovido de definições ou demarcações científicas. Posteriormente, a partir de 1975, o aproveitamento do conceito de QV na área da saúde foi historicamente demarcado pela clínica oncológica e por seus dilemas. Com a alta frequência de casos sem perspectiva de cura, os desfechos principais em oncologia passaram a ser o implemento do bem-estar dos pacientes. Essa mudança de interesse médico foi influenciada pela definição proposta em 1948 pela Organização Mundial da Saúde (OMS), que se refere à saúde como "o estado de completo bem-estar físico, psicológico e social, e não meramente a ausência de doença".

Apesar de essa definição de saúde implicar uma amplitude de aspectos, as avaliações até então realizadas consideravam apenas fatores de morbidade e mortalidade, evidenciando a incoerência entre a definição conceitual de saúde e suas medidas. A sobreposição de ambas as situações confirmam a existência de lacunas de cunho teórico (a necessidade do estabelecimento de um novo índice de saúde) e prático (aplicação de estratégias inovadoras de medidas e tratamentos/desfechos clínicos) no que se refere à saúde.[1-3]

Investimentos em definições mais precisas sobre saúde e avaliações diferenciadas daquelas cujos objetivos eram os aspectos de morbidade passaram a compor o novo período de desenvolvimento caracterizado pela multiplicação de questionários sobre funcionamento e suporte social, função adaptativa e aspectos psicológicos e por modelos conceituais sobre QV.[1,2] Entre os modelos desenvolvidos, vale ressaltar alguns cujos focos essenciais eram os aspectos subjetivos ou humanistas.

Em 1984, Calman adotou o modelo da expectativa, no qual a compreensão da QV referia-se à diferença entre as expectativas e experiências presentes dos indivíduos, sendo que quanto menor era essa diferença, melhor era a QV. Outras propostas foram o modelo das necessidades e de reintegração à vida normal, no qual a QV era a habilidade e a capacidade de satisfação das necessidades humanas. O modelo da satisfação pessoal com a vida é aquele no qual a QV é compreendida como a percepção de valores existenciais e a capacidade de esses valores auxiliarem no enfrentamento das situações de vida.[1]

Em 1994, foi proposta a primeira definição padronizada para QV, fruto de dez anos de estudo do projeto de Qualidade de Vida da OMS (WHOQOL Group), considerando-se aspectos da subjetividade, da unificação do conceito e de fenômenos transculturais. Assim, definiu-se QV como:

> [...] percepção individual de sua posição na vida, no contexto da cultura e sistemas de valores nos quais ele vive e em relação aos seus objetivos, expectativas, padrões e preocupações. Este é um conceito amplo, influenciado de forma complexa pela saúde física, estado psicológico, nível de independência, relações sociais e da relação com características do ambiente.[2]

A partir da década de 1980, numerosas investigações científicas foram realizadas com a finalidade de compreender melhor o impacto dos problemas de saúde e das intervenções médicas nos diversos domínios do bem-estar físico, psicológico e social dos indivíduos.

Em função de todo esse processo de construção teórica e prática ao longo dos anos, a avaliação da QV vem ganhando maior espaço na comunidade científica. Atualmente, encontram-se muitas publicações sobre investigação da QV, principalmente em temas como demências, câncer, doenças autoimunes, infantis, cardiológicas e de saúde mental e outros problemas de saúde crônicos, progressivos ou traumáticos.

INSTRUMENTOS DE AVALIAÇÃO DA QV

O desenvolvimento histórico do termo QV e a produção de uma definição conceitual adequada possibilitaram a confecção de instrumentos de medida embasados na nova abordagem teórica, proposta pela OMS em 1994. No entanto, assim como houve alterações nas definições conceituais de QV ao longo do tempo, ocorreram, concomitantemente, alterações nas propostas de sua avaliação. Há uma tendência em se considerar a definição de saúde, sugerida pela OMS em 1948, como uma primeira tentativa de conceituação de QV; consequentemente, os instrumentos elaborados com o intuito de medi-la, como tentativas de mensuração, são denominados de primeira geração. O Karnofsky Performance Scale é um desses instrumentos e passou a ser erroneamente utilizado como medida de QV, apesar de avaliar apenas aspectos de atividades de vida diária. Posteriormente, entre os anos 1970 e 1980, surgiram os instrumentos de avaliação do estado geral de saúde (segunda geração de instrumentos de QV), cujos focos eram o funcionamento físico, a sintomatologia física e psicológica, o impacto e a percepção da doença e a satisfação com a vida. Exemplos desses instrumentos são o Sickness Impact Profile e o Nottingham Health Profile, ambos não confeccionados para a avaliação específica da QV, já que sua definição conceitual ainda estava sendo esboçada. Apesar disso, esses instrumentos são mais coerentes com a abordagem teórica adotada atualmente, visto que avaliam aspectos mais subjetivos do funcionamento humano, englobando outros fatores além dos indicativos físicos.[1,3,4]

A crítica essencial feita a esses instrumentos refere-se ao fato de eles avaliarem aspectos subjetivos, como funcionamento social, emocional, físico, entre outros, de forma isolada, relacionando a QV à capacidade de funcionamento e, assim, ao impacto do estado de saúde. Nomenclaturas específicas, como Health-related Quality of Life (HRQOL) e Subjective Health Status, são utilizadas para identificar esses objetivos da avaliação. Nesse sentido, é importante fazer a distinção entre variáveis causadoras ou que influenciam a QV propriamente dita, isto é, reconhecer que um indivíduo que possui sua capacidade de funcionamento físico alterada não necessariamente tem QV ruim.

Obviamente, os aspectos físicos podem repercutir na avaliação da QV, sugerindo que haja uma influência negativa na QV dessa pessoa, mas isso é uma suposição, já que o aspecto físico não reflete verdadeiramente o nível de QV. Assim, instrumentos que medem o grau de funcionamento identificam aspectos que podem prejudicar a QV do indivíduo, mas não fornecem, necessariamente, seu nível de QV.[1,3]

Apesar de a saúde não ser um correspondente real da qualidade de vida, o uso predominante de avaliações da HRQOL ainda é frequente. Em uma busca entre artigos publicados na Quality of Life Research nos últimos 5 anos, foram encontrados predominantemente estudos que se referem a esse tipo de avaliação.

Outra alteração histórica na avaliação da QV está relacionada ao caráter objetivo e/ou subjetivo dos itens propostos nos instrumentos. Conforme descrito anteriormente, a avaliação mais antiga da saúde sugeria uma verificação objetiva dos aspectos em questão, como indicadores de sintomas físicos, condições de moradia, renda mensal, etc. Recentemente, a proposta é a avaliação dos aspectos subjetivos diante das condições de saúde física, psicológica e social do paciente. Assim, avaliam-se a satisfação pessoal em relação à sintomatologia física, a satisfação com o tempo de lazer e a moradia, entre outros aspectos.[4,5]

A necessidade de deslocamento do caráter objetivo para o subjetivo nos itens de avaliação da QV justifica-se principalmente pelo fato de os estudos demonstrarem o desacordo entre a avaliação do médico/profissional de saúde e a do paciente em relação à gravidade dos sintomas e ao sucesso do tratamento. Assim, enquanto a avaliação médica enfatiza a melhora na sintomatologia e no nível de saúde física, o paciente parece se importar mais com o conforto durante o tratamento e com a capacidade de realizar suas atividades diárias. Esse contrassenso sugere que o paciente seja a melhor fonte de informação sobre seu estado de saúde, já que certos aspectos subjetivos são inacessíveis à observação do profissional de saúde.[3]

Uma questão relevante relacionada à importância da avaliação subjetiva do paciente é a adesão ao tratamento. Aderir a uma intervenção depende da motivação e da satisfação do paciente frente aos resultados alcançados pelo tratamento, sendo necessário saber se ele o avalia como eficaz, melhorando seu estado de saúde e ganhando valor especial. Nos casos em que o desfecho é prioritariamente o desenvolvimento do bem-estar, a avaliação do paciente por meio de itens subjetivos, visando à identificação da satisfação pessoal, torna-se ainda mais importante.[3]

Alterações no modelo médico também foram necessárias para a adaptação da compreensão e da avaliação da QV. No modelo médico, a QV era considerada essencialmente produto da presença de sintomas e efeitos colaterais de medicações, ou seja, era compreendida apenas sob o prisma objetivo da saúde. No entanto, esse modelo foi substituído pelo modelo da intermediação, cuja importância evidencia a diferença subjetiva entre os pacientes – dois pacientes com as mesmas condições físicas e de tratamento (melhoras e efeitos colaterais) podem apresentar níveis diferentes de satisfação com a vida, com o tratamento e com sua QV, o que ratifica o impacto da individualidade na determinação da QV em situações semelhantes (variação interpessoal). Apesar da nova tendência, a abordagem médica da QV ainda mantém a tradição de investigar o impacto subjetivo de uma enfermidade (física ou mental), reafirmando o uso frequente e atual do conceito de HRQOL.

Os instrumentos atuais para medir a QV consideram as discussões anteriores, que possibilitam o delineamento de um perfil de características mais ou menos semelhante a todos, como a ênfase na subjetividade, a amplitude de aspectos investigados (caráter multidimensional) e a consideração essencial do paciente como indivíduo único. Além desses aspectos, os instrumentos podem ser genéricos ou específicos.

Os instrumentos genéricos são aqueles cujo objetivo é o uso na população geral, sem características ou condições específicas de doença ou outros aspectos especiais, podendo ser aplicados a qualquer pessoa. Também podem ser utilizados para comparar grupos de pacientes com diferentes enfermidades e para comparar os resultados com os escores da população geral. Exemplos desses instrumentos são o World Health Organization Quality of Life (WHOQOL-100 ou WHOQOL-bref), o Medical Outcomes Study 36-item Short Form (SF-36), o EuroQol (EQ-5D), o Schedule for Evaluation of Individual Quality of Life (SEIQoL), o Patient Generated Index (PGI) e o Quality of Life Enjoyment and Satisfation Questionnaire's (Q-LES-Q).

Em contrapartida, os instrumentos específicos são desenvolvidos para avaliar indivíduos com condições ou doenças específicas, com a vantagem de serem mais sensíveis para a população característica, por investigarem aspectos particulares da condição clínica em questão. Quando o estudo possui um único grupo amostral, sem grupos comparativos de outras enfermidades, a escolha desse tipo de instrumento é especialmente aconselhável. No entanto, esses instrumentos também podem favorecer a comparação entre tratamentos diferentes aplicados em grupos de pacientes de mesmo quadro clínico, pois contêm itens que refletem aspectos importantes para pacientes específicos e propiciam informações de relevância clínica em relação aos procedimentos terapêuticos. Como exemplos desses instrumentos, podem-se citar o Quality of Life in Epilepsy (QOLIE-89), o Pediatric Asthma Quality of Life Questionnaire (PAQOL), o Rotterdam Symptom Checklist (RSCL), o Functional Assessment of Cancer Therapy-General (FACT-G), o Pediatric Quality of Life Inventory-TM (PedsQL-TM), o Kidscreen-27 *on line* e o Quality of Life Depression Scale (QLDS).[1,3,4,6,7]

Considerando-se essas especificações e o fato de a seleção do instrumento ser essencial para o sucesso de um estudo, propõe-se que essa escolha seja permeada tanto pelo objetivo da pesquisa quanto pelo tipo de população que se deseja estudar. Para tanto, é procedente a análise das vantagens e desvantagens da utilização de cada tipo de instrumento.

Se, por um lado, a utilização de instrumentos genéricos possibilita maiores comparações, especialmente com a população geral, por outro, não é capaz de discriminar mudanças em condições específicas de enfermidade. Os instrumentos específicos, por sua vez, podem ser tão voltados a aspectos característicos da sintomatologia do quadro em estudo que ocasionam confusões entre as variáveis dependentes (sintomas físicos, psicológicos e sociais) e independentes (QV). A base teórica do instrumento também é relevante, já que, de acordo com esse aspecto, cada instrumento mede características diferentes da QV. O SF-36 e o WHOQOL-BREF, por exemplo, são dois instrumentos genéricos que podem ser utilizados como complementares, já que medem aspectos funcionais da saúde e do estado de bem-estar geral, respectivamente.[1,3,4,8]

Outros cuidados devem ser tomados na escolha dos instrumentos na avaliação da QV. Inicialmente, é essencial verificar se o instrumento possui estudos que revelem suas propriedades psicométricas (sensibilidade, especificidade, confiabilidade), se foram realizados estudos pilotos e se o instrumento foi padronizado para cultura, grau educacional e étnico em questão. Quando for necessário utilizar instrumentos genéricos e específicos conjuntamente, é importante verificar se há compatibilidade entre os instrumentos, com o intuito de evitar repetições ou contradições entre os itens. A exequibilidade do instrumento deve ser observada (tempo de aplicação, número de questões, clareza das questões, presença de questões constrangedoras), assim como se deve atentar para a presença ou não de questões globais sobre QV, pois, em caso de ausência desse tipo de pergunta, é indicado incluí-las.

Finalmente, deve-se verificar se há referências sobre o tamanho da amostra e sobre a interpretação de relato dos resultados no manual do instrumento.

POR QUE MEDIR A QV?

A mensuração é uma forma objetiva de se obter dados a respeito de um determinado fenômeno. Na qualidade de procedimento de pesquisa formal, reflexiva e sistemática, contribui para a produção e transmissão de conhecimento científico. O impacto das investigações científicas parece influenciar decisões referentes a investimentos econômicos na área da saúde desde o século XIX, quando a ciência passou a ser compreendida como uma das fontes de melhora da condição humana.[9-11]

A avaliação da QV, especialmente a partir do século XX, passou a repercutir com seriedade nos âmbitos econômico, social e da saúde. Sua mensuração possibilita a comparação entre estudos de tratamento, evidenciando aspectos importantes que podem auxiliar na compreensão da escolha terapêutica, por permitir a identificação de quais aspectos da QV são afetados pela terapia proposta. Os dados comparativos podem fornecer informações a respeito da resposta de diferentes pacientes ou grupos de pacientes e auxiliar na avaliação da eficiência de um procedimento, pois, recentemente, além da avaliação da eficácia, da efetividade e da segurança, a QV, por fornecer indicativos subjetivos sobre um tratamento proposto, vem sendo incluída como diferencial importante entre procedimentos terapêuticos, além de subsidiar o prognóstico de resultados terapêuticos individuais, já que algumas pesquisas demonstram que a mudança na percepção subjetiva da saúde (HRQOL) prediz a mortalidade e o prognóstico clínico em diferentes tipos de populações, como idosos, adultos jovens, enfermos, etc.[12-14]

Outra contribuição da avaliação da QV é o fornecimento de informações que ajudem o profissional na decisão sobre diferentes procedimentos terapêuticos.[1,3] Em termos práticos, essa avaliação proporciona subsídios para uma melhor comunicação entre os profissionais da saúde e os pacientes, já que informa a repercussão subjetiva de determinada enfermidade ou de intervenção terapêutica. A partir desses dados, é possível priorizar os problemas de maior impacto na QV do paciente, de acordo com suas preferências, pois estudos indicam que a avaliação médica difere da avaliação do paciente no julgamento de prioridades. Essa avaliação permite também a transmissão dessas informações a outros pacientes, especialmente a respeito de prováveis consequências das enfermidades e/ou do tratamento[1,3,12-14]

Conforme referido, a avaliação da QV vem sendo adotada como um dos desfechos nas pesquisas sobre eficácia terapêutica. Assim, em estudos clínicos cuja intenção é curativa e os métodos terapêuticos são igualmente eficazes e seguros, a QV é vista como o diferencial que permeia a escolha da intervenção. Nos estudos cujo objetivo é o tratamento paliativo, ou seja, cujas enfermidades estudadas são de curso crônico, o implemento do bem-estar e o prolongamento do tempo sem sintomatologia passam a ser os desfechos principais, tão importantes quanto a avaliação dos sintomas. O mesmo ocorre em estudos cujo objetivo é a reabilitação e/ou o alívio de sintomas. Nesses casos, é frequente a discordância entre a necessidade do paciente e o sintoma tratado pelo programa de reabilitação. Os instrumentos de medida da QV indicam objetivamente as prioridades do paciente e lideram modificações nos programas inadequados a essas necessidades subjetivas.[1,12-14]

Nesse sentido, as justificativas que sustentam a importância da avaliação da QV baseiam-se na compreensão do impacto subjetivo dos tratamentos, seja em termos de melhoras sintomatológicas, de efeitos colaterais ou tóxicos, de alterações na dinâmica social, econômica e de vida diária ou psicológica dos pacientes.

COMO MEDIR A QV?

O tipo de estudo para avaliar a QV engloba vários aspectos a serem considerados. Entre eles, a clara delimitação do objetivo do trabalho é essencial, pois é a partir dele que se delineia o projeto de coleta de dados.

A avaliação da QV geralmente é realizada por meio de comparações entre resultados obtidos em mais de uma ocasião, caracterizando uma natureza longitudinal e prospectiva do estudo. Em termos de comparações dos dados, estas podem ser intragrupo (entre os integrantes do grupo amostral) ou intergrupo (entre 2 ou mais grupos). Apesar de haver uma tendência a adotar desenhos longitudinais para se avaliar QV, outros tipos de estudos podem ser aceitos.[1]

Para que a compreensão dessa discussão seja favorecida, é necessária uma breve definição dos tipos de estudos epidemiológicos mais comumente utilizados para medir QV. Os desenhos de estudos podem ser classificados como descritivos (corte transversal) ou analíticos (coorte longitudinal e ensaios clínicos).

O estudo de corte transversal permite a identificação da distribuição de doenças ou outras características em estudo na população geral, o que é fundamental para garantir o planejamento de intervenções em serviços de saúde. Nesse tipo de desenho, a característica estudada (presença/ausência de doença, QV, etc.) é avaliada simultaneamente com fatores de exposição (sexo, idade, profissão, grau de instrução, etc.), impossibilitando a identificação de causalidade entre eles. Já nos estudos de coorte longitudinal, os sujeitos são acompanhados e avaliados ao longo de um período. O objetivo desse estudo é obter uma relação temporal entre os fatores de exposição (um tratamento, uma característica sociodemográfica, etc.) e a característica em estudo (uma doença, a QV, etc.), sugerindo uma relação causal entre eles. As desvantagens desse tipo de desenho são o alto custo e a perda de sujeitos da amostra (perda de contato com o paciente), ocasionada pelo tempo prolongado para a execução do estudo.

Os estudos longitudinais podem ser retrospectivos, quando o fator de exposição e o evento em estudo já ocorreram no início da pesquisa, ou prospectivos, quando, geralmente, o fator de exposição já ocorreu, mas o evento de interesse não. Os ensaios clínicos (ou estudos de intervenção, estudos experimentais) são realizados com indivíduos que serão submetidos a algum tipo de intervenção terapêutica ou de prevenção, visando a avaliar a eficácia de determinados procedimentos. Nesses estudos, o pesquisador escolhe quais indivíduos serão expostos à intervenção e quais serão os controles (não expostos). Os procedimentos adotados para essa seleção de sujeitos são parte essencial do estudo, pois, se feita de forma randômica (cada indivíduo tendo a mesma chance de estar no grupo controle ou no grupo exposto), assegura maior validade dos resultados.[1,15,16]

O desenho transversal (*cross-sectional*) não é muito apropriado para estudos sobre a QV, pois a importância científica da verificação do nível de QV de um grupo encontra-se exatamente na identificação de sua variação por meio da comparação entre resultados atuais e posteriores. No entanto, um estudo transversal pode ser relevante quando seu objetivo é obter um perfil ou dados de base de um grupo específico ou quando os resultados são comparados aos dados de outros grupos, como a população geral.[1]

Atualmente, estudos transversais são os mais frequentemente realizados, tanto pela maior facilidade de execução quanto pela necessidade de conhecimento dos valores de QV em diferentes tipos de populações, dado o pouco esclarecido até o momento. Um estudo recente realizado em Porto Alegre sugere dados normativos sobre a QV obtida pelo WHOQOL-BREF para a população geral brasileira. Nesse estudo, o instrumento genérico de QV foi aplicado em 800 indivíduos selecionados randomicamente, entre 20 e 64 anos de idade, e os resultados indicaram que a QV era mais prejudicada no sexo feminino, nas classes econômicas mais baixas, no nível educacional baixo (acima de 4 anos) e em portadores de doenças crônicas. Esse estudo foi o primeiro a divulgar valores normativos para a população brasileira, porém alguns cuidados devem ser considerados, indicando limitações, como o fato de não terem sido incluídas pessoas de classe mais baixa (classe E) e de ter sido realizado apenas na região sul do país, já que há bastante heterogeneidade entre as regiões do Brasil.[17]

Por outro lado, os estudos longitudinais (*follow-up*) e ensaios clínicos (*randomised clinical trial*) são os mais adequados para a mensuração da QV, já que coincidem seus objetivos de estudos com a atual utilização da medida de QV como auxiliar na averiguação da eficiência de intervenções terapêuticas ou preventivas. Isto é, ambos os desenhos delineiam procedimentos de avaliação dos efeitos das intervenções, a diferença entre eles refere-se ao fato de serem, respectivamente, estudos observacionais (estudos longitudinais) e experimentais (ensaios clínicos). Os estudos experimentais, por sua natureza, exercem maior controle sobre as variáveis do que os observacionais e, por isso, diminuem a probabilidade de conclusões enganosas sobre os tratamentos em estudo, fato que atribui valor científico a esse tipo de desenho.[16]

Ao se definir o tipo de estudo, a elaboração de um protocolo com a descrição do objetivo da pesquisa, dos procedimentos a serem adotados e das hipóteses de resultados é necessária. Igualmente importante é a referência à justificativa da pesquisa, à escolha do tipo de estudo e do instrumento, além da participação dos pesquisadores e pesquisados e de explicações referentes à definição do tamanho da amostra, análise estatística adotada e interpretação dos dados. Assim, quanto mais bem descrito for o estudo, menor a probabilidade de ambiguidades e falhas na realização dos procedimentos, o que assegura a obtenção da resposta à questão pesquisada.[1]

Frequentemente, a baixa adesão dos sujeitos à pesquisa longitudinal de QV torna-se um sério obstáculo quando se consideram a análise e a interpretação dos resultados. Define-se adesão como a proporção entre o número de questionários completos e os entregues. Algumas situações específicas, como aplicações fora do tempo programado, falecimento, incapacidade do sujeito de responder ao questionário ou amostra de sujeitos cujo estado de saúde é precário ou a doença é progressiva, requerem considerações distintas. Por exemplo, pacientes cujo falecimento impede a continuação da avaliação são excluídos da amostra, já aqueles cuja aplicação foi realizada fora do tempo programado recebem análise estatística específica (ajustamento estatístico compensatório).

A questão do espaçamento temporal entre as aplicações varia de acordo com o objetivo do estudo e a definição contida em seu protocolo. Os espaçamentos devem seguir a proposta delineada, mas, se houver grande discordância entre o tempo realizado e o proposto, o fato pode se tornar um viés de mensuração.[1,18]

A adesão pode ser baixa em razão de diferentes fatores, não só relacionados ao paciente/sujeito da pesquisa. Clínicas com altas rotatividade e demanda, estudos que abrangem diferentes instituições e falha da equipe na aplicação de pesquisadores/auxiliares (equipe treinada para realizar a aplicação do instrumento de pesquisa) são situações que afetam negativamente a adesão. As razões de não adesão devem ser relatadas de forma sistemática, possibilitando a diferenciação entre situações relacionadas ao acaso ou a eventos particulares.[1,18]

A baixa adesão ocasiona uma situação preocupante, pois pode implicar interpretação e conclusões distorcidas sobre a eficácia de uma intervenção. Esse fato leva a refletir sobre a adequação do tamanho da amostra e sua representatividade em casos de baixa adesão. Apesar de se poder utilizar o recrutamento de novos sujeitos para compensar essas perdas, esse fato não atenua o potencial de viés que influenciará a seriedade do estudo.

Algumas precauções podem melhorar a qualidade da coleta de dados e a adesão de pacientes/sujeitos e pesquisadores-auxiliares. Estas se referem, especialmente, à maior informação sobre aspectos específicos da pesquisa. Nesse sentido, é importante disponibilizar as razões/justificativas para realização da coleta de dados, o detalhamento dos procedimentos de resposta ao questionário (p. ex., deve-se responder a todas as questões, não é aconselhável o envolvimento de outras pessoas, para evitar a influência de opiniões alheias, etc.), um local confortável e adequado para os sujeitos responderem às questões e a explicação sobre como serão utilizados os dados obtidos, quais profissionais terão acesso às informações coletadas e sobre a utilização do sigilo na identificação. Além desses cuidados, é importante que a equipe pesquisadora se mostre disponível para atender a outras questões ou demandas que o sujeito julgar necessárias (p.ex., discutir problemas levantados pelo instrumento, etc.) e agradeça à adesão dos informantes. Em termos práticos, o tamanho do questionário deve ser cuidadosamente analisado, não devendo ser longo nem, consequentemente, demandar muito tempo de aplicação.

O treinamento da equipe em relação à aplicação, ao registro de dados observados e ao hábito de checar se os questionários foram totalmente respondidos (retornando os incompletos ao respondente) parece ser mais uma atitude que melhora a qualidade da coleta de dados nos estudos. Outra questão importante a ser considerada na avaliação da QV é a influência da aplicação de questionários durante a intervenção terapêutica. Pacientes podem apresentar tendência a responder de forma positiva ou negativa. Por exemplo, se acreditam que, no caso de um bom resultado na QV o tratamento será reduzido, podem responder mais negativamente às questões, com o intuito de manipular o resultado. Por outro lado, se desejam agradar a equipe terapêutica, podem responder mais positivamente ao questionário. Nessas circunstâncias, é essencial enfatizar o caráter confidencial das respostas e que, portanto, elas não serão acessíveis à equipe terapêutica, além de não alterarem o curso do tratamento ao qual o paciente é submetido.

A utilização de auxiliares ou aplicadores não relacionados à equipe que disponibiliza a intervenção ajuda a contornar essa situação. A tendenciosidade nas respostas dos sujeitos evidencia outro dilema: o tipo de aplicação mais coerente na avaliação da QV. Estudos indicam que a forma de entrevista realizada por examinadores treinados, em comparação à autoaplicação, reduz as influências tendenciosas. Somada a esse benefício, a entrevista assistida também parece aumentar a adesão dos pacientes à pesquisa, sendo sugerida para estudos de QV.[1]

A interpretação dos dados obtidos na mensuração da QV deve considerar alguns critérios. Primeiro, a definição de QV implica um conceito multidimensional, a somatória entre os impactos subjetivos de cada aspecto na vida do indivíduo. Por outro lado, um escore total não é capaz de demonstrar as peculiaridades da influência de cada aspecto na QV, ou seja, duas pessoas com a mesma QV (escore global) não apresentam aspectos físicos, psicológicos e sociais idênticos e, conclusivamente, a adoção de um escore global da QV parece não ser suficientemente sensível para diferenciar esses fatores.[3]

Interpretar dados resultantes da avaliação da QV remete à necessidade de se estipular valores normativos que auxiliem tanto pesquisadores e profissionais de saúde quanto os próprios pacientes ou sujeitos da pesquisa a compreenderem sua significância. Essas normas objetivam clarificar o entendimento da magnitude da mudança, das expectativas de melhora, do curso de variação esperada para determinada população, entre outros fatores.

Uma forma de se padronizar o entendimento do resultado é por meio do uso do percentil. Essa forma de valor indica qual porcentagem de sujeitos obteve resultados acima ou abaixo do valor estipulado como padrão. Para se utilizar essa proposta, é necessário que os instrumentos indiquem o valor padrão, sendo exatamente esta a dificuldade prática, já que a maioria dos questionários sobre QV não demonstra clareza na definição desses valores.[1]

A referência baseada em resultados sobre a QV de populações parece ser a estratégia mais utilizada recentemente para possibilitar a interpretação dos dados coletados. Os valores de referência podem ser produzidos a partir de estudos de corte transversal na população geral, grupos específicos de doenças, população saudável, etc. Estudos longitudinais também podem oferecer dados referentes à expectativa de variação da QV ao longo do tempo e, apesar de serem menos comuns, são de igual importância na contribuição da interpretação das informações sobre QV.

Toma-se a população geral (pessoas saudáveis e com problemas diversos de saúde) ou populações específicas (com determinadas doenças, saudáveis, etc.) e utilizam-se os valores de QV desses grupos como valores de referência para comparações individuais ou médias do grupo em estudo. Outra possibilidade é a comparação das diferenças entre as médias (média alvo e média do sujeito/grupo) que podem ser padronizadas, gerando um intervalo de confiança, e os valores do desvio padrão.[1]

Ainda em relação à escolha da medida a ser adotada como referência, podem-se estabelecer critérios diferentes em termos de definição do tipo de população-padrão, se geral ou específica. Tal opção deve ser definida a partir do objetivo e do tipo de amostra do estudo em questão. Por exemplo, em um ensaio clínico cujos pacientes com comorbidades são excluídos, a comparação com a população saudável é mais confiável do que com a população geral. Atualmente, é frequente a escolha da população geral ou da população saudável (considerada aquela que oferece "valores ideais") em contraposição à escolha de populações com doenças específicas para ser referência na interpretação da QV. Esse fato se deve à escassez de valores padrão sobre QV em estudos de doenças/circunstâncias específicas.[1]

A tipologia do desenho de estudos também influencia a forma de interpretação dos dados sobre QV. No estudo transversal, a comparação dos dados é feita com a população geral ou com a população saudável, dependendo do objetivo do estudo. Nos desenhos longitudinais, a comparação é feita entre o resultado atual e as mudanças ocorridas ao longo do tempo. Estudos muito longos, com medidas periódicas, são capazes de detectar variações singelas na QV, as quais geralmente não implicam consequências positivas na vida do sujeito, desvalorizando a justificativa da mensuração. Nos ensaios clínicos, a diferença está baseada nas variações entre os grupos comparados. São adotadas técnicas estatísticas de significância para identificar se há importância científica nas variações, além da avaliação clínica da diferença entre os grupos (significância clínica).[1]

A significância estatística difere da significância clínica, sendo que uma não implica obrigatoriedade da presença da outra. A significância estatística refere-se à determinação da mudança na QV, dependendo do acaso ou das características da amostra. Já a significância clínica relaciona-se ao impacto subjetivo e/ou clínico de uma intervenção que, apesar de não demonstrar poder estatístico, possui importância na prática clínica. A magnitude dessa importância vem sendo recentemente medida por meio de perguntas diretas ao paciente sobre as mudanças em sua condição clínica e o quão importante essas mudanças são consideradas.

Essas questões foram denominadas "transitórias" e devem ser feitas após a aplicação do instrumento de avaliação da QV, utilizado em mais de um momento (estudo longitudinal). Elas indicam a diferença mínima na significância clínica, que é definida como a diferença entre escores de domínios que o sujeito considera importantes e que justificam a mudança na intervenção terapêutica pelo profissional de saúde.[1]

Resumidamente, a questão da interpretação dos resultados da avaliação da QV pode ser compreendida de acordo com normas estatísticas ou com a significância clínica. Ambos os entendimentos justificam-se em termos de relevância científica e clínica, respectivamente. No entanto, considerando-se que a importância da produção de conhecimento científico se torna relevante somente a partir da necessidade clínica, deve-se destacar a relevância do caráter subjetivo e clínico na interpretação dos dados sobre a QV.

AVALIAÇÃO DA QV EM SAÚDE MENTAL E EM OUTRAS POPULAÇÕES

A avaliação da QV em populações com características que podem interferir negativamente na visão realística da QV é um desafio para a ciência e para a clínica. Avaliar a visão subjetiva da QV em psiquiatria implica analisar de forma crítica as particularidades da qualidade da percepção dos pacientes em certos quadros clínicos. Nesse sentido, justifica-se a consideração das características específicas desses pacientes, bem como a possibilidade de elas influenciarem o resultado relacionado ao nível de QV. Por exemplo, um paciente depressivo pode ter sua visão influenciada pelos traços de visão negativa de si, do mundo e dos outros,[19] ao passo que o psicótico pode não conseguir avaliar a realidade de forma coerente, em razão de sua dificuldade de discriminação entre o real e o imaginário.[20] Essa questão propõe a retomada da definição de QV como "percepção individual" e a validade dessa percepção em um contexto no qual a psicopatologia pode repercutir exatamente na incapacidade de uma percepção adequada das situações de vida.

A associação entre fatores psiquiátricos e QV tem sido relatada. Em um estudo com idosos que frequentavam um programa educacional para a terceira idade no município de São Paulo, o WHOQOL-BREF foi utilizado conjuntamente com outros instrumentos que mediram a saúde mental e cognitiva dos participantes. Como resultado da análise estatística realizada, evidenciou-se que todos os domínios da QV medidos pelo WHOQOL-BREF (domínio físico, psicológico, social e ambiental) foram afetados pela morbidade psiquiátrica.[21] O cuidado tomado nessas situações geralmente é não considerar respostas de pacientes em crise (com distorções cognitivas graves) para uma análise estatística, embora esses dados possam, por outro lado, ser utilizados com significância clínica.[20] Comumente, têm sido encontrados estudos que utilizam instrumentos de rastreamento de sintomas da patologia (para quantificar a intensidade e frequência dos sintomas) associados a um instrumento genérico de QV, o que garante a compreensão da repercussão desses sintomas na avaliação da QV.[8,19,21]

Pacientes com alterações cognitivas (demenciados, psicóticos, etc.) ou com impossibilidade de responder aos questionários (crianças não alfabetizadas ou muito pequenas, portadores de deficiências mentais ou físicas, etc.) também apresentam peculiaridades ao serem avaliados. O questionamento de cuidadores/pais tem sido utilizado como forma de obtenção de dados sobre a QV desses pacientes. Alguns estudos apontam que há diferenças entre a avaliação da QV obtida por meio do paciente e de seus cuidadores, mas que podem ser discretas se os cuidadores forem familiares.[20,22,23]

Bullinger[4] relata o estudo da aplicação do SF-36 (instrumento genérico) em diferentes grupos de população psiquiátrica. Os resultados indicaram que os pacientes depressivos apresentam escores mais baixos no aspecto de funcionamento social em comparação a outros grupos de pacientes com doenças crônicas (hipertensão, diabetes, artrite e cardiopatias). Em uma comparação entre pacientes com transtornos de humor, os distímicos apresentaram piores resultados na QV em relação aos com depressão maior. A avaliação de esquizofrênicos, cuja capacidade de preencher o questionário estava preservada, também demonstrou maior prejuízo no aspecto social.[24] Esses dados confirmam as observações clínicas já relatadas em tratados de psiquiatria e, dessa forma, reafirmam a necessidade de mais estudos e aprimoramento de instrumentos capazes de avaliar de forma fidedigna a QV dos pacientes psiquiátricos e suprir a necessidade de avaliar o impacto das intervenções terapêuticas em saúde mental.

A dificuldade de escolha do tipo de instrumento a ser adotado em uma determinada condição psiquiátrica, de demência ou infantil (em que o paciente pode não estar apto a responder às questões) acentua ainda mais a cautela em se optar por uma avaliação da QV nessas populações. No entanto, vale lembrar que, na falta de estudos ilustrativos e esclarecedores em relação à melhor recomendação de tipo de instrumento, a opção deve ser coerente com o objetivo da avaliação. Assim, se a comparação desejada for entre pacientes de quadros clínicos diferentes, a utilização de instrumentos genéricos é recomendável. Por outro lado, se a necessidade é detectar alterações mais sutis de determinada condição psicopatológica, indica-se a utilização de instrumentos específicos ou a associação daqueles que quantifiquem os sintomas presentes em um instrumento genérico de QV.

Apesar de a importância da avaliação da QV em pacientes psiquiátricos e com outras peculiaridades ser reconhecida, há escassez de instrumentos específicos e pouco embasamento científico quando comparada a outras áreas da saúde, sendo necessários mais estudos centrados nesses grupos.

REFERÊNCIAS BIBLIOGRÁFICAS

1. Fayer PM, Machin D. Quality of life – assessment, analysis and interpretation. England: Wiley, 2000.
2. Saxena J, Orley J. Quality of life assessment: the World Health Organization perspective. Eur Psychiatry 1997; 12(Suppl.3):263s-266s.
3. Berlin MT, Fleck MPA. Quality of life: a brand new concept for research and practice in psychiatry. Rev Bras Psiquiatr 2003; 25(4):249-52.
4. Bullinger M. Generic quality of life assessment in psychiatry. Potencials and limitations. Eur Psychiatry 1997; 12:203-9.
5. Ruggeri M, Warner R, Bisoffi G, Fontecedro L. Subjective and objective dimensions of quality of life in psychiatric patients: a factor analytical approach. Brit J Psychiatr 2001; 178:268-75.
6. Lima AFBS, Fleck MPA. Quality of life, diagnosis, and treatment of patients with major depression: a prospective chohort study in primary care. Rev Bras Psiquiatr 2011; 33(3):245-51.
7. Liang WE, Chen JJ, Chang CH, Chen HL, Chen SL, Hang LW et al. An empirical comparison of the WHOQOL-BREF and the SGRQ among patients with COPD. Qual Life Res 2008; 17(5):793-800.
8. Kotodimopoulos N, Pappa E, Papadoulos AA, Tountas Y, Niakas D. Comparing SF-6D and EQ-5D utilities across groups differing in health status. Qual Life Res 2009; 18(1):87-97.
9. Bunge M. Filosofia da investigação científica nos países em desenvolvimento. In: Bunge M. Teoria e realidade. São Paulo: Perspectiva, 1974.

10. Laville C, Dionne J. O nascimento do saber científico. In: Laville C, Dionne J. A construção do saber – Manual de metodologia da pesquisa em ciências humanas. Porto Alegre: Artmed, 1999.
11. Lakatos ME, Marconi MA. Pesquisa. In: Fundamentos de metodologia científica. São Paulo: Atlas, 1994.
12. Iqbal J, Francis L, Reid J, Deary IJ. Quality of life in patients with chronic heart failure and their carers: a 3-year follow-up study assessing hospitalization and mortality. Eur J Heart Fail 2010; 12(9):1002-8.
13. Otero-Rodrìguez A, León-Muñoz LM, Balboa-Castilho T, Banegas JR, Rodríguez-Artalejo F, Guallar-Castillón P. Change in health-related quality of life as a predictor of mortality in the older adults. Qual Life Res 2010; 19(1):15-23.
14. Murray C, Brett CE, Starr JM, Deary IJ. Which aspects of subjectively reported quality of life are important in predicting mortality beyond known risk factors? The Lothian Birth Cohort 1921 Study. Qual Life Res 2010; 19(1):81-90.
15. Menezes PR. Princípios de epidemiologia psiquiátrica. In: Almeida OP, Dratcu L e Laranjeira R. Manual de psiquiatria. Rio de Janeiro: Guanabara-Koogan, 1996.
16. Fletcher RH, Fletcher SW, Wagner EH. Epidemiologia clínica: elementos essenciais. Porto Alegre: Artmed, 2003.
17. Cruz LN, Palanczyk CA, Camey SA, Hoffmann JF, Fleck MP. Quality of life in Brazil: normative values for Whoqol-bref in a southern general population sample. Qual Life Res 2011; 20:1123-9.
18. Post WJ, Buijs C, Stolk RP, e dVries EG, le Cessie S. The analysis of longitudinal quality of life measures with informative drop-out: a pattern mixture approach. Qual Life Res 2010; 19:137-48.
19. Shinohara H. Transtorno do humor. In: Range B. Psicoterapia comportamental e cognitiva de transtornos psiquiátricos. Campinas: Editorial Psy, 1998.
20. Kaplan HI, Sadock BJ, Grebb JA. Exame clínico do paciente psiquiátrico. In: Kaplan HI, Sadock BJ, Grebb JA. Compêndio de psiquiatria – ciências do comportamento e psiquiatria clínica. Porto Alegre: Artmed, 1997.
21. Blay SL, Marchesoni MSM. Association among physical, psychiatric and socioeconomic conditions and WHOQOL-Bref scores. Cad Saúde Pública 2011; 27(4):677-86.
22. Reininghaus U, McCabe R, Burns T, Croudace T, Priebe S. The valitidy of subjective quality of life measures in psychotic patients with severe psychopathology and cognitive deficits: an item response model analysis. Qual Life Res 2012; 21(2):237-46.
23. Hope ML, Page AC, Hooke GR. The value of adding the Quality of Life Enjoyment and Satisfaction Questionnaire to outcome assessment of psychiatric impatients with mood and affect disorders. Qual Life Res 2009; 18(5):647-55.
24. Becchi A, Rucci P, Placentino A, Neri G, de Girolamo G. Quality of life in patients with schizofrenia-comparison of self-report and proxy assessments. Soc Psychiatry Epidemiol 2004; 39(5):397-401.

CAPÍTULO 4

Atividade física e saúde

NAYDA PARISIO DE ABREU
KLEITON AUGUSTO SANTOS SILVA
JULIANA DE SOUZA CUNHA
RAFAEL DA SILVA LUIZ
NESTOR SCHOR

INTRODUÇÃO

A atividade física realizada com regularidade e associada a uma correta alimentação, bem como a um estado emocional equilibrado, constitui uma das principais bases para a manutenção da saúde em todas as idades. Estudos epidemiológicos mostraram que o sedentarismo pode contribuir para a instalação e a progressão de várias doenças cardiovasculares aterotrombóticas e que está associado ao dobro do risco de morte prematura.[1] Exercícios físicos aeróbicos praticados com regularidade aumentam a capacidade corporal e trazem diversos benefícios à saúde.[2]

A atividade física também apresentou efeito favorável em pacientes com doenças crônicas, como diabetes melito tipo 2[3,4] e câncer,[5,6] e demonstrou um efeito protetor contra o desenvolvimento de hipertensão arterial[7] e obesidade.[8]

Estima-se que o estilo de vida sedentário seja responsável por cerca de 1/3 das mortes por doença coronariana, neoplasia do cólon e diabete melito.[9] Por outro lado, é necessário lembrar que o exercício intenso e prolongado por atividade física não planejada ou mal estruturada pode trazer complicações imediatas, como morte súbita, arritmias cardíacas, infarto do miocárdio, desidratação, hematúria, insuficiência renal aguda, rabdomiólise, hemólise, hipoglicemia, etc.[10]

Pesquisas recentes mostraram que, entre os fatores que contribuem para um estilo de vida saudável, o abandono do tabagismo e do consumo de álcool, o controle da obesidade e a prática de atividade física são os mais importantes.[11] Os exercícios que promovem saúde vão desde a jardinagem e tarefas domésticas até treinamentos sistemáticos semanais.[12]

É necessário que a prática física seja realizada de forma variada e divertida, havendo envolvimento social e emocional para que possa produzir reais benefícios à saúde física e mental dos praticantes.[13] Dados epidemiológicos e experimentais mostram que há uma relação direta entre a atividade física crônica e a sensação de vigor e vitalidade; assim, indivíduos que possuem o hábito de se exercitar apresentam aumento da produtividade no trabalho e da qualidade de vida (QV).[14]

Os benefícios e as consequências devem ser entendidos como resultantes de um conjunto de variáveis, como aptidão física, intensidade e duração do exercício, meio ambiente e estresse do praticante. A sistematização da prática física promove a adaptação ao exercício e tem a finalidade de desenvolver respostas qualitativas melhores nas funções cardíaca, respiratória e anatômicas do praticante. A atividade física regular também aumenta a reserva funcional e a resposta anatômica condiciona uma resposta fisiológica com mecanismos reguladores adaptados.[15]

DOENÇA ARTERIAL CORONARIANA

O sedentarismo associado a fatores dietéticos contribui em grande parte para a aterosclerose e, consequentemente, para a doença arterial coronariana (DAC). Estudos indicam que a inatividade física pode contribuir como um fator de predisposição e risco para DAC. Por outro lado, o exercício físico, além de melhorar a função endotelial, previne a intervenção cirúrgica, como a angioplastia, para tratamento das DAC.

Uma dieta balanceada que contenha grande número de fibras, vegetais e frutas pode modular o risco dessas doenças. Então, quando se combinam dieta e atividade física, observa-se uma melhora na progressão da aterosclerose, podendo promover a regressão da placa e/ou melhorar a reserva funcional do miocárdio. Esses benefícios devem-se, em parte, à redução dos lipídios plasmáticos, da oxidação lipídica e da inflamação.[16]

HIPERTENSÃO ARTERIAL

A hipertensão arterial é a doença cardiovascular (DCV) mais comum no ocidente e um dos principais fatores de risco para a DAC. A atividade física e o controle da dieta têm efeito direto sobre o desenvolvimento da hipertensão arterial, fazendo com que ela diminua, em alguns casos, sem necessidade de intervenção medicamentosa.

Diversos estudos têm mostrado que o exercício físico reduz a pressão arterial de repouso e propicia melhora na função endotelial. A combinação de atividade física com dieta balanceada pode causar redução na pressão arterial, mediada, em parte, por uma melhora na função vascular secundária a uma redução no estresse oxidativo, na função do óxido nítrico e na possibilidade de um aumento na sensibilidade à insulina.[16]

O treinamento resistido, quando aplicado a hipertensos, geralmente provoca conflitos na racionalidade da queda de pressão arterial. Como o treinamento resistido aumenta tanto a pressão sistólica quanto a diastólica, a prática desse tipo de exercício tem sido alvo de pesquisas com o objetivo de estudar os mecanismos de queda de pressão arterial.

Em hipertensos, encontrou-se queda de 3,5 mmHg na pressão diastólica e de 3,2 mmHg na pressão sistólica.[17]

DIABETE MELITO

A prevalência de diabete melito tem aumentado dramaticamente nas últimas décadas, por conta das mudanças nos hábitos alimentares e físicos da população. Esse problema pode ser exemplificado pelo aumento do número de crianças e adolescentes com a doença, fato que não ocorria antigamente.

A prática de exercícios físicos aeróbicos tem demonstrado uma redução na progressão do diabete melito, além de uma reversão completa do quadro glicêmico. A atividade física associada à dieta controlada pode produzir efeitos superiores ao tratamento medicamentoso nos casos em que há intolerância à glicose ou em casos de rápida elevação em seus níveis, sendo uma ferramenta recomendada e utilizada no tratamento do diabete melito.[12] De acordo com a recomendação da Associação Americana de Diabetes de 2005, todos os tipos de exercício, incluindo atividades de lazer, esportes recreacionais e competição profissional, podem ser realizados por pessoas portadoras de diabete tipo 1, desde que seja mantido um rígido controle da glicemia e que o paciente esteja livre de complicações hemodinâmicas, renais, neurogênicas, entre outras.

O treinamento físico aeróbio moderado é o mais recomendado pela maioria das diretrizes aplicadas ao diabete. A prática periódica de exercícios físicos é considerada uma ferramenta eficaz no controle da progressão da nefropatia, da disfunção autonômica, da hipertensão, entre várias outras doenças.[18,19] O maior mecanismo de redução dos riscos de aparecimento do diabete melito é a melhora na sensibilidade à insulina.[16,20] Uma única sessão de exercício é capaz de aumentar a sensibilidade à insulina e diminuir os níveis de glicose no sangue.

O treinamento resistido também demonstra resultados benéficos na saúde de portadores de diabete. A recomendação para a prática desse tipo de exercício para humanos com diabete melito é de 3 vezes/semana, em intensidade moderada (50% de 1 repetição máxima – RM), realizando-se uma execução completa de determinado exercício na ação concêntrica (encurtamento muscular) e na ação excêntrica (alongamento muscular), com o máximo de carga suportada nesse movimento, ou intensa (75 a 80% de 1 RM). Esse protocolo envolve os maiores grupos musculares, com prescrição de 8 a 10 exercícios e três séries de 8 a 10 repetições.[21]

Doenças como nefropatia diabética, que afeta a função dos rins em decorrência dos níveis elevados de glicemia, têm se mostrado atenuadas com a realização de exercícios físicos. O nível de proteína na urina (proteinúria) geralmente está presente na nefropatia diabética, porém, a prática de exercícios físicos parece não influenciar na evolução da doença.[22]

CÂNCER

Várias formas de câncer são influenciadas por fatores decorrentes do estilo de vida. Os cânceres de próstata, mama e cólon são significativamente afetados pela dieta e pela inatividade física. Muitas questões dietéticas podem afetar a progressão dessa doença, incluindo o consumo de fibras, a quantidade e o tipo de gorduras utilizadas na alimentação e a ingestão de carnes.

Estudos demonstraram que o exercício pode estar associado a uma redução do risco de desenvolvimento de várias formas de câncer. Antioxidantes, fatores de crescimento e efeitos hormonais aparecem como mediadores dos benefícios trazidos pelo exercício físico e/ou pela intervenção dietética. Várias pesquisas mostraram que o estilo de vida pode provocar alterações no câncer de próstata, induzindo redução no crescimento do tumor por um aumento na apoptose das células afetadas, mediado, em parte, por mudanças no IGF-1 (*insulin-like growth factor* – fator de crescimento semelhante à insulina) e em sua regulação no sinal de transdução das células prostáticas.[16]

A Figura 1 sugere um esquema do mecanismo pelo qual o exercício físico associado a uma dieta balanceada pode reduzir o risco de diabete, hipertensão, DAC e infarto agudo do miocárdio.

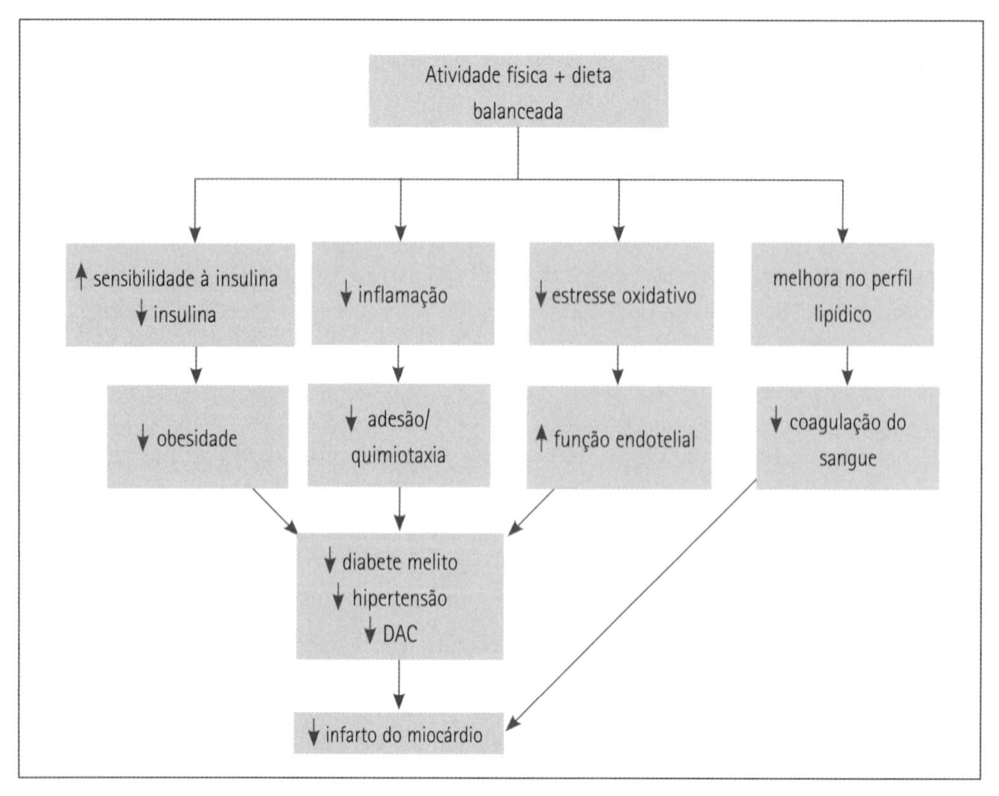

FIGURA 1 Potencial mecanismo pelo qual a atividade física associada a uma dieta balanceada pode reduzir o risco de DAC, hipertensão e diabete melito.

Conforme observado, a associação entre a correta atividade física e uma dieta balanceada tem como função prevenir doenças crônicas no futuro. Uma modificação no estilo de vida das crianças e dos adolescentes pode reduzir o risco de possíveis doenças na idade adulta. A maioria das crianças tem uma dieta rica em gorduras, especialmente gordura saturada, açúcares refinados, *fast-foods* e refrigerantes. Em adição, os hábitos infantis estão cada vez mais voltados ao sedentarismo. São comuns os jogos de videogame, o hábito de assistir à televisão e o uso prolongado do computador, sendo necessária a conscientização dos pais, dos educadores e da sociedade quanto à necessidade de implementar a atividade física no cotidiano dos jovens para evitar que possíveis doenças ocorram posteriormente.

EFEITOS FISIOLÓGICOS DA ATIVIDADE FÍSICA

Aptidão cardiorrespiratória

Embora o efeito da atividade física sobre a aptidão cardiorrespiratória tenha sido estabelecido há muito tempo, é de particular relevância para sobreviventes de câncer, em razão dos efeitos cardiotóxicos do tratamento. O exercício é capaz de melhorar a função cardiorrespiratória desses pacientes, variando desde um teste de caminhada de 6 min até testes em cicloergômetro.

Melhorias na condição física têm sido demonstradas em uma variedade de programas de exercício, incluindo ioga, caminhada, *tai chi chuan*, exercícios em casa e exercícios em academias. A melhora na aptidão cardiorrespiratória pode ser vista em diversos estudos que utilizaram exercícios com três sessões semanais de 20 a 40 min de duração e de intensidade moderada.

Força e resistência muscular

Estudos demonstram que a massa muscular pode diminuir e a massa gorda aumentar após algumas sessões de quimioterapia para tratamento do câncer de mama. Assim, o tratamento do câncer pode resultar em diminuição na atividade física, com subsequente diminuição do condicionamento físico. É importante orientar o paciente a realizar um treinamento de força e resistência, evitando maior perda da massa muscular e não comprometendo suas atividades de vida diária.

Flexibilidade

Cirurgias de câncer podem resultar em diminuição da amplitude de movimento, por causa de cicatrizes ou trauma do tecido, e, consequentemente, em função física alterada. Exercícios aeróbios, ioga, *tai chi chuan*, dança e movimento, exercícios específicos de alongamento, entre outros, são efetivos nesse tipo de tratamento.

Peso corporal

Mudanças associadas na composição corporal podem incluir diminuição da massa muscular e aumento da gordura corporal. No entanto, é importante orientar pacientes que tiveram qualquer tipo de tratamento do câncer a realizar exercícios físicos para controle do peso e da composição corporal.

O exercício pode diminuir o percentual de gordura, mas tem pouco ou nenhum efeito sobre o peso corporal na ausência de restrição calórica simultânea.

EFEITOS PSICOSSOCIAIS DA ATIVIDADE FÍSICA

Qualidade de vida

O efeito do exercício sobre a saúde relacionado à qualidade de vida em pacientes com câncer é evidente, melhorando também a autoestima. Sintomas como fadiga podem diminuir após um programa de exercícios aeróbicos, como caminhada ou ciclismo, porém os mecanismos pelos quais a atividade física pode melhorar a fadiga relacionada ao câncer ainda não são totalmente compreendidos.

RESUMO GERAL

Uma série de mecanismos plausíveis pode explicar a associação entre atividade física, risco de câncer e prognóstico. Aumento da atividade física reduz a adiposidade, o que pode explicar a redução de cânceres que estão associados a sobrepeso e obesidade, incluindo câncer de mama na pós-menopausa, cólon, endométrio e outros. Além disso, está associada a níveis reduzidos de hormônios sexuais, o que pode explicar a ligação entre atividade física e hormônios relacionados ao câncer de mama e endometrial.

Outro mecanismo possível ocorre por meio do efeito da atividade física, da inflamação e da função imunológica. O aumento da atividade física reduz a resistência à insulina, o que pode explicar as associações com risco para alguns cânceres, como o de cólon, que pode ser aumentado em indivíduos com resistência à insulina ou hiperinsulinemia.

Globalmente, os dados sugerem que 30 a 60 min de atividade física (moderada a intensa), de 3 a 5 vezes por semana, podem ser necessários para reduzir significativamente o risco de câncer de mama em desenvolvimento e do cólon. Assim, exercícios cardiovasculares para sobreviventes do câncer que tenham completado o tratamento não precisam ser diferentes daqueles da população geral. Além disso, os efeitos fisiológicos e psicossociais particulares do câncer e de seus tratamentos são positivamente afetados por exercício cardiovascular, treino de resistência e treinamento de flexibilidade.

PRINCÍPIOS CIENTÍFICOS DA ATIVIDADE FÍSICA E DO TREINAMENTO

A grande difusão do esporte competitivo tem gerado uma importante conscientização social no que tange aos benefícios da atividade física para a saúde. No entanto, é necessário evitar extrapolar os princípios que regem os exercícios de treinamento competitivo daqueles que buscam a atividade física com objetivos lúdicos e de preservação da saúde.

Para a realização de uma atividade física sistematizada que objetive a manutenção de uma boa saúde, deve-se lançar mão de alguns princípios científicos que norteiam a elaboração de qualquer plano de treinamento, seja para fins competitivos ou para um aumento na QV. A partir desses princípios, descritos a seguir, são criadas as atividades físicas especializadas e objetivas.

Princípio da conscientização

Engloba a compreensão dos verdadeiros motivos de sua aplicação. Assim, a pessoa, quando consciente do motivo pelo qual treinará e dos benefícios que esse tipo de treinamento pode proporcionar, realizará o treinamento com mais eficiência.

Princípio da saúde

O exercício físico deve proporcionar, além de melhora no desempenho, saúde e QV ao praticante. Esse princípio, em alguns casos, não se aplica a esportes de alto rendimento.

Princípio da individualidade biológica

É o princípio que explica a variabilidade entre indivíduos de mesma espécie, fazendo com que não existam pessoas iguais. Essas diferenças entre os indivíduos ocorrem em razão de fatores genéticos (genótipos) e fenótipo.

O potencial para cada tipo de atividade física é determinado geneticamente e a capacidade ou a habilidade para sua realização é decorrente do fenótipo. Portanto, mesmo para a prática de atividades lúdicas, o profissional de educação física deve levar em consideração as características particulares de cada indivíduo de um determinado grupo.

- Genótipo:
  - composição corporal;
  - biotipo;
  - altura máxima esperada;
  - força máxima possível;
  - aptidão física;
- fenótipo:
  - habilidades esportivas;
  - VO_2 máxima (quantidade máxima de oxigênio que o sistema cardiovascular pode transportar para os músculos);
  - percentual real dos tipos de fibras musculares;
  - potencialidades expressas.

Princípio da adaptação

É natural que após uma sessão de atividade física o indivíduo esteja cansado. Entretanto, após um período de repouso, é imprescindível que ele consiga recuperar-se totalmente e esteja em perfeitas condições para o dia seguinte.

Se algum tipo de estresse de grandeza suficiente para proporcionar a quebra da homeostase (estado de equilíbrio dinâmico) for aplicado ao organismo, ocorrem modificações fisiológicas como resposta, a fim de restabelecer a homeostase. Se esses estímulos ocorrerem de forma contínua, dão origem a diferentes reações, como de alarme, resistência e exaustão.

O excesso de atividade física pode causar *strain*, ou sobretreinamento. Seus sintomas são aumento da frequência cardíaca basal, diarreia, inapetência, irritabilidade, insônia, lesões musculares constantes, diminuição da capacidade de concentração e aprendizagem, fadiga, entre outros. Caso o sobretreinamento ocorra, ainda que em estágio inicial e de maneira discreta, aplica, obrigatoriamente, uma restrição no ritmo do exercício físico, forçando a uma redução da atividade física.

Princípio da sobrecarga

Esse princípio baseia-se no fato de o indivíduo adaptar-se aos estímulos de treinamento, os quais, se não forem incrementados, deixam de produzir novas adaptações e interrompem o progresso do treinamento.

O princípio da sobrecarga tem sido desviado dos aspectos qualitativos para os aspectos quantitativos, sendo comum aplicar o princípio do "quanto mais, melhor" e, assim, voltando a atenção para a quantidade de estímulos (séries, repetições, cargas utilizadas e tempo de execução do exercício) em vez das alterações promovidas pelos estímulos. Esse princípio tem limites que devem ser respeitados, pois a capacidade do corpo de retornar ao equilíbrio é limitada. Imediatamente após a aplicação de uma carga de trabalho, há uma recuperação do organismo, visando a restabelecer a homeostase. Dessa forma, a sobrecarga do treino deve estar dentro de uma margem controlada para que se chegue a um estado desejável e saudável.

Princípio da continuidade

A condição física ideal só pode ser conseguida após algum tempo, variando de meses a anos seguidos de efetivo treinamento, tudo em uma especialização constante da atividade física escolhida. Em outras palavras, pode-se dizer que o princípio da continuidade é a diretriz que não permite interrupções em um tempo maior de treinamento. Para se obter um nível desejável de saúde, os indivíduos devem possuir uma bagagem significativa obtida sem as indesejáveis paralisações. Portanto, se um indivíduo não receber uma carga de intensidade igual e/ou superior no prazo adequado, não ocorrerão ajustes positivos na aptidão física.

Princípio da interdependência volume-intensidade

O volume (quantidade de treinamento) e a intensidade (qualidade do treinamento) são inversamente proporcionais, ou seja, com o aumento do volume, ocorre a diminuição da intensidade e vice-versa. Por exemplo, um organismo submetido a um trabalho físico muito intenso só poderá executá-lo por curto período. Por outro lado, se há necessidade de realizar um esforço de longa duração, a carga deve, necessariamente, ser moderada.

O aumento da carga deve ser feito de acordo com outro parâmetro, sendo aconselhável que, inicialmente, se aumente o volume e, depois, a intensidade. A atividade física deve ser planejada para crianças e adolescentes e o aumento de carga tem de ser avaliado de maneira muito cuidadosa e progressiva, pois pode causar alterações das estruturas musculoesqueléticas, em razão de sobrecarga.

Para a obtenção de sobrecarga no volume, pode-se variar a quilometragem percorrida, o número de repetições, a duração do trabalho (tempo) e o número de séries e horas de treinamento. Para a obtenção de variações na intensidade, devem-se alterar os pesos utilizados, a velocidade e o ritmo, reduzir os intervalos (pausas) e variar a amplitude de movimentos.

RESISTÊNCIA FÍSICA E QV

A resistência é a capacidade que o corpo possui para suportar uma atividade prolongada, uma característica de rendimento que pertence à natureza humana. Sua base fundamenta-se em fatores orgânicos, fisiológicos e psíquicos. A capacidade de resistência é determinada por dois fatores essenciais: o transporte de O_2 e sua utilização pelos tecidos. Esses fatores são possibilitados a partir do aparelho cardiorrespiratório. Atividades físicas que provocam aumento da resistência causam várias modificações benéficas no organismo, como mudança trófica, redução na frequência cardíaca, aumento da provisão de O_2 e da irrigação nos músculos, aumento do volume sanguíneo, da quantidade dos glóbulos vermelhos e das substâncias tampão do sistema ácido-básico.

A finalidade maior de exercícios de resistência aeróbica consiste em provocar uma adaptação orgânica máxima, particularmente do sistema cardiorrespiratório. A resistência aeróbica é a base onde se apoiarão todas as demais qualidades físicas.

IDOSO E ATIVIDADE FÍSICA

Nos últimos anos, a expectativa de vida do ser humano aumentou progressivamente. Já é de conhecimento geral que o processo de senescência acarreta diversas alterações estruturais, principalmente no aparelho locomotor. Entre essas alterações, destaca-se a sarcopenia (perda do número de sarcômeros), que implica diretamente perda de força muscular. Além disso, o encurtamento muscular próprio da senescência acarreta diminuição da flexibilidade.

Somando-se as alterações musculares, o tecido ósseo apresenta fragilidade significativa nessa fase da vida adulta, aumentando o risco de fraturas. Esse conjunto de alterações decorrentes da terceira idade produz um impacto direto na QV do idoso, por diminuir sua capacidade funcional, levando-o a uma dependência parcial ou até total. Nesse sentido, a prática de atividade física melhora de forma significativa a QV do idoso, fato já confirmado por diversas pesquisas. Essa melhoria engloba desde os aspectos físicos já discutidos até os relacionados a distração e ocupação mental.

Caminhada, natação, corrida e ciclismo são atividades de resistência aeróbica que favorecem a circulação sanguínea e a melhoria funcional do coração, além de constituírem excelente opção para quem deseja melhorar o condicionamento físico, relaxar e modular novos estímulos emocionais e corporais. Exercícios que desenvolvem a flexibilidade do idoso também são de grande importância para a realização de tarefas do cotidiano. A elaboração de programas de atividade física que objetivem aumentar esse desempenho de valência física na terceira idade é imprescindível para o aumento da QV, visto que idosos com maior flexibilidade realizam movimentos que exigem maiores níveis de mobilidade sem grandes restrições articulares, como o simples ato de amarrar o cadarço de um sapato. Estudos mostraram que o idoso praticante regular de exercícios físicos apresenta melhor expectativa de vida em relação ao idoso de vida sedentária.

É necessário que, junto ao esquema de higiene corporal (hábitos diários saudáveis, atividade física no cotidiano), o idoso seja submetido a musculação leve, pois se observam maior facilidade para o movimento (levantar, andar, etc.) e menor número de quedas quando submetido a esse tipo de exercício.

Recentemente, foi demonstrado que a prática regular de atividade previne alterações neurológicas, aumentando a vascularização cerebral, o funcionamento de algumas células do cérebro e a condução nervosa, melhorando a capacidade cognitiva e a habilidade física em geral.

ATIVIDADE FÍSICA E SAÚDE MENTAL

A busca do bem-estar do indivíduo como um todo tem se tornado cada vez mais alvo de interesse dos médicos, dos atletas profissionais e da população em geral. Indivíduos que se exercitam com frequência adquirem sensação de bem-estar e autoconfiança. Aos poucos, percebe-se que a atividade física não deve ser encarada como uma forma de competição, mas como uma superação dos próprios obstáculos. O corpo passa a responder aos estímulos externos, fazendo os praticantes sentirem mais energia e vigor nas atividades diárias. Com persistência e treino, cada dia pode significar uma realização. Contudo, ao começar a fazer exercícios, é importante que haja uma meta e deve-se prestar atenção e respeitar os próprios limites.

O exercício regular atua de maneira eficaz sobre a tensão emocional, o estresse, a angústia, a depressão e em outras doenças psiquiátricas, como a esquizofrenia. Após a prática da atividade física, há uma sensação de bem-estar e até de euforia em decorrência da liberação de endorfinas, o que produz uma melhora na autoestima do indivíduo.

Estudos demonstram que exercícios aeróbios, de força e mesmo exercícios considerados leves, como *tai chi chuan*, podem produzir efeitos benéficos na saúde mental do indivíduo.

FLEXIBILIDADE E VIDA DIÁRIA

A flexibilidade é um importante componente corporal, quando se refere à QV, por ser uma capacidade física do organismo humano que condiciona a obtenção de grande amplitude gestual. Está relacionada à saúde e, em certo grau, ao desempenho atlético. Programas regularmente esquematizados constituídos por exercícios de alongamento (2 a 5 dias/semana, 15 a 60 min/dia) podem aprimorar a flexibilidade dentro de poucas semanas. A relação da influência genética sobre a flexibilidade é desconhecida; porém, independentemente da hereditariedade, programas convenientemente administrados provêm efeitos significativos no alcance do movimento desejado.

A importância da flexibilidade como capacitação física consiste no aumento da eficiência mecânica em gestos do cotidiano e movimentos generalizados e também em propiciar um menor gasto energético na execução do movimento durante o exercício praticado. Em atividades do dia a dia, a amplitude articular pode prevenir e corrigir vícios posturais, além de apresentar fundamental importância para aptidão física e saúde e funcionar como coadjuvante no tratamento de dismenorreia e tensão muscular.

Trabalhos para o desenvolvimento da flexibilidade podem ser iniciados desde cedo. Na primeira infância, que vai do nascimento aos 3 anos de idade, esses exercícios podem ser realizados por meio de movimentos naturais, durante as atividades cotidianas. Durante a segunda infância, dos 3 aos 6 anos, um treinamento forçado de flexibilidade pode, no momento da primeira mudança morfológica e do crescimento simultâneo das extremidades, prejudicar o aparelho instável de sustentação e de apoio, mas isso não impede a realização de atividades de alongamento. A terceira infância, dos 6 anos até o início da puberdade, é o principal período para desenvolvimento de trabalhos de flexibilidade, pois, mais tarde, embora se possa manter o nível adquirido, torna-se mais difícil conseguir uma elevação.

No final da adolescência, a estrutura óssea já apresenta ossificações incipientes, iniciando-se o fechamento das placas epifisárias cartilaginosas. Esse fato permite que o trabalho de flexionamento utilizado seja idêntico ao empregado em adultos, preponderando os trabalhos de facilitação neuromuscular proprioceptiva. A flexibilidade mostra-se uma qualidade física de grande importância tanto para atletas que visam a altas performances quanto para indivíduos que desempenham atividades cotidianas, como calçar meias e sapatos. Além disso, o alongamento produz efeitos para a melhora da dor, que pode estar presente em processos degenerativos, doenças reumáticas, lombalgias, entre outras.

CONCLUSÃO

O sedentarismo é a causa mais frequente de má condição física. Uma boa QV pode ser observada quando o indivíduo está apto a realizar tarefas cotidianas entre outras questões. O fortalecimento da musculatura pode diminuir a solicitação cardíaca nas atividades diárias, por reduzir a intensidade dos esforços, apresentando efeito importante na QV e na profilaxia de intercorrências patológicas.

Atualmente, é de primordial importância estimular e prescrever a prática cotidiana de atividade física.

REFERÊNCIAS BIBLIOGRÁFICAS

1. Wannamethee SG, Sharper AG, Walker M. Changes in physical activity, mortality, and incidence of coronary heart disease in older man. Lancet 1998; 351:1603-8.
2. De Backer G, Ambrosini E, Borsh-Johnsen K, Brotons C, Cifkova R, Dallongerville J et al. European guidelines on cardiovascular disease prevention in clinical practice. Third joint task force in european and other societies on cardiovascular disease prevention in clinical practice. Eur J Cardiovasc Prev Rehabilil 2003; 10(Suppl.1):S1-S78.

3. American College of Sports Medicine Position Stand. Exercise and type II diabetes. Med Sci Sports Exerc 2000; 32:1345-60.
4. Boulé NG, Haddad E, Kenny GP, Wells GA, Sigal RJ. Effects of exercise on glicemic control and body mass in tipe II diabetes mellitus. A meta-analysis of controled clinical trials. JAMA 2001; 286:1218-27.
5. Byers T. The American Society. Nutrition and physical activity for cancer guidelines advisory committee. American cancer society guidelines on nutrition and physical activity for cancer prevention: reducing the risk of cancer with healthy food and physical activity. C A Cancer J Clin 2002; 52:92-119.
6. Courneya KS, Friedenreich CM. Physical exercise and quality of life following cancer diagnosis: a literature review. Ann Behav Med 1999; 21:171-9.
7. Fagard R. Exercise characteristics and the bllod pressure response to dynamic physical training. Med Sci Sports Exerc 2001; 33:484-92.
8. Blair SN, Brodney S. Effects of physical inactivity and obesity on morbidity and mortality: current evidence and research issues. Med Sci Sports Exerc 1999; 31:S646-62.
9. Powell KE, Blair SN. The public health burdens of sedentary living habits. Theorical but realistic estimates. Med Sci Sports Exerc 1994; 26:851-6.
10. Knochel JP. Catasthrophic medical events with exaustive exercise. White collor rhabdomyolysis. Kidney Int 1990; 38:709-19.
11. Peel NM, McClure RJ, Bartlett HP. Behavioral determinants of healthy aging. Am J Prev Med 2005; 28(3):298-304.
12. Mostarda CT, Rogaw A, Silva IC, de la Fuente RN, Jorge L, Rodrigues B et al. Benefits of exercise training in diabetic rats persist after three weeks of detraining. Auton Neurosci 2009; 145:11-6.
13. Wilson DK, Williams J, Evans A, Mixon G, Rheaume C, et al. Brief report: a qualitative study of gender preferences and motivational factors for physical activity in underserved adolescents. J Pediatr Psychol 2005; 30(3):293-7.
14. O'Connor PJ, Puetz TW. Chronic physical activity and feelings of energy and fatigue. Med Sci Sports Exerc 2005; 37(2):299-305.
15. Gusmão L, Galvão J, Possante M. A resposta do rim ao esforço físico. Rev Port Nefrol Hipert 2003; 17(2):73-80.
16. Roberts CK, Barnard RJ. Effects of exercise and diet on chronic disease. J Appl Physiol 2005; 98:3-30.
17. Cornelissen VA, Fagard RH. Effect of resistance training on resting blood pressure: a meta-analysis of randomized controlled trials. J Hypertens 2005; 23:251-9.
18. Irigoyen MC, Paulini J, Flores LJF, Flues K, Bertagnoli M, Moreira ED et al. Exercise training improves baroreflex sensivity associated with oxidative stress reduction in ovariectomized rats. Hypertension 2005; 46:998-1003.
19. Negrão CE, Middlekauff HR. Adaptations in autonomic function during exercise training in heart failure. Heart Fail Rev 2008; 13:51-60.
20. Huang ES, Gorawara-Bhat R, Chin MH. Self-reported goals of older patientes with type 2 diabetes mellitus. J Am Geriatri Soc 2005; 53:306-11.
21. American Diabetes Association. Exercise and type 2 diabetes: The American College of Sports Medicine and American Diabetes Association: joint position statement. Diabetes 2010; 12:47-67.

22. Poortmans JR, Vanderstraeten J. Kidney function during exercise in healthy and diseased humans. An update. Sports Med 1994; 18:419-37.

BIBLIOGRAFIA

1. Achour JRA. Bases para exercícios de alongamento relacionados com a saúde e no desempenho atlético. Londrina: Phorte, 1996.
2. American College of Sports Medicine Position Stand. Exercise and physical activity for older adults. Med Sci Sports Exerc 1998; 30(6):992-1008.
3. Battista E, Vives J. Exercícios de ginástica. São Paulo: Manole, 1984.
4. Beebe LH et al. Effects of exercise on mental and physical health parameters of persons with schizophrenia. Issues Ment Health Nurs 2005; 26(6):661-76.
5. Dantas HME. A prática da preparação física. Rio de Janeiro: Sprint, 1995.
6. Dantas HME. Flexibilidade, alongamento e flexionamento. Rio de Janeiro: Shape, 1995.
7. Harris E. Kelley tratado de reumatologia. 7.ed. São Paulo: Elsevier, 2006.
8. Fagard R. Physical activity, fitness and blood pressure. In: Bulpitt CJ (ed.). Handbook of hypertension. v.20. Amsterdam: Elsevier, 2000.
9. Faria Jr AG et al. Atividades físicas para a terceira idade. Brasília: Sesi-DF, 1997.
10. Fox EL, Bowers RW, Foss ML. Bases fisiológicas da educação física e dos desportos. Rio de Janeiro: Guanabara-Koogan, 1989.
11. Gentil P. Bases científicas do treinamento de hipertrofia. Tijuca: Sprint, 2005.
12. Guedes DP, Souza Jr TP, Rocha AC. Treinamento personalizado em musculação. São Paulo: Phorte, 2008.
13. Hasegawa-Ohira M, Toda M, Den R, Morimoto K. Effects of Tai Chi exercise on physical and mental health. Nihon Eiseigaku Zasshi 2010; 65(4):500-5.
14. Latimer CS et al. Reversal of glial and neurovascular markers of unhealthy brain aging by exercise in middle-aged female mice. PLoS One 2011; 6(10):e26812.
15. Leveille SG et al. Aging successfully until death in old age: opportunities for increasing active life expectancy. Am J Epidemiol 1999; 149:654-64.
16. Nadeau M et al. Fisiologia aplicada na atividade física. São Paulo: Manole, 1985.
17. Neto MP. Tratado de gerontologia. São Paulo: Atheneu, 2002.
18. Physical Activity Guidelines Advisory Committee. Physical Activity Guidelines Advisory Committee Report, 2008. Washington: U.S. Department of Health and Human Services, 2008.
19. Pollock ML, Wilmore JH, Fox SM. Exercícios na saúde e na doença: avaliação e prescrição para prevenção e reabilitação. Rio de Janeiro: Medsi, 1993.
20. Powers SK, Howley ET. Fisiologia do exercício - teoria e aplicação ao condicionamento e ao desempenho. 6.ed. Barueri: Manole, 2009.
21. Tordeurs D et al. Effectiveness of physical exercise in psychiatry: a therapeutic approach? Encephale 2011; 37(5):345-52.
22. Tubino MJG. As qualidades físicas na educação física e desportos. São Paulo: Ibrasa, 1985.
23. Wang YT et al. Effects of Tai Chi exercise on physical and mental health of college students. Am J Chin Med 2004; 32(3):453-9.
24. Weineck J. Biologia do esporte. São Paulo: Manole, 1991.

25. Zakharov A. Ciência do treinamento desportivo. Rio de Janeiro: Grupo Palestra Esporte, 1992.

SITES PARA CONSULTA

http://www.boaforma.uol.com.br
http://saudetotal.com
http://www.saudeemmovimento.com.br

CAPÍTULO 5

Sono, distúrbios do sono e qualidade de vida

SONIA MARIA G. P. TOGEIRO
LUCIANO RIBEIRO PINTO JUNIOR
MARCO TÚLIO DE MELLO
SERGIO TUFIK

INTRODUÇÃO

A qualidade de vida (QV) é compreendida como parte de um bem individual e coletivo e o sono está intrinsecamente ligado a ela. Cada vez mais, a sociedade moderna experimenta horários irregulares e redução na duração da quantidade de sono, principalmente nas populações das grandes metrópoles. Essa condição caracteriza a privação crônica de sono, que pode comprometer a QV.

Os distúrbios do sono (DS) foram reclassificados pela Academia de Medicina do Sono em 2050[1] em grandes grupos de doenças, incluindo, entre outras, as insônias, a síndrome da apneia obstrutiva do sono (SAOS), a narcolepsia e os transtornos do ritmo vigília-sono, como o atraso ou o avanço de fase. Os DS estão associados, em sua maioria, a sintomas como hipersonolência, fadiga e alterações cognitivas e do humor, sendo que as queixas dependem do distúrbio do sono implicado. Assim, podem levar a prejuízos nas atividades sociais, de trabalho e na QV.

Embora a avaliação da QV nos indivíduos com DS seja fundamental, nem sempre é realizada, muito provavelmente em razão da carência de profissionais de saúde envolvidos nessa área. A avaliação da QV deve ser feita utilizando instrumentos genéricos e específicos no domínio do sono.

Neste capítulo, serão abordados o impacto dos principais DS e seus tratamentos na QV.

INSTRUMENTOS DE AVALIAÇÃO DA QV ESPECÍFICOS PARA OS DISTÚRBIOS DO SONO

Os instrumentos específicos são mais sensíveis que os instrumentos genéricos[2] e foram delineados com o objetivo de medir as respostas terapêuticas para os DS. São eles: o Calgary Sleep Apnea Quality of Life Instrument (SAQLI), o Functional Outcomes of Sleep Questionnaire (FOSQ) e o Quebec Sleep Questionnaire (QSQ). De maneira geral, boas correlações foram encontradas entre esses instrumentos e o SF-36.[3-7] O SAQLI é o mais utilizado na SAOS, contendo 35 perguntas distribuídas em quatro domínios: funções diárias, interação social, funções emocionais e sintomas. Um quinto domínio inclui os sintomas relacionados ao tratamento.[3]

O FOSQ foi delineado para avaliar o impacto da sonolência excessiva nas atividades da vida diária. É autoadministrado e contém cinco domínios: produtividade geral, social, nível de atividade, vigilância, relações íntimas e atividade sexual, além do escore geral.[4]

O QSQ foi recentemente desenvolvido contendo 32 itens específicos para a SAOS, também autoadministrados.[5] Tem cinco domínios, incluindo sonolência diurna, sintomas diurnos, sintomas noturnos, emoções e interação social.

Insônia

A insônia é um transtorno caracterizado pela dificuldade de iniciar ou manter o sono ou por insatisfação com a qualidade do sono, resultando em sintomas diurnos, físicos e emocionais, com impacto no desempenho das funções sociais e cognitivas. A insônia, seja sintoma, síndrome ou doença, tem amplas repercussões físicas, emocionais e sociais, interferindo na boa QV. Como referido em sua definição, não está associada apenas a problemas ocorridos durante o período do sono, como dificuldade para adormecer, frequentes despertares durante o sono ou sono não reparador, mas também às consequências durante o dia, como fadiga, sonolência, depressão, ansiedade ou mudanças de humor, consequências agravantes na QV. No entanto, muitas vezes há dificuldade em se determinar o impacto da insônia e de seu tratamento nas funções da vida diária, de modo que recorrer aos instrumentos de avaliação da QV é um bom meio de se entender as queixas dos insones. A literatura, na sua maioria, detém-se à insônia crônica.[8]

Zammit et al.[9] encontraram níveis de QV reduzidos em todos os domínios do SF-36 em indivíduos que relataram insônia em três ou mais noites da semana no período de no mínimo 1 mês, quando comparados aos controles saudáveis. Diversos outros estudos mostraram boa sensibilidade do SF-36 em avaliar o impacto da insônia primária e crônica ou quando associada a doenças crônicas[10-12] na QV.

O efeito dos hipnóticos no tratamento da insônia sobre o sono e a QV também foi estudado. Uma nova perspectiva no tratamento das insônias surgiu com novos agonistas de receptores benzodiazepínicos (drogas Z: zolpiclone, zaleplon e zolpiden), que apresentam meia-vida mais curta e menores tolerância, dependência e efeitos residuais.

Embora essas drogas possam ter efeito limitado nas insônias de manutenção, alguns estudos mostraram melhora na QV.[13,14] Quando possível, o tratamento farmacológico da insônia crônica deve ser evitado, sendo o tratamento cognitivo e comportamental mais eficaz em melhorar o sono, retirar os benzodiazepínicos e melhorar a QV.[15,16]

Deve-se ter em mente a necessidade de estudos adicionais a longo prazo que avaliem o tratamento farmacológico e outras terapias alternativas na abordagem da insônia crônica sobre a QV.

Narcolepsia

Como esperado, os DS que causam sonolência excessiva alteram parâmetros educacionais, profissionais e interpessoais envolvidos em medidas relacionadas à QV (capacidade funcional, saúde e sensação de bem-estar).[17] Entre as doenças que causam sonolência excessiva diurna, a narcolepsia é a que melhor representa esse grupo. Trata-se de um transtorno neurodegenerativo que se caracteriza não só por sonolência diurna excessiva, como por alterações na arquitetura do sono e manifestações dissociativas do sono REM, como paralisia do sono, alucinações hipnagógicas e episódios de cataplexia. É uma doença crônica que geralmente acarreta significativo impacto psicossocial.

Sonolência diurna e cataplexia são fatores limitantes na funcionalidade das atividades profissionais, acadêmicas, de lazer, relações familiares e interpessoais.[18] Problemas profissionais lideram a lista de limitações, como faltas ao trabalho, perda de promoções, demissão e prejuízo acadêmico.

A narcolepsia afeta uma faixa etária precoce, prejudicando especificamente os anos de formação acadêmica e o desenvolvimento da personalidade. Os episódios recorrentes de sono irresistível ocasionam riscos de acidentes de trabalho e automobilísticos.[19]

O tratamento multidisciplinar com abordagens farmacológica e psicossocial são cruciais para a melhora da qualidade de vida destes indivíduos.[20]

Distúrbios do ritmo vigília-sono

Assim como a quantidade de sono, o ritmo biológico é uma característica individual, tendo como padrão dormir durante o período noturno e estar acordado durante o dia. Alguns indivíduos tendem a alterar esse ciclo, seja por vontade própria ou necessidade, como acontece com os trabalhadores em turnos, ou por uma característica constitucional e provavelmente de natureza genética, como ocorre com os vespertinos que apresentam um atraso de fase.

Entre os indivíduos que trabalham em turnos, a sonolência resultante tende a aumentar os erros e acidentes durante o período noturno em relação ao diurno, além da redução na produção e do aumento do uso de álcool e de remédios estimulantes e para dormir. Os trabalhadores em turnos sofrem uma inadequação social, uma vez que tendem a viver em uma situação diferente de todo o ambiente familiar.

A maioria da população dorme por volta das 23 horas e acorda ao redor das 7 horas. Uma minoria não segue esse ritmo, tendendo a iniciar o sono bem mais tarde e acordar mais tarde pela manhã, sendo reconhecidos como vespertinos. Esses indivíduos não são bem aceitos pela maioria da população, sofrendo um preconceito observado já na infância, pelos pais e professores, até a idade adulta, no trabalho. Dessa forma, tendem a contrariar esse ritmo que lhes é natural, forçando um ritmo que seja aceito pela sociedade. No entanto, não conseguem realizar esse ciclo, mesmo com o uso de medicamentos, e muitas vezes são obrigados a acordar cedo, tendo como consequência uma privação crônica de sono, com aumento da sonolência diurna[21-23] e prejuízo nos parâmetros de QV.

Síndrome da apneia obstrutiva do sono

A SAOS é caracterizada pela presença de pelo menos um sintoma como ronco, engasgos durante o sono, sono não reparador, sonolência, fadiga e alterações cognitivas associadas à presença de apneias ou hiponeias (pelo menos 5/hora de sono) detectadas na polissonografia.[1] Considerando sua alta prevalência e suas conhecidas consequências clínicas, é fundamental ter em mente a avaliação da QV pré e pós-tratamento nesses indivíduos. O espectro de gravidade da SAOS é função do grau de sonolência e do índice de apneia e hipopneia por hora de sono detectado na polissonografia.

Diversos estudos mostraram prejuízo nos instrumentos genéricos e específicos para avaliação da QV na SAOS.[3-7,24-26] Merece destaque o estudo de Smith e Shneerson[24], que inclui 223 indivíduos com SAOS e mostrou prejuízo em todos os domínios do questionário SF-36, principalmente no que se refere a vitalidade e função social, quando comparados a indivíduos da população geral.

O estudo canadense de Sin et al.,[25] que avaliaram 365 indivíduos com SAOS de grau moderado a intenso, comparando-os a 358 indivíduos com SAOS leve, também encontrou prejuízo nos escores do PCS e MCS do SF-36. O estudo espanhol de Lloberes et al.[26] mostrou prejuízo significativo nos escores de NHP em indivíduos com SAOS grave comparados àqueles da população geral de Barcelona, sendo os domínios mais afetados os de energia, reações emocionais e sono. Mesmo na SAOS de grau leve, foi encontrado prejuízo na QV, como no estudo de Gal et al.,[27] em que os domínios do SF-36, como alerta, sono, recreação e trabalho, encontraram-se reduzidos quando comparados aos controles.

O escore total do SAQLI mostrou moderada a forte correlação com todos os domínios do SF-36[28], sendo que as maiores correlações foram com os domínios de vitalidade, função social e saúde mental do SF-36.[29] Flemons e Reimer[28] encontraram maior sensibilidade desse instrumento comparado ao SF-36 tanto na SAOS não tratada quanto após 1 mês de tratamento com pressão positiva em vias aéreas (CPAP).

Evidências sugerem que CPAP, que é o tratamento de escolha para a SAOS moderada e grave, melhora os índices de QV principalmente nos domínios de vitalidade e vigilância.[25,26,28]

CONCLUSÃO

Os distúrbios do sono são prevalentes e estão associados a grande prejuízo da QV. Os instrumentos que medem a QV, sejam genéricos ou específicos para cada distúrbio de sono implicado, são extremamente úteis no entendimento das queixas desses indivíduos e na determinação do impacto terapêutico. Assim, a inclusão da avaliação da QV nesses indivíduos deveria fazer parte da rotina clínica dos diferentes distúrbios do sono.

REFERÊNCIAS BIBLIOGRÁFICAS

1. American Academy of Sleep Medicine – AASM. International Classification of Sleep Disorders: Diagnostic and Coding Manual (ICSD-2). Westchester: American Academy of Sleep Medicine, 2005.
2. Flemons WW. Measuring quality of life in patients with sleep apnea: whose life is it anyway. Thorax 2004; 59:457-8.
3. Weaver TE, Lainer AM, Evans LK et al. An instrument to measure of a disease – specific health related quality of life questionnaire for sleep apnea. Sleep 1997; 20:835--43.
4. Flemons WW, Reimer MA. Development functional status outcomes for disorders of excessive sleepiness. Sleep 1997; 20:835-43.
5. Lacasse Y, Bureau MB, Series F. A new standardized and self-administered quality of life ques¬tionnaire specific for obstructive sleep apnea. Thorax 2004; 59:494-9.
6. Flemons WW, Reimer MA. Measurement properties of the Calgary Sleep Apnea Quality of Life Index. Am Rev Respir Crit Care Med 2002; 165:159-64.
7. Lacasse Y, Godbout C, Series F. Independent validation of Sleep Apnea Quality of Life Index. Thorax 2002; 57:483-8.
8. Pinto Jr. LR, Alves RC, Caixeta E, Fontenelle JA, Bacellar A, Poyares D et al. New guidelines for diagnosis and treatment of insomnia. Arq Neuropsiq 2010; 68:666-75.
9. Zammitt GK, Weiner J, Damato N, Sillup JP, McMillan CA. Quality of life in people with insomnia Sleep 1999; 22:S379-S385.
10. Idzikowski C. Impact of insomnia on health-related quality of life. Pharmaco Economics 1996; 10(Suppl.1):15-24.
11. Katz DA, McHorney CA. The relationship between insomnia and health related quality of life in patients with chronic illness. J Fam Pract 2002; 229-35.
12. Nokes KM, Kendrew J. Correlates of sleep quality in persons with HIV disease. J Assoc Nurses AIDS Care 2001; 12:17-22.
13. Maareck L, Cramer P, Attali P, Coquelin JP, Morselli PL. The safety and efficacy of zolpiden in insomniac patients: a long term open study in general practice. J Int Med Res 1992; 20(2):162-70.
14. Monti JM, Monti D, Estevez F, Giusti M. Sleep in patients with chronic primary insomnia during long term zolpiden administration and after withdrawal. Int Clin Psychopharmacol 1996; 11(4):255-63.
15. Morin CM, Mimeault V, Gagne A. Nonpharmacological treatment of late life insomnia. J Psychosom Res 1999; 46(2):103-16.
16. Morin CM, Bootzin RR, Buysse DJ, Edinger JD, Espie CA, Lichstein KL. Psycological and behavioral treatment of insomnia; update and recent evidence (1998-2004). Sleep 2006; 299(11):1398-414.
17. Vignatelli L, D'Alessandro R, Mosconi P, Ferini-Strambi L, Guidolin L, Vincentiis A et al. Health-related quality of life in Italian patients with narcolepsy: the SF-36 health survey. Sleep Med 2004; 5:467-75.
18. Douglas N. The phychosocial aspects of narcolepsy. Neurology 1998; 50:S27-S30.

19. Aldrich MS. Automobile accidents in patients with sleep disorders. Sleep 1989; 12(6):487-94.
20. Beusterien KM, Rogers AE, Wasleben JA et al. Health related quality of life effects of modafinil for treatment of narcolepsy. Sleep 1999; 22(6):757-65.
21. Medeiros ALD, Mendes DBF, Lima PF, Araujo JF. The Relationships between Sleep--wake cycle and academic performance in medical students. Biological Rhythm Research 2003; 32:263-70.
22. Almondes KM, Mota NB, Araujo JF. Sleep-wake cycle pattern, sleep quality and complaints about sleep disturbances made by inpatients. Sleep Science 2008; 1:35-9.
23. Araujo JF. Distúrbios de sono relacionados à ritmicidade circadiana. In: Pinto Jr LRP. Sono e seus transtornos: do diagnóstico ao tratamento. São Paulo: Atheneu, 2012. p.85-97.
24. Smith IE, Shneerson JM. Is the SF-36 sensitive to sleep disruption? A study in subjects with sleep apnea. J Sleep Res 1995; 4:183-8.
25. Sin DD, Mayers I, Man GCW, Ghahary A, Pawluk L. Can continuous positive airway pressure therapy improve the general health status of patients with obstructive sleep apnea? Chest 2002; 122:1679-85.
26. Lloberes P, Marti S, Sampol G, Roca A, Sagales T, Muñoz X et al. Predictive factors of quality of life improvement and continuous positive airway pressure use in patients sleep apnea-hypopnea syndrome: study at 1 year. Chest 2004; 126:1241-7.
27. Gal R, Isaac L, Kryger M. Quality of life in mild obstructive sleep apnea. Sleep 1993; 16:S59-S61.
28. Flemons WW, Reimer MA. Measurement properties of Calgary Sleep Apnea Quality of Life Index. Am J Respir Crit Care Med 2002; 165:159-64.
29. Lacasse Y, Godbout C. Serie F independent validation of the Sleep Apnea Quality of Life Index. Thorax 2002; 57:483-8.

CAPÍTULO 6

Síndromes dolorosas crônicas e qualidade de vida

RIOKO KIMIKO SAKATA
ANA LAURA ALBERTONI GIRALDES
SOLANGE SUMIRE AOKI

INTRODUÇÃO

A dor é uma experiência complexa e multidimensional que envolve alterações neurofisiológicas, bioquímicas, psicológicas e culturais, além de fatores ambientais, que contribuem para sua persistência e do comportamento doloroso.[1]

A síndrome dolorosa crônica é aquela com duração maior que 3 meses ou que se mantém após a resolução da causa inicial e não tem função biológica, sendo prejudicial para o paciente e considerada uma doença. Além disso, causa sofrimento e incapacidade, tornando-se causa frequente de afastamento do trabalho. Geralmente, a dor crônica é causada por uma lesão, mas pode ser perpetuada por diferentes fatores. Nem sempre as alterações anatômicas explicam a presença da dor,[1] que pode persistir mesmo após a cicatrização da lesão patológica.[2]

Essa síndrome afeta o estilo de vida e o comportamento.[3] Seu alívio muitas vezes é difícil, podendo persistir apesar do tratamento, com necessidade de associação de medicamentos e procedimentos, de forma multimodal e multiprofissional. Muitas vezes, porém, os pacientes portadores de síndromes dolorosas crônicas não são tratados de maneira adequada por desconhecimento dos mecanismos fisiopatológicos de ação de diferentes classes de analgésicos ou de técnicas que podem reduzir o sintoma, melhorando a qualidade de vida.

Existem também alguns mitos sobre analgésicos que dificultam o bom tratamento das síndromes dolorosas. Outras vezes, os medicamentos não são administrados em doses ou intervalos adequados, prejudicando a eficácia.

INCIDÊNCIA

A dor é um dos problemas de saúde mais prevalentes, pois uma parcela muito grande de doenças que atingem qualquer órgão ou sistema provoca dor, muitas vezes intensa e de difícil controle. É o sintoma que, com maior frequência, faz o paciente procurar o médico e, apesar disso, muitas vezes a dor não é aliviada de forma satisfatória.[1]

A incidência da dor crônica tem aumentado provavelmente em decorrência de modificações dos hábitos de vida dos indivíduos, aumento da estimativa de vida e maior sobrevida de doentes graves.[4] Cerca de 10 a 50% da população mundial que procura auxílio médico o faz por queixa de dor.[5]

No Brasil, a dor ocorre em aproximadamente 70% dos pacientes que procuram auxílio médico por outras queixas.[6] Nos Estados Unidos, por volta de 35 milhões de novas consultas anuais são realizadas por queixa de dor.[6]

A dor crônica é um problema social de proporções epidêmicas, sendo a causa mais frequente de sofrimento.[2] Milhões de pessoas apresentam dor crônica e muitas têm a síndrome de maneira permanente e durante a maior parte do ano.[2] Aproximadamente 11 a 14% da população mundial apresenta dor crônica.[7]

Há vários fatores que influenciam a incidência de síndromes dolorosas, sendo a idade um dos mais importantes. O idoso queixa-se de dor com maior frequência. Após os 65 anos de idade, 80 a 85% dos indivíduos apresentam problemas de saúde que os predispõem a ter dor em algum período,[8] sendo que cerca de 25 a 80% dos indivíduos com mais de 60 anos têm queixas álgicas.[9] Com a idade, as pessoas têm menos dores de cabeça, abdome e tórax e mais nas articulações.[8]

Em relação ao sexo, a dor tem maior prevalência entre as mulheres. Em estudo realizado na Suécia, aproximadamente 70% dos pacientes em tratamento em clínicas especializadas são do sexo feminino.[10] As mulheres têm mais dor musculoesquelética e em múltiplos locais que o homem, mas não há diferença na incidência de dor torácica e abdominal.[8]

A Associação Internacional para o Estudo da Dor (International Association for the Study of Pain – IASP) classifica mais de 600 condições dolorosas, descritas a seguir.

Síndrome miofascial

A síndrome miofascial é a dor crônica mais frequente, sendo considerada a causa mais comum de dor regional. Praticamente todos os indivíduos apresentam essa síndrome em algum período da vida; em clínicas de dor, 30 a 85% dos pacientes apresentam essa condição.[11] A maioria dos pacientes portadores de dor crônica tem dor miofascial, seja isolada ou associada a outras síndromes dolorosas. Essa síndrome ocorre principalmente no adulto, havendo predominância de incidência no sexo feminino,[11] mas também pode ocorrer em crianças.[12]

Fibromialgia

A incidência da fibromialgia é de 2 a 6% da população geral e a idade média de início da síndrome é de 29 a 37 anos, com maior frequência no sexo feminino.

Lombalgia

A lombalgia é a segunda causa de ausência ao trabalho em indivíduos com menos de 55 anos de idade e também a segunda causa de dor crônica.[15] Estima-se que cerca de 14% dos indivíduos não trabalham um ou mais dias nos Estados Unidos em decorrência da lombalgia.[13] É a principal causa de incapacidade em pessoas com menos de 45 anos[13] e uma das causas mais frequentes de consulta e hospitalização.[14]

Dor cervical crônica

A dor cervical crônica ocorre em 9,5% dos homens e 13,5% das mulheres com mais de 30 anos de idade.[15] A doença osteomuscular relacionada ao trabalho (DORT) é um dos maiores problemas de saúde ocupacionais do mundo.[16]

Neuralgia do trigêmeo

A incidência da neuralgia do trigêmeo é de 4,7:100.000 habitantes. A neuralgia pós-herpética é a complicação mais frequente do herpes-zóster, ocorrendo em até 50% dos pacientes acometidos pela doença. A dor é muito frequente na lesão da medula espinal, sendo observada em 7,5 a 77% dos pacientes.

Acidente vascular cerebral

Após acidente vascular cerebral, 8 a 22% dos pacientes apresentam dor.

HIV

Em portadores de HIV, a dor atinge cerca de 30% dos pacientes.

Amputação

Após amputação de um membro, aproximadamente 60 a 85% dos pacientes apresentam dor fantasma, sendo que cerca de 95% destes apresentam dor no primeiro mês e 60% mantêm o quadro após 1 ano. A manifestação tardia não é comum, ocorrendo em menos de 10% dos pacientes.

Dor pélvica crônica

A dor pélvica crônica é um problema comum e que pode alterar significativamente a qualidade de vida. A mulher tem risco de 5% de apresentar síndrome dolorosa pélvica crônica durante a sobrevida. Se já teve doença inflamatória pélvica previamente, esse risco aumenta quatro vezes; entre essas mulheres, cerca de 45% têm diminuição da produtividade no trabalho.[17]

Câncer

Aproximadamente 80% dos pacientes com câncer em estágios avançados apresentam dor moderada ou intensa. A dor é decorrente de múltiplas causas, sendo que em 1/3 dos pacientes se observam quatro ou mais causas. Em 1/4 dos pacientes, ocorrem dois ou mais tipos de dor.

REPERCUSSÕES

A dor crônica compromete a qualidade de vida, definida como sensação de conforto e bem-estar no desempenho de atividades físicas e psíquicas, de acordo com as realizações pessoais e familiares e as tradições dos ambientes em que o indivíduo se encontra.

Muitos pacientes com dor crônica têm sintomas depressivos significativos e escores de qualidade de vida baixos.[8] Em um estudo epidemiológico, 50 a 60% dos indivíduos com dor crônica mostraram-se incapacitados para atividades diárias e de forma temporária ou permanente no trabalho.[18]

A dor é acompanhada de insônia, perda de apetite e alteração do humor e causa limitação funcional e incapacidade física. A depressão e a ansiedade ocorrem com frequência.[19-21] Há desorganização familiar, perda social e, muitas vezes, os pacientes "vivem para a dor".[22]

Os recém-nascidos e as crianças menores têm consequências lesivas imediatas e a longo prazo, quando experimentam dor intensa, sendo os pré-termos os mais vulneráveis.[23]

A dor causa lesão estrutural e fisiológica no sistema nervoso central (SNC) e os procedimentos dolorosos repetidos podem resultar em diminuição do limiar da dor e hipersensibilidade. Os efeitos imediatos incluem instabilidade fisiológica e aumento da incidência de complicações sérias, como hemorragia intraventricular. Os efeitos a longo prazo podem incluir alteração da percepção da dor, síndromes dolorosas crônicas e sintomas somáticos. Dor repetida em pré-termo pode estar associada a distúrbio de atenção e de aprendizado e alteração de comportamento.[23]

AVALIAÇÃO DO IMPACTO A PARTIR DE ALTERAÇÕES FÍSICAS E PSÍQUICAS

Em relação aos índices e questionários que podem quantificar a capacidade funcional do paciente pelas alterações físicas e psíquicas, podem ser citados:

- métodos que podem medir o grau de exigência e autonomia necessária para a realização das atividades de vida diária dos pacientes;[19]
- escala para avaliar a capacidade funcional quanto à independência com seus cuidados pessoais;[20]
- medida de independência funcional (MIF), que tem sido aplicada também com o intuito de avaliar os resultados do programa de reabilitação instituído.[19]

PRINCIPAIS SÍNDROMES DOLOROSAS

As causas de dor são múltiplas, podendo ser tanto a doença quanto a lesão inicial, como consequência ao tratamento ou às complicações. Há várias síndromes dolorosas crônicas, que podem ser classificadas de acordo com a fisiopatologia, a etiologia ou por segmento acometido. Didaticamente, classificam-se as síndromes dolorosas mais frequentes de acordo com a fisiopatologia:

- dor por nocicepção: disfunção da articulação temporomandibular (ATM), cervicalgia, dorsalgia, lombalgia, osteoartrose, síndrome miofascial, fibromialgia, isquemia e câncer;
- dor neuropática: neuralgia pós-herpética, neuropatia diabética, neuralgia do trigêmeo, síndrome de dor regional complexa, dor fantasma, dor no portador de HIV e câncer.

A seguir, serão abordadas as síndromes dolorosas mais comuns nas clínicas de dor.

Síndrome miofascial

A síndrome miofascial é caracterizada por dor localizada ou regional associada à presença de pontos-gatilho e contratura muscular. A compressão desses pontos provoca dor intensa no local e na área referida de cada músculo, que é a mesma nos diferentes indivíduos.

Fibromialgia

Fibromialgia é uma síndrome dolorosa caracterizada por dor difusa nos quatro quadrantes e na coluna e pela presença de pontos dolorosos. Os pacientes apresentam fadiga, insônia, sono não reparador, rigidez matinal, alteração do humor e da memória, hiperestesia, câibras, xerostomia e parestesia. São comuns outras doenças como enxaqueca, síndrome do cólon ou bexiga irritável. Nesses pacientes, ocorre aumento de neurotransmissores excitatórios e diminuição dos inibitórios, além de alteração do sistema simpático, com diminuição do limiar da dor.

Lombalgia e lombociatalgia

A lombalgia e a lombociatalgia são responsáveis por impacto físico, emocional, social e econômico. As causas de dor lombar são doença degenerativa articular, hérnia de disco, estenose de canal espinal, síndrome miofascial, fibromialgia, síndrome piriforme, osteomielite, abscesso peridural, doença de Pott, discite, artrite reumatoide, espondilite anquilosante, tumor e aracnoidite.

DORT

As síndromes dolorosas cervicobraquiais podem ser originadas de doenças espinais, periféricas ou da associação de ambas. A causa mais comum de dor radicular é a degeneração do disco associada à alteração de articulação intervertebral. A dor e a limitação podem ser resultantes de alterações em disco, articulação ou ligamentos. Também são provenientes de lesões em tendão ou nervo, provocadas por trauma, inflamação, neoplasia, fatores posturais e ergonômicos ou pelo excesso de uso dos membros superiores.

Na DORT, observam-se síndrome miofascial, tendinite, bursite, ombro congelado, epicondilite, tenossinovite, síndrome do túnel do carpo, tenossinovite de Quervain e síndrome complexa de dor regional.

HIV

A dor é um problema frequente em paciente portador de HIV. A incidência varia conforme o estágio da doença e o tratamento que está sendo feito. Pode ser provocada por tumor, infecção e neuropatia periférica.

Câncer

Os pacientes oncológicos podem ter dor por nocicepção e desaferentação, provocada pelo tumor, pelos tratamentos, pelos procedimentos realizados (punção venosa, biópsia, e coleta de material), pelas síndromes paraneoplásicas ou por causas não relacionadas à doença. A dor persistente provoca alterações do sono e do apetite, ansiedade, depressão e deterioração física.

Dor neuropática

Dor neuropática é a causada por lesão ou doença do sistema nervoso e pode ser periférica ou central (medular ou encefálica). Os pacientes apresentam dor de intensidade variável e a apresentação clínica depende da causa. A dor pode ser constante ou intermitente, com períodos de melhora espontânea ou não, paroxística, superficial ou profunda. Os termos utilizados para referir são: queimação, lancinante, choque, latejante, ferroada, lacerante, alfinetada, corte, aperto, irritação e esmagamento. São fatores que influem na dor: alterações da temperatura, umidade do ar, estímulos musculoesqueléticos ou viscerais, postura, esforço físico, barulho, luminosidade e ansiedade.

Dependendo da causa, a dor atinge áreas diferentes do corpo, sendo predominantemente superficial. Pode ser permanente ou haver remissão espontânea ou com tratamento. Geralmente, são grandes áreas de dor e sensação anormal que não correspondem ao nervo ou dermátomo. A dor acompanha alodínia, hiperalgesia, alteração da sensibilidade, diminuição da força, limitação dos movimentos, rigidez articular, atrofia muscular, aumento do tônus muscular, cãibra, pele esticada e brilhante, unhas quebradiças, alteração da temperatura/cor e sudorese.

São exemplos de síndromes dolorosas neuropáticas: neuralgia herpética, diabética e alcoólica, neurite traumática, lesão por tumor e HIV, lesão de nervo por medicamentos, avulsão de plexo braquial, neuralgia do trigêmeo e do glossofaríngeo, síndrome complexa de dor regional complexa e dor fantasma.

O herpes-zóster é a reativação de infecção por vírus da varicela (*Herpesvirus varicellae*) que ocorreu previamente. Provoca dor persistente, em queimação, agulhada, com alodínia, prurido e parestesia. É quase sempre unilateral, de caráter segmentar.

A neuralgia pós-herpética, complicação mais frequente do herpes-zóster, acomete principalmente idosos e pode ter duração bastante variável, podendo ser permanente. A dor pode ser de diferentes características e acompanha alodínia, área de hipoestesia, hiperestesia e alteração motora da região. Na neuralgia pós-herpética, a dor é causada por desaferentação decorrente da destruição da bainha de mielina das fibras dos nervos periféricos pelo vírus.

O diabete melito é a causa mais comum de neuropatia periférica, que pode ser simétrica generalizada e assimétrica focal. Pode causar polineuropatia simétrica distal (mais comum) predominantemente sensitiva, motora ou mista, neuropatia neurovegetativa e mononeuropatia focal ou multifocal, predominantemente sensorial ou motora. A polineuropatia sensitiva pode acometer fibras finas, grossas ou ambas. Na maioria das vezes, a neuropatia é observada após muitos anos de controle inadequado ou não da doença e ocorre nas duas formas. A prevalência é maior em doença de longa duração e sensação de edema de pés, alodínia e parestesia, hipoestesia e alterações neurovegetativas são sintomas que acompanham.

A neuralgia do trigêmeo geralmente é unilateral e ocorre na faixa entre 50 e 70 anos de idade. Acomete com maior frequência mulheres,[24] sendo caracterizada por dor paroxística em choque, intensa, de início súbito e término abrupto, com duração de segundos, podendo ocorrer uma sequência de múltiplos choques que fazem o paciente pensar que a dor é constante ou de longa duração. Pode haver remissão espontânea durante meses ou anos.

Não são observadas anomalias neurológicas na neuralgia idiopática. A etiologia da neuralgia do trigêmeo ainda não está bem esclarecida, podendo ser decorrente de fatores mecânicos e causando compressão, isquemia do gânglio por ateromatoses, neurite ascendente e compressão vascular. Na neuralgia secundária, são encontradas alterações que dependem da localização da causa. São comuns áreas "gatilho", principalmente nas regiões perioral e nasal, que, ao serem ativadas, precipitam as crises. A dor frequentemente é desencadeada por toque na pele, corrente de ar ou movimentos habituais, como falar, alimentar-se, lavar o rosto e escovar os dentes.

A síndrome complexa de dor regional (SCDR) é uma condição dolorosa desproporcional ao evento causal (trauma), com alterações como dor, alodínia, de cor da pele, da temperatura e da sudorese, edema, tremor, distonia e fraqueza muscular. Pode ser do tipo I, quando não há lesão de um nervo, e do tipo II, com lesão nervosa. Na SCDR tipo II, os nervos mais acometidos são o mediano, o ulnar, o radial e o plexo braquial, nos membros superiores, e os nervos ciático e tibial, nos inferiores.[29] Há predomínio do sexo feminino e o evento causal varia de trauma mínimo ou contusão a fraturas e operação. A manifestação da SCDR pode variar consideravelmente em cada paciente.

A dor fantasma geralmente ocorre após amputação de extremidades. Os mecanismos envolvidos ainda não foram elucidados, porém existem diversas teorias envolvendo mecanismos periféricos, centrais e psicológicos, embora nenhum deles, isoladamente, explique de forma completa as características clínicas dessa síndrome. A dor do membro fantasma é descrita como queimação, câibra, aperto, pontada, fisgada e formigamento.

Pequena porcentagem dos pacientes refere ainda posições não habituais dos membros amputados.

Dor central é aquela que se origina de lesão do sistema nervoso central (medular ou encefálico). As lesões podem causar dor intensa que geralmente começa após semanas ou meses, podendo ocorrer após anos ou manifestar-se imediatamente após a lesão. As causas de dor central são lesão vascular de encéfalo e medula espinal (infarto, hemorragia e malformação vascular), esclerose múltipla, trauma medular, siringomielia, tumor, abscesso, processo inflamatório e doença de Parkinson. Lesão vascular, esclerose múltipla e trauma são as mais frequentes.

Após acidente vascular encefálico, é comum o paciente apresentar dor, geralmente acompanhada de alteração sensorial, mas pode ocorrer na ausência de déficit clinicamente detectável. A alteração sensorial geralmente é extensa, atingindo hemicorpo. A dor é acompanhada de parestesia, hipoestesia, alodínia, contratura muscular, hiperpatia, perda da força, cãibra, movimentos involuntários, alteração da cor, edema e atrofia muscular.

No paraplégico, a ativação de áreas gatilho por meio de tato ou pressão provoca dor. A maioria dos pacientes tem história de dor leve e que se torna intensa e extensa com o tempo. Habitualmente, a dor é prolongada, durando meses ou anos. Pode ser em aperto, queimação, choque ou pontada. São frequentes alterações sensitivas (hipoestesia, formigamento, dormência, alodínia), tremor nos dedos, fadiga, cansaço do local afetado, diminuição da força, cãibra, diminuição da mobilidade ou rigidez articular, tensão e contratura muscular, alterações tróficas (atrofia muscular, crescimento de pelos e unhas quebradiças), alteração da coordenação motora, deformidade, alterações neurovegetativas (temperatura, sudorese, cor e edema) e alterações psicológicas (depressão, ansiedade, e irritabilidade)

A dor crônica frequentemente é observada após intervenções cirúrgicas. O trauma cirúrgico pode causar lesões no sistema nervoso, evoluindo para síndrome dolorosa crônica. Pode haver lesão direta ou indireta de nervo por secção, isquemia ou compressão por fibrose. Essas lesões ocorrem em diferentes tipos de operações (toracotomia, mastectomia, laparotomia, herniorrafia, laminectomia, lipoaspiração, entre outros).

CONDUTAS

Os tratamentos empregados para o alívio da dor são variados, muitas vezes associando medicamentos e procedimentos. O objetivo é o controle da dor e o retorno às atividades habituais do paciente, ou o máximo possível. A resposta favorável está relacionada à instituição precoce do tratamento.

O tratamento farmacológico é o mais recomendado, sendo utilizados anti-inflamatórios, dipirona, paracetamol, relaxantes musculares, corticosteroides, antidepressivos, anticonvulsivantes, neurolépticos, tramadol, opioides, calcitonina, clonidina, betabloqueadores, bifosfonatos e anestésicos locais. Os bloqueios podem ser realizados por meio de injeções de anestésicos locais associados ou não a outros analgésicos, como opioides ou agonistas adrenérgico alfa-2. O bloqueio do sistema nervoso simpático pode ser obtido por meio de bloqueio de gânglio, injeção venosa regional de fármacos (guanetidina) e bloqueio simpático venoso com lidocaína. Também podem ser usados bloqueios somáticos, com diversos medicamentos.

São indicados exercícios, cinesioterapia, terapia manual, calor, eletroterapia, hidroterapia, órteses, técnicas de relaxamento, *biofeedback* e psicoterapia. No tratamento da dor crônica, um amplo programa de reabilitação é importante para a recuperação física e emocional. O tratamento neurocirúrgico é indicado para algumas situações específicas.

Diante da complexidade, faz-se necessária a intervenção de uma equipe multidisciplinar, visando a melhores analgesia, reabilitação motora e estabilidade emocional que permitam a reinserção do paciente nos contextos familiar, social e laborativo.

DOR E CUIDADOS PALIATIVOS

O tratamento paliativo é indicado para o paciente com doença avançada, em fase terminal, quando é irreversível e sem possibilidades de resgate das condições de saúde. Cuidado paliativo é uma abordagem que promove qualidade de vida de pacientes que enfrentam doenças que ameaçam a continuidade da vida, por meio de prevenção e alívio do sofrimento.

Entre as manifestações dos pacientes terminais que requerem cuidados paliativos, a dor é a mais frequente. Para seu tratamento, vários fármacos estão disponíveis, sendo os opioides os mais empregados para dor intensa. Há dúvidas sobre o momento para o início, o medicamento, a dose e a via a ser empregada para sedação paliativa.

No intuito de reduzir a consciência, oferecer conforto e aliviar a angústia intolerável do paciente, também podem ser usadas medicações sedativas.[26,27] O objetivo é aliviar o sofrimento, usando fármacos apenas para o controle dos sintomas.

A sedação paliativa pode ser classificada conforme o grau, em leve ou consciente, quando a consciência é mantida, permitindo comunicação do paciente, e profunda, quando o paciente permanece semiconsciente ou inconsciente. De acordo com a duração, é classificada em intermitente, quando o paciente tem alguns períodos de alerta, e contínua, quando permanece inconsciente até o óbito.[28] Para se indicar a sedação contínua e profunda, a doença deve ser irreversível e avançada, com morte esperada para horas ou dias.[29] A sedação paliativa não causa redução do tempo de sobrevida.[30]

Os medicamentos podem ser administrados por diferentes vias[31], sendo os opioides, benzodiazepínicos e neurolépticos os mais utilizados.[31-35]

REFERÊNCIAS BIBLIOGRÁFICAS

1. Turk DC, Okifuji A. Pain terms and taxonomies os pain. In: Loeser JD. Bonica's management of pain. 3.ed. Filadéllfia: Lippincott Williams & Wilkins, 2001.
2. Jacobson L, Mariano AJ. General considerations of chronic pain. Bonica's management of pain. 3.ed. Filadélfia: Lippincott Williams & Wilkins, 2001. p. 241-254.
3. Raj PP. Taxonomy. In: Raj PP. Pain medicine. St. Louis: Mosby-Year Book, 1996.
4. Mailis A, Papagapiou M. Profile of patients admitted to the pain facility of a university affiliated acute care hospital. Pain Clinic 1993; 6:71-82.

5. Von Korff A. An epidemiologic comparision of pain complains. Pain 1988; 32:173-83.
6. Teixeira MJ, Pimenta CAM. Epidemiologia da dor. In: Teixeira MJ. Dor, conceitos gerais. São Paulo: Limay,1994.
7. Magni G. Chronic musculoskeletal pain and depressive symptoms in the general population. An analysis of the 1st National Health and Nutrition Examination Survey. Pain 1990; 23:293-300.
8. Gallagher RM, Verma S, Mossey J. Chronic pain. Sources of late-life pain and risk factors for disability. Geriatrics 2000; 55:40-4.
9. Helme RD, Gibson SJ. Pain in older people In: Crombie, epidemiology of pain. Seattle: IASP Press, 1999. p.103-12.
10. Brattberg G. The prevalence of pain amongst the oldest old in Sweden. Pain 1996; 67:29-34.
11. Han SC, Harrison P. Myofascial pain syndrome and trigger-point management. Reg Anesth 1997; 22:89-101.
12. Aftimos S. Myofascial pain in children. NZ Med J 1989; 102:440-1.
13. Calder TM, Rowlingson JC. Low back pain. In: Raj PP. Pain medicine. Los Angeles: Mosby, 1996.
14. Ozguler A, Leclerc A, Landre MF, Pietri-Taleb F, Niedhammer I. Individual and accupational determinants of low back pain according to various definitions of low back pain. J Epidemiol Community Health 2000; 54(3):215-20.
15. Makela M, Heiovaara M, Sievers K, Impivaara O, Knekt P, Aromaa A. Prevalence, determinants, and consequences of chronic neck pain in Finland. Am J Epidemiol 1991; 134:1356-67.
16. Larsson SE, Bengstsson A, Bodegard L, Henriksson KG, Larsson J. Muscle changes in work-related chronic myalgia. Acta Orthop Scand 1988; 59:552-6
17. Wesselmann U. Pain of pelvic origin. Pain 1999. An Update Review. IASP 1999; 47-63.
18. James FR. Epidmiology of pain in New Zealand. Pain 1991; 44:279-83.
19. Mitchell A, Boss BJ. Adverse effects of pain on the nervous systems of newborns and young children: a review of literature. J Neurosci Nurs 2002; 34:228-36.
20. DeLisa JA. Tratado de medicina de reabilitação. 3.ed. Barueri: Manole, 2001.
21. Poulsen DL, Hansen HJ, Langemark M, Olesen J, Bech P. Disconfort or disability in patients with chronic pain syndrome. Psychother Psychosom 1987; 48:60-2.
22. Grabois M. Disability and impairment ratings. A academy of pain medicine. 17th Annual Meeting. Miami, 2001.
23. Merskey H. Pain and psychological medicine. In: Wall PD, Melzack R. Textbook of pain. 3.ed. Edinburgh: Churchill Livingstone, 1994.
24. Rappaport ZH, Devor M. Trigeminal neuralgia? The role of selfsustainig discharge in trigeminal ganglion. Clinical review. Pain 1994; 56:127-38.
25. Seddon H. Nerve injuries causing pain. In: Surgical disorders of the periferal nerves. 2.ed. Edinburgh: Churchill Livingstone, 1975.
26. Muller-Busch HC, Andres I, Jehser T. Sedation in palliative care – A critical analysis of 7 years experience. BMC Palliat Care 2003; 684X-2-2.
27. Gonçalves JAF. Sedation and expertise in palliative care. J Clin Onc 2006; 24(25):44-5.

28. Morita T, Tsuneto S, Shima Y. Definition of sedation for symptom relief: a systematic literature review and a proposal of operational criteria. J Pain Symptom Manage 2002; 24(4):447-53.
29. De Graeff A, Dean M. Palliative sedation therapy in the last weeks of life: a literature review and recommendations for standards. J Palliat Med 2007; 10(1):67-85.
30. Claessens P, Menten J, Schotsmans P et al. Palliative sedation, not slow euthanasia: a prospective, longitudinal study of sedation in Flemish Palliative Care Units. J Pain Symptom Manage 2010. [Epub ahead of print].
31. Rousseau P. Palliative sedation in the management of refractory symptoms. J Support Oncol 2004; 2:181-6.
32. Mercadante S, Porzio G, Valle A, Fusco F, Aielli F, Costanzo V et al. Palliative sedation in patients with advanced cancer followed at home: a systematic review. J Pain Symptom Manage 2011; 41(4):754-60.
33. Alonso-Babarro A, Varela-Cerdeira M, Torres-Vigil I, Rodríguez-Barrientos R, Bruera E. At-home palliative sedation for end-of-life cancer patients. Palliat Med 2010; 24(5):486-92.
34. Rosengarten OS, Lamed Y, Zisling T, Feigin A, Jacobs JM. Palliative sedation at home. J Palliat Care 2009; 5(1):5-11.
35. Morita T, Chinone Y, Ikenaga M, Miyoshi M, Nakaho T, Nishitateno K et al. Ethical validity of palliative sedation therapy: a multicenter, prospective, observational study conducted on specialized palliative care units in Japan. J Pain Symptom Manage 2005; 30(4):308-19.

CAPÍTULO 7

Tabagismo, saúde e qualidade de vida

MARCO AURÉLIO SCARPINELLA BUENO
DENISE PARÁ DINIZ
HÉLIO ROMALDINI

INTRODUÇÃO

Quando se analisa a associação entre saúde, qualidade de vida e ambiente depara-se com um dos principais fatores responsáveis pela morte de mais de 5 milhões de pessoas por ano no planeta: o tabagismo. Segundo dados da Organização Mundial da Saúde (OMS) o tabagismo tornou-se a principal causa evitável de óbito no mundo.[1]

A OMS estima que 1/3 da população mundial adulta – cerca de 1,3 bilhão de pessoas – fuma, projetando que esse número suba para 1,6 bilhão em 2025. Aproximadamente 47% da população masculina e 12% da população feminina fazem uso de produtos derivados do tabaco. Nos países em desenvolvimento, os fumantes somam 48% dos homens e 7% das mulheres, enquanto nos países desenvolvidos a participação do sexo feminino mais que triplica, em um total de 42% de homens e 24% de mulheres fumantes.[2] No Brasil, pesquisa realizada recentemente pelo Ministério da Saúde por meio do Instituto Nacional de Câncer (Inca), indicou que 18,8% da população brasileira é fumante (22,7% dos homens e 16% das mulheres).[2,3]

Caso as estimativas de aumento do consumo de produtos como cigarros, charutos e cachimbos se confirmem, o número de mortes anuais aumentará para 10 milhões por volta de 2030. No Brasil, 23 pessoas morrem por hora em virtude de doenças ligadas ao tabagismo[4], sendo que ocorrem 200 mil mortes por ano por doenças tabaco-relacionadas.[1]

A OMS afirma ainda que, anualmente, são desmatados mais de 200 mil hectares (cerca de 200 mil estádios com a capacidade do Maracanã) de matas e florestas em todo o mundo para dar lugar a plantações de tabaco. Além de esse desmatamento acarretar maior produção de gás carbônico na atmosfera, aumentando o efeito estufa, a secagem das folhas de tabaco em países da África, da Ásia e da América Central é feita em estufas alimentadas à lenha, o que piora ainda mais o aquecimento global. Estudiosos do assunto acreditam que para cada 300 cigarros produzidos (15 maços apenas ou 1,5 pacote) uma árvore é derrubada.

Há também uma relação direta entre uso de cigarros e incêndios, sejam residenciais ou ambientais. Estudos da Sociedade Americana de Pediatria mostram que 1/4 dos incêndios residenciais são originados por bitucas de cigarro. Da mesma forma, alguns estados norte-americanos liderados pela Califórnia proibiram o fumo de cigarros em parques públicos.

A OMS estima que, a cada dia, 100 mil crianças tornam-se fumantes em todo o planeta. Constatou-se, ainda, que crianças com 7 anos de idade nascidas de mães que fumaram 10 ou mais cigarros por dia durante a gestação apresentam atraso no aprendizado quando comparadas às outras crianças.[4]

Ainda segundo a OMS, o fumo é uma das principais causas de morte evitável atualmente. Essas cifras são mais alarmantes em países onde o nível de escolaridade e a renda familiar são baixos, como os emergentes Brasil, Índia e China.[5]

TABAGISMO E DOENÇA

As doenças relacionadas ao tabagismo são numerosas, porém a abordagem de cada uma delas foge do escopo deste capítulo, que se restringe principalmente aos aspectos relacionados à sua cessação, mostrando que o tabagismo traz a perda da saúde do indivíduo, associada à perda da qualidade de vida, como uma de suas principais consequências.

Os maiores problemas de saúde relacionados ao tabaco são:

- câncer de pulmão;
- doença pulmonar obstrutiva crônica (DPOC), incluindo enfisema pulmonar e bronquite crônica;
- doença aterosclerótica cardiovascular, incluindo insuficiência coronariana, doença cerebrovascular e doença arterial periférica em todos os seus espectros;
- doença péptica, incluindo úlcera gastrointestinal;
- dificuldade no controle da asma;
- câncer de esôfago, pâncreas, cabeça e pescoço (lábios, língua, faringe e laringe) e bexiga;
- disfunção erétil;
- osteoporose;
- envelhecimento precoce da pele;
- complicações na gravidez (incluindo abortamento espontâneo, prematuridade, malformação fetal e baixo peso gestacional);

- desenvolvimento de asma e síndrome de morte súbita infantil em crianças expostas ao tabaco.

Dados da OMS apontam que 43% das mortes por câncer em todo o mundo são causadas pelo consumo de tabaco e do álcool, por maus hábitos alimentares e de estilo de vida e por infecções. Estima-se ainda que aproximadamente 75 a 90% de todos os cânceres que acometem a região da cabeça e do pescoço sejam consequência do tabagismo. Quem fuma, por exemplo, tem 25 vezes mais chances de ter doenças na boca do que os não fumantes, o que pode piorar com a ingestão de bebidas alcoólicas. Isso acontece porque o tabaco e o álcool causam alterações nas células da mucosa da boca e da pele, capazes de acelerar o crescimento das células cancerígenas e aumentar as chances de lesões e tumores. Como vários outros agentes externos de destruição da saúde, o cigarro começa a prejudicar o organismo a partir da boca, podendo ocasionar desde manchas nos dentes até câncer.

Por outro lado, estudos clínicos concluem que o câncer de pulmão e outras doenças pulmonares, como a DPOC, possuem relação direta com o tabagismo, afirmando que ele é responsável por mais de 90% dos novos casos. Assim, combater o tabagismo significa prevenir essas doenças e todo o impacto socioeconômico causado por elas.

Parar de fumar tem benefícios não apenas a longo prazo, mas também imediatos. Os fumantes que interrompem o hábito antes de completar 50 anos reduzem sua chance de morrer nos próximos 15 anos em 50% se comparados àqueles que continuam a fumar.[6]

Consequências extremamente nocivas do cigarro são demonstradas em estudos que concluem que ex-fumantes têm chance maior de desenvolver câncer de pulmão até 20 anos depois de abandonado o hábito. De qualquer forma, uma vez diagnosticado um câncer, é fundamental que o paciente seja orientado a parar de fumar, a fim de diminuir a chance de surgimento de uma segunda neoplasia, além de aumentar a chance de sobrevida em decorrência do primeiro câncer.

No caso de portadores da DPOC é importante lembrar que, exceto pela interrupção do fumo, nenhum tratamento farmacológico se mostrou eficaz em reduzir a perda de função pulmonar a longo prazo, característica marcante da doença.[7,8] Já sintomas como tosse e produção de catarro diminuem sensivelmente no primeiro ano após a interrupção do cigarro.

Fumar cigarros dobra o risco de morte por infarto agudo do miocárdio (IAM) e a cessação do tabagismo reduz rapidamente esse risco, tanto que, atualmente, se recomenda parar de fumar no período imediatamente subsequente ao evento cardiovascular.[9] Um ano depois de interrompido o vício, o risco de morte por IAM cai pela metade, continuando a declinar até que 2 anos após a cessação se iguala ao da população não fumante.

Portadores de doença péptica gastrointestinal devem parar de fumar para aumentar a taxa de cicatrização das úlceras; do mesmo modo, portadores de osteoporose que fumam têm uma taxa muito aumentada de perda óssea, aumentando significativamente o risco de fratura de quadril em mulheres e provavelmente em homens também. Grávidas devem ser fortemente orientadas a parar de fumar.[10]

PREVENÇÃO DE DOENÇAS TABACO-RELACIONADAS

Nicotina e dependência química

A única forma de prevenir as doenças tabaco-relacionadas é cessar o tabagismo. O hábito tabágico, que se transforma em dependência química, hoje é considerado doença e deve ser tratado como tal.

Programas de cessação de tabagismo

É fundamental que todo paciente que fuma saiba que os benefícios da cessação do hábito suplantam qualquer sintoma de abstinência da nicotina. Esses sintomas, que ocorrem de forma variável em cada pessoa, são:

- depressão;
- irritabilidade;
- insônia;
- dificuldade de concentração;
- tremores de extremidades;
- alterações da frequência cardíaca;
- sudorese.

De forma geral, sintomas inespecíficos, como irritabilidade e insônia, são frequentes e geralmente ocorrem por volta do terceiro ao quinto dia após a interrupção do cigarro, diminuindo sensivelmente após a terceira semana. Não é incomum que ex-fumantes apresentem fissura pelo cigarro (verdadeiras crises de vontade de fumar), geralmente desencadeadas pela falta da nicotina e ligados a gatilhos psicológicos associados ao fumo, como a ingestão de café ou álcool, o término de uma refeição ou a prática de sexo, além de situações que geram ansiedade e insegurança.

São essas fissuras por cigarro os principais motivos para que o ex-fumante retome o vício, podendo ocorrer anos após o indivíduo ter abandonado o cigarro, tamanho o poder de adição da nicotina.

De todos os sintomas listados, a depressão é o que mais deve preocupar o médico, pois é decorrente da própria falta da nicotina ou, não infrequentemente, um efeito colateral de medicações usadas para a cessação do tabagismo. De modo geral, qualquer programa de cessação de tabagismo inclui assistência psicológica e o uso de medicações que ajudarão o paciente a parar de fumar.

Drogas como a vareniclina, a substituição de nicotina associada ou não à bupropiona e a terapia comportamental são consideradas intervenções de primeira linha na cessação do tabagismo, com elevados níveis de evidência defendendo seu uso, como demonstraram diversas metanálises publicadas recentemente.[11]

Assistência psicológica

Na Classificação Internacional de Doenças (CID-10), o tabagismo recebe duas classificações, Z72.0 (uso de tabaco) e F17.0 (síndrome de abstinência à nicotina). Segundo a OMS, a dependência do tabaco é uma doença crônica e recidivante. O tabagismo leva à dependência física e psíquica, fato que ocorre em mais ou menos 85% dos usuários de tabaco, segundo estatísticas norte-americanas.[12]

Deve-se lembrar de que a dependência da nicotina é decorrente do prazer gerado a partir do momento em que a droga ocupa os receptores de acetilcolina existentes no cérebro, quando libera dopamina, que propicia a sensação de prazer ao fumante. Esse fato ocorre em apenas 7 segundos após o fumante ter tragado e inalado a fumaça do cigarro.

A nicotina é a principal substância responsável pela dependência química, porém é a menos importante de todos os aproximadamente 4.700 compostos (espécies reativas de oxigênio, oxidantes, alcatrão, aldeídos, entre outros) formados na combustão do cigarro pelas doenças causadas pelo tabagismo. Ela atua sobre os receptores colinérgicos nicotínicos, ativados pela acetilcolina, que existem ao nível da junção neuromuscular e dos sistemas nervoso autônomo e nervoso central. Outro mecanismo neuronal ativado pela nicotina é o sistema dopaminérgico-mesolímbico, envolvido na expressão emocional e no comportamento psicológico complexo, com funções como a cognição, o planejamento, a memória e a comunicação.

Estudos demonstram que a nicotina aumenta a liberação de dopamina ao nível da região tegmental ventral e do núcleo accumbens, responsável pela sensação de prazer, o que leva ao aumento da autoadministração da droga. Os efeitos neurofisiológicos da nicotina reforçam seu efeito aditivo à medida que a nicotina é absorvida após cada inalação e rapidamente transferida para o sistema nervoso central. Assim, sua disponibilidade no organismo passa a ser necessária de forma frequente e repetida, isto é, por meio de mecanismos neuropsicofisiológicos, o indivíduo passa a "depender" do tabaco.

É extremamente importante ressaltar que passa a existir dependência, a qual não deve ser caracterizada como falta de vontade ou de "vergonha". Dependência requer tratamento e elementos principais, biológicos, psíquicos e sociais, que a influenciam. No meio ambiente, há inúmeros estímulos que se que se tornam reforços secundários para o consumo.

Na fase de abstinência, são descritos sintomas como desejo intenso de fumar (fissura), irritabilidade, hostilidade, dificuldades de concentração, insônia, etc. Entre as questões mencionadas, que dificultam o parar de fumar, tem sido observado que o ganho de peso corporal se caracteriza como um dos principais obstáculos, decorrente de um aumento do apetite oriundo da diminuição dos níveis séricos de nicotina. Um programa de reeducação alimentar e prática de exercícios deve ser desenvolvido juntamente à cessação de tabagismo, nas 5 semanas subsequentes à interrupção do hábito. Atenção especial deve ser dada aos sintomas de depressão e ansiedade, pois estudos mostram que há uma prevalência maior em fumantes do que na população geral. O profissional de saúde mental que acompanha o tratamento poderá acompanhar a intensidade e a frequência desses sintomas. Caso ultrapassem níveis considerados importantes, deve ser considerada a possibilidade de usar um antidepressivo. Aparentemente, os benzodiazepínicos não são muito úteis. A combinação da reposição de nicotina com um antidepressivo parece ser a mais conveniente.[13]

Pelo receio de que não se conseguirá enfrentar e superar esses sintomas, o indivíduo muitas vezes não encontra motivação para parar de fumar. Deve-se observar que a pessoa que se tornou dependente do tabaco precisará modificar um conjunto de comportamentos que possui e que caracterizam seu estilo de vida. São vários os estímulos e reforços que se relacionam com o comportamento de fumar, tornando-o repetitivo e regular, ou seja, um hábito. O consumo de tabaco está associado de forma particularmente intensa a dimensões mais subjetivas do comportamento e a influências sociais.

Dados norte-americanos indicam que cerca de 21% da população adulta fuma,[14] sendo que mais de 70% desses fumantes demonstram desejo de parar de fumar. Quarenta por cento destes ficaram sem fumar por pelo menos 24 horas ininterruptas no último ano ao qual a pesquisa se refere, apesar de a taxa de abstinência ao final de 1 ano ter sido menor que 5%, o que corrobora os dados do CID-10.

A dependência causada pela nicotina pode ser avaliada na prática clínica por meio de ferramentas como o escore de Fagerstrom (Tabela 1), oferecendo dados objetivos ao profissional de saúde para ajudar o tabagista na dura tarefa de parar de fumar.

Considerando-se que um ex-fumante tenta parar de fumar, em média, 5 a 8 vezes antes de abandonar o hábito definitivamente e que a taxa de sucesso é baixa sem auxílio profissional, preconiza-se que a abordagem do profissional de saúde em relação ao fumante deve ser a mesma que se tem com um diabético ou hipertenso, isto é, motivação frequente e avaliações próximas, porque, com tratamento otimizado e adequado, a abstenção da nicotina pode atingir quase 30% após o primeiro ano de se ter optado pela melhor terapêutica.

Para que haja início e manutenção de tratamento do tabagismo, a motivação é uma condição básica. Sua ausência praticamente elimina as expectativas de abstinência. Por muito tempo, entendeu-se motivação como um traço imutável, ou seja, alguém está motivado para mudar seu comportamento e, então, o clínico pode colaborar, ou não está motivado e nada pode ser feito. Isso deixava sob responsabilidade apenas do clínico o início do tratamento, como se o paciente fosse um ser passivo, sem condições de lançar mão de sua pró-atividade em relação à sua saúde. Atualmente, sabe-se que a motivação é um processo que envolve variáveis psicossociais, podendo ser acelerado ou não com a importante intervenção do clínico. A motivação para deixar de fumar é individual, não seguindo parâmetros de igualdade em todos os fumantes.

O conceito de motivação é essencial na compreensão das dependências e colaborou para a formulação da uma intervenção terapêutica denominada Entrevista Motivacional (EM). Essa abordagem possui como objetivo principal estimular a mudança de comportamento.

A motivação pode ser definida como a probabilidade de uma pessoa se envolver e permanecer em adesão a uma estratégia específica de mudança.[15,16] A motivação não

TABELA 1 ESCORE DE FAGERSTROM PARA AVALIAR O GRAU DE DEPENDÊNCIA DA NICOTINA

Quanto tempo depois de acordar você fuma o primeiro cigarro do dia?	
( ) Nos primeiros 5 minutos	3
( ) De 6 a 30 minutos	2
( ) De 31 a 60 minutos	1
( ) Mais de 60 minutos	0
Você acha difícil não fumar em lugares proibidos?	
( ) Sim	1
( ) Não	0
Qual cigarro do dia lhe traz mais satisfação?	
( ) O primeiro	1
( ) Outros	0
Quantos cigarros você fuma por dia?	
( ) 10 ou menos	0
( ) 11 a 20	1
( ) 21 a 30	2
( ) 31 ou mais	3
Você fuma mais frequentemente pela manhã?	
( ) Sim	1
( ) Não	0
Você fuma mesmo quando está doente e acamado?	
( ) Sim	1
( ) Não	0

Escala de dependência da nicotina: 0 a 2: muito baixa; 3 a 4: baixa; 5: média; 6 a 7: elevada; 8 a 10: muito elevada.

deve ser encarada como um traço de personalidade inerente ao caráter da pessoa, mas como um estado de prontidão ou vontade de mudar, que pode flutuar de um momento para outro e de uma situação para outra.[16] De acordo com essa abordagem, a motivação é vista como uma característica dinâmica em vez de um aspecto estático do indivíduo, podendo ser influenciada por fatores externos. Nesse sentido, a motivação se torna um objetivo crucial do clínico e/ou do terapeuta, o qual deve não só orientar, mas motivar o cliente, isto é, aumentar a probabilidade de que ele siga uma linha de ação que gere mudança.

Costuma-se dizer que a motivação de um paciente pode ser avaliada por uma série de comportamentos, como concordar com o terapeuta, aceitar o diagnóstico (admitir a dependência de uma droga), expressar vontade de mudar ou de ser ajudado, estar incomodado com sua situação pessoal e seguir os conselhos do clínico. Entretanto, é importante observar que o fato de o paciente assumir um diagnóstico não prediz sucesso de tratamento; muitos dependentes dizem que o são, mas não mudam, e outros que não se categorizam conseguem mudar.[5,6] Motivação é um estado de prontidão para a mudança. Esse estado pode oscilar, ser influenciado, ser ambivalente com prontidão flutuante e ser sensível à abordagem. O que parece predizer mudança é a adesão à orientação e/ou ao plano estabelecido com o clínico.

A importância do acompanhamento com o clínico e/ou terapeuta, incluindo a EM, reside no fato de se estimular proatividade em relação à sua saúde e ao seu estilo de vida. Deve-se ressaltar que a entrevista motivacional é um estilo de comunicação cujos cinco princípios básicos são: expressar empatia, desenvolver discrepância, evitar discussões, fluir com a resistência e estimular a autoeficácia.[13]

Deve-se mostrar ao paciente a importância de repensar e ter ações referentes aos objetivos que possui, acreditando em sua capacidade de ser eficaz. A autoeficácia, segundo Bandura, é a crença da própria pessoa na sua habilidade em executar uma tarefa. É considerada um elemento chave no processo de motivação para mudança,[15,17,18] sendo um fator preditivo do sucesso do tratamento.[13]

Para estimular a autoeficácia, é necessário que:

- o clínico acredite na possibilidade de mudança do paciente e nas abordagens interdisciplinares às quais ele pode recorrer;
- o paciente seja responsável pela decisão de parar de fumar e iniciar comportamentos para uma mudança pessoal;
- o paciente realize auto-observação de comportamentos relacionados aos hábitos de fumar e das mudanças que deseja.

Modelos foram desenvolvidos focalizando fases de mudança de comportamento, como de Proschaska e DiClement,[19,20] que desenvolveram um modelo transteórico compreendendo cinco fases de mudança de comportamento. Esse modelo foi validado em diversos segmentos para a saúde, como consumo de álcool e tabaco, exercício físico, controle do peso, entre outros.[7,21,22]

Associada ao comportamento de fumar, os autores pressupõem a existência de fases de motivação para a mudança comportamental (pré-contemplação, contemplação, preparação, ação e manutenção), importantes para o processo de deixar de fumar. Esse modelo baseia-se no fato de que toda a mudança de comportamento é um processo e que as pessoas têm diversos níveis de motivação e de prontidão para mudar.[19]

1. Pré-contemplação: nessa fase, o fumante, não se preocupa com o seu comportamento e não tem a intenção de deixar de fumar. Pelo contrário, às vezes adota uma postura defensiva e evita todo tipo de informação e orientação. Os fumantes encontram-se desmotivados para fazer qualquer alteração em seu comportamento, muitas vezes por não estarem verdadeiramente conscientes dos riscos que correm, o que traz um alerta

aos clínicos sobre a importância de se orientar todo paciente fumante. Outras vezes, não estão seguros da capacidade que possuem para lidar com a situação.

2. Contemplação: nessa fase, o fumante demonstra-se preocupado com o seu comportamento automático de fumar, mas encontra-se ambivalente em relação a abandonar esse hábito e quanto à perspectiva de mudança. Geralmente, apresentam como razões para permanecer fumando dúvidas relacionadas ao autocontrole e aos benefícios que podem obter com a mudança.
3. Preparação: nesse estágio, o fumante faz tentativas para modificar o seu comportamento. Prepara-se para parar de fumar, ou seja, aceita escolher uma estratégia para realizar a mudança do comportamento. Na maioria das vezes, já fez tentativas anteriores para deixar de fumar durante o último ano, conseguindo permanecer mais de 24 horas sem fumar.
4. Ação: encontram-se nessa fase as pessoas que executam comportamentos para cessar a dependência do tabagismo e permanecem abstinentes durante os 6 meses seguintes, sem recaídas.
5. Manutenção: nesse estágio, pode ocorrer finalização do processo de mudança ou recaída. A pessoa deixou de fumar há mais de 6 meses e mantém esse comportamento. O paciente deve aprender as estratégias para prevenir a recaída e consolidar os êxitos obtidos durante a fase de ação. É considerado abstinente depois de 5 anos.

O médico é estimulado a trabalhar conjuntamente com o psicólogo. A Figura 1 mostra um esquema que colabora para o entendimento dessas fases, pertencentes a um processo multifatorial, dinâmico e integrado.

Entre as breves estratégias utilizadas para ajudar o paciente que quer parar de fumar, destaca-se uma já bem conhecida, os "5 As":[23]

- arguir identificando todos os indivíduos que fumam;
- aconselhar todos os fumantes sobre o vício do tabagismo e que é possível abandoná-lo;
- avaliar se há condições para discutir o vício naquele momento;
- auxiliar a parar de fumar, apresentando os métodos disponíveis;
- acompanhar os passos nas consultas subsequentes.

Recentemente, uma metanálise mostrou que esse aconselhamento periódico feito pelo médico em seu consultório promove um aumento pequeno, porém significativo, nas taxas de sucesso em se abandonar o hábito tabágico.[24] O estilo do profissional que assiste o fumante também pode influenciar o seu grau de motivação, sendo valorizados a afetuosidade, a autenticidade, o respeito e a empatia. Assim, é interessante sugerir, ainda, oito estratégias, de A a H (em inglês) que, segundo a literatura, aumentam a probabilidade de motivar o paciente a parar de fumar, lembrando sempre que não há soluções mágicas e que uma abordagem efetiva geralmente associa várias dessas estratégias.

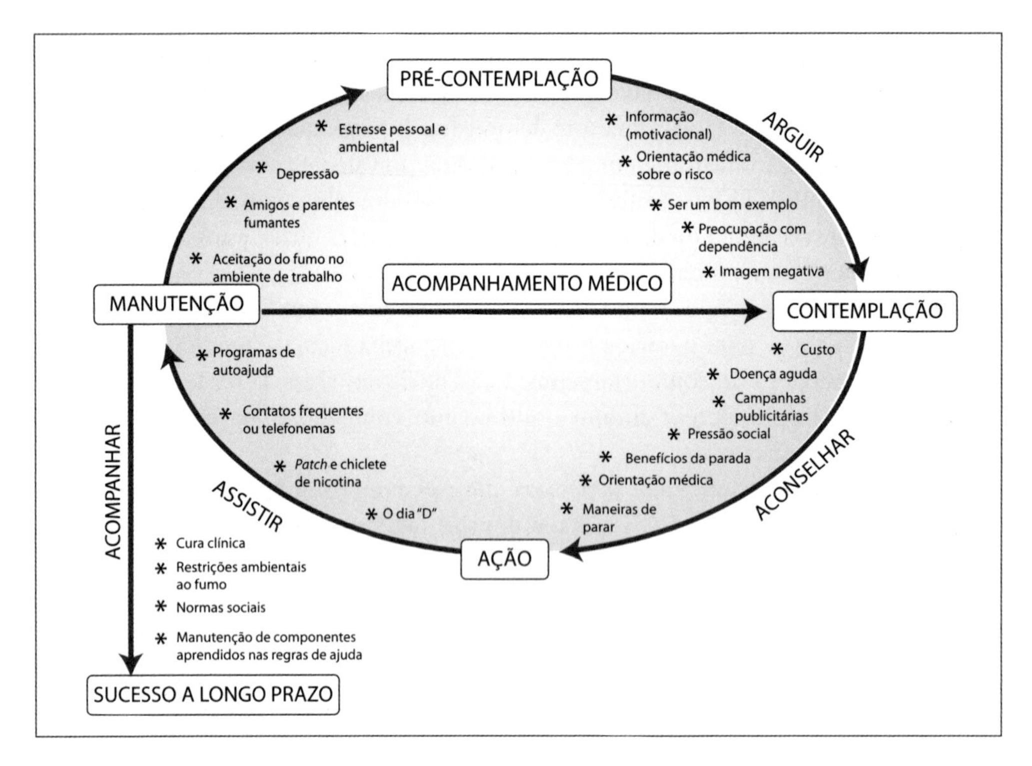

FIGURA 1 Ações em cada fase.
Fonte: Laranjeira R et al.[13]

1. Aconselhar (*giving Advice*): por mais valorizados que sejam os *insights* e o aspecto não diretivo da EM, às vezes, um diálogo que inclua escuta e sugestões específicas pode colaborar muito. Clínicos e terapeutas podem colaborar para que o paciente identifique o problema para sua saúde e/ou as consequências de seus comportamentos, os riscos e a necessidade de mudança específica.
2. Remover barreiras (*remove Barriers*): uma pessoa no estágio de contemplação considera se tratar, mas está preocupada em fazê-lo em razão de alguns obstáculos como custo, transporte, horário, etc. Essas informações são necessárias, pois esses obstáculos não devem se constituir em barreiras, já que podem interferir não só na entrada do tratamento como também no processo de mudança. Não são raras as vezes que essas barreiras estão mais associadas a questões psicológicas internas que responsabilizam fatores externos pelo não começo, adiando, assim, ações e início efetivo do processo antitabagismo. Se for esse o caso, a abordagem deve ser mais cognitiva do que prática. O clínico ou o terapeuta podem auxiliar bem o paciente a identificar essas barreiras, fornecendo todas as informações relativas ao tratamento. Assim, o paciente poderá superar esses obstáculos, tendo sido assistido na busca de soluções práticas para o problema.

3. Oferecer opções de escolha (*providing Choices*): estudos mostram que a motivação é aumentada quando a pessoa se percebe capaz de decidir livremente, sem influência externa ou sem ter sido obrigada a fazê-lo.[1] Portanto, é essencial que o médico ou terapeuta ajude o paciente a sentir sua liberdade (e, consequentemente, sua responsabilidade) de escolha, o que fica facilitado se o terapeuta oferecer várias alternativas para o cliente optar.
4. Diminuir a vontade (*decreasing Desirability*): se um comportamento é mantido apesar de trazer graves consequências, é porque existe algo de bom para aquela pessoa – diz-se "bom" com referência à percepção do paciente. Para colaborar com esse paciente, o terapeuta poderá utilizar como estratégia a identificação de pensamentos automáticos e dos comportamentos quando do uso de uma substância e, posteriormente, reforçar o autocontrole do paciente. Entretanto, nem sempre a simples constatação racional desses aspectos negativos é suficiente. As pesquisas mostram que o comportamento tem mais chance de mudar se as dimensões afetivas ou de valor forem afetadas.[1] Outras técnicas comportamentais podem ser utilizadas, mas requerem um grande compromisso do paciente. Outra abordagem é identificar com o paciente as consequências adversas do comportamento.
5. Praticar empatia (*practicing Empathy*): a empatia com o cliente é essencial, observando que ela significa não a habilidade de identificar-se com o paciente, mas de entender o outro a partir da chamada "escuta crítica".
6. Dar *feedback* (*providing Feedback*): sempre informar o paciente sobre seu estado presente, estimulando suas conquistas, que são elementos essenciais para motivá-lo à mudança e a permanecer abstinente.
7. Clarificar objetivos (*clariffing Goals*): associar ao *feedback* as metas pré-estabelecidas que orientam o percurso de ação. É importante auxiliar o paciente a estabelecer certos objetivos que sejam realistas e atingíveis.
8. Ajuda ativa (*active Helping*): o clínico deve acreditar em todas as capacidades do paciente e deve estar ativo, permanecendo interessado no processo de mudança. Esse interesse pode ser demonstrado pela iniciativa do profissional de ajudar e por sua expressão de cuidado.[15,16]

As diretrizes clínicas recomendam que o acompanhamento continuado inclua um profissional treinado na área (psicólogo),[25] que possa utilizar ferramentas diversas, como as técnicas cognitivo-comportamentais (TCC), ligações telefônicas frequentes, e até programas de computador desenvolvidos para ajudar na cessação do tabagismo. Intervenções psicológicas realizadas por meio de abordagem interdisciplinar focalizam conceitos e práticas multifatoriais e devem levar em conta dois objetivos: deixar de fumar e manter-se abstinente. Os estudos existentes demonstram, em parte, a eficácia das estratégias psicológicas quanto ao primeiro objetivo, mas uma menor porcentagem quanto ao segundo. Constata-se que 70 a 80% querem parar de fumar, 30% tentam e apenas 1 a 3% conseguem, segundo estudos da InterHeart.[26-28]

Genericamente, o processo para deixar de fumar pode seguir duas estratégias distintas: uma parada repentina e definitiva ou uma redução gradual dos consumos a curto prazo. A parada brusca do consumo, embora eficaz em alguns casos, na maioria das vezes, provoca um desconforto acentuado (síndrome de abstinência). Por outro lado, os programas de redução gradual mais tradicionais utilizam diversas técnicas, como o controle de contingências, os autorregistros e o reforço social, que ajudam o fumante a reduzir o consumo.

A TCC tem demonstrado os melhores resultados no processo de antitabagismo, tanto no Brasil quanto no exterior. As estratégias cognitivas e comportamentais reduzem a dependência física, psicológica e social associada ao comportamento de fumar. As taxas de abstinência ao final de 1 ano são de cerca de 50% nos programas que combinam estratégias psicológicas e farmacológicas, os quais possuem eficácia comprovada há quase 15 anos.[29-32]

Basicamente, o programa é estruturado em seis sessões, que podem ser efetuadas em grupo ou individualmente, com periodicidade semanal. Depois, o método inclui retornos quinzenal e mensal. O número de participantes de um grupo não deve exceder 10 fumantes. Por meio do grupo, os pacientes podem aprender a se conhecer e, com as técnicas, poderão gerenciar sintomas relacionados ao processo de estresse pelo esforço de adaptação às mudanças, aos comportamentos condicionados e às variáveis psicossociais, lançando mão de recursos internos e externos que levem a ações que contribuam para o início e a manutenção do comportamento de não fumar.

Há técnicas em TCC que colaboram para o início e a manutenção do tratamento da dependência do tabaco, como a identificação de pensamentos automáticos, a dessensibilização sistemática, a solução de problemas (identificar e delimitar problemas, com o objetivo de pensar nas diversas soluções e possibilidades de práticas e avaliação da eficácia) e as técnicas de gerenciamento de estresse (entre elas, técnicas de relaxamento e respiração, treinamento da assertividade, treinamento de habilidades comportamentais/técnicas combinadas).

Foram aqui enumeradas algumas técnicas com o objetivo de fornecer sugestões de atuação para clínicos motivarem seus pacientes a pararem de fumar. Naturalmente, o trabalho de um psicólogo inclui um programa específico que pode colaborar tanto no processo motivacional como nas resistências, com estratégias comportamentais que o paciente pode e deve aprender e que colaboram para prevenir recaídas e consolidar os comportamentos saudáveis obtidos durante a fase de ação. Entretanto, programas multifatoriais que envolvem diversas estratégias terapêuticas cognitivo-comportamentais, suporte social e apoio farmacológico são a sugestão para prevenção e tratamento.

Tratamento farmacológico

A nicotina, principal agente psicoativo do fumo, age rapidamente sobre os receptores de acetilcolina do cérebro, promovendo a liberação de dopamina, que, por sua vez, propicia a sensação de prazer que tanto agrada o fumante. É essa diminuição dos níveis dopaminérgicos cerebrais que causa os sintomas de abstinência.

O tratamento farmacológico está indicado justamente para aliviar os sintomas de abstinência e para anular o circuito cerebral de *feedback* positivo entre nicotina e prazer. Há vários tratamentos farmacológicos de primeira linha para ajudar na cessação do tabagismo (reposição de nicotina, bupropiona, vareniclina) e pelo menos um deles deve ser empregado, desde que não haja contraindicação, juntamente à estratégia psicológica (Tabela 2).[7]

Terapia de reposição de nicotina

Quando se emprega a terapia de reposição de nicotina (particularmente os adesivos transdérmicos e a goma de mascar), deve-se orientar o paciente a interromper imediatamente o cigarro, a fim de se evitar os sintomas de intoxicação pela nicotina. Essa terapia é efetiva na diminuição dos sintomas de abstinência e bastante segura, podendo ser usada mesmo em portadores de insuficiência coronariana,[7,33,34] com cuidado redobrado em portadores de coronariopatia e/ou arritmias graves, em decorrência do efeito adrenérgico da nicotina.

TABELA 2 TRATAMENTO FARMACOLÓGICO PARA CESSAÇÃO DO TABAGISMO

Medicamentos	Apresentação	Mecanismo de ação	Dose	Contraindicação
Nicotina	Pastilhas/goma de mascar (2 a 4 mg)	Age nos receptores nicotínicos cerebrais	Até 24 pastilhas/ gomas (4 mg)/dia, por 8 a 12 sem	Infarto agudo do miocárdio Isquemias do SNC ou periféricas há menos de 1 mês
Nicotina	Adesivo (24 h, 7, 14 ou 21 mg)	Age nos receptores nicotínicos cerebrais	21 mg, por 4 sem 14 mg, por 4 sem 7 mg, por 4 sem	IAM Isquemias do SNC ou periféricas há menos de 1 mês Reações cutâneas locais
Bupropiona	Comprimido 150 mg	Aumenta a concentração de dopamina cerebral	150 mg/dia, por 3 dias 150 mg, 12/12 h, por 8 a 12 sem	Crises convulsivas Trauma craniano Uso de outros antidepressivos
Vareniclina	Comprimido 0,5 e 1 mg	Agonista parcial dos receptores nicotínicos	Dias 1 a 3: 0,5 mg/ dia Dias 4 a 7: 0,5 mg, 12/12 h Semanas 2 a 12: 1 mg, 12/12 h	Depressão Tendências suicidas

SNC: sistema nervoso central; IAM: infarto agudo do miocárdio.
Fonte: modificada de ALAT, 2011.[23]

A terapia de reposição pode ser feita de formas diferentes, seja de liberação lenta (adesivos transdérmicos) ou rápida (goma, inalador, *spray* nasal ou pastilha). No Brasil, encontram-se disponíveis as formas de adesivos, pastilhas e goma de mascar.

Adesivo transdérmico

Disponíveis em apresentações de 7, 14 e 21 mg (esse último possui a mesma quantidade de nicotina presente em um maço de cigarro), devem ser utilizados de acordo com a quantidade de cigarros fumados por dia:

- para fumantes de mais de 20 cigarros/dia, o tratamento é recomendado por 12 semanas:
  - semana 1 a 4: adesivos de 21 mg a cada 24 horas;
  - semana 5 a 8: adesivos de 14 mg a cada 24 horas;
  - semana 9 a 12: adesivos de 7 mg a cada 24 horas;
- para fumantes entre 10 e 20 cigarros/dia e que fumam o primeiro cigarro nos primeiros 30 min após acordar, o tratamento é recomendado por 8 semanas:
  - semana 1 a 4: adesivos de 14 mg a cada 24 horas;
  - semana 5 a 8: adesivos de 7 mg a cada 24 horas.

Pastilhas

Devem ser usadas de hora em hora ou a cada 2 horas, não ultrapassando 24 pastilhas/dia (cada pastilha tem 2 ou 4 mg de nicotina).

Goma de mascar

Disponíveis em tabletes com 2 ou 4 mg, a dose inicial habitualmente recomendada é de 1 goma de hora em hora ou a cada 2 horas, não ultrapassando o limite de 24 unidades por dia. O tratamento deve ser prolongado por 8 a 12 semanas. Não se devem ingerir alimentos ou bebidas enquanto se masca a goma de nicotina.

Não é incomum se associar duas modalidades de terapia de reposição de nicotina, a fim de otimizar o preenchimento dos receptores nicotínicos cerebrais, combinando a absorção lenta e contínua dos adesivos à absorção mais rápida da pastilha/goma para diminuir os sintomas de dependência por nicotina.

De forma geral, a terapia de reposição nicotínica tem indicação nos pacientes que atingem valores maiores que 5 no Escore de Fagerstrom. Metanálises indicam que é terapia com nível de evidência A no tratamento do tabagismo, tendo um *odds-ratio* de 1,74 (IC 95% 1,64 a 1,86) em favor da abstinência quando comparada ao placebo. A terapia combinada pode ser superior à monoterapia.

Cloridrato de bupropiona

É um antidepressivo atípico de ação lenta que age no sistema nervoso central reduzindo o transporte de dopamina/noradrenalina, possivelmente antagonizando os receptores nicotínicos, o que diminuiria os sintomas de fissura pelo cigarro.

Também é terapia com nível de evidência A no tratamento do tabagismo, tendo um *odds-ratio* de 1,94 (IC 95% 1,72 a 2,19) em favor do controle da abstinência quando comparada ao placebo, ou seja, seu uso quase duplica a chance de manter a abstinência ao cigarro a longo prazo. Por seu perfil farmacológico, é opção interessante em mulheres e indivíduos depressivos, havendo evidências do benefício a longo prazo se associado à terapia de reposição nicotínica.

O tratamento com bupropiona deve ser iniciado 1 semana antes de o paciente parar de fumar, sendo recomendado que se eleja um *quit day* (dia da parada) para abandonar por completo o cigarro. A dose máxima recomendada é de 300 mg/dia (nos 3 primeiros dias, empregam-se apenas 150 mg), sendo contraindicado nas seguintes situações:

- absolutas:
  - epilepsia;
  - convulsão febril na infância;
  - tumor de sistema nervoso central;
  - alterações eletroencefalográficas;
  - antecedentes psiquiátricos como bulimia e alcoolismo;
  - traumatismo craniano ou uso de inibidores da monoamina oxidase (IMAO) nos últimos 15 dias;
- relativas:
  - uso de carbamazepina, barbitúricos, fenitoína, teofilina, corticoesteroides, hipoglicemiante oral;
  - hipertensão arterial não controlada.

A duração do tratamento varia de 8 a 12 semanas e a droga parece ser bem tolerada, com poucos efeitos colaterais, especialmente tremores, insônia e alterações gastrointestinais.

Tartarato de vareniclina

É um agonista sintético do receptor nicotínico da acetilcolina desenvolvido para produzir os mesmos efeitos da nicotina. Por ser também um agonista parcial da nicotina, o uso da vareniclina explica por que os pacientes se sentem mais aliviados em relação aos sintomas de fissura e abstinência se comparados a outras estratégias.

É apresentada em comprimidos de 0,5 e 1 mg que devem ser tomados de acordo com uma posologia escalonada por pelo menos 12 semanas de tratamento. O principal efeito colateral relatado é insônia, sendo importante que o médico fique atento a sintomas de depressão e alterações de humor, que podem ser graves e necessitar de interrupção do medicamento.

O uso continuado tem mostrado resultados significativamente superiores aos do placebo e da terapia de reposição de nicotina e bupropiona, sendo considerada medicação com nível de evidência A no combate ao tabagismo. Seu principal inconveniente é o alto custo de tratamento.

Estudos comparando a vareniclina à terapia de reposição de nicotina indicam *odds-ratio* de 1,70 (IC 95% 1,26 a 2,20) em favor da abstinência quando usada a vareniclina. É importante lembrar ao paciente que ele deve interromper o hábito tabágico uma semana antes de iniciar a vareniclina para que os melhores resultados sejam alcançados.

Terapias de segunda linha

Fármacos como a nortriptilina e a clonidina têm sido usados no tratamento do tabagismo ainda sem a aprovação do Food and Drug Administration (FDA). Evidências clínicas sugerem que a eficiência da nortriptilina é similar à da terapia de reposição nicotínica e da bupropiona, apesar de ainda se desconhecer seu real mecanismo de ação para essa finalidade. Apesar da relativa eficácia e do baixo custo, apresenta efeitos colaterais frequentes, como boca seca e obstipação.

Já a clonidina, apesar de controlar os efeitos de abstinência da nicotina, é pouco tolerada em razão da alta prevalência de efeitos colaterais, notadamente a hipotensão postural oriunda de seu agonismo alfa-2 central. Também não foi aprovada pelo FDA.

CONCLUSÕES

O tabagismo representa uma epidemia global, responsável por mais de 5 milhões de óbitos ao ano. Trata-se da principal causa evitável de morte no planeta; é uma doença e deve ser abordada como tal. A nicotina causa dependência química e os tabagistas devem ser tratados como dependentes químicos.

O tabagismo não leva a sintomas e sinais clínicos logo no início de seu uso, demorando anos ou décadas para que surjam sinais e sintomas de doenças tabaco-relacionadas. Dessa maneira, o tabagismo, por meio das milhares de substâncias nocivas à saúde produzidas pela combustão do cigarro, só causará doença orgânica depois de muito tempo, não sendo incomum que surja uma doença já em estágio avançado, sem retorno da saúde plena do paciente, com instalação de sequelas que comprometem a qualidade de vida.

Atualmente, sabe-se da ação nociva do cigarro não apenas para o fumante, mas também para as pessoas que com ele convivem e passam a inalar a fumaça do cigarro, ou seja, os fumantes passivos. Em virtude de todos esses fatos, é fundamental que haja combate contínuo ao tabagismo, por meio de informação, educação e até medidas radicais para evitar que as pessoas iniciem o hábito tabágico e, se já tiveram iniciado, que o cessem imediatamente.[35]

Se o objetivo for saúde e qualidade de vida para os pacientes, não se pode ceder às influências econômicas e políticas da indústria tabágica, devendo-se combater a divulgação do tabagismo a todo custo e com todos os recursos.

REFERÊNCIAS BIBLIOGRÁFICAS

1. World Health Organization. Report on the Global Tobacco Epidemic, 2008: the MPOWER package. Genebra: WHO, 2008.
2. World Health Organization. World no-Tobacco Day. Tobacco and poverty: a vicious circle, 2004. Tobbaco Free Iniciative. Disponível em:http://www.who.int/tobacco/en. Acessado entre fev. e abr. de 2012.

3. Instituto Nacional do Câncer. Tabagismo – dados e números. http://www.inca.gov.br/tabagismo/frameset.asp?item=dadosnum&link=mundo.htm. Acessado entre fev. e abr. de 2012.
4. Brasil. Ministério da Saúde. Disponível em: http://portalsaude.saude.gov.br/portalsaude/index.cfm. Acessado em 11/05/2011.
5. Global Initiative for Chronic Obstructive Lung Disease. Disponível em: www.goldcopd.com. Acessado entre fev. e abr. de 2012.
6. Bergen AW, Caporasso N. Cigarette smoking. J Natl Cancer Inst 1999; 91:1365.
7. Reichert J, Araújo AJ, Gonçalves CMC, Cantarino CM, Godoy I, Chatkin JM et al. Diretrizes para a cessação do tabagismo. J Bras Pneumol 2008; 34(Suppl.10):845-80.
8. Sociedade Brasileira de Pneumologia e Tisiologia. Disponível em: www.sbpt.org.br. Acessado entre fev. e abr. de 2012.
9. American Heart Association/American College of Cardiology. AHA/ACC guidelines for secondary prevention for patients with coronary and other atherosclerotic vascular disease: 2006 update endorsed by the National Heart, Lung, and Blood Institute. J Am Coll Cardiol 2006; 47(10):2130.
10. Tong VT, Jones JR, Dietz PM, D'Angelo D, Bombard JM. Centers for Disease Control and Prevention (CDC). Trends in smoking before, during, and after pregnancy – Pregnancy Risk Assessment Monitoring System (PRAMS), United States, 31 sites, 2000-2005. MMWR Surveill Summ 2009; 58(4):1.
11. Fiore MC, Jaen CR, Baker TB, Bailey WC, Benowitz NL, Curry SJ. Treating tobacco use and dependence: 2008 update. Clinical practice guideline. Disponível em: http://www.surgeongeneral.gov e http://www.cochrane.org. Acessado entre fev. e abr. de 2012.
12. Classificação Estatística Internacional de Doenças e Problemas Relacionados à Saúde. Décima Revisão. Organização Panamericana de Saúde e Organização Mundial de Saúde, 2006.
13. Laranjeira R, Lourenço MTC, Sarnaia HB. Dependência da nicotina. Disponível em: http://br.monografias.com/trabalhos/como-ajudar-paciente-parar-fumar/como-ajudar-paciente-parar-fumar2.shtml. Acessado em 06/05/2011.
14. Centers for Disease Control and Prevention. Vital signs: current cigarette smoking among adults aged >18 years – United States, 2009. Morb Mortal Wkly Rep 2010; 59(35):1135.
15. Jungerman FS, Laranjeira R. Entrevista motivacional: bases teóricas e práticas. Disponível em: http://br.monografias.com/trabalhos/entrevista-motivacional-bases-teoricas-praticas/entrevista-motivacional-bases-teoricas-praticas.shtml. Acessado em 08/05/2011
16. Miller WR, Rollnick S. Motivational interviewing: preparing people to change addictive behavior. New York: The Guilford Press, 1991.
17. DiClementi CC. Self-efficacy and smokung cessation maintenance: a preliminary report. Cognitive Therapy and Research 1981; 5:175-87.
18. DiClementi CC, Prochaska JO, Gibertini M. Self-efficacy and the stages of self-change in smoking. Cognitive Therapy and Research 1985; 9:181-200.
19. Prochaska JO, DiClementi CC. Transtheoretical therapy: towards a more integrative model of change. Psychotherapy. Theory, Research and Practice 1982; 19:276-88.
20. Prochaska JO, DiClemente CC, Norcross JC. In search of how people change: applications to addictive behaviours. American Psychologist 1992; 47(9):1101-14.

21. Rosas M, Baptista F. Desenvolvimento de estratégias de intervenção psicológica para a cessação tabágica. Análise Psicológica 2002; 1(XX):45-56. Disponível em: http://www.scielo.oces.mctes.pt/pdf/aps/v20n1/v20n1a05.pdf. Acessado em 11/06/2011.
22. Rosas M, Baptista F. Deixar de fumar é possível. Porto: Arquivos de Medicina da Faculdade de Medicina do Porto, 2000.
23. Associação Latino-americana (ALAT) de Tórax. Recomendações para o diagnóstico e tratamento da doença pulmonar obstrutiva crônica (DPOC). v.7, 2011.
24. Stead LF, Perera R, Lancaster T. Telephone counselling for smoking cessation. Cochrane Database Syst Rev 2006; 3:CD002850.
25. Stead LF, Lancaster T. Group behaviour therapy programmes for smoking cessation. Cochrane Database Syst Rev, 2005.
26. Teo KK, Ounpuu S, Hawken S, Pandey MR, Valentin V, Hunt D et al. Tobacco use and risk of myocardial infarction in 52 countries in the INTERHEART study: a case-control study. Lancet 2006; 368(9536):647-58. Disponível em: http://www.ncbi.nlm.nih.gov/pubmed/16920470. Acessado entre fev. e abr. 2012.
27. Yusuf S, Phil D, Civic H. INTERHEART: um estudo de caso-controle glode fatores de risco para infarto agudo do miocárdio hospitais research centre (Hamilton, Ontario, Canadá). Disponível em: http://www.medscape.com/viewarticle/489738.
28. InterAmericam Heart Foundation. Disponível em: http://www.phri.ca/interheart.
29. Ismael SMC. Efetividade da terapia cognitivo comportamental na terapêutica do tabagista. [Tese de Mestrado]. São Paulo: Universidade de São Paulo, 2007. Disponível em: http://www.teses.usp.br/teses/disponiveis/5/5160/tde-21062007-113413/pt-br.php. Acessado em 17/06/2011.
30. Otero UB, Perez CA, Szklo M, Esteves GA, Pinho MCM, Szklo AS et al. Ensaio clínico randomizado: efetividade da abordagem cognitivo-comportamental e uso de adesivos transdérmicos de reposição de nicotina, na cessação de fumar, em adultos residentes no Município do Rio de Janeiro, Brasil. Cad Saúde Pública 2006; 22(2):439-449.
31. Rangé BP, Marlatt GA. Terapia cognitivo-comportamental de transtornos de abuso de álcool e drogas. Rev. Bras. Psiquiatr 2008; 30(Suppl.2).
32. Becoña E, González V. Tratamiento del tabaquismo. Madrid: Dykinson Psicología, 1998.
33. Joseph AM, Norman SM, Ferry LH, Prochazka AV, Westman EC, Steele BG et al. The safety of transdermal nicotine as an aid to smoking cessation in patients with cardiac disease. N Engl J Med 1996; 335(24):1792.
34. Brasil. Ministério da Saúde. Abordagem e tratamento do fumante – Consenso. Brasília: Ministério da Saúde, 2010.
35. Bodmer ME, Dean E. Advice as a smoking cessation strategy: a systematic review and implications for physical therapists. Physiother Thorac Pract 2009; 25(5-6):369-407.

CAPÍTULO

8

Infertilidade e qualidade de vida

RENATO FRAIETTA
VALDEMAR ORTIZ
DANIEL SUSLIK ZYLBERSZTEJN

INTRODUÇÃO

A infertilidade conjugal afeta cerca de 15% da população mundial. De acordo com a Organização Mundial da Saúde (OMS), a ausência de gravidez após um ano de relações sexuais desprovidas de qualquer método contraceptivo e bem distribuídas ao longo do ciclo define o casal como infértil. Embora 88% dos casais consigam engravidar dentro do primeiro ano de tentativas, muitos buscam auxílio de um especialista em reprodução humana para atingir esse objetivo.

Nas últimas três décadas, a medicina tem avançado de maneira extraordinária no tratamento dos casais inférteis. A melhor compreensão da fisiopatologia reprodutiva, os avanços tecnológicos e o aprendizado da manipulação dos gametas masculinos e femininos no laboratório fizeram com que, em 1978, na Inglaterra, surgisse o primeiro recém-nascido proveniente de uma técnica de fertilização *in vitro*. Após essa data, os tratamentos se tornaram cada vez mais sofisticados. Em 1992, o mundo viu surgir a técnica da injeção intracitoplasmática de espermatozoide (ICSI), melhorando as taxas de sucesso para aqueles casais que apresentavam um fator masculino grave. Já na última década, os embriologistas desenvolveram melhores técnicas para criopreservação de embriões, propiciando um eficiente tratamento para preservação da fertilidade futura. Tratamentos utilizando doação de oócitos, sêmen heterólogo, útero de substituição e criopreservação de tecido ovariano também fazem parte do arsenal que a medicina reprodutiva dispõe para os casais que necessitam de auxílio para engravidar.[1]

Apesar de todo o avanço da medicina reprodutiva oferecido para o tratamento dos casais inférteis, uma parcela significativa não consegue engravidar. Em muitas sociedades, o casal sem filhos é frequentemente estigmatizado, o que gera um profundo sofrimento social e inúmeras repercussões negativas na vida dessas pessoas.[2] Para deixar o cenário ainda mais difícil para esse grupo, países em desenvolvimento e com altas taxas de natalidade, em sua grande maioria, não reconhecem a infertilidade como um sério problema de saúde pública. Dessa forma, poucas sociedades disponibilizam uma política de assistência psicológica ao casal infértil e, quando o fazem, oferecem um auxílio parcial, muitas vezes insuficiente.[3]

QUALIDADE DE VIDA

Após a segunda etapa da Revolução Industrial no século XIX, a qualidade de vida da população, em um aparente paradoxo, piorou. Atualmente, a qualidade de vida é definida pela OMS como "a percepção do indivíduo de sua posição na vida, no contexto da cultura e do sistema de valores nos quais ele vive e em relação aos seus objetivos, expectativas, padrões e preocupações".[4] Na sociedade contemporânea, o trabalho possui importância central na vida das pessoas e seu arrocho com o novo sistema de produção da época, mesmo que facilitado pela nova tecnologia dos equipamentos, trouxe uma piora na qualidade de vida, principalmente dos proletários. No curso da história, a incessante busca do homem pela melhor qualidade de vida refletiu em medidas para a humanização do trabalho, a melhora das condições profissionais e a centralização do ser humano. Entretanto, a qualidade de vida, vista por sua definição atual, vai muito além da melhora nas condições laborais.

A qualidade de vida pode, por exemplo, sofrer um importante impacto negativo durante a constituição familiar. A presença de filhos, para muitos casais, significa o amadurecimento pessoal e uma condição essencial para a inclusão em uma nova etapa do seu círculo social. A infertilidade, nesse caso, pode gerar um negativo impacto psicossocial, seja individual ou para o próprio casal. Embora muito se tenha avançado nos tratamentos reprodutivos para que o casal atinja o objetivo de ter filhos, tradicionalmente, pouca atenção para o aspecto psicológico é dispensada, situação que pode afetar de forma drástica a qualidade de vida e o resultado do próprio tratamento.

A qualidade de vida tem sido aferida por um questionário consolidado, possuindo duas versões validadas em português, uma com 100 questões e outra composta por 26 itens. O questionário com 26 questões, também chamado de breve, é composto por quatro domínios: físico, psicológico, das relações sociais e do meio ambiente. O questionário com 100 questões apresenta mais dois domínios: do nível de independência e dos aspectos religiosos.[4] Apesar de esse questionário ser bastante completo, ele não foi particularmente constituído para aferir o impacto da infertilidade conjugal na qualidade de vida.

QUALIDADE DE VIDA E INFERTILIDADE

Até o ano 2010, existiam cerca de 14 questionários abordando infertilidade e qualidade de vida, porém nenhum deles preenchia corretamente as necessidades a ponto de se tornarem uma ferramenta completa e específica para acessar qualidade de vida e fertilidade.[5] Muitos desses questionários não separavam duas questões centrais para aferir a qualidade de vida no casal infértil: a dificuldade de lidar com a ausência de filhos e a inerente dificuldade que o tratamento de reprodução humana traz para a vida do casal. A maioria desses questionários baseava-se no prejuízo da qualidade de vida em subgrupos com doenças específicas, como endometriose, ovários policísticos e fator masculino, de modo que seu uso ficava comprometido para aferir genericamente qualidade de vida em casais inférteis. Por causa dessa constatação, Boivin et al., em 2011, publicaram um estudo com a criação do primeiro questionário internacional específico de qualidade de vida para casais inférteis (Anexo 1),[6] avaliando tanto homens quanto mulheres, traduzido para mais de 20 línguas, incluindo o português.[5] Esse questionário foi construído com dois módulos distintos: o primeiro contendo 24 perguntas relacionadas à fertilidade e à qualidade de vida e o segundo sendo opcional, composto por 10 itens, para ser respondido por aqueles que já se submeteram a algum tratamento de reprodução humana. Essa ferramenta pode ser utilizada tanto por infertileutas, na sua prática clínica, quanto por pesquisadores.

A propedêutica médica e principalmente o tratamento, seja de baixa (coito programado, inseminação intrauterina) ou alta complexidade (fertilização *in vitro*), podem gerar um estado de ansiedade, estresse e mesmo de depressão para o casal.[7] Sugere-se que possam existir diferenças no modo como homens e mulheres vivenciam e reagem à notícia da infertilidade e ao tratamento proposto. Tradicionalmente, a maioria dos estudos sobre o impacto da infertilidade na qualidade de vida era realizada em mulheres. Recentemente, porém, os homens também se tornaram foco de estudos mais específicos, pois são tão afetados psicossocialmente quanto as mulheres.[8]

Collins et al. sugerem que os homens são menos propensos a expor seus sentimentos, em razão do condicionamento social para conterem mais suas emoções.[8] Geralmente, a investigação e o tratamento de reprodução humana exigem mais da mulher e, portanto, o parceiro tende a sentir necessidade de conter suas emoções para proporcionar estabilidade na relação e transmitir tranquilidade a ela.[9] Entretanto, apesar da contenção das emoções, a notícia da infertilidade para os homens tem a capacidade de gerar sentimentos de redução da masculinidade e até uma percepção de ameaça à sua identidade masculina.[7]

Peterson et al.[7] aferiram o estresse e a ansiedade em casais inférteis, mostrando que há uma forte conexão entre aumento da ansiedade e piora da vida sexual nos homens. A ansiedade pode bloquear o mecanismo autonômico de ereção, criando dificuldades para o desempenho sexual. A obrigação e a responsabilidade de manter relações programadas e condicionadas ao uso de medicações para ovulação são fatores contribuintes para o aumento da ansiedade e do estresse masculino, sempre muito focado no desempenho sexual.[7] Um exemplo bastante ilustrativo da dificuldade que os homens apresentam por causa do estresse e da ansiedade proporcionados pelo exaustivo tratamento de fertilização *in vitro* é a falha na obtenção do ejaculado no dia da colheita dos oócitos da esposa, situação que pode colocar em risco a continuidade de todo o tratamento programado.[10]

As mulheres, mesmo quando a infertilidade é objetivamente de origem masculina, geralmente sofrem mais com a investigação e o tratamento proposto. Elas parecem ser mais vulneráveis às consequências negativas sociais e psicológicas que os homens.[11] Sentimento de inferioridade em relação às outras mulheres, baixa autoestima e isolamento social são algumas das consequências comumente observadas nas mulheres inférteis.[1] Quando comparadas às mulheres férteis, as inférteis podem apresentar sintomas depressivos duas vezes mais frequentes, sendo mais prevalentes quanto mais longo for o tempo de duração da infertilidade.[12]

A ansiedade também é um sintoma muito comum, afetando negativamente a qualidade de vida. Peterson et al.[7] evidenciaram que a ansiedade pode estar relacionada ao prejuízo da vida sexual dessas mulheres e, consequentemente, do casal. Mulheres diagnosticadas com infertilidade sem causa aparente apresentam maior nível de ansiedade e insatisfação pessoal que aquelas mulheres com causa definida de infertilidade.[13]

Durante o tratamento de reprodução humana, a experiência prazerosa da relação sexual pode ser afetada negativamente, contribuindo para dificuldades na relação conjugal.[14] O casal que enfrenta um período maior de infertilidade e tratamentos sem sucesso apresenta risco maior de insatisfação no relacionamento. Estudos sobre o impacto do tratamento de reprodução assistida são controversos nos casais, pois enquanto alguns mostram maior união entre os casais no objetivo comum de ter filhos, outros mostram uma deterioração importante da vida marital.[15,16] O médico assistente deve perceber cada casal como uma unidade e, assim, com características próprias. O emprego do questionário para aferir o impacto da infertilidade na qualidade de vida orienta a conduta médica quanto à necessidade de o casal ser assistido também na parte psicológica, contribuindo para a melhora do bem-estar dos pacientes.

Poucos estudos na literatura focam a qualidade de vida experimentada por casais após vários anos de tentativa de ter filhos sem sucesso. O trabalho realizado por Wirtberg et al.[1] apresentou a experiência de vida de casais sem filhos 20 anos após se submeterem ao tratamento por infertilidade conjugal. Os autores perceberam a formação de dois grupos de estilo de vida distintos: um que aceitou a vida sem filhos e buscou a qualidade de vida em outros aspectos da vida e outro em que a ausência de filhos se tornou uma questão central para suas vidas. As mulheres dos dois grupos relataram que a ausência de filhos retornou de maneira intensa após o nascimento dos netos do círculo social, constatando-se a presença de dois ciclos distintos de sofrimento psicológico para os casais sem filhos: o primeiro caracterizado pelos tratamentos e pela observação do nascimento dos filhos de casais contemporâneos e o segundo em que a chegada dos netos dos amigos trouxe novamente a angústia da ausência de filhos para auxiliar na terceira idade, além do medo e da solidão decorrentes desse fato.[1]

QUALIDADE DE VIDA E PRESERVAÇÃO DA FERTILIDADE FUTURA

Dentro desse contexto, um grupo que merece atenção especial refere-se àquele que se encontra na iminência de perder o potencial fértil por algum agravo e necessita preservá-lo. Incluem-se aqui indivíduos sem prole constituída prestes a se submeterem a algum tratamento potencialmente esterilizante, como cirurgias radicais, quimioterapias, radioterapias ou mesmo terapêuticas a longo prazo com medicamentos gonadotóxicos, teratogênicos ou mutagênicos, como os imunossupressores utilizados em transplantes ou medicamentos para doenças reumatológicas.

Nos pacientes oncológicos, dependendo da neoplasia primária, com a evolução dos recursos técnicos empregados no diagnóstico e no estadiamento e o avanço conquistado com os diferentes esquemas de quimio[17] e radioterapia, somados às cirurgias radicais, mais de 95% dos pacientes poderão ser considerados curados após 5 anos.[18] Entretanto, apesar de vencer o câncer, 15 a 30% dos pacientes curados continuarão inférteis, como efeito colateral tardio do tratamento.[19] Assim, nos últimos anos, foi necessária uma mudança no enfoque do tratamento, ou seja, a sobrevida a qualquer preço cedeu lugar rapidamente à vida com qualidade.

A infertilidade resultante de tratamento para câncer pode estar associada a um importante estresse psicossocial. Mesmo com preocupações com malformação da prole, com sua própria sobrevida ou com risco de câncer em seus filhos, a maioria dos portadores prefere ter filhos biológicos.[20-23] Ter seu potencial genético criopreservado ajuda a lidar emocionalmente com a doença oncológica, mesmo que o material nunca seja utilizado.[24] Os sobreviventes ao câncer sentem que poderão ser pais melhores e, mais que isso, a experiência de sobreviver ao câncer fortalece o desejo de serem pais.[25]

O uso de métodos estabelecidos de preservação da fertilidade (criopreservação de sêmen e congelamento de embriões) em indivíduos na pós-puberdade deve ser recomendado, de preferência, o mais precocemente possível, tão rápido seja feito o diagnóstico ou mesmo a suspeita do câncer.[26] Dessa maneira, paralelamente à cura do câncer, a preocupação com a preservação da fertilidade pode assegurar, juntamente com os demais profissionais de saúde da equipe multidisciplinar, um tratamento com menos estresse, projetando vida com qualidade.[26]

CONCLUSÃO

É inegável que o diagnóstico e o tratamento do casal infértil podem trazer uma série de prejuízos à saúde psicossocial do casal e, por conseguinte, ter implicações negativas no próprio sucesso da terapêutica empregada. A utilização de novas ferramentas para aferir fertilidade e qualidade de vida proporciona uma detecção precoce dos casais em risco pelos infertileutas e por outros profissionais da saúde que trabalham com infertilidade.

Há várias abordagens às quais o casal pode ser submetido para melhorar os aspectos psicossociais e aliviar os impactos negativos da infertilidade. Aconselhamento do médico-assistente, intervenções psicoterapêuticas, terapia cognitivo-comportamental e até uso de medicamentos fazem parte do arsenal para melhorar a qualidade de vida desses casais. Uma relação médico-paciente pautada por empatia, esclarecimento da situação ao casal quanto ao potencial fértil, explicação detalhada do tratamento e suas implicações futuras contribuem muito para a minimização dos impactos psicossociais negativos inerentes ao problema e ao tratamento médico proposto.

Para aqueles pacientes que mostram dificuldades em lidar com a situação, o médico-assistente deve perceber e agir de maneira rápida, encaminhando-os a um especialista que possa auxiliá-los a enfrentar os obstáculos e melhorar a qualidade de vida.

REFERÊNCIAS BIBLIOGRÁFICAS

1. Wirtberg I, Moller A, Hogstrom L, Tronstad SE, Lalos A. Life 20 years after unsuccessful infertility treatment. Hum Reprod 2007; 22(2):598-604.
2. Sciarra J. Infertility: an international health problem. Int J Gynaecol Obstet 1994; 46(2):155-63.
3. Inhorn MC. Global infertility and the globalization of new reproductive technologies: illustrations from Egypt. Soc Sci Med 2003; 56(9):1837-51.
4. World Health Organization. Quality of Life assessment (WHOQOL): position paper from the World Health Organization. Soc Sci Med 1995; 41(10):1403-9.
5. Boivin J, Takefman J, Braverman A. The Fertility Quality of Life (FertiQoL) tool: development and general psychometric properties. Fertil Steril 2011; 96(2):409-15e3.
6. Disponível em: http://psych.cf.ac.uk/fertiqol/download/fertiqol%20Portuguese.pdf. [cited 2012 28/03/2012];
7. Peterson BD, Newton CR, Feingold T. Anxiety and sexual stress in men and women undergoing infertility treatment. Fertil Steril 2007; 88(4):911-4.
8. Collins A, Freeman EW, Boxer AS, Tureck R. Perceptions of infertility and treatment stress in females as compared with males entering in vitro fertilization treatment. Fertil Steril 1992; 57(2):350-6.
9. Dhillon R, Cumming CE, Cumming DC. Psychological well-being and coping patterns in infertile men. Fertil Steril 2000; 74(4):702-6.
10. Clarke RN, Klock SC, Geoghegan A, Travassos DE. Relationship between psychological stress and semen quality among in-vitro fertilization patients. Hum Reprod 1999; 14(3):753-8.
11. Chachamovich JR, Chachamovich E, Zachia S, Knauth D, Passos EP. What variables predict generic and health-related quality of life in a sample of Brazilian women experiencing infertility? Hum Reprod 2007; 22(7):1946-52.
12. Domar AD, Broome A, Zuttermeister PC, Seibel M, Friedman R. The prevalence and predictability of depression in infertile women. Fertil Steril 1992; 58(6):1158-63.
13. Oddens BJ, den Tonkelaar I, Nieuwenhuyse H. Psychosocial experiences in women facing fertility problems – a comparative survey. Hum Reprod 1999; 14(1):255-61.
14. Repokari L, Punamaki RL, Unkila-Kallio L, Vilska S, Poikkeus P, Sinkkonen J et al. Infertility treatment and marital relationships: a 1-year prospective study among successfully treated ART couples and their controls. Hum Reprod 2007; 22(5):1481-91.
15. Colpin H, Demyttenaere K, Vandemeulebroecke L. New reproductive technology and the family: the parent-child relationship following in vitro fertilization. J Child Psychol Psychiatry 1995; 36(8):1429-41.

16. Gibson FL, Ungerer JA, Tennant CC, Saunders DM. Parental adjustment and attitudes to parenting after in vitro fertilization. Fertil Steril 2000; 73(3):565-74.
17. Howell SJ, Shalet SM. Testicular function following chemotherapy. Hum Reprod Update 2001; 7(4):363-9.
18. Lass A, Akagbosu F, Brinsden P. Sperm banking and assisted reproduction treatment for couples following cancer treatment of the male partner. Hum Reprod Update 2001; 7(4):370-7.
19. Tournaye H, Goossens E, Verheyen G, Frederickx V, De Block G, Devroey P et al. Preserving the reproductive potential of men and boys with cancer: current concepts and future prospects. Hum Reprod Update 2004; 10(6):525-32.
20. Fossa SD, Magelssen H, Melve K, Jacobsen AB, Langmark F, Skjaerven R. Parenthood in survivors after adulthood cancer and perinatal health in their offspring: a preliminary report. J Natl Cancer Inst Monogr 2005; (34):77-82.
21. Fossa SD, Aass N, Molne K. Is routine pre-treatment cryopreservation of semen worthwhile in the management of patients with testicular cancer? Br J Urol 1989; 64(5):524-9.
22. Schover LR, Brey K, Lichtin A, Lipshultz LI, Jeha S. Knowledge and experience regarding cancer, infertility, and sperm banking in younger male survivors. J Clin Oncol 2002; 20(7):1880-9.
23. Schover LR, Rybicki LA, Martin BA, Bringelsen KA. Having children after cancer. A pilot survey of survivors' attitudes and experiences. Cancer 1999; 86(4):697-709.
24. Saito K, Suzuki K, Iwasaki A, Yumura Y, Kubota Y. Sperm cryopreservation before cancer chemotherapy helps in the emotional battle against cancer. Cancer 2005; 104(3):521-4.
25. Schover LR. Motivation for parenthood after cancer: a review. J Natl Cancer Inst Monogr 2005; (34):2-5.
26. Fraietta R, Spaine DM, Bertolla RP, Ortiz V, Cedenho AP. Individual and seminal characteristics of patients with testicular germ cell tumors. Fertil Steril 2010; 94(6):2107-12.

ANEXO 1 – FertiQoL International

Questionário sobre Fertilidade e Qualidade de Vida (2008)

Para cada pergunta, assinale por favor (com um X) a resposta que melhor reflete a forma como pensa e se sente. Responda com base no que pensa e no que sente atualmente. Algumas perguntas podem dizer respeito à sua vida privada, mas são necessárias para avaliar adequadamente todos os aspectos da sua vida. Preencha por favor os itens assinalados com um (*) apenas se tiver um(a) companheiro(a).

	Para cada pergunta, assinale a resposta que mais se aproxima dos seus pensamentos e sentimentos atuais	Muito má	Má	Nem boa nem má	Boa	Muito boa
A	Como avaliaria a sua saúde?	❑	❑	❑	❑	❑
	Para cada pergunta, assinale a resposta que mais se aproxima dos seus pensamentos e sentimentos atuais	Muito insatis-feito(a)	Insatis-feito(a)	Nem satis-feito(a) nem insatisfeito(a)	Satis-feito(a)	Muito satis-feito(a)
B	Está satisfeito(a) com sua qualidade de vida?	❑	❑	❑	❑	❑
	Assinale com um X a resposta que melhor define o que pensa e sente atualmente	Comple-tamente	Muito	Mais ou menos	Pouco	Nada
Q1	A sua atenção e concentração são prejudicadas por pensamentos de infertilidade?	❑	❑	❑	❑	❑
Q2	Acha que não consegue avançar com outros objetivos e planos de vida por causa dos problemas de fertilidade?	❑	❑	❑	❑	❑
Q3	Sente-se esgotado(a) ou exausto(a) por causa dos problemas de fertilidade?	❑	❑	❑	❑	❑
Q4	Sente que é capaz de lidar com os problemas de fertilidade?	❑	❑	❑	❑	❑

	Para cada pergunta, assinale a resposta que mais se aproxima dos seus pensamentos e sentimentos atuais	Muito insatis-feito(a)	Insatis-feito(a)	Nem satis-feito(a) nem insatisfeito(a)	Satis-feito(a)	Muito satis-feito(a)
Q5	Está satisfeito(a) com o apoio que recebe de amigos relativamente aos seus problemas de fertilidade?	❑	❑	❑	❑	❑
*Q6	Está satisfeito(a) com a sua vida sexual, apesar de ter problemas de fertilidade?	❑	❑	❑	❑	❑
	Para cada pergunta, assinale a resposta que mais se aproxima dos seus pensamentos e sentimentos atuais	**Sempre**	**Muitas vezes**	**Às vezes**	**Rara-mente**	**Nunca**
Q7	Os seus problemas de fertilidade dão origem a sentimentos de ciúme e rancor?	❑	❑	❑	❑	❑
Q8	Costuma ter sentimentos de angústia e/ou de perda por não conseguir ter um filho (ou mais filhos)?	❑	❑	❑	❑	❑
Q9	Sente que oscila entre a esperança e o desespero por causa dos problemas de fertilidade?	❑	❑	❑	❑	❑
Q10	Encontra-se socialmente isolado(a) por causa dos problemas de fertilidade?	❑	❑	❑	❑	❑
*Q11	É afetuoso(a) com o(a) seu(sua) companheiro(a) e ele(ela) com você apesar dos seus problemas de fertilidade?	❑	❑	❑	❑	❑
Q12	Os seus problemas de fertilidade interferem com o seu trabalho, ou a suas obrigações do dia a dia?	❑	❑	❑	❑	❑
Q13	Sente-se desconfortável ao participar em situações sociais, tais como férias e festas, por causa dos seus problemas de fertilidade?	❑	❑	❑	❑	❑

Q14	Sente que a sua família consegue compreender o que está passando?	❑	❑	❑	❑	❑
	Para cada pergunta, assinale a resposta que mais se aproxima dos seus pensamentos e sentimentos atuais	Muitíssimo	Muito	Mais ou menos	Pouco	Nada
*Q15	O fato de ter problemas de fertilidade fortaleceu a sua dedicação ao seu companheiro(a)?	❑	❑	❑	❑	❑
Q16	Sente-se triste e deprimido(a) em relação aos seus problemas de fertilidade?	❑	❑	❑	❑	❑
Q17	Os seus problemas de fertilidade o tornam inferior às pessoas com filhos?	❑	❑	❑	❑	❑
Q18	Sente-se fatigado(a) em razão dos problemas de fertilidade?	❑	❑	❑	❑	❑
*Q19	Os problemas de fertilidade tiveram um impacto negativo na sua relação?	❑	❑	❑	❑	❑
*Q20	Sente dificuldade em falar com o(a) seu(sua) companheiro(a) sobre o que sente em relação à infertilidade?	❑	❑	❑	❑	❑
*Q21	Está satisfeito(a) com a sua relação, apesar de ter problemas de fertilidade?	❑	❑	❑	❑	❑
Q22	Sente pressão social pare ter (ou ter mais) filhos?	❑	❑	❑	❑	❑
Q23	Os seus problemas de fertilidade o irritam?	❑	❑	❑	❑	❑
Q24	Sente dor e desconforto físico por causa dos seus problemas de fertilidade?	❑	❑	❑	❑	❑

Módulo Opcional sobre o Tratamento

Iniciou algum tratamento de fertilidade (incluindo qualquer consulta ou intervenção médicas)? Se sim, responda por favor às seguintes perguntas. Para cada pergunta, assinale (com um X) a resposta que melhor reflete a forma como pensa e se sente. Responda com base no que pensa e no que sente atualmente. Algumas perguntas podem dizer respeito à sua vida privada, mas são necessárias para avaliar adequadamente todos os aspectos da sua vida.

	Para cada pergunta, assinale a resposta que mais se aproxima dos seus pensamentos e sentimentos atuais	Sempre	Muitas vezes	Às vezes	Raramente	Nunca
T1	O tratamento de infertilidade afeta negativamente o seu humor?	❑	❑	❑	❑	❑
T2	Dispõe dos serviços médicos de fertilidade que deseja?	❑	❑	❑	❑	❑
	Para cada pergunta, assinale a resposta que mais se aproxima dos seus pensamentos e sentimentos atuais	**Muitíssimo**	**Muito**	**Bastante**	**Um pouco**	**Nada**
T3	Até que ponto é complicado lidar com os procedimentos e/ou administração de medicação para o(s) seu(s) tratamento(s) de infertilidade?	❑	❑	❑	❑	❑
T4	O efeito do tratamento incomoda-o(a) nas sua atividades do dia a dia ou de trabalho?	❑	❑	❑	❑	❑
T5	Sente que o pessoal dos serviços de fertilidade compreende o que está passando?	❑	❑	❑	❑	❑
T6	Os efeitos colaterais da medicação e do tratamento para a infertilidade o incomodam?	❑	❑	❑	❑	❑

	Para cada pergunta, assinale a resposta que mais se aproxima dos seus pensamentos e sentimentos atuais	Muito insatis-feito(a)	Insatis-feito(a)	Nem satis-feito(a) nem insatisfeito(a)	Satis-feito(a)	Muito satis-feito(a)
T7	Está satisfeito(a) com a qualidade dos serviços disponíveis para a abordagem das suas necessidades emocionais?	❑	❑	❑	❑	❑
T8	Como avaliaria a cirurgia e/ou o(s) tratamento(s) médico(s) a que foi submetido(a)?	❑	❑	❑	❑	❑
T9	Como avaliaria a qualidade da informação que recebeu sobre a medicação, a cirurgia e/ou o tratamento médico?	❑	❑	❑	❑	❑
T10	Está satisfeito(a) com as suas relações com o pessoal médico dos serviços de fertilidade?	❑	❑	❑	❑	❑

CAPÍTULO

9

Psiconefrologia: humanização e qualidade de vida

DENISE PARÁ DINIZ
SIBELA VASCONCELOS ANDRADE
MARCELO ANDERY NAVES
DANIELLA AP. MARQUES
MARY CARLA ESTEVEZ DIZ
NESTOR SCHOR

INTRODUÇÃO

Nos últimos anos, o progresso da nefrologia e o desenvolvimento dos conhecimentos e das técnicas de intervenções psicológicas culminaram com a possibilidade de inclusão da assistência dessa especialidade. As pesquisas permitiram o início do processo de entendimento da associação entre fatores psicossociais e a evolução dos pacientes, o que inclui adaptação, adesão, morbidade e mortalidade.[1]

Em sua maioria, os estudos sobre associação entre qualidade de vida (QV) e pacientes portadores de doenças renais têm tido como público-alvo os portadores de doença renal crônica terminal (DRCT), os quais, a partir do diagnóstico, se defrontam inevitavelmente com múltiplos problemas que se iniciam ou se intensificam pela doença nos vértices biopsicossociais.

Sem dúvida, a doença renal crônica (DRC) constitui, atualmente, um significativo problema de saúde pública. A cada ano, aumenta o número de indivíduos que passam a conviver com essa doença e que requerem terapia renal substitutiva. A população brasileira no ano de 2010 correspondia a 190,73 milhões de habitantes, segundo o Instituto Brasileiro de Pesquisa e Estatística (IBGE), e, nesse mesmo ano, o censo da Sociedade Brasileira de Nefrologia (SBN) revelou que existiam 92.091 pacientes renais crônicos em hemodiálise no Brasil. Com esses dados, e não conhecendo com exatidão o número de brasileiros nos diferentes estágios pré-diálise, sugere-se que cerca de 2,9 milhões de brasileiros teriam 1/3 ou menos da taxa de filtração glomerular dos indivíduos normais.[2]

Estima-se que a prevalência de pacientes com insuficiência renal crônica cresça em torno de 8 a 10% ao ano ou mais. Nos últimos oito anos, essa população praticamente dobrou: em 2002, havia 48.806 pacientes mantidos em programa dialítico; em 2010, foram registrados 92.091 pacientes. O Sistema Único de Saúde (SUS) financia cerca de 90% do tratamento dialítico no Brasil. Atualmente, há 638 centros de diálise ativos, e o gasto com terapia renal substitutiva está próximo de 2 bilhões de reais ao ano.

A população brasileira está envelhecendo, como consequência de um decréscimo da taxa de fecundidade e da maior expectativa de vida. Em 2025, estima-se que 14% da população terá 60 anos ou mais.[3] Esse envelhecimento, associado aos demais fatores de risco, especialmente o diabete melito, terá implicações diretas na incidência e na prevalência da DRC. Dados atuais do censo de 2010 da SBN mostram que 30,7% dos pacientes em diálise no Brasil têm mais que 65 anos, o que corresponde a um número elevado de idosos em diálise. Os principais diagnósticos de base da DRC continuam sendo a hipertensão arterial sistêmica e o diabete melito, os quais, juntos, correspondem às causas de aproximadamente 63% dos pacientes.

A saúde no Brasil vive um problema crônico de financiamento e de gestão. A universalidade, a integralidade e a equidade do SUS exigem financiamento impraticável com o orçamento atual. Isso, consequentemente, interfere negativamente no que tange às necessidades do paciente. Ainda assim, a terapia renal substitutiva no Brasil é uma das melhores do mundo, com indicadores bastante satisfatórios, como taxa de uso de acesso por cateter venoso central de 10 a 12% e mortalidade de 13% em diálise, mais baixas do que as de diversos países desenvolvidos.

Assim, apesar de reconhecida efetividade dos tratamentos aos pacientes portadores de doenças renais crônicas e agudas, com inclusão do desenvolvimento de alta tecnologia de máquinas e procedimentos, fatores facilitadores para uma sobrevida consideravelmente prolongada, constata-se, por meio da literatura, a necessidade de se produzir trabalhos relacionados a fatores determinantes da qualidade de vida desses indivíduos, ao sofrimento psíquico, ao aumento de risco de hospitalizações, de morbidades e de mortalidade e ao impacto dos custos financeiros nessa área.

A proposta deste capítulo é relatar o impacto e a influência da qualidade de vida relacionada a saúde (QVRS) na doença renal (DR), discorrer sobre a estrutura, a organização e os níveis de intervenção assistencial, de pesquisa e de ensino dessa área de interface entre nefrologia e psicologia (psiconefrologia) e sugerir cuidados multiprofissionais integrados em nefrologia que possam colaborar para a adaptação à doença e a adesão ao tratamento proposto para a DRC, enfatizando aspectos relacionados "à percepção do indivíduo de sua posição na vida, no contexto da cultura e sistemas de valores nos quais vive e em relação aos seus objetivos, expectativas, padrões e preocupações" (Organização Mundial da Saúde – OMS)[25].

DOENÇA RENAL

Características como nível socioeconômico e educacional elevados, etnia negroide, prática de exercício físico e aumento de hematócritos demonstram estar relacionadas à promoção de permanência em estado pré-dialítico. Entretanto, algumas comorbidades associadas, como baixo estado nutricional, diabete melito, depressão e perda do enxerto renal, parecem colaborar para o início em diálise.

Ao voltar a atenção para os cuidadores e familiares de pacientes portadores de DRC e QV[4], constatam-se consequências e alterações geradas pelo ato de cuidar (especialmente crianças com DRC). Conceitua-se cuidador como "a pessoa que possui responsabilidade de cuidados do paciente".

O cuidador também passa a necessitar de atenções especiais, demonstrando a necessidade dos cuidados fornecidos por uma equipe multiprofissional, como reorganização emocional, reabilitação e reintegração social. Os cuidadores profissionais dessa área também constituem foco de interesse em alguns estudos. As reações cognitivas, afetivas e comportamentais da equipe multiprofissional que assiste doentes renais crônicos aparecem descritas por meio das estratégias de enfrentamento e dos mecanismos de defesa escolhidos pelos especialistas.

Doenças renais gerais e qualidade de vida

Ao se atentar para estudos relativos a patologias renais gerais, constatou-se a existência de pouquíssimos estudos relacionando fatores psicológicos e sociais a essas patologias, não sendo encontrados trabalhos com o objetivo geral de identificar e associar QV a DR aguda. Essa constatação motivou estudos de avaliação de QV de pacientes portadores de várias patologias renais. A análise de QV de pacientes portadores de cólicas renais recorrentes constatou, em todas as dimensões avaliadas pelo SF-36 (*role-physical, role-emotional, function physical, general health status, vitality, social function* e *mental health*), limitações substanciais na QV de pacientes portadores de cólicas renais recorrentes. Além disso, foram encontradas diferenças estatisticamente relevantes entre casos e controles, sendo que as médias dos casos foram significativamente menores do que as do grupo de controle em todos os domínios da escala. Os escores apresentados pelos pacientes litiásicos renais com histórico de cólicas recorrentes, quando comparados a escores de nefropatas avaliados em centros de diálise do Brasil e dos Estados Unidos, são equivalentes.[5]

Doença renal e qualidade de vida relacionada à saúde

Ao se avaliar a QVRS na DRC, lida-se com variáveis que influenciam o bem-estar biopsicossocial do paciente renal. Visando à percepção da pessoa sobre sua saúde por meio de uma avaliação subjetiva de seus sintomas, sua satisfação e a adesão ao tratamento, observam-se a extensão e a complexidade dos problemas inerentes à vivência da DR.

Doença renal aguda e qualidade de vida relacionada à saúde

O Setor de Psicologia da Nefrologia da Escola Paulista de Medicina da Universidade Federal de São Paulo (EPM-Unifesp) tem se preocupado com a associação e a evolução das DR (crônicas e agudas) e da QVRS em seus vários domínios. Avalia e analisa, além de QVRS de pacientes com várias DR, seus familiares e profissionais presentes em centros de nefrologia. São avaliados, também, sintomas de ansiedade, depressão, ideação suicida, morbidade psiquiátrica e estresse.[6]

Constata-se, em congruência com estudos do Brasil e do exterior, relação estatística significativa entre escores apresentados por pacientes renais crônicos e variáveis, como tempo de doença, tempo de tratamento, tipo de tratamento, atividade laboral, sexo, estado civil e tipo de doador. Detectam-se diferenças estatisticamente significativas entre os grupos em hemodiálise e transplantados.[7] Entretanto, é relevante destacar que, embora este seja um campo de estudo relativamente novo, vários autores têm focalizado atenção na associação dos aspectos fisiológicos, socioambientais e psíquicos nos domínios de QVRS, predominantemente com as DRC.

Há poucos trabalhos que demonstram a associação entre aparecimento e evolução entre doenças renais agudas e domínios de QVRS, como o estudo sobre litíase e QVRS.[5] Os estudos que analisam QVRS e diagnóstico e/ou evolução de lesão renal aguda (LRA) são ainda mais escassos.

Considerável atenção tem sido dada aos trabalhos que buscam explicações para os índices de mortalidade que acompanham LRA, como a influência dos distintos tratamentos dialíticos, sem considerar que aspectos subjetivos podem estar associados ao diagnóstico e à evolução da doença.[8,9] Entretanto, os trabalhos existentes relatam considerável proporção de pacientes que, ao sobreviverem a episódios graves de LRA, apresentam escores dos domínios de QV extremamente reduzidos em comparação aos da população geral.[6]

O Setor de Psicologia da Nefrologia da Escola Paulista de Medicina da Universidade Federal de São Paulo (EPM-Unifesp) realizou um estudo de coorte observacional prospectivo, do tipo caso-controle, em pacientes assistidos em unidades intensivas e semi-intensivas de dois hospitais: o Hospital São Paulo (HSP) e o Hospital do Servidor Público do Estado (HSPE).[6] Esses dois serviços apresentam características distintas, apesar de ambos serem qualificados como hospitais públicos, o que enriquece a pesquisa, já que, no HSP, a população assistida é geral, com predomínio de baixa classe social, atendida pelo SUS, enquanto a população do HSPE, de faixa etária mais elevada, é de funcionários públicos ou seus familiares, com estrutura socioeconômica diferenciada.

O objetivo geral foi avaliar a QV de pacientes portadores de LRA que necessitam de cuidados em unidades intensivas e semi-intensivas, usuários de dois hospitais públicos. Os casos eram pacientes com LRA internados em centros de terapia intensiva ou semi-intensiva que necessitassem ou não de terapia renal substitutiva. O grupo controle foi constituído por pacientes sem LRA não portadores de qualquer DR e que necessitaram de tratamento nas mesmas unidades de terapia intensiva (UTI) ou semi-intensiva desses hospitais, em consequência de outras doenças agudas. Casos e controles foram pareados por gênero e idade.

A QVRS foi avaliada por meio da versão em português do *Medical Outcomes Study, a 36-Item Short Form Health Survey (SF-36)*, e foram identificados 579 pacientes (311 casos e 268 controles) desde o momento do diagnóstico. Entretanto, como a mortalidade foi elevada, 374 pacientes (156 casos e 218 controles) foram submetidos somente à primeira aplicação do SF-36. Foram pareados 284 pacientes (142 casos e 142 controles) e o conjunto de dados obtidos até o momento permitiu verificar:

- elevadas taxas de mortalidade em pacientes com LRA quando comparados a pacientes (controles) assistidos nos mesmos centros de terapia intensiva, portadores de outras doenças (75,6% dos casos e 24,4% dos controles foram a óbito – $p < 0,001$);
- índices de QVRS reduzidos de forma significativa nos casos quando comparados aos controles, especificamente nos domínios vitalidade ($p = 0,004$), estado geral de saúde ($p = 0,007$) e saúde mental ($p = 0,016$).

Constatou-se, ainda, a influência de variáveis para ocorrência de óbitos, como:

- faixa etária agrupada ($p = 0,014$) e nível socioeconômico ($p < 0,001$), nos quais se observou maior porcentagem de óbitos nas classes menos favorecidas (C, D e E) e entre os pacientes mais idosos (acima de 60 anos);
- relação significativa entre óbito e tempo de internação no hospital ($p < 0,001$) e na UTI ($p < 0,001$). Os pacientes que foram a óbito permaneceram um tempo significativamente maior tanto no hospital quanto na UTI.

Realizou-se também um estudo longitudinal, com avaliações posteriores a essa primeira, após 3, 6 e 12 meses. O conjunto de dados obtidos permitiu verificar que morreram mais casos do que controles ($p = 0,002$).

Quando se analisa a associação entre sobrevivência e QV, constata-se que a porcentagem de óbitos é significativamente maior entre casos que possuem domínios com níveis mais reduzidos do que entre os controles que possuem domínios mais baixos em capacidade funcional e aspecto físico.

Com base nos conjuntos de dados obtidos dos estudos mencionados, realizados em países diferentes, pode-se constatar que as doenças renais agudas merecem maior atenção e práticas de programas de QVRS dirigidos a esses pacientes.

As diretrizes gerais de tratamento sugerem que a avaliação e o tratamento de pacientes com DRC requerem a compreensão de conceitos separados, porém relacionados ao diagnóstico, ao risco de perda da função renal, à gravidade da doença, às condições comórbidas e à terapia de substituição renal. Ressalta-se a necessidade de que essas diretrizes levem em conta a influência de aspectos subjetivos e multidimensionais em DR agudas, como tem sido feito com DRCT. Raros são os estudos que objetivam a análise dos domínios de QV em doentes renais agudos, tanto no Brasil quanto no exterior.

Doença renal crônica e qualidade de vida relacionada à saúde

Pacientes com DRCT ou em pré-diálise requerem alta utilização de recursos de saúde. Diniz e Schor[1] afirmam que a QV de pacientes portadores de DRCT tornou-se um importante indicador de efetividade dos cuidados médicos que eles recebem. Além disso, eles introduziram fatores e situações que podem fornecer efeitos variados na QV de pacientes assistidos em pré-diálise, diálise ou transplante. Há vários estudos e práticas que constatam a influência desses fatores nos escores de QV.[10,11]

DOENÇA RENAL CRÔNICA: TRATAMENTOS E QUALIDADE DE VIDA RELACIONADA À SAÚDE

Diálise e qualidade de vida relacionada à saúde

A evolução da DR leva à síndrome urêmica, um conjunto de sinais e sintomas que resulta em distúrbios funcionais de muitos sistemas com graus variáveis de sintomas, como diminuição e/ou perda do apetite, náuseas, vômitos, fadiga, confusão mental, podendo chegar ao coma. Também podem estar presentes sangramentos, edema corpóreo, arritmias, parada cardíaca, distúrbios metabólicos graves, como acidose metabólica e hiperpotassemia, entre outros que podem culminar em óbito. Vale ressaltar que todas essas manifestações clínicas e laboratoriais apresentadas ocorrem em graus diferentes, dependendo da gravidade, da duração e da causa da insuficiência renal.

Existem múltiplos fatores de risco associados à uremia, os quais se tornam preditores de substancial prejuízo da QV desses pacientes. Por isso, o diagnóstico e o tratamento precoce da patologia renal são importantes. Muitas vezes, o paciente sob tratamento contínuo, específico para a doença de base e direcionado para o comprometimento renal, com equipe multidisciplinar, mantém a função renal estável por muitos anos, de modo que o paciente pode manter certo grau de disfunção renal, mas não necessitará de diálise. Nesse caso, inicia-se o que se chama de tratamento conservador. Se a função renal continuar deteriorando e o paciente apresentar sintomas da síndrome urêmica e/ou taxa de filtração glomerular menor que 15 mL/min/1,73m² e/ou apresentar algum sinal/sintoma grave que comprometa a sua vida e que esteja relacionado à disfunção renal, a terapia renal substitutiva deverá ser considerada.

O melhor método a ser escolhido deve ser individualizado e contemplar as características clínicas, psíquicas e socioeconômicas do paciente, sendo importante apresentar a ele e aos seus familiares as opções de tratamento, assegurando-lhes a possibilidade de modificar a escolha inicial conforme a evolução do caso.

Transplante e qualidade de vida relacionada à saúde

Muitos estudos concluíram que o transplante é a modalidade terapêutica que fornece melhor QV para esses pacientes.[12-14] A possibilidade que o transplante oferece de o paciente não ter mais a necessidade de convivência contínua com máquinas, profissionais e unidades hospitalares promove sensações relacionadas ao resgate da autonomia.

Por meio de experiência assistencial e de pesquisa (Diniz, 2006), foi possível constatar que muitos pacientes transplantados, pediátricos e adultos, percebem essa modalidade terapêutica como cura, o que, muitas vezes, pode comprometer a adesão ao tratamento. Para a maioria dos pacientes, é difícil compreender que a modalidade terapêutica mais indicada é aquela que lhes oferece melhores condições clínicas, sendo possível a elaboração e a escolha junto à equipe assistente. É importante ressaltar que algumas variáveis, como idade, gênero, etnia, condições socioeconômicas, condições clínicas e tipo de tratamento, aparecem associadas aos escores de QVRS e devem ser consideradas nessa escolha.[15]

PSICOPATOLOGIAS E QUALIDADE DE VIDA RELACIONADA À SAÚDE

Depressão

Na maioria dos estudos sobre QV em pacientes portadores de DRC, é possível constatar que a depressão é o fator psíquico mais identificado tanto nos pacientes assistidos no Brasil ou no exterior, adultos e pediátricos, quanto em cuidadores familiares. Esses trabalhos possuem uma tendência à associação entre depressão, morbidade e mortalidade em pacientes portadores de DRCT.

Segundo a OMS (1998)[25], a depressão é a quinta doença em causas de incapacitação e maior impacto social, sendo responsável por morbidades, perdas de papéis funcionais e utilização dos serviços de saúde. Em estudo comparativo realizado em pacientes em tratamento hemodialítico sem depressão e naqueles com algum grau de depressão avaliado pelo Inventário de Depressão Breck (BDI), pode-se observar baixa prevalência dos quadros depressivos associada aos pacientes hemodialíticos em relação ao trabalho de investimento no suporte social, psicológico e físico que vem sendo realizado em algumas clínicas de diálise.[16] Entretanto, no estudo do grupo Dialysis Outcomes and Practice Patterns Study (DOPPS), a depressão representa um preditor de mortalidade e de causas de hospitalização entre pacientes em hemodiálise nos Estados Unidos e na Europa.[17]

Outros estudos que analisaram a associação entre depressão e morbidade e/ou mortalidade em pacientes portadores de DRCT apresentam resultados contraditórios, até em função de critérios metodológicos diferentes, sejam por instrumentos diagnósticos ou por populações diversas.

Em relação às morbidades associadas, é interessante citar que, ao analisar pacientes em tratamento de diálise peritoneal ambulatorial contínua (CAPD), constatou-se que a depressão e a ansiedade aumentadas estavam associadas à maior incidência de peritonites nesses pacientes.[18] Akman et al.[19] constataram que os pacientes transplantados possuíam prevalência de depressão em menor grau que os pacientes em diálise e em lista de espera pelo transplante. Observaram, também, que esses últimos possuíam níveis menores em relação aos pacientes que haviam perdido o enxerto e estavam novamente na lista de espera.

Ansiedade

Sintomas de depressão e ansiedade têm sido avaliados e analisados em estudos ao longo do tempo em pacientes portadores de várias DR, independentemente da faixa etária.[6,7,20,21]

Assim, constatando-se a associação entre saúde mental e aspectos fisiológicos no diagnóstico e na evolução das doenças renais, estrutura-se e organiza-se essa área de interface, denominada Psiconefrologia.

Inicia-se a assistência psicológica na EPM-Unifesp na Nefrologia Pediátrica e, posteriormente, na Disciplina de Nefrologia, há mais de 20 anos. A princípio, constatou-se muito desconhecimento por parte dos pacientes e dos familiares, além de preconceitos e medos, cercando os diagnósticos e os tratamentos das patologias renais, o que demonstrou a importância do desenvolvimento de projetos assistenciais, pesquisas e ensino, fornecendo informações corretas e abrangentes, bem como cuidados profissionais humanitários.

A equipe da EPM-Unifesp dedicou-se, inicialmente, a projetos assistenciais, que sempre tiveram como referência um modelo no qual o ser humano é entendido como sujeito de sua existência e seus movimentos (voluntários ou não); suas atitudes e seu funcionamento fisiológico são percebidos intimamente e relacionados ao seu psiquismo. Entende-se que as enfermidades que se desenvolvem em seu corpo têm estreita relação com seus sentimentos, suas emoções, seu funcionamento psíquico e sua história de vida.

A compreensão do ser humano dentro dessa forma interacional e dinâmica proporciona a possibilidade de se avaliar sinais, sintomas, prejuízos e carências permanentemente. Ademais, permitiu-se um trabalho de percepção, reconhecimento, respeito e elaboração junto aos pacientes portadores de DR gerais, de seus potenciais e de duas capacidades de adaptação à doença e ao tratamento. Levar o paciente a reconhecer e utilizar suas próprias capacidades para o autocuidado e a consequente melhora da sua saúde e da QV constitui um dos principais focos de intervenção do Serviço de Psicologia da Nefrologia da EPM-Unifesp.

Naturalmente, a assistência levou à necessidade de realização de pesquisas para que se pudesse identificar, com auxílio de maiores e melhores bases científicas, as reais necessidades de pacientes, familiares e profissionais presentes em centros de nefrologia, e não simplesmente assistir os pacientes baseando-se somente em suposições subjetivas dos especialistas.

Rastreiam-se níveis de depressão, ansiedade, conhecimento da doença, morbidade psiquiátrica, dinâmica de personalidade e qualidade de vida de portadores de DR gerais de diversas faixas etárias e em tratamento nos vários ambulatórios, enfermarias e unidades de diálise e transplante. São desenvolvidos manuais informativos sobre DRCT com bases psicopedagógicas e questionários para avaliar o nível de conhecimento da doença, os quais, possuindo estudo de confiabilidade, permitem que se avalie a retenção de informações positivas que esses manuais propiciam a pacientes nefropatas.

A identificação de fatores psicossociais envolvidos na prevenção de DR, nas terapêuticas oferecidas e na reabilitação exigiu a sistematização do corpo de conhecimento específico ligado à área da nefrologia para que se pudesse oferecer subsídios teóricos e práticos para a saúde mental e qualidade de vida aos portadores de DR, aos seus familiares e aos profissionais da área de saúde envolvidos no tratamento.

Os especialistas da Psiconefrologia da EPM-Unifesp têm como filosofia de trabalho que, somente a partir de experiências clínicas de pesquisas, a assistência psicológica pode ser implantada. Naturalmente, ela é personalizada com o uso de técnicas individuais e/ou de grupo nas várias unidades da Nefrologia do HSP. Foram estabelecidas parcerias com outros departamentos e setores da EPM-Unifesp, de modo que, depois de muitos anos prestando assistência e pesquisas, se chegou ao ensino.

A ênfase é para a QV do ser humano e não para a doença em si. A abordagem é realizada conceituando o indivíduo como um complexo dinâmico e integral da somatória entre mente e ambiente. Portanto, o paciente deve ser assistido de forma interdisciplinar.

Em síntese, para que se possa concretizar o objetivo primeiro, isto é, QV em Nefrologia, devem-se executar funções preventivas, psicoterapêuticas e reabilitadoras, realizadas pelos programas assistenciais, de pesquisas e de ensino.

NÍVEIS DE INTERVENÇÃO DA PSICONEFROLOGIA

O Serviço de Psiconefrologia implantado na EPM-Unifesp busca estudar e assistir três dimensões principais: ensino, pesquisa e assistência.

Ensino

- Curso de especialização e capacitação em Saúde Mental, Estresse e Qualidade de Vida no hospital-geral e na Nefrologia;
- pós-graduação *stricto sensu* oferecida pela disciplina de Nefrologia;
- organização de fóruns para conhecimento e divulgação de trabalhos assistenciais e de pesquisas dos vários especialistas dos diversos Centros de Nefrologia do Brasil;
- supervisões individuais e de grupo para os psicólogos atuantes na equipe;
- reuniões científicas abertas a todos os especialistas da Nefrologia da EPM-Unifesp.

Pesquisa

São realizadas pesquisas sobre os vários tratamentos das diversas patologias, com crianças, adolescentes e adultos, em parceria com os departamentos da EPM-Unifesp, respeitando funções éticas e legais, seguindo criteriosamente as regras do Comitê de Ética da instituição.

Assistência

A assistência pode ter o foco preventivo e/ou terapêutico.

Prevenção

O trabalho tem início com a prevenção, incluindo educação em saúde. Enfatizam-se as informações a serem oferecidas ao paciente para que se estimule o autocuidado, visando à adesão ao tratamento. Na prática, essa prevenção tem incluído o preparo psicológico no diagnóstico da DRC e no início da terapia renal substitutiva, a assistência durante as modalidades terapêuticas e os programas dirigidos à reabilitação. Foram implantados projetos psicoeducacionais[22] para comunicações de informações sobre aspectos da doença, modalidades terapêuticas necessárias e procedimentos que costumam ser realizados e aos quais os pacientes serão submetidos.

São utilizados instrumentos escritos, gráficos e de dramatização, que incluem, além de outros aspectos, espaços para os pacientes colocarem suas dúvidas e seus sentimentos em relação ao processo de adoecer, aos seus familiares e aos profissionais. Dessa forma, esses instrumentos tornam-se úteis também para a equipe médica, pois fornecem *feedback* dos aspectos psicológicos desses pacientes, do nível de conhecimento da doença e de suas dúvidas, o que pode interferir na adesão ao tratamento. Para facilitar a assimilação e a introdução das informações fornecidas, os manuais são diferenciados para cada faixa etária, de acordo com o tipo de comunicação verbal e gráfica específica necessária a cada uma delas.

Há também um projeto de orientação sobre sexualidade para adolescentes nefropatas, enfatizando informações sobre as questões corporais. Ademais, prioriza-se o espaço para trabalhar assuntos conflitantes para crianças e adolescentes portadores de DRC, como a imagem corporal relacionada à autoestima e à sexualidade. Esses pacientes, por conta do que a doença e o tratamento ocasionaram em sua imagem corporal, muitas vezes necessitam de trabalho preventivo, seguido de intervenção assistencial.

São acompanhadas, ainda, com funções preventivas, algumas fases importantes associadas à QV, como os retornos às modalidades terapêuticas anteriores, principalmente quando há perda do enxerto renal e necessidade de voltar a fazer uso das máquinas de diálise. Consequentemente, essa situação faz emergir uma demanda emocional com intenso sofrimento psíquico para pacientes e familiares. Além disso, realiza-se intervenção psicológica tanto para o paciente na fase terminal, acompanhando a emoção diante da iminência da morte, quanto para os familiares e especialistas que dispensam os cuidados a ele.

Assistência direta
É personalizada aos pacientes e familiares, conforme descrito a seguir.

Assistência indireta
É realizada por grupos operativos, com profissionais que assistem e supervisionam o grupo de assistência interdisciplinar. Essa sistematização conduziu ao delineamento de níveis de intervenções, por meio da implantação de parâmetros da realidade contemporânea. Agrega-se o conhecimento educacional, científico e profissional da psicologia da saúde, da saúde mental e da nefrologia para utilizá-lo na promoção e na manutenção da saúde. O foco central é a saúde das pessoas presentes em unidades de nefrologia, independentemente da patologia renal ou da fase de evolução da doença.

CUIDADOS MULTIPROFISSIONAIS INTEGRADOS EM NEFROLOGIA
Função integradora
Busca integrar o paciente, a equipe, a família, o hospital e a comunidade.

Para os pacientes
A integração das especialidades envolvidas com a Psiconefrologia, como Serviço Social, Enfermagem e Fisioterapia, permite o ganho de um novo método que possibilita o deli-

neamento de melhores e maiores estratégias de intervenção e satisfação no trabalho, sem que se percam as especificidades e as possibilidades de desenvolvimento de cada uma dessas especialidades.

De forma interdisciplinar, é organizada assistência direta e personalizada aos pacientes e familiares, buscando compreender o processo de adoecimento a partir de modelos com diferentes perspectivas e aportes teóricos, mas que tenham o acolhimento como base para a assistência com cuidados humanitários.

A assistência individual é essencial e inclui uma avaliação psicológica, no intuito de buscar vias da articulação integrada entre dores físicas e psicológicas. Propõe-se examinar as percepções do paciente, suas defesas, suas funções egoicas, a amplitude de conflito e os processos de identificação ao ter de vivenciar o tratamento de doente renal crônico. Afinal, observar os momentos críticos da evolução, as modificações das características de vínculos e da afetividade (via expressividade verbal e não verbal), o nível intelectual e as variações de rendimento nas diferentes áreas da vida atual e pregressa denotam o funcionamento psicodinâmico e as reações comportamentais de enfrentamento da doença.

A assistência deve ser programada de acordo com as necessidades de cada paciente e com a identidade familiar. É preciso assistir pacientes renais crônicos mostrando-lhes que suas histórias de vida podem ser reconstruídas. Eles devem perceber que a DR não os transforma em pessoas incapazes ou vítimas e que não têm necessidade de passividade e de dependência total.

Devem-se fornecer atividades de acordo com as condições físicas e as prioridades, estabelecidas a partir do conhecimento e do manejo das reações emocionais e da colaboração da família e da equipe. A introdução das possibilidades de poder buscar significados e de ter escolhas fornece novas perspectivas do real e cria alternativas de efetivação, possibilitando aos indivíduos encontrarem motivos em si mesmos para impulsionarem a própria vida.

Acredita-se que o poder de desejar e escolher traz implicações e compromissos com a vida e, consequentemente, o autocuidado e a adesão ao tratamento. Para desenvolver o desejo de viver, apesar da realidade difícil do nefropata, é preciso disposição para defrontar os imperativos que a DRC fornece, com alguns benefícios secundários que esse paciente pode ter acomodando-se a uma situação passiva. Para algumas pessoas que enfrentam o processo de adoecer, é mais confortável e menos comprometedor atribuir a terceiros – principalmente aos cuidadores profissionais – a capacidade de tirar a dor e trazer saúde. Contudo, no caso de portadores de DRC, permitir essa dinâmica psicológica faz com que a doença passe a fornecer um diagnóstico de incapacidade, o que, consequentemente, interrompe a trajetória para a autonomia e o desenvolvimento de capacidades.

Não se perceber sujeito da própria vida pode fazer com que os doentes se tornem passivos diante da família, do especialista e até mesmo da máquina para diálise. Eles perdem o controle sobre si mesmos. Fatores psicopatológicos podem desencadear, por exemplo, elevados escores de depressão encontrados em diferentes populações de doentes renais crônicos analisados por muitos autores, como visto anteriormente.

Não vislumbrar caminhos, progressos e projetos de futuro, mas doenças e submissão às máquinas, aos procedimentos, às medicações e aos profissionais, é enfrentar muito mais que o processo de adoecer, é experimentar, em vida, o processo de morrer.

Para os familiares

Embora a doença e as consequentes perdas sejam temas universais, que atingem a todos, ao ser diagnosticada com DRC, a família é lançada em profunda angústia e sua identidade é abalada em toda a estrutura biopsicossocial.

A escuta e o olhar atentos aos cuidadores familiares podem fornecer significado às mensagens, permitindo ao médico o encaminhamento para os profissionais de saúde mental, que poderão proporcionar espaço para a elaboração dessas mudanças. Com essa concepção, oferece-se aos familiares assistência individual e possibilidades de participação em grupos, enfatizando a abordagem familiar sistêmica.

A assistência familiar de doentes renais crônicos durante esses anos permitiu constatar o quanto as famílias necessitam reorganizar todas as atividades do dia a dia, o que, muitas vezes, obriga o principal cuidador familiar a abandonar suas atividades profissionais ou seus afazeres domésticos para acompanhar o paciente em sessões de diálise, consultas, exames, etc. Isso traz consequências sociais, pois geralmente se perde um suporte financeiro com o salário desse cuidador. Vários projetos são colocados de lado, em decorrência das necessidades de continuidade dos cuidados. Por exemplo, a mãe de uma criança nefropata deve manter a rotina dos demais filhos e do marido, que continuam precisando de sua atenção e suas funções. Por outro lado, o cuidador deve colaborar para que o paciente venha a aderir ao tratamento e, portanto, passe a obedecer a uma série de limites que, na maioria das vezes, se contrapõem aos seus desejos. É uma vivência de muitos deveres e poucos direitos.

Os aspectos psicológicos que costumam predominar em relação aos familiares são o medo, a solidão, o abandono e, muitas vezes, a impossibilidade de conter a dor sentida.[23] O suporte para esses familiares concretiza-se na continência a suas dores pelas perdas e pelas mudanças pessoais e no oferecimento de um espaço psicoterapêutico para a elaboração de sentimentos e de condutas que permitam a reestruturação da identidade familiar.

Com os profissionais

A relação especialista-paciente é desenvolvida com base nas expectativas pessoais e sociais e, muitas vezes, em cobranças. São diversas as exigências e as pressões. Durante o tratamento, surgem representações psíquicas que podem interferir nas relações interpessoais nas unidades, como os médicos que costumam ser vistos pelos pacientes como figuras de autoridade, que tudo sabem e que poderão curá-los.

O especialista enfrenta os contextos psicológico, social, cultural e econômico de cada paciente assistido e de seus familiares, muitas vezes sem ter tempo e instrumentalização específica para o manejo clínico de todas essas variáveis. O exercício clínico sugere consideração a esses vértices enquanto examina, constata e revela o grave diagnóstico e o tratamento da DRC para o paciente e seus familiares. Como ficam, então, esses especialistas em um contexto de sofrimentos físico, psíquico e social? Como afirma Sancovski:[24]

> Cada paciente atualiza um dilema crucial da existência humana, e a força que impele um homem a ajudar outro homem sofre obstáculos da sociedade e da própria condição existencial humana. Quantas vezes o médico, ao levantar a história da doença de seu paciente, é remetido a acontecimentos de sua própria história, que fazem crescer uma demanda emocional que acaba não podendo ter vazão? Como se não pudessem expressar seus sentimentos. Como se sentimentos não combinassem com ciência, e não pudessem ocorrer numa relação profissional!

É importante ressaltar que o médico, assim como qualquer especialista da equipe de saúde, possui sentimentos de toda ordem quando atende seus pacientes, o que estabelece a contratransferência. Essa resposta emocional deve ser entendida como decorrência das angústias nele depositadas ou dos sentimentos nele suscitados por um paciente ou um familiar, os quais se relacionam nas representações pessoais de suas figuras parentais fraternas ou rivais e ameaçadoras. A percepção dos próprios sentimentos nessa relação permite ao especialista não só conhecer a si mesmo, mas também compreender melhor a dinâmica de seus pacientes e de quais especialistas eles necessitam.

Surgem, então, outras questões, como "Quem cuida do cuidador?" ou, ainda, "Como os psicólogos podem colaborar para que os especialistas em nefrologia se sintam estruturados para cuidar de pacientes e familiares?". Assim, constata-se a necessidade de um programa especial para os profissionais, com bases na psicologia médica, que prioriza a formação/educação médica.

A ideia de formar grupos operativos com vários especialistas para elaborações de atuações profissionais, limitações e aspectos éticos tem sido constatada pela EPM-Unifesp como um facilitador para a prática profissional. Preocupada em formar especialistas, a Disciplina Nefrologia do Setor de Psiconefrologia da EPM-Unifesp estruturou o Curso de Especialização em Saúde Mental e Qualidade de Vida no hospital-geral, realizado pelo Hospital do Rim, entendendo que os saberes teórico e prático sistematizados e aplicados à realidade dos centros de nefrologia no Brasil podem colaborar para a QV dos pacientes, dos seus familiares e dos próprios profissionais envolvidos na área.

Em síntese, os profissionais do Setor de Psiconefrologia da EPM-Unifesp trabalham visando a um contexto dinâmico e integrado do paciente, da equipe, do hospital e da comunidade, entendendo que somente dessa forma será possível colaborar com os cuidados em saúde e QV em nefrologia.

Foi criado, então, o Comitê de Atenção Multiprofissional, que tem como objetivos:

- realizar projetos de orientação multiprofissional visando à melhora da QVRS do paciente renal;
- avaliar a atuação da equipe multiprofissional nos centros de diálise;
- realizar pesquisas sobre índice de QVRS e estresse;

- sugerir protocolos que incluam cuidados multiprofissionais integrados em Nefrologia e contribuam para a adesão ao tratamento proposto;
- atuar de forma integradora com as outras especialidades e trabalhar práticas relacionadas ao presenteísmo e ao absenteísmo em decorrência de estresse com os profissionais nas clínicas de diálise.

Esse comitê faz um trabalho de prevenção e assistência iniciado após a realização de atividades de pesquisa e coleta de dados nas clínicas de Nefrologia. Entre os especialistas atuantes, há um cirurgião-dentista cujo projeto visa a:

- orientar o paciente sobre a necessidade do tratamento e da prevenção de afecções orais desde o diagnóstico da DR;
- orientar os profissionais atuantes nos centros de nefrologia sobre as diferentes comorbidades que atingem a cavidade oral a cada estágio da DR;
- disponibilizar opções de centros odontológicos especializados no atendimento de pacientes com necessidades especiais.

Os projetos do Comitê de Atenção Multiprofissional buscam uma abordagem sistêmica para saúde multidimensional do paciente, minimizando as consequências do diagnóstico de base.

CONCLUSÕES

Espera-se que a leitura e a reflexão deste capítulo colaborem com os especialistas atuantes em centros de nefrologia para aliar QV e humanização aos cuidados em saúde. Espera-se, ainda, contribuir para a realização de estudos e práticas assistenciais interdisciplinares que incluam não só padrões e exigências científicas e valorização da racionalidade, da técnica e do conhecimento, mas também o resgate das capacidades do ser humano e de seus sentimentos e o valor da QV.

REFERÊNCIAS BIBLIOGRÁFICAS

1. Diniz DP, Schor N. Guia de qualidade de vida. Barueri: Manole, 2006.
2. Fernandes N, Bastos RMR, Bastos MG. Diagnóstico da doença renal crônica a partir da filtração glomerular estimada: CKD-EPI ou MDRD. Congr Bras Nefrol 2010; 506.
3. Abreu PF, Sesso R, Ramos LR. Aspectos renais no idoso. J Bras Nefrol 1998; 20:158-65.
4. Belasco A, Sesso R. Burden and quality of life of caregivers of hemodialysis patients. Am J Kidney Dis 2002; 39(4):805-12.
5. Diniz DP, Blay SL, Schor N. Quality of life of patients with nephrolithiasis and recurrent painful renal colic. Nephron Clin Pract 2007; 106(3):c91-7.
6. Diniz DP, Marques DA, Blay SL, Schor N. Eventos vitais estressores e insuficiência renal aguda em centros de terapia semi-intensiva e intensiva. J Bras Nefrol 2012; 34(1):50-7.
7. Andrade SV, Sesso R, Diniz DHMP. Percepção do morrer, desesperança , depressão e ideação suicida em pacientes portadores de doença renal crônica terminal em tratamento hemodi-

alítico e transplantados. Anais do III Congresso Brasileiro de Psicologia: Ciência e Profissional. São Paulo, 2010.

8. Druml W. Long term prognosis of patients with acute renal failure: is intensive care worth it? Int Care Med 2005; 31(9):1145-7.
9. Ympa YP, Sakr Y, Reinhart K, Vincent JL. Has mortality from acute renal failure decreased? A systematic review of the literature. Am J Med 2005; 118(8):827-32.
10. Bohlke M, Nunes DL, Marini SS, Kitamura C, Andrade M, Von-Gysel MP et al. Predictors of quality of life in patients on dialysis in the south of Brazil. São Paulo Med J 2008; 126:252-6.
11. Fructuoso MR, Castro R, Oliveira L, Prata C, Morgado T. Quality of life in chronic kidney disease. Nefrologia 2001; 31(1):91-6.
12. Wyszynski AA, Wyszynski B. A primer on solid organ transplant psychiatry. In: Manual of psychiatric care for the medically ill. American Psychiatric Publishing, 2004.
13. Dobbels F, Skeans MA, Snyder JJ, Tuomari AV, Maclean JR, Kasiske BL. Depressive disorder in renal transplantation: an analysis of Medicare claims. Am J Kidney Dis 2008; 51(5):819-28.
14. Baquelin-Pinaud A, Fouldrin G, Le Roy F, Etienne I, Godin M, Thibaut F et al. Renal transplantation, anxiety and depressive disorders and quality of life. Encephale 2009; 35(5):429-35.
15. Alvares J, Cesar CC, Acurcio Fde A, Andrade EI, Cherchiglia ML. Quality of life of patients in renal replacement therapy in Brazil: comparison of treatment modalities. Qual Life Res 2012; 21(6):983-91.
16. Ferreira RC, Filho CRS. A qualidade de vidade dos pacientes renais crônicos em hemodiálise na região de Marília, São Paulo. J Bras Nefrol 2011; 33(2):129-35,
17. Locatelli F, Pisoni RL, Cisoni RL, Bisoni RL, Andreucci VE, Piera L et al. Anaemia in haemodialysis patients of five European countries: association with morbidity and mortality in the Dialysis Outcomes and Pratices Patterns Study (DOPPS). Nephrol Dialysis Transpl 2004; 19:121-32.
18. Fredric O, Finkelstein SH. Depression in chronic dialysis patients: assessment and treatment. Nephrol Dial Transplant 2002; 15:1911-3.
19. Akman B, Özdemir FN, Sezer S, Miçozkadioglu H, Haberal M. Depression levels before and after renal transplantation. Transpl Proceed 2004; 36:111-3.
20. Diniz DP, Romano BW, Canziani MEF. Dinâmica de personalidade de crianças e adolescentes portadores de insuficiência renal crônica submetidos à hemodiálise. J Bras Nefrol 2006; 28(1):31-8.
21. Diniz DP, Blay SL, Schor N. Anxiety and depression symptoms in recurrent painful renal lithiasis colic. Braz J Med Biol Res 2007; 40(7):949-55.
22. Diniz DP. Insuficiência renal crônica – É possível viver bem. São Paulo: Unifesp-EPM, 2001.
23. Esslinger I. De quem é a vida, afinal?... Descortinando os cenários da morte no hospital. São Paulo: Casa do Psicólogo, 2004.
24. Sancovski AR. O olhar do profissional sobre o paciente: a relação médico-paciente. In: Quayle J, Lucia MCS. Adoecer. As interações do doente com sua doença. São Paulo: Atheneu, 2003.
25. The WHOQOL Group. Development of the World Health Organization WHOQOL-BREF Quality of Life Assesment 1998. Psychol Med 1998; 28:551-8.

SITES PARA CONSULTA

1. www.abto.org.br
2. www.dopps.org
3. www.kidney.org
4. www.sbn.org.br

CAPÍTULO 10

Ações para promover qualidade de vida a crianças e adolescentes

MARIA CRISTINA DE ANDRADE
SYLVIO RENAN MONTEIRO DE BARROS

INTRODUÇÃO

Nos primórdios da medicina moderna, as crianças eram consideradas e tratadas como adultos pequenos. Nos últimos anos do século XIX, em virtude do assustador nível de mortalidade infantil e graças às reformas sanitaristas, passou-se a dar atenção especial aos cuidados de alimentação, saúde, acompanhamento do crescimento e desenvolvimento da criança. Iniciava-se a especialidade de pediatria, que já nascia com uma vocação preventiva. No entanto, em razão da alta incidência de moléstias, principalmente infectocontagiosas, ainda se praticava uma pediatria intensamente curativa. Com o advento da imunização como forma preventiva de doenças infectocontagiosas, após a descoberta do médico inglês Edward Jenner, que inoculava material de pústulas de vacas acometidas de vaccínia em humanos, o que lhes protegia de contrair varíola, e seu posterior desenvolvimento tecnológico, a partir do século XX, conseguiu-se a produção de vacinas contra inúmeras moléstias infecciosas, bacterianas e virais, diminuindo muito a morbidade e a mortalidade infantil.[1]

Paralelamente, houve grande investimento em pesquisas em nutrição, com estudos das necessidades nutricionais específicas da infância e da adolescência, o que aumentou a proteção às doenças originadas por má nutrição. Houve, nessa época, um período obscuro, em que se imaginava que seria produzido um leite artificial industrializado mais nutritivo e com propriedades superiores às do leite materno, o que teve como consequência um número assombroso de desmames precoces. Esse problema foi resolvido somente alguns anos depois, após inúmeros trabalhos de pesquisa, que demonstraram que o leite materno é insubstituível no primeiro ano de vida. Isso levou a Organização Mundial da Saúde (OMS) a fazer uma grande campanha mundial elucidativa, com orientações quanto à necessidade do aleitamento materno exclusivo nos primeiros 6 meses de vida do bebê, persistindo com o aleitamento materno e a introdução de outros alimentos no segundo semestre. Com essas medidas, houve importante diminuição na incidência de distúrbios nutricionais, com consequente diminuição da taxa de mortalidade infantil.[2]

Atualmente, vive-se um período em que grande parte das moléstias infectocontagiosas está sob controle, por meio da imunização e da melhora das condições higiênico-sanitárias e pelo saneamento básico, principalmente nos grandes centros. Grande parte dos erros alimentares que se praticavam no passado foi corrigida a partir de uma nova cultura nutricional infantil, tendendo a pediatria a se voltar mais ainda para uma gestão preventiva da saúde da criança e do adolescente, oferecendo a eles melhor qualidade de vida tanto na saúde quando na doença. Essa atitude propicia qualidade de vida, que se torna ainda mais importante quando se considera que o pediatra atende e deve preparar um paciente que pode viver até os 120 anos idade, a despeito da previsão de viver 73,5 anos, em média, segundo o Índice de Desenvolvimento Humano de 2011. Assim, o pediatra permitirá que esse ser usufrua de longevidade com qualidade de vida.

Não se pode falar em qualidade de vida sem mencionar o meio ambiente. O feto tem como meio ambiente a própria mãe, que o envolve, nutre, aquece e protege. No parto, esse meio ambiente se expande para o novo mundo do lar. É essa a primeira expansão de todas as que virão a seguir, como se observa na Figura 1.[3-5]

Como amplamente divulgado pela imprensa em março de 2011, um trabalho realizado pela Universidade Federal do Mato Grosso, que pesquisou a presença de agrotóxicos no leite materno, detectou, na cidade de Lucas do Rio Verde, segundo maior município produtor de grãos desse estado, presença de agrotóxicos em 100% de 62 mulheres pesquisadas entre a terceira e a oitava semana pós-parto, sendo que em algumas delas havia até seis tipos diferentes de agrotóxicos.[6]

A força do meio ambiente sobre o ser humano e seu *status* sanitário leva a acreditar que à conceituação de saúde da OMS, que define saúde como "o completo estado de bem-estar físico, mental e social", deveria ser adicionada a expressão "ambiental". Quando se pensa em criar estratégias de promoção de qualidade de vida em crianças e adolescentes, é preciso estabelecer suas necessidades básicas tanto em relação à saúde física quanto na qualidade de vida medida como condição essencial para o bem-estar nessa faixa etária.

Atualmente, há uma nova família: pais e mães que trabalham o dia inteiro, avós ocupando o lugar da mãe, já que a senilidade foi posta a alguns degraus acima da faixa etária, crianças tornando-se telespectadoras em idade mais precoce, diminuição dos espaços para folguedos e atividades lúdicas, além da competitividade presente entre os adultos, que a cada dia vem sendo transferida mais para os filhos, criando, assim, o "miniexecu-

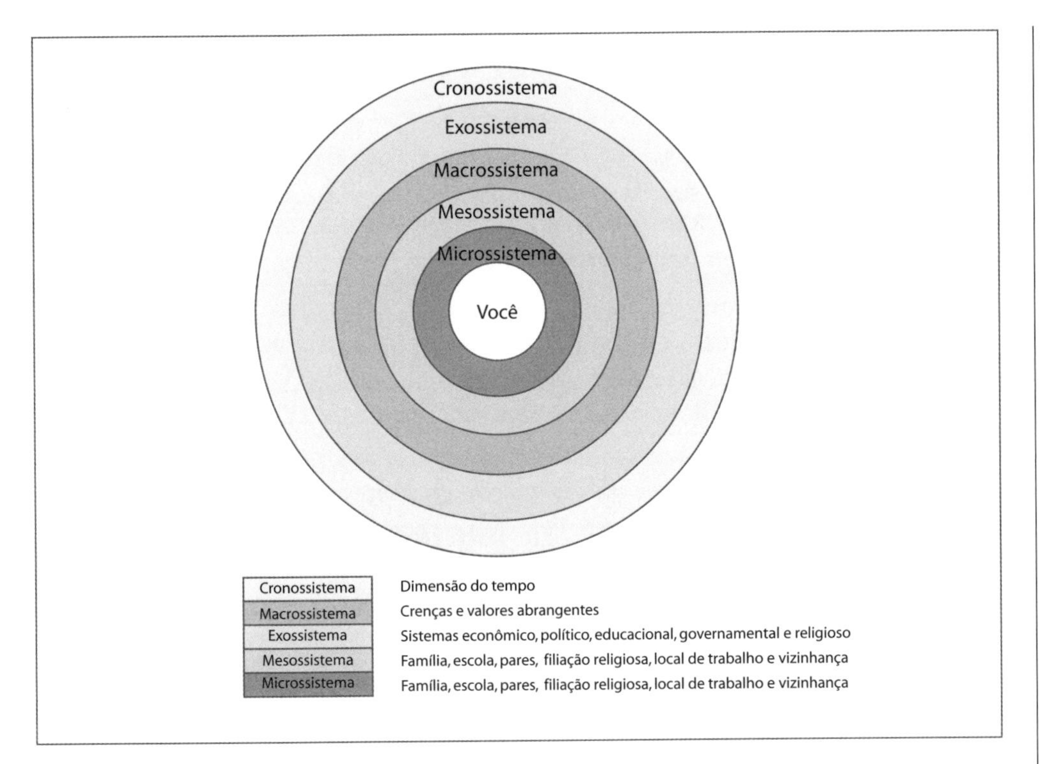

FIGURA 1 Teoria ecológica de Urie Bronfenbrenner.

tivo", a criança que acorda cedo, vai para a escola, almoça, segue para o curso de inglês, depois para a aula de tênis, já com a preocupação de não perder a próxima aula, de informática ou artes, voltando ao seu lar no início da noite, sem ter tido qualquer período de atividade lúdica gratuita durante o dia, o brincar por brincar, tão importante para seu desenvolvimento físico, mental e social.

Urie Bronfenbrenner[5] estabeleceu cinco proposições que visam a atingir melhor qualidade de vida, como se vê no Quadro 1.[3-5]

Em crianças acometidas de moléstias crônicas, debilitantes ou incapacitantes, como aquelas com doença renal crônica, cardiopatias, neoplasias e deficiências físicas ou mentais, a preocupação com a qualidade de vida torna-se imperiosa, uma vez que, nessas condições, já foi demonstrado que instrumentos de avaliação e medidas terapêuticas habituais não têm sido devidamente incorporados na prática diária. Essas crianças necessitam não somente de acompanhamento médico, como também de cobertura multiprofissional, como pediatras, enfermeiros, psicólogos, psiquiatras, nutricionistas, fisioterapeutas e fonoaudiólogos, além de apoio em suas ações básicas, como conforto físico e espiritual e transporte urbano ou intermunicipal, que devem ser estendidos a seus pais e acompanhantes.

A qualidade de vida é um parâmetro de difícil avaliação quantitativa, em virtude da subjetividade dos dados, por ser o conceito de boa qualidade de vida um fator pessoal,

QUADRO 1 PROPOSIÇÕES BÁSICAS DE URIE BRONFENBRENNER PARA OS CUIDADOS INFANTIS

Para se desenvolver intelectual, emocional, social e moralmente, a criança precisa participar de atividades recíprocas progressivamente mais complexas, em uma base regular, por um período extenso da vida, com uma ou mais pessoas com quem ela desenvolva uma ligação forte, mutual e irracional e que estejam comprometidas com seu desenvolvimento e bem-estar, preferencialmente por toda a vida
O estabelecimento de padrões de interação interpessoal progressiva, sob condições de uma forte ligação mutual, aumenta a resposta da criança a outros fatores físicos, sociais e, em seu devido tempo, ao ambiente simbólico, que serão estímulos à exploração, elaboração e imaginação. Tais atividades, em consequência, também aceleram o crescimento psicológico da criança
O estabelecimento e a manutenção dos padrões progressivamente mais complexos de interação e a ligação emocional entre o cuidador e a criança dependem, em grande grau, da disponibilidade e do envolvimento de outro adulto, um terceiro participante que ajude, incentive, dê *status* e expresse afeição pelo cuidador, além de se engajar na atividade conjunta com a criança
O funcionamento eficaz de processos de educação de crianças na família e as configurações de outras crianças requerem o estabelecimento de padrões de curso de intercâmbio de informações, a comunicação bidirecional, a acomodação e a confiança mútua entre as configurações principais em que as crianças e seus pais vivem. Essas configurações são: crianças em casa, programas de cuidados, escola e o local de trabalho dos pais
O funcionamento eficaz do processo de criação de crianças na família e outras ações na criança requer políticas públicas e práticas que provejam local, tempo, estabilidade, *status*, reconhecimento, crianças, costumes e ações no suporte às atividades de cuidado infantil, não somente por parte dos pais, cuidadores, professores e outros profissionais, como também de parentes, amigos, vizinhos, colegas de trabalho, comunidades e grandes instituições econômicas, sociais e políticas de toda a sociedade.

de acordo com as peculiaridades de cada indivíduo. Essa avaliação torna-se ainda mais difícil em crianças com enfermidades graves e/ou crônicas que, além de sofrimento (dor) e incapacidades, têm sua autoestima diminuída, com alterações de humor e sintomas depressivos.[7-10]

Pode-se conceituar qualidade de vida como a possessão dos recursos necessários à percepção da satisfação das necessidades e dos desejos individuais, participação em atividades que permitam o desenvolvimento pessoal, a autorrealização e a comparação satisfatória entre si e os outros. A percepção do indivíduo de sua posição na vida, em seu contexto cultural, no sistema de valores vigente e em relação a seus objetivos, faz parte dessa definição, efetuada pelo Grupo de Qualidade de Vida da OMS.[11]

Segundo Mulhem et al.,[12] uma avaliação precisa de qualidade de vida deve conter alguns itens essenciais para que os dados possam ter valor aceitável, como mostra o Quadro 2.[12]

QUADRO 2 CARACTERÍSTICAS ESSENCIAIS PARA UM INSTRUMENTO DE AVALIAÇÃO DE QUALIDADE DE VIDA

Incluir abordagem de função física, desenvolvimento escolar e ocupacional, ajustamento social e autossatisfação
Ter sensibilidade para detectar os problemas funcionais mais comuns de crianças com câncer ou outras doenças crônicas
Ser confiável e válido para o grupo de pacientes em que será utilizado
Ser breve, simples, fácil de administrar e computar, e reprodutível
Valer-se de informações de cuidadores familiares ao trato da criança
Ser corrigido para a idade, sob normas populacionais
Estar adequado para detectar desempenho acima da média
Permitir estimativa confiável do funcionamento pré-mórbido
Permitir à criança capaz de entender o conceito de qualidade de vida ou seus componentes a oportunidade de fornecer sua avaliação

Na área da saúde pediátrica e infantil, como em outras áreas da saúde, há consciência crescente de que os parâmetros puramente médicos, como mortalidade e morbidade, não demonstram corretamente o *status* de saúde do indivíduo. A constatação de que as medidas de saúde emocional, social e bem-estar são tão importantes quanto a redução dos sintomas e a melhora na sobrevida para avaliar os resultados médicos tem causado interesse crescente na mensuração da qualidade de vida.

O interesse por instrumentos que avaliem a qualidade de vida relacionada à saúde da criança e do adolescente está, sem dúvida, ligado aos desenvolvimentos importantes na ciência médica e na tecnologia em saúde. O aumento da expectativa de vida em crianças com doenças como câncer, diabete melito, fibrose cística, doença renal crônica e hemofilia levou a uma preocupação crescente sobre o peso da doença e os efeitos de intervenções terapêuticas sobre o bem-estar dos indivíduos. Os profissionais da área da saúde também devem considerar como as crianças (e seus pais) se sentem durante e após o impacto da doença e de seus tratamentos sobre diferentes aspectos da vida. A aquisição desse conhecimento não só oferece *insights* sobre avaliações do bem-estar pessoal no contexto da doença, como envolve os pacientes diretamente no processo de tomada de decisões clínicas.[13,14]

Dados obtidos em avaliações de qualidade de vida podem ter implicações positivas de longo alcance para crianças e suas famílias, cientistas, clínicos e outras partes interessadas, como governos, tomadores de decisão de saúde e laboratórios de pesquisa farmacêutica. Pesquisadores têm confirmado que esses dados fornecem informações valiosas sobre diversos aspectos da saúde dos pacientes, que levam a uma melhoria na conduta clínica. Os dados sobre qualidade de vida também podem ser úteis na utilização de melhores estratégias terapêuticas e na identificação de tratamentos efetivos.[15]

Na prática clínica, esses intrumentos são úteis na identificação e priorização de problemas de saúde para o paciente individualmente, na facilitação da comunicação entre o paciente e a equipe de saúde, na identificação de problemas encobertos, na ajuda na tomada de decisões e no monitoramento do estado de saúde do paciente, além de ajudar a detectar respostas ao tratamento. Baseando-se nessas premissas, um considerável número de instrumentos para medir qualidade de vida em crianças e adolescentes tem sido desenvolvido, como mostra a Tabela 1.[16]

TABELA 1 ESTUDOS DE QUALIDADE DE VIDA AUTORRELACIONADA EM CRIANÇAS E ADOLESCENTES EM PAÍSES ÍBERO-AMERICANOS (2000-2010)

Tipo de estudo	N. de estudos	Instrumentos
Adaptação/primeiro passo, incluindo métodos qualitativos	11	CD-DUX, CHIP-CE, Q-5D-Y, Haemo-Col, KIDSCREEN, KIT IPT, Smiley, TAPQOL, VSP-A
Propriedades psicométricas de instrumentos avaliados/ desenvolvidos	33	ACS, CDQLI, C-OIDP, CHAQ, CHQ, CHIP, EBBIT, EQ-5D-Y, Haemo-QoL, KIDSCREEN, KINDL, PAQLQ, PACES, PedsQL, PIQol-AD, PSDQ, QOLIE-AD-48, QUALIN, SPPC, VSP-A
Estudos observacionais (descritivos ou analíticos)	49	BSQ, BESAA, CHIP, CHQ, HUI, KIDSCREEN, KINDL, Overall Satisfaction, PAQLQ, PODCI, QUALIN, Self-esteem Questionnaire, TAPQOL, VSP-A, YQOL-R
Estudo experimental	6	CHAQ, CHIP, CHQ, Haemo-QoL, OSA, PAQLQ, PedsQL, PRQLQ, PSDQ, QOLIE-AD-48

ACS: Adolescent Coping Scale; BSQ: Body Shape Questionnaire; BESAA: The Body Esteem Scale for Adolescents and Adults; CD-DUX: Quality of Life Questionnaire for Children with Celiac Disease; CHAQ: Child Health Assessment Questionnaire; CDQLI: Children's Dermatology Quality Life Index; CHIP: Child Health and Illness Profile; CHIP-CE: Child Health and Illness Profile-Child Edition; CHQ: Child Health Questionnaire; C-OIDP: Child-Oral Impact of Daily Performance; EBBIT: Eating Behaviors and Body Image Test for Preadolescent Girls; EQ-5D-Y: Euro-Qol-5D Youths; Haemo-QoL: Haemophilia Quality of Life Questionnaire; HUI: Health Utility Index; KIDSCREEN: Health Related Quality of Life Questionnaire for Children and Young People and their Parents; KINDL: Generic German Quality of Life Questionnaire for Children; KIT ITP: Kid's Immune Thrombopenic Purpura; OSA: obstructive sleep apnea; PACES: Physical Activity Enjoyment Scale; PAQLQ: Pediatric Asthma Quality of Life Questionnaire; PedsQL: Pediatric Quality of Life Inventory; PIQoL-AD: Parent's Index of Quality of Life-Atopic Dermatitis; PODCI: Pediatric Outcome Data Collection Instrument; PRQLQ: Paediatric Rhinoconjunctivitis Quality of Life Questionnaire; PSDQ: Physical Self-description Questionnaire; QUALIN: Quality of Life in Young Children; QOLIE-AD-48: Quality of Life in Epilepsy Inventory for Adolescents; Self-esteem Questionnaire: Coopersmith Questionnaire; SMILEY: Simple Measure of Impact of Lupus Erythematosus in Youngsters; SPPC: Self-perception Profile for Children; TAPQOL: Netherlands Organisation for Applied Scientific Research-Academic Medical Centre Child Quality-of-life Questionnaire; VSP-A: Vecu et Santé Perçué de l'Adolescent; YQOL-R: Youth Quality of Life Instrument, Research version.

Cabe, por conseguinte, a pediatras, psicólogos, psiquiatras, enfermeiros e a todos os outros profissionais relacionados à saúde da criança e do adolescente criar condições que permitam avaliar, quantificar e promover ações que visem à manutenção ou restauração da qualidade de vida nesses seres em desenvolvimento, sejam eles acometidos de moléstias crônicas ou restritivas, dando-lhes oportunidade de viver a vida de acordo com seu próprio conceito de felicidade.

REFERÊNCIAS BIBLIOGRÁFICAS

1. Bowling A. Measuring health – a review of quality of life measurement secles. Buckingham: Olen University Press, 1997.
2. http://www.who.int/features/factfiles/breastfeeding/en/index.html, 2012.
3. Bronfenbrenner U. Ecological system theory. Ann Child Develop 1989; 6:187-249.
4. Bronfenbrenner U. A ecologia do desenvolvimento humano: experimentos naturais e planejados. Porto Alegre: Artes Médicas, 1996.
5. Bronfenbrenner U. Making human beings human: bioecological perspectives on human development. Thousand Oaks: Sage 2005.
6. Palma DCA, Pignati W, Lourencetti C, Uecker ME. I Simpósio Brasileiro de Saúde Ambiental. Brasil, 2010.
7. Cunning EH, Hanser SB, QA&Boyce WT. Mentl disorders in chronically ill children: Parent-child discrepancy and phyisician identification. Pediatrics 1992; 90(5):692-6.
8. Eiser C. Children's quality of life measures. Arch Dis Child 1997; 77(4):350-4.
9. Kuczynski E, Assunção Jr FB. Definições atuais sobre o conceito de qualidade de vida na infância e adolescência. Pediatria Moderna, 1999; 35(3):73-8.
10. Shin, DC, Johson DM. Avowed happiness as na overall assessmenr of the quality of life. Social Indicators Research 1978; 5:457-92.
11. Whoqol Group. Measuring quality of life: the development of the World Health Organization Quality of Life Instrument (WHOQOL). Genebra: World Health Organization, 1993.
12. Mulhem RK, Horowitz ME, Ochs J, Friedman A, Copeland D. Assessment of quality of life among Pediatric patients with cancer: psycological assessment. J Consult Clin Psycol 1989; 1:130.
13. Davis E, Waters E, Shelly A, Gold L. Children and adolescents, measuring the quality of life. Int Encycloped Public Health 2008; 641-8.
14. Marie-Claude Simeoni SR, Erhart M, Ulricke Ravens-Sieberer, Janet Bruil J, Auquier P, European Kidscreen Group. Validation of the European Proxy KIDSCREEN-52. Pilot Test Health-Related Quality of Life Questionnaire. first results. J Adolescent Health 2006; 39:596.e1-596.e10.
15. De Civita MC, Regier D, Alamgir AH, Aslam AH, FitzGerald MJ, Marra C. Evaluating health-related quality-of-life studies in paediatric populations: some conceptual, methodological and developmental considerations and recent applications. PharmacoEconomic 2005; 23(7):659-85.

16. Rajmil l, Roizen M, Urzúa A, Hidalgo-Rasmussen C, Fernández G, Dapueto JJ. Working Group on HRQOL in Children in Ibero-American. Health-Related Quality of Life Measurement in Children and Adolescents in Ibero-American Countries, 2000 to 2010. Value in Health 2012; 312-22.

CAPÍTULO 11

Drogas e qualidade de vida: implicações em saúde e trabalho

THAÍS MARQUES FIDALGO
THIAGO MARQUES FIDALGO
DARTIU XAVIER DA SILVEIRA

INTRODUÇÃO

O uso de substâncias psicoativas acompanha o ser humano desde os primórdios da civilização, apresentando características e significados diversos, de acordo com o agrupamento humano e a época. Substâncias psicoativas foram, e ainda são, utilizadas como medicamentos ou venenos, como forma de incrementar a ação de feitiços ou ampliar o estado de consciência de frequentadores de baladas, como forma de aliviar a angústia de viver estados de tensão extrema ou de satisfazer uma curiosidade hedonista.

A definição da Organização Mundial da Saúde (OMS) para dependência química é bastante técnica:

> [...] estado psíquico e algumas vezes físico resultante da interação entre um organismo vivo e uma substância, caracterizado por modificações de comportamento e outras reações que sempre incluem o impulso a utilizar a substância de modo contínuo ou periódico com a finalidade de experimentar seus efeitos psíquicos e, algumas vezes, de evitar o desconforto da privação.

Essa definição, no entanto, não contempla a complexidade da etiologia multifatorial do fenômeno da dependência. Isso porque, de forma geral, estão incluídas em uma mesma terminologia ("dependentes químicos") realidades individuais extremamente diversas. É imperativo lembrar que uma farmacodependência é uma organização processual de um sintoma cuja gênese é tridimensional: a substância psicoativa, com suas propriedades farmacológicas específicas; o indivíduo, com suas características de personalidade e sua singularidade biológica; e o contexto sociocultural, onde se realiza esse encontro entre indivíduo e droga.

CONTEXTO SOCIOCULTURAL

O contexto sociocultural é o cenário em que se desenrola o encontro do indivíduo com a droga, bem como o contexto em que ela é utilizada. Nesse caso, merecem atenção a disponibilidade da substância e o simbolismo de seu uso. Como ilustração da importância desse elemento do tripé, basta refletir sobre a diferença no consumo de álcool com amigos, em um brinde de *réveillon*, e o consumo imediatamente antes de conduzir um veículo.

SUBSTÂNCIA

Em relação à substância, devem-se considerar sua forma de apresentação, sua acessibilidade, seu custo, seu modo de uso, suas características químicas, como o potencial para gerar dependência, e seus efeitos fisiológicos. Assim, o grau de lipossolubilidade da substância está intimamente relacionado à capacidade de atravessar a barreira hematoencefálica. Rápido início de ação e intensidade dos efeitos correlacionam-se com o maior ou menor potencial de abuso. Substâncias com menor meia-vida geralmente desencadeiam síndromes de abstinência mais intensas.

As substâncias podem ser classificadas em três tipos, de acordo com os efeitos que causam:

- estimulantes do sistema nervoso central (SNC): aumentam não só a atividade do sistema nervoso central, como a do sistema nervoso autônomo, gerando taquicardia, vasoconstrição e hipertensão, além de exaltação do humor e aceleração do pensamento. Nessa classe, incluem-se a cocaína, o *crack*, as anfetaminas, o *ecstasy*, a nicotina e a cafeína;
- depressores do SNC: promovem redução das atividades cerebrais e das funções orgânicas de modo geral. Seus efeitos se opõem aos dos estimulantes. Compõem esse grupo o álcool, os opioides, os benzodiazepínicos e os solventes;
- perturbadoras do SNC: alteram a percepção do tempo e do espaço, bem como da realidade à volta daqueles que as consomem. O LSD, a maconha e os cogumelos, além do *ecstasy* (droga com duplo efeito), fazem parte dessa categoria.

INDIVÍDUO

Finalmente, tem-se o indivíduo, certamente o mais complexo dos três elementos, que pode ou não se tornar um dependente, de acordo com a relação que estabelece com a droga. Essa relação é influenciada diretamente por diversos fatores genéticos, biológicos e psicodinâmicos.

Fatores genéticos

Vários estudos envolvendo famílias com casos de dependência química têm evidenciado a importância do fator genético no desenvolvimento do quadro. Todos os estudos, no entanto, são unânimes em apontar que apenas parte do fenômeno pode ser explicada pelos genes, sendo que os demais fatores são determinantes de sua expressão ou não.

O gene responsável pela codificação do receptor dopaminérgico D2 parece ter papel chave, uma vez que sua expressão está reduzida nos pacientes dependentes químicos. Assim, para compensar o hipofuncionamento dopaminérgico, esses indivíduos procuram formas de estimular essa via.

Fatores biológicos

Todas as substâncias com potencial de gerar abuso e dependência agem em diversos sítios cerebrais, promovendo interação complexa entre as várias vias de neurotransmissão. Entretanto, a ativação da via de recompensa cerebral é o elemento comum a todas elas, gerando reforço positivo (sensação agradável e prazerosa) que leva à intensificação do consumo. Assim, essas substâncias agem sobre os corpos celulares de neurônios dopaminérgicos da área tegmental ventral. Tais neurônios lançam projeções para áreas límbicas, como o núcleo *accumbens*, a amígdala e o hipocampo (via mesolímbica).

Essa via está ligada às sensações subjetivas e motivacionais do uso da substância. Além disso, projeções para o córtex pré-frontal também são ativadas (via mesocortical), sendo responsáveis pela experiência consciente dos efeitos da droga, bem como pela fissura e pela compulsão ao uso.

Fatores psicodinâmicos

O dependente químico pode ser compreendido como um indivíduo que não completou adequadamente seu processo de individuação, como se, no momento de se perceber como pessoa, o fizesse diante de um espelho quebrado, no qual várias falhas e lacunas de seu ego são expostas. Diante dessa situação, a substância atua como um fator de estruturação do ego, gerando sensação de profundo bem-estar que leva ao impulso incessante de consumo. Tanto para o usuário recreativo quanto para o dependente, a droga é fonte de prazer, porém, para o dependente, ela passa a desempenhar papel central em sua organização, ocupando lacunas importantes e tornando-se indispensável ao funcionamento psíquico do sujeito.

É inegável que existem padrões diversos de relacionamento com as substâncias psicoativas, de forma que não se pode considerar que todo uso seja patológico sem incorrer em erro. Essa constatação é valida para o uso de qualquer substância psicoativa, seja ela lícita ou não. Contudo, o uso ocasional também não é isento de riscos. Como exemplo, têm-se os numerosos acidentes de trânsito ocasionados por motoristas intoxicados por álcool, demonstrados em diversos estudos. Cabe ainda destacar que a maior parte dos usuários de substâncias psicoativas, lícitas ou ilícitas, não chega a desenvolver quadro de dependência.

DIAGNÓSTICO

O uso nocivo é um padrão de uso de substância psicoativa que causa dano à saúde, podendo ser físico ou mental. As diretrizes diagnósticas requerem que um dano real tenha sido causado à saúde física ou mental do usuário e que ele não preencha os critérios para dependência, transtorno psicótico induzido por drogas ou outra forma de transtorno relacionado ao uso de drogas. Já o diagnóstico de dependência, segundo os critérios da Associação Psiquiátrica Americana (DSM-IV-TR), deve ser feito somente se três ou mais dos seguintes critérios estiverem presentes a maior parte do tempo, por um período mínimo de 1 ano:

- forte desejo ou compulsão para consumir a substância;
- dificuldade em controlar o comportamento de consumir a substância em termos de seu início, término ou níveis de consumo;
- estado de abstinência fisiológico quando o uso da substância cessou ou foi reduzido, evidenciado por síndrome de abstinência característica à substância, ou o uso da mesma substância com a intenção de aliviar ou evitar sintomas de abstinência;
- evidência de tolerância, de forma que doses crescentes da substância psicoativa são requeridas para alcançar efeitos originalmente produzidos por doses mais baixas;
- abandono progressivo de prazeres ou interesses alternativos em favor do uso da substância psicoativa;
- aumento da quantidade de tempo necessária para obter ou tomar a substância ou para se recuperar de seus efeitos;
- persistência no uso da substância, a despeito de evidência clara de consequências manifestamente nocivas.

Merecem destaque, neste capítulo, os critérios diagnósticos que abordam a dificuldade em controlar o impulso e o desejo de consumo da substância, bem como o tempo gasto em atividades para obtê-la e a restrição do repertório de vida do indivíduo. Isso acontece porque o paciente dependente, em geral, dedica muito tempo obtendo a substância, usando-a ou se recuperando de seus efeitos. Dessa forma, suas atividades sociais, ocupacionais ou recreativas são prejudicadas, abandonadas ou reduzidas em função dessa relação de dependência. Seu prazer se resume ao uso da substância e sua dependência se torna sua única referência. O sujeito toxicômano é um sujeito que se destituiu do fazer em todas suas possibilidades e se focou no uso da substância. Pode-se dizer que suas cadeias operatórias, ou seja, seus hábitos corporais, suas práticas de alimentação ou de higiene e seus comportamentos de relação com seus semelhantes, foram, de alguma forma, afetados ou rompidos, causando um desequilíbrio do sujeito no meio social e no seu próprio conforto psíquico.

A maior parte dessas cadeias operatórias, fundamentais para a constituição do sujeito, é formada na infância e na adolescência. O sujeito autônomo emerge quando incorpora (ação corporificada) um conjunto de cadeias operatórias socialmente consensuadas e que viabilizam o seu conviver. É através do olhar do outro que a criança afirma sua existência e percebe seu reconhecimento como indivíduo. Caso esse reconhecimento não exista ou se dê de forma fragmentada, cria-se a imagem defeituosa, a imagem refletida no espelho quebrado, e, com ela, a ilusão de que esse "eu" poderia ser melhor. Esse indivíduo busca, então, incessantemente, a unidade de seu ego, mesmo que seja apenas por alguns instantes; é o que Olievenstein chama de "instantaneidade da unidade", o que pode ser atingido, entre outras formas, por meio do uso de drogas que deturpam a realidade e tornam o usuário novamente "um", mesmo que por alguns segundos. Uma vez alcançado esse objetivo, o usuário passa a buscar cada vez mais a reconfortante sensação de possuir um ego estruturado, o que o leva ao consumo excessivo e continuado da substância psicoativa, ou seja, à dependência. Com seu gestual rompido e seu repertório estreitado e todo direcionado para a obtenção, mesmo que por fugazes instantes, da sensação de unidade, a pessoa perde toda sua identidade, seu reconhecimento e sua capacidade de vínculos. Esse processo leva a uma queda inevitável da qualidade de vida do sujeito.

QUALIDADE DE VIDA

É importante destacar que Campbell, em meados da década de 1970, tentou explicitar as dificuldades que cercavam a conceituação do termo qualidade de vida. Segundo o autor, trata-se de uma entidade vaga e etérea, com grande conteúdo escrito, grande material produzido e muito pouco concretamente estabelecido. Isso advém da dificuldade de conceitualizar algo que depende de forma tão fundamental da subjetividade. Em um esforço coletivo, a OMS definiu qualidade de vida como a percepção individual da posição que cada indivíduo tem de si na vida, no contexto da cultura e do sistema de valores nos quais está inserido. Além disso, não se pode perder de vista que o sujeito vive sempre de forma dialética com seus objetivos, expectativas, padrões e preocupações, de modo que a qualidade de vida é um conceito muito amplo, sendo constantemente afetado de forma complexa, não só pela saúde física da pessoa, mas também por seu estado psicológico, seu nível de independência, suas relações sociais, suas crenças pessoais e suas relações com as principais características de seu ambiente.

Cabe destacar que uma sensação de domínio em relação ao ambiente é oferecida pelo trabalho, bem como uma sensação de realização e competência. Além disso, a prática da atividade laboral proporciona uma recuperação gestual, uma nova cadeira operatória e a criação de novos hábitos, podendo estimular potencialidades e despertar desejos. Dessa forma, o trabalho pode ser um catalisador de melhora da qualidade de vida das pessoas, proporcionando um estado de saúde amplo, abrangendo não apenas a ausência da doença. No entanto, esse ambiente de trabalho merece um olhar diferenciado, por ser o local onde as pessoas passam maior parte do seu tempo, tornando-se, assim, um dos principais *settings* de realizações e também de possíveis frustrações. Competitividade, ausência de reconhecimento, condições insalubres, dificuldade de relacionamentos interpessoais, automatização, isolamento social, entre outras questões, são alvos de insatisfação e consequente alteração nas relações afetivas, causando situações que não favorecem a autonomia e a confiança. Assim, pode ser criado um sentimento de mal-estar responsável pela alteração do equilíbrio interno, o que pode levar a um ambiente desestruturado, no qual as cadeias operatórias se rompem e a droga pode surgir como opção de completude e de prazer. Essa possibilidade encontra respaldo oficial em dados de um relatório do Ministério da Previdência Social de 2008, segundo o qual a cada 3 horas uma pessoa é afastada do trabalho no país para tratar problemas relacionados ao uso de substâncias.

No entanto, atrelado à determinação histórica e aos fatores sociais, o engajamento em ocupações significativas, incluindo o trabalho, promove boa saúde e equilíbrio sócio-ocupacional. A reinserção no ambiente de trabalho protegido e cuidado pode ser a primeira ampliação de repertório de um paciente dependente, que vê seu cotidiano começar a se reestruturar. O trabalho pode ser o propulsor de uma rotina e de um cotidiano que se estruturam e se intercruzam, restabelecendo, paulatinamente, a qualidade de vida e fornecendo espaços para novas significações, que vão tomando o lugar que antes era ocupado de forma absoluta pela droga. Essa nova rede de significações que se estabelece devolve ao indivíduo sua autonomia e reconstrói suas cadeias operatórias, possibilitando a reconstrução da vida integral daquele indivíduo.

CONCLUSÃO

É importante estar sempre ciente de que não se pode compreender ou transformar a situação de saúde de um indivíduo ou de uma coletividade sem se considerar que esta é produzida nas relações com os meios físico, social e cultural. A própria compreensão tem um alto grau de subjetividade e de determinação histórica, à medida que indivíduos e sociedades consideram ter mais ou menos saúde, dependendo do momento, do referencial e dos valores que atribuem a uma situação. Não se pode esquecer de que a dimensão da condição humana se dá dentro de uma compreensão biopsicossocial ocupacional do homem.

BIBLIOGRAFIA

1. Brekke M, Vetlesen A, Høiby L, Skeie I. Quality of life among patients in drug-assisted rehabilitation programmes. Tidsskr Nor Laegeforen 2010; 130(13):1340-2.
2. Daeppen JB, Krieg MA, Burnand B, Yersin B. MOS-SF-36 in evaluating health-related quality of life in alcohol-dependent patients. Am J Drug Alcohol Abuse 1998; 24(4):685-94.
3. Evren C, Dalbudak E, Durkaya M et al. Interaction of life quality with alexithymia, temperament and character in male alcohol-dependent inpatients. Drug Alcohol Rev 2010; 29(2).
4. Fidalgo TM, Silveira ED, Silveira DX. Drug use among adolescents in Brazil. In: Focus on Adolescent Behavior Research. Nova Publisher, 2007.
5. Fidalgo TM, Silveira ED, Silveira DX. Psychiatry comorbidities related to alcohol use among adolescents. American Journal of Drug and Alcohol Abuse 2008; 34(1).
6. Ginieri-Coccossis M, Liappas IA, Tzavellas E et al. Detecting changes in quality of life and psychiatric symptomatology following an in-patient detoxification programme for alcohol-dependent individuals: the use of WHOQOL-100. In Vivo 2007; 21(1):99-106.
7. Marquetti FC, Kinoshita RT. A ação como precursora do pensamento no humano. Cadernos de Terapia Ocupacional da UFSCar 2011; 19(2).
8. Olievenstein C. La clinique du toxicomane. Bagedis: Éd. Universitaires, 1987. p.45-61.

9. Ponizovsky AM. Clinical and psychosocial factors associated with quality of life in alcohol-dependent men with erectile dysfunction. J Sex Med 2008; 5(10):2347-58.
10. Ponizovsky AM, Margolis A, Heled L et al. Improved quality of life, clinical, and psychosocial outcomes among heroin-dependent patients on ambulatory buprenorphine maintenance. Subst Use Misuse 2010; 45(1-2):288-313.
11. Saarni SI, Suvisaari J, Sintonen H et al. Impact of psychiatric disorders on health-related quality of life: general population survey. Br J Psychiatry 2007; 190:326-32.
12. Schaar I, Ojehagen A. Predictors of improvement in quality of life of severely mentally ill substance abusers during 18 months of co-operation between psychiatric and social services. Soc Psychiatry Psychiatr Epidemiol 2003; 38(2):83-7.
13. Scheffer M, Pasa GG. Dependência de Álcool, Cocaína e Crack e Transtornos Psiquiátricos. Psicologia: Teoria e Pesquisa 2010; 26(3):533-41.
14. Seidl EMF, Zannon CMLC. Quality of life and health: conceptual and methodological issues. Cad Saúde Pública [online] 2004; 20.
15. Silveira DX. Drogas, uma compreensão psicodinâmica das farmacodependências São Paulo: Casa do Psicólogo, 1995.
16. Silveira DX, Moreira FG (orgs.). Panorama atual de drogas e dependências. São Paulo: Atheneu, 2005.
17. Vanagas G, Padaiga Z, Subata E. Drug addiction maintenance treatment and quality of life measurements. Medicina (Kaunas) 2004; 40: 833-41.
18. Zhang B, Yang J, Luan R, Zhang Y. Study on the quality of life and its impact factors of drug users with opiate dependence in three cities in Sichuan. Wei Sheng Yan Jiu 2007; 36(5):591-5.

CAPÍTULO 12

Faces e interfaces da violência e suas repercussões para a saúde e a qualidade de vida

LUCILA DO AMARAL VIANNA
ELEONORA MENICUCCI DE OLIVEIRA
WILZA VIEIRA VILLELA

> O século XX será lembrado como um século marcado pela violência. Violência representada pela destruição em massa e pelo sofrimento individual diário. E a violência continua mais intensa no século XXI. (Nelson Mandela, 2002)

INTRODUÇÃO

Para abordar a relação entre violência, saúde e qualidade de vida, inicialmente é necessário diferenciar a violência, que pode ser definida como evento representado por ações intencionais realizadas por indivíduos, grupos, classes ou nações que ocasionam danos físicos, psíquicos ou morais a si próprios ou a outrem, dos acidentes, que são eventos não intencionais causadores de lesões físicas e/ou emocionais, ocorridos no âmbito doméstico ou em vários ambientes sociais, como trabalho, trânsito, esporte, entre outros. Essa diferenciação é importante, pois a Organização Mundial da Saúde (OMS), ao classificar os agravos relacionados à saúde, inclui na categoria "causas externas" as lesões decorrentes de atos tanto intencionais quanto acidentais, organizadas, de acordo com sua natureza, em traumatismos, queimaduras, intoxicações, etc. Entre os tipos de causas externas, são considerados acidentes de transporte, demais acidentes, suicídios, homicídios e casos ignorados.

Em 2010, foram registrados no Brasil 141.227 óbitos por causas externas, representando cerca de 12,4% de todos os óbitos registrados no país naquele ano. Esses dados significam que aproximadamente 71 pessoas em cada 100 mil morreram por essa causa. A maior concentração de óbitos por causas externas (39.348) atingiu o grupo etário de 20 a 29 anos, sendo que as pessoas do sexo masculino representaram 83% do total dos casos. No conjunto dos óbitos por causas externas, 49.932 (35,3%) estiveram relacionados às agressões. Esses altos valores indicam que a violência é uma importante causa de morte evitável, atingindo predominantemente homens no início da idade adulta, o que representa uma perda significativa para a sociedade em termos socioeconômicos, causando um desequilíbrio entre os sexos e a diminuição da população economicamente ativa[10].

Entretanto, a expressão dos óbitos causados por violência representa apenas a ponta de um *iceberg* cujo maior volume se encontra submerso, sendo constituído por uma grande e variada morbidade, onde se misturam sequelas físicas, psicológicas e morais decorrentes das diversas formas de violência. Assim, vale analisar com maior profundidade as premissas da violência, considerando-a como toda ação, material ou simbólica, que nega ou subtrai ao outro sua condição de dignidade, liberdade e autonomia. Os efeitos da violência podem ser entendidos como uma síndrome, ou seja, um conjunto de sinais e sintomas associados a uma situação ou patologia, mais do que uma doença ou um agravo específico.

COMO OCORRE A VIOLÊNCIA

A principal ação que antecede a violência é o desrespeito, consequência das injustiças e dos afrontamentos sociais e econômicos, das diferentes formas de produzir e reproduzir desigualdades sociais. Muitas vezes, a violência não é ação, mas reação. De modo geral, recai sobre as pessoas inocentes que não cometeram as ações que a estimularam. Entre as causas da violência, têm-se o desrespeito, a prepotência, as crises de raiva causadas por fracassos, frustrações e ciúme, além das crises mentais identificadas como patológicas. Frequentemente, o ato violento surge da tentativa de corrigir o que o diálogo não foi capaz de resolver e é tido como último recurso para restabelecer o que é justo, segundo a ótica do autor da violência.

A irreverência e o excesso de liberdade estimulados pela mídia também podem fomentar o desrespeito ao outro, provocando desejos de vingança que resultam em violência. Ademais, a impunidade e a falta de resolutividade do Poder Judiciário servem como multiplicadores da violência. Padrões culturais que caucionam relações de iniquidade são outros fatores que estimulam a produção e a reprodução desse comportamento contra alguns grupos sociais. A desigualdade de poder entre homens e mulheres é um exemplo de uma situação social que propicia a ocorrência de situações violentas nos relacionamentos afetivos e sexuais no âmbito da vida privada.

Admite-se, portanto, que a violência pode ocorrer tanto nos espaços públicos como nos privados e que não necessariamente é um evento entre pessoas, derivado apenas das suas idiossincrasias pessoais, podendo se dar nas relações entre grupos, muitas vezes apoiada em processos sociais que atribuem maior poder a grupos específicos.

Do mesmo modo, pensar a relação entre violência e saúde implica reconhecer que a violência pode ser atuada de modo direto, por meio de agressões físicas ou verbais, mas também de modo indireto, com desqualificações, humilhações e rotulagens do outro, que atravessam a organização da sociedade. O racismo, o machismo e a homofobia são exemplos importantes dessa categoria de violência. Isso mostra que existe uma extensa gama de atos violentos que negam ao sujeito o seu direito à autonomia, à liberdade e à dignidade, que permeiam as relações humanas sem se tornarem visíveis. Essa invisibilidade, em grande medida, deriva do fenômeno de naturalização da violência, isto é, de tomar como naturais ou justificáveis comportamentos e atitudes de sujeição do outro, a partir do entendimento equivocado de que, de fato, o outro é inferior.

A invisibilidade da violência também pode decorrer da introjeção, por parte da pessoa violentada, do seu sentimento de inferioridade ou do seu não reconhecimento do seu direito ao respeito e à dignidade. Desse modo, muitas vezes, as pessoas que sofrem violência sentem-se culpadas por terem provocado a reação violenta do outro ou têm vergonha de contar para alguém o que estão sofrendo e, assim, desmascarar sua situação de vida e o comportamento do agressor. Isso é particularmente relevante nos casos de violência contra mulheres, meninas e jovens, especialmente se o autor da violência é o parceiro ou algum familiar. Pode-se, portanto, afirmar que relações autoritárias colaboram com o silêncio dos oprimidos e contribuem para que situações de violência sejam mantidas na invisibilidade, trazendo um desafio para a compreensão das interfaces entre violência e saúde.

Assim, ao se tratar da relação entre violência e saúde, deve-se destacar essa face silenciosa da violência, que compreende, entre outras, os maus-tratos na infância, a violência doméstica e sexual contra mulheres e crianças, a violência contra os idosos e o assédio moral no ambiente de trabalho, situações que, muitas vezes, provocam sintomas físicos ou emocionais e cuja identificação não deve ser negligenciada pelos profissionais de saúde.

Por maus-tratos na infância, compreendem-se o espancamento, a opressão psicológica, a negligência e a humilhação esporádica ou repetida, principalmente aquela praticada na escola pelos colegas (*bullying*). Por violência doméstica, entende-se toda violência ocorrida no âmbito doméstico, com realce sobre o risco de uma mulher ser agredida em sua própria casa pelo pai de seus filhos, ex-marido ou atual companheiro, situação que, segundo o BID, apud Melo Jorge (2002), é nove vezes maior que sofrer algum ataque violento na rua ou no local de trabalho. A violência doméstica também inclui a violência sexual perpetrada pelo parceiro, que implica a coação da mulher a fazer sexo independentemente de sua vontade. Em relação à violência doméstica contra as mulheres e crianças, devem-se considerar não apenas as agressões e a violação sexual, mas também as humilhações, as práticas de controle e o exercício de poder. A violência contra os idosos geralmente é causada por aqueles que, paradoxalmente, cuidam e se responsabilizam por eles.

O assédio moral é uma importante dimensão da violência no local do trabalho e expressa-se como um processo contínuo de desqualificação do sujeito, seja por meio de agressões verbais, sarcasmo, ironia ou calúnias. Deve-se considerar que, na relação com as trabalhadoras, a fronteira entre o assédio moral e a violência sexual torna-se muito imprecisa. As manifestações dessa superposição entre essas duas manifestações de violência podem assumir a forma de piadas e gracejos que transitam pelo tema do sexo e do corpo feminino como objeto, ao lado de rigidez disciplinar, coerções, vigilância desumanizante e punições injustificadas[11]. Também são frequentes as referências desrespeitosas em relação às trabalhadoras que buscam atividades distintas daquelas mais tradicionais para mulheres, como a participação política, entendida como "coisa de homens".

No âmbito das relações amorosas, deve-se ressaltar a importância das ações de controle dos homens sobre suas mulheres, muitas vezes expressadas sob forma de ciúme, que aparece como a principal causa alegada de violência contra as mulheres pelos seus parceiros. Deve-se considerar que, muitas vezes, a violência doméstica tem como pano de fundo algumas expressões da violência estrutural, como o desemprego, ou fatores comportamentais, como o uso abusivo de álcool ou outras drogas.

A existência de fatores de ordem social associados à violência comprova a importância de vê-la como um fenômeno complexo e de múltiplas causas, para cujo enfrentamento são necessárias políticas amplas de caráter intersetorial.[1,12]

VIOLÊNCIA E SAÚDE

Da amplitude dos fenômenos que podem ser considerados violência, decorre uma correlata grande variabilidade de problemas de saúde. Além das consequências mais visíveis, como os óbitos e as sequelas físicas, existe uma extensa gama de doenças e prejuízos à saúde direta ou indiretamente relacionados à exposição à violência, entre os quais se destacam os agravos psicológicos. De fato, a experiência de ser violado na sua integridade física, moral ou sexual minimiza a autoestima do sujeito, fragilizando-o diante da vida e comprometendo sua capacidade de enfrentar os problemas cotidianos.

Ao mesmo tempo, a invisibilidade da violência faz com que muitos dos problemas de saúde derivados dessa vivência não sejam associados às situações vividas, que eventualmente são consideradas "normais", embora provoquem sofrimento para o sujeito. A questão do ciúme, apontada anteriormente, é um bom exemplo de uma circunstância na qual, em nome do sentimento naturalmente associado ao amor, um homem pode coibir totalmente a liberdade de sua parceira, que com isso sofrerá, podendo até desenvolver sintomas físicos ou psicológicos, sem necessariamente reconhecer que restrição da liberdade não é amor, mas violência.

Piadas racistas ou homofóbicas no local de trabalho, desqualificações quanto às capacidades intelectuais das mulheres e desvalorização por parte do parceiro são algumas das muitas situações presentes no cotidiano que podem estar na origem, na perpetuação ou no agravamento de algum sintoma físico ou psicológico, sem que a pessoa se dê conta de que está vivendo uma situação de violência.

O relatório "Impacto da violência sobre a saúde dos brasileiros", produzido pelo Ministério da Saúde[2], mostra, por exemplo, que não é possível enfrentar a situação da violência contra crianças e adolescentes sem o recurso às políticas abrangentes que garantam escolarização, coíbam o trabalho infantil e assegurem um mínimo de renda às famílias, ao lado de ações do poder público que coíbam todas as formas de exploração e abuso sexual nesse segmento. O mesmo relatório chama a atenção para a violência contra os idosos, que vem aumentando à medida que aumenta a expectativa de vida da população, e que muitas vezes adquire o caráter de exploração patrimonial, abandono ou maus-tratos. O relatório também faz uma referência importante ao suicídio, que vem aumentando em todo o mundo e deve ser entendido como um fenômeno de dupla face: violência autoinfringida e reação limite do sujeito à sua incapacidade de lidar com as diferentes formas de violência que permeiam o seu cotidiano. No capítulo relativo à violência no trabalho, o referido relatório faz menção às discriminações e à superexploração por meio do coronelismo, do clientelismo, às ameaças diversas, ao assédio moral e sexual e à homofobia, ressaltando não apenas os acidentes de trabalho e as doenças ocupacionais, como também os diferentes agravos de saúde física e mental relacionados ao trabalho.

Ao mesmo tempo, o atendimento às pessoas que sofrem violência, seja nas instituições de saúde ou de segurança pública, não se dá de modo isento de julgamentos morais sobre as vítimas. Oliveira et al.,[3] por exemplo, apontam que o atendimento às mulheres que sofrem violência é marcado por ambiguidades no que diz respeito à valorização da queixa e contradições relativas ao encaminhamento do caso. Os espaços e fluxos de trabalho nos serviços de atendimento são pouco adequados a uma tarefa tão sensível quanto acolher uma pessoa que foi violentada e a percepção dos profissionais é permeada por estereótipos de gênero e outros preconceitos relativos a idade, classe social, raça, orientação sexual e outros atributos identitários da vítima. Isso sugere que o atendimento das pessoas que sofrem violência, especialmente quando ela se dá de forma silenciosa e invisível, sem produzir traumas ou lesões corporais, exige a reconfiguração das práticas, com educação permanente para os profissionais e mudanças nos processos de trabalho.

VIOLÊNCIA E TRABALHO

As pessoas, desde o início da idade adulta e muitas vezes até antes, passam a maior parte do seu tempo trabalhando. Assim, não se pode pensar em saúde sem considerar como ocorre a inserção do sujeito no mundo do trabalho. Do mesmo modo, não se deve desconsiderar que parte da violência que permeia as relações humanas, especialmente aquela que ocorre de forma silenciosa, apoiada em preconceitos, juízos de valor e outros significantes simbólicos da injustiça social, também se reproduz nos espaços laborais.[4]

Muitas vezes, a violência no trabalho não é percebida como tal pelos trabalhadores. O processo de adoecimento relacionado a processos e condições de trabalho inadequadas são faces perversas da violência, que nem sempre se expressam em sintomas físicos, e sim no plano subjetivo ou emocional. Segundo Dejours,[5] a violência experimentada no trabalho sob forma de assédio moral ou sexual, a sobrecarga de trabalho, a divisão inadequada do uso do tempo, a ausência de qualificação do trabalhador para a tarefa ou de uma finalidade que faça sentido para ele, entre outros aspectos, podem produzir um intenso sofrimento psicológico. Assim, ainda segundo Dejours[8], questões relacionadas à organização e ao processo de trabalho frequentemente incorporam uma dimensão de violência, que pode passar despercebida ou também ser naturalizada, como se fossem percalços normais das relações de trabalho. Esse é o caso, por exemplo, da fibromialgia, doença com um forte componente de dor e desestabilização emocional, muito comum em mulheres e fortemente associada à sobrecarga de trabalho e pressões das chefias.

A vivência depressiva decorrente do tédio, da monotonia e da falta de finalidade percebida nas tarefas invade a vida familiar e afetiva dos trabalhadores, que muitas vezes fica comprometida. Do mesmo modo, o trabalho noturno geralmente traz consequências para a saúde.

Um aspecto importante da relação entre trabalho, violência e saúde diz respeito às tensões e agressões vivenciadas pelas mulheres no mundo do trabalho. Em geral, cabe às mulheres a execução de atividades com menor prestígio social e remuneração financeira. Em virtude da importância da satisfação com o trabalho como elemento estruturante da autoestima, a desqualificação do trabalho feminino é potencialmente um agravante para sua saúde e qualidade de vida. Considera-se também a ocorrência de situações de assédio sexual, muitas vezes suportadas pelas mulheres por medo de serem desacreditadas ou humilhadas em caso de denúncia ou resistência.[6]

Outro tema importante para a saúde e a qualidade de vida para as mulheres diz respeito ao trabalho doméstico. Mesmo quando este é executado na própria casa e sem remuneração, é um trabalho que exige bastante de quem o realiza e cuja desvalorização social é uma importante expressão da violência simbólica.

A discussão sobre as relações entre violência e trabalho exige que se considerem as condições e a organização social e sexual do trabalho sob a ótica das relações de gênero, assumindo as desigualdades de gênero como uma expressão de violência estrutural,[9] passível de ser superada pela inclusão das mulheres no mundo dos direitos, como sujeitos autônomos para decidirem sobre seus caminhos. Isto é, assumir que, especialmente no mundo do trabalho, a contraface da violência se constrói na dimensão da ética como um princípio que informa o respeito aos direitos humanos, à igualdade de oportunidades, ao trabalho digno e a condições de vida e de saúde com qualidade.[7]

CONSIDERAÇÕES FINAIS

A violência, por seus impactos negativos na saúde e no bem-estar, pode ser entendida como a antítese da qualidade de vida, visto que esta é intrinsecamente dependente das condições da saúde e de trabalho.

É impossível dissociar saúde, vida e trabalho, já que os sujeitos adultos trabalham, quando há oportunidade, seja o trabalho reconhecido como tal e remunerado justa ou injustamente, ou não reconhecido, como o trabalho cotidiano das mulheres no cuidado com a casa e a família.

Do mesmo modo, é impossível dissociar a violência da injustiça social, que cria desigualdades entre os sujeitos. Ao contrário, pode-se considerar que a produção das desigualdades sociais é uma importante expressão de violência na sua dimensão macrossocial, muitas vezes reproduzida pelos sujeitos nas suas interações interpessoais. Assim, abordar a violência e as suas interfaces com a saúde e a qualidade de vida exige considerar suas múltiplas faces e perceber que ela pode se expressar nas relações interpessoais, mas também nas institucionais, políticas e sociais. Nesse sentido, é importante reconhecer que as marcas deixadas pela violência no sujeito que a sofre nem sempre são visíveis ou se apresentam como lesões no corpo, podendo muitas vezes se apresentar como dor ou sofrimento no âmbito moral ou psicológico.

Deve-se reconhecer que a saúde não é apenas a ausência de doenças, mas uma situação de bem-estar integral, que possibilita ao sujeito usufruir da vida com qualidade, explorando as suas potencialidades humanas de modo a contribuir com o desenvolvimento da sociedade. Nesse sentido, é importante tornar a violência visível e audível, mesmo aquela que se dá no plano simbólico ou que é naturalizada pelos sujeitos que a sofrem ou a exercem. É especialmente relevante enfrentar os processos de desigualdade social que ensejam as diferentes formas de violência. Essa atitude tem importância principalmente em relação às mulheres, muitas vezes objeto de uma forma específica de violência, a de gênero, que se manifesta de diferentes formas, incluindo a agressão física pelos parceiros e a coerção sexual, e que tem suas bases na condição subalterna que as mulheres ocupam nas sociedades.

Finalmente, é importante exemplificar a possibilidade de enfrentamento da violência por meio de ações positivas lideradas pelo poder público. Considerando que a maioria das causas de agravos em saúde, em maior ou menor grau, são previsíveis ou passíveis de prevenção, têm sido implementadas ações públicas voltadas para o enfrentamento da violência. Entre estas, podem-se citar a Lei Maria da Penha, que penaliza os autores de violência doméstica, e a campanha "16 dias de ativismo contra a violência contra as mulheres", liderada por agências internacionais do Sistema ONU. No estado de São Paulo, é notável a diminuição dos óbitos por homicídio entre 1999 e 2007, em um percentual de 40,6%, sendo aventada como uma das possíveis razões dessa queda a Lei Seca, proibição de venda de bebidas alcoólicas a partir de determinado horário, implementada em alguns municípios, como Diadema, que detinha o maior índice de homicídios do estado e que, após a lei de fechamento dos bares às 23 horas, caiu para um dos índices mais baixos. Essa ação se refletiu também na violência doméstica, que diminuiu segundo os locais de atendimento, mostrando que, da mesma forma que a violência se expande e contagia a todos que vivem em um entorno violento, os benefícios decorrentes das ações voltadas para a sua redução também podem se estender, afetando positivamente domínios não inicialmente visados pela política pública.

REFERÊNCIAS BIBLIOGRÁFICAS

1. Fundação Perseu Abramo. A mulher brasileira nos espaços público e privado. São Paulo: FPA, 2002.
2. Brasil. Ministério da Saúde. Secretaria de Vigilância em Saúde. Impacto da violência na saúde dos brasileiros. Brasília: Ministério da Saúde, 2005.

3. Oliveira EM, Amaral LVC, Villela WV, Lima LFP, Paquier DC, Vieira TF et al. Ambiguidades e contradições no atendimento de mulheres que sofrem violência. Rev Saúde e Sociedade 2011; 113-23.
4. Souza-Lobo E et al. Lutas operárias e lutas das operárias em São Bernardo do Campo. In: Souza-Lobo E. A classe operária tem dois sexos. Trabalho, dominação e resistência. São Paulo: Secretaria Municipal de Cultura, 1991.
5. Dejours C. A loucura do trabalho: estudo de psicopatologia do trabalho. São Paulo: Cortez/Oboré, 1988.
6. Kergoat D. Relações sociais de sexo e divisão sexual do trabalho. In: Lopes LMJ, Meyer ED, Waldow RV. Gênero & saúde. Porto Alegre: Artes Médicas, 1996.
7. Weill S. A condição operária e outros estudos sobre a opressão. Rio de Janeiro: Paz e Terra, 1974.
8. Dejours C. Uma nova visão do sofrimento humano nas organizações. In: Torres SL. O indivíduo na organização – Dimensões esquecidas. São Paulo: Atlas, 1993.
9. Souza-Lobo E. A "prática invisível" das operárias. In: O sexo do trabalho. Rio de Janeiro: Paz e Terra, 1986.
10. Datasus. Departamento de informática do SUS. Disponível em: www.datasus.gov.br. Acesso em 07/12/2011.
11. Oliveira ME. Políticas públicas voltadas para a saúde da mulher: um balanço crítico. [mimeografado 1993].
12. Vianna LAC, Oliveira EM. Violência contra a mulher. Rev Febrasgo 1998; 44-6.

CAPÍTULO 13

Evolução tecnológica e humana: transplantes e qualidade de vida

DENISE PARÁ DINIZ
MARIA TERESA D. P. DA CRUZ LOURENÇO
ALVARO PACHECO E SILVA FILHO

INTRODUÇÃO

Em razão dos avanços obtidos na área da saúde, por meio de descobertas de maquinário tecnológico, a relação profissional-paciente e as atividades de humanização no processo de transplante (Tx) tornaram-se cada vez mais importantes.

Sem impedir o fluxo da história, pelo contrário, fazendo com que as evoluções alcançadas pelas especialidades presentes no contexto de transplante (Tx) sejam agregadas, contribuindo para a saúde integral dos seres humanos, este capítulo apresenta uma reflexão sobre a humanização praticada em ambientes hospitalares que exigem cuidados intensivos e sua relação com a inserção da tecnologia. O órgão doente não deve se transformar no objeto exclusivo da atenção médica. Há ali um ser humano que possui aspectos biopsicossociais interagindo de forma dinâmica e integrada.

Sem dúvida alguma, a tecnologia contribui de maneira efetiva no tratamento de pacientes que exigem cuidados intensivos. Entretanto, se estiver associada a um trabalho interdisciplinar efetivo, no qual se agregam saberes de vários especialistas, pode-se avançar mais rapidamente para que se alcance sobrevivência com saúde e qualidade de vida para esses pacientes. Assim, melhora-se o acolhimento daqueles que necessitam de cuidados providenciados pela tecnologia. Refletir sobre o cuidado na perspectiva da tecnologia leva a repensar a inerente capacidade do ser humano de buscar inovações capazes de transformar seu cotidiano, visando a uma melhor qualidade de vida e satisfação pessoal.

Os avanços científicos permitem a realização de transplantes de vários órgãos e têm possibilitado a inclusão de assistência interdisciplinar, que possibilita o processo de entendimento da associação entre tecnologia e fatores psicológicos, contribuindo para a adaptação e a adesão ao tratamento. O paciente que necessita de transplante enfrenta transformações físicas e extraordinárias mudanças emocionais e sociais durante todo o processo de transplante. Essa pessoa, sem dúvida, se beneficiará muito dos avanços tecnológicos, mas clama também por humanização, pelo resgate e pela articulação de aspectos indissociáveis: a saúde física acoplada ao bem-estar e ao equilíbrio entre o sentimento e o conhecimento.

A inter-relação entre os aspectos fisiológicos e psíquicos influencia na saúde global desse indivíduo, que tem de se adaptar não apenas ao órgão que recebe para viver. A adaptação ocorre não somente com o receptor, mas também com os familiares e os novos relacionamentos que precisam ser mantidos com os profissionais, considerando-se que o objetivo geral é a saúde integral dos indivíduos. A realização de programas preventivos e psicoterapêuticos realizados pela equipe multiprofissional e interdisciplinar é necessária.

Para que se possam atingir as necessidades do ser que passa a interagir com a alta tecnologia, este capítulo foi desenvolvido com os seguintes objetivos:

- discorrer sobre aspectos psíquicos que costumam ser apresentados por pacientes candidatos a Tx de órgãos ou já submetidos a esse processo, prováveis doadores vivos e familiares de doador-falecido;
- sugerir avaliações e atividades programáticas humanitárias da Psicologia para receptores, doadores e equipe.

REPRESENTAÇÕES PSÍQUICAS DO RECEPTOR

O diagnóstico de uma doença crônica é sempre fator de ruptura, perdas e intensa desorganização psicológica.[1-3] As reações iniciais do paciente e de seus familiares são sempre singulares, mas pode-se observar uma reação comum de choque, acompanhada por medo e ansiedade agudos quanto ao possível resultado fatal da doença. Kubler Ross[4] afirma, ao estudar portadores de diversas doenças crônicas, que o paciente e a família, ao tomarem conhecimento da gravidade e da irreversibilidade da doença, podem passar por estágios emocionais de negação e isolamento, raiva, barganha, depressão e aceitação.

As reações emocionais que acompanham o enfrentamento do processo do adoecer são resultantes da combinação de uma série de fatores, incluindo a história individual (física, psíquica e social anterior ao diagnóstico), sua dinâmica de personalidade e o grau de autonomia que o indivíduo já possuía nas diversas áreas (afetiva, financeira, social, recursos cognitivos, entre outros).

Toda doença crônica faz com que haja adaptações relacionais e situacionais. A reestruturação obrigatória de uma nova rotina de vida faz com que o indivíduo perca o direito maior que possui: o de escolhas na própria vida. Diagnósticos e tratamentos de doenças crônicas vêm sempre acompanhados do impacto de uma "não escolha" por parte do paciente, trazendo a elaboração da finitude, da impotência diante da morte ou, utilizando um termo psicanalítico, a castração. Além disso, traz como consequências não apenas as limitações físicas, mas ainda as afetivas, econômicas e socioculturais.

Quando o fenômeno doença interrompe abruptamente a vida do indivíduo, acarreta implicações e consequências psíquicas. Estar doente pode significar:

- fragilidade: a doença possui, quase sempre, representações que incluem sofrimento, manipulação corporal e limitação das possibilidades físicas. Ela comporta frequentemente um ataque à integridade do paciente e um impedimento ao exercício normal de sua vida, o que pode trazer problemas psicossociais acompanhados de angústia;
- dependência: em relação ao meio social (física e psicossocial), pois toda doença vulnerabiliza pacientes a algumas categorias de estresse psicológico. Os de maior frequência podem ser sintetizados da seguinte forma:
  - percepção da autointegridade e relação com a autoestima: doenças que traduzem a necessidade de hospitalização e/ou de tratamentos requerem a percepção de que ninguém é indestrutível, ou seja, que ninguém possui controle sobre a própria vida continuamente;
  - ansiedade: quando há a necessidade de hospitalizações, passam a existir consequências de adaptação a mudanças repentinas na rotina diária de suas vidas. O paciente hospitalizado é separado de pessoas, objetos, locais e projetos de vida importantes para ele em várias áreas (afetiva, financeira, social, etc.), o que pode fornecer um quadro com sintomas significativos de ansiedade;
  - medos referentes a perdas e dores: unidades hospitalares requerem orientações e procedimentos ao paciente, levando-o a "ter de" assumir posição de submissão e passividade física, que pode despertar fantasias que levam ao aumento da magnitude de sentimentos estressantes, como fantasias agressivas, que podem remeter ao medo de vir a ter perdas de partes ou de funções do corpo.

Constata-se também que existem algumas questões psicológicas comuns aos pacientes que devem ser submetidos a um transplante. Essas questões são discutidas brevemente a seguir, constando-se que exigem atenção e cuidados dos especialistas inseridos nesse contexto, em razão de sua interferência na adesão ao tratamento.

Dependência

As experiências vividas no estado intermediário entre o recebimento do diagnóstico de uma doença crônica e o transplante, como são relatadas pelos indivíduos, têm sido objeto de estudo de muitas investigações no campo da Psicologia. O "processo de individuação" sofre um abalo na medida em que se desenvolve a vivência de conflitos, sobretudo a partir de polarizações entre opostos,[1,3] como a saúde e a doença, a vida ou a morte. O indivíduo, desde o seu nascimento, é idealizado como pleno de energia e poder e geralmente é percebido como possuidor de um enorme manancial de possibilidades latentes.

Todos os seres humanos, desde as primeiras percepções, começam a desenvolver aspectos de consciência que, aos poucos, vão se organizando e constituindo um senso de identidade. Passam a se reconhecer como um ser em alguma medida individual. Observa-se que com o prosseguir do desenvolvimento, as crianças, por meio de situações e relações, brinquedos e brincadeiras, identificam-se com os mais diferentes tipos de heróis, os quais têm sempre certos poderes especiais para realizar a tarefa de "vencer inimigos" que possuem forças que podem destruí-la.[3] A criança se identifica com os heróis porque psiquicamente está realizando uma batalha heroica. Sua vivência é a de "ter que" matar o monstro, o dragão, o inimigo, enfim, aquele que quer dominar e controlar tudo e todos, isto é, aquilo que ameaça subjugá-la e que ela identifica como o mal. Pode-se constatar, assim, que o "sentir-se dominado" tem representações relacionadas à morte do eu.

Na adolescência, período em que as vivências costumam enfatizar a questão da individualidade, não se brinca mais de "herói poderoso", mas geralmente há experiências relacionadas aos limites das próprias capacidades. Observa-se, nesse período, o quanto o sujeito sente que tem de abrir e conquistar espaço para si e para o novo, mostrando a si mesmo seu possível poder.

Quando adultos, não se trata mais de "eu sou, eu quero, eu posso", procura-se a vivência do "se reconhecer como produtivo e autônomo". Na segunda metade da vida, a regulação psíquica pode se dar pelo diálogo mais fluente entre consciente e inconsciente, conseguido por meio dessa vivência criativa, que costuma ser simbolizada pela morte quando o indivíduo se percebe em situações de estagnação. Ele costuma sentir agonia, mas, depois, sente-se em renascimento, quando consegue evitar o sofrimento inerente a situações e possibilitar mudanças.[1] Esse estágio implica associação com momentos específicos, como nascimento e morte. Pode-se constatar, então, que em todas as fases de desenvolvimento, as questões de identidade relacionam-se à autonomia e que essa, quando ameaçada, pode se associar ao processo de morrer.

Quando recebe o diagnóstico de doença crônica e o prognóstico de tempo de vida, o sujeito percebe-se em situação de dependência da possibilidade da realização do transplante e costuma ocorrer um choque acompanhado de sentimentos de vazio, às vezes despersonalização, insegurança emocional, desespero e falta de sentido na vida, sentimentos que caracterizam a vivência de uma crise, a qual se relaciona, ainda, com o confronto de "ter de" submeter-se a um tratamento que implica a "inserção do outro em si" e que, portanto, se caracteriza como algo misterioso e desconhecido.[1]

A dependência passa a existir em relação a muitas pessoas, sejam seus familiares e/ou familiares de possíveis doadores, na medida em que se aguarda a decisão desses para a doação. O paciente depende, ainda, de unidades hospitalares, máquinas, medicações e equipe multiprofissional.

A dependência afetiva em relação à família, a necessidade da presença dos membros nesse período da vida, é bastante notória. Esses membros tornam-se possíveis doadores, capazes ou não de fornecer-lhes a possibilidade de uma vida muito semelhante à que tinham antes do diagnóstico. Depende-se da decisão do outro.

Envoltos em um contexto de doença crônica ou episódio que forneça a necessidade de um transplante, o desejo de que o outro lhe tire a angústia de estar entre a vida e a morte surge e, muitas vezes, compromete as relações, tornando-as passíveis de cobranças e culpas.

É difícil também suportar as necessidades físicas, mas essas dificuldades são maximizadas pela dependência do outro em todas as áreas. São angustiantes, pois muitas vezes trazem demandas que possuem representações de desejos e também de culpas. Isto é, deseja-se um transplante, mas, para que ele seja possível, é necessário (no caso de "doador cadáver") que haja a "morte de outra pessoa". A dependência da morte do outro para se ter vida causa uma demanda emocional necessária de elaboração por conflitos vivenciados entre desejo e culpa. Além disso, a dependência torna-se relativa às necessidades afetivas, de resolução da doação, econômicas, etc. Muitas vezes, havia pessoas que dependiam financeiramente desse indivíduo e, após a doença, é ele quem passa a depender economicamente delas. As posições se invertem, mas é sempre o outro que passa a ser o "sujeito" da sua vida.

O indivíduo que necessita de um transplante percebe-se em situação de não poder assumir sua condição de dono da própria vida, não ter posição ativa de seus desejos inconscientes, não ser sujeito de seu desejo e de suas necessidades. De fato, o indivíduo pode e deve ter comportamentos assertivos para sua saúde. Entretanto, tornar-se doente crônico com necessidade de transplante causa a sensação de que se deve ficar passivo diante do outro, de não poder dirigir a própria vida.

Vislumbrar apenas doenças, submissão às máquinas, aos procedimentos, a medicações e aos profissionais é enfrentar muito mais que o processo de adoecer, significa experimentar o processo do morrer do eu constituído. Geralmente, os sentimentos relacionam-se não apenas à morte física, mas à morte do que se é, ou melhor, do que se era antes da necessidade do transplante. A morte de suas capacidades e não apenas o término ou a diminuição da função de um órgão, de uma parte do seu corpo.

Dessa forma, o transplante aparece como possível resolução dos conflitos que surgem com limites, necessidades e sentimentos de impotência. O confronto com a possibilidade de morte iminente e o desejo de não dependência do outro (sujeito e/ ou objetos) passa a ser um dos motivos do porquê pacientes de várias faixas etárias e seus familiares criam tantas expectativas de que o transplante não é apenas um tratamento, mas a cura definitiva.

O medo de rejeição e, consequentemente, da volta à possibilidade de limitações do tratamento dialítico amplia as fantasias de renascimento e cura em relação ao transplante.

Imagem corporal

A imagem corporal não necessariamente coincide com o corpo objetivo. Quando se assiste um doente que necessita do transplante, deve-se compreender que o psíquico não está separado do corpo. O corpo humano nunca é, para o próprio homem, puramente um corpo, livre de representações psíquicas.[2] Há um corpo real (matéria) e um corpo simbólico (representado), uma distância, mas não uma cisão entre o corpo como ele é e o corpo representado, ou seja, o corpo como ele é para alguém.

Conforme afirma Moretto,[2] o corpo real é objeto de estudo da Medicina, é o fantástico corpo humano que a anatomia descreve e na qual o médico intervém clínica ou cirurgicamente quando isso é indicado. É, por excelência, um corpo puro, livre das fantasias e representações que marcam a diferença entre órgão em si e o que esse órgão representa no psiquismo da pessoa. Assim, o órgão ou a parte do corpo recebida pelo transplante pode ou não passar a ser considerada pelo receptor como parte de si.

O paciente precisa entender, a princípio, que um órgão pertencente ao "seu corpo" não funciona mais. Ocorre que esse corpo "concentra" aspectos biopsicossociais, que funcionam de forma dinâmica e integrada e, portanto, a vivência de que "uma parte de si" está "morta" e deve ser retirada. Surgem angústias e questões relativas à tênue divisão de vida e morte de si mesmo. "Se tudo funciona de forma integrada, como pode apenas um órgão estar sem função?", "Será apenas esse órgão que não funciona mais? Terá influenciado os outros órgãos? Posso estar morrendo?". Os fatores de descontinuidade e de diferenciações são indispensáveis de elaboração, pois se referem à constituição da identidade, dos limites e dos riscos.

É sempre difícil o ser humano aceitar perdas, sejam elas em quaisquer relações ou situações. Trazem sempre a necessidade de elaboração do que se perdeu, pois, para poder receber algo novo, como um "novo órgão", deve-se reconhecer o que se foi, o que se perdeu, admitindo-se, portanto, uma nova identidade. As reações anteriores a doenças e perdas também fornecem indícios para melhor compreensão das reações emocionais do paciente diante da "perda" normal da função ou do órgão. Conhecendo seus comportamentos, bem como dos membros dessa família diante de perdas anteriores na área da saúde ou de perdas materiais, financeiras, afetivas, sociais, sejam de pequeno ou grande porte, tem-se a possibilidade de entender comportamentos de adaptação ou não ao transplante.

Além dessas angústias e da ansiedade que o procedimento cirúrgico costuma suscitar, o receptor possui a necessidade de elaboração de "ter de" integrar ao seu corpo o órgão de outra pessoa. As impressões sobre as inclusões do órgão de outro ao seu corpo (recepção de doador "falecido" ou "vivo") constituem representações de grande importância para a adaptação do indivíduo a essa modalidade terapêutica, pois resultam em comportamentos que podem contribuir ou não para aceitação ou rejeição do novo órgão, visto que ele não é apenas um "receptor" que pode ser sintetizado, como afirma o Dicionário Aurélio: "qualquer aparelho que recebe sinais luminosos, de rádio, elétricos, etc.". É um ser humano global, com identidade única. Envolve, além das questões relacionadas à autonomia, outra questão fundamental: as relações estabelecidas. A continuidade do indivíduo se constrói no espelho da continuidade de suas relações.

Além disso, o "receptor" enfrenta o desconhecido, convive com explicações e expressões que geram paradoxo em nível psíquico. Por exemplo, ele recebe a notícia de ter possibilidades de transplantar e receber "rim de cadáver", mas, desde criança, aprendeu que a vida termina em morte. Como pode, então, um "cadáver" fornecer vida? Morte é que gera vida?

Ainda dentro do processo de adaptação da inserção do órgão do outro em si, constatam-se quantas fantasias despertam medos relacionados ao futuro. Certa vez, um paciente pediátrico submetido ao tratamento hemodialítico que aguardava um possível transplante perguntou durante a sessão ludoterápica: "Se eu receber um rim de cadáver, ele depois poderá voltar para buscá-lo?".

O processo identificatório com o doador faz com que ocorram angústias em qualquer faixa etária e independentemente do tipo de transplante necessário. Um paciente, após um dia de transplante renal, perguntou: "Se quem me doou era um ladrão ou drogado, eu posso passar a gostar de drogas e a roubar também?". Realizando-se uma leitura da subjetividade dessa frase, constatam-se outras angústias, pois ladrões e drogados são indivíduos não aceitos socialmente. Portanto, as questões identificatórias e relacionais quase sempre presentes podem ser atuantes no processo de adaptação do indivíduo ao pós-transplante e à adesão ao tratamento necessário.

Outra fantasia frequente e mais favorável é a de ter dentro de si um bebê, uma bela metáfora para a vida nova que o paciente passará a ter a partir de agora. Essas são apenas algumas das fantasias presentes nesse tipo de situação. Além delas, o medo da deterioração física e da morte costuma causar preocupações ao doente que podem ser incluídas em três categorias: deformação externa, alterações em outros órgãos ou partes corporais e mudanças no funcionamento fisiológico ou somático. O processo de despersonalização e esses paradoxos costumam ocasionar elevada angústia e, se não trabalhados psiquicamente, podem desencadear reações de ajustamento relacionadas ao estresse psicológico e à alteração da imagem corporal.

As modificações corporais ocorridas por conta da doença e das modalidades terapêuticas experimentadas e de que forma estão sendo elaboradas pelo doente portador de uma doença crônica podem fornecer indícios substanciais para a compreensão de conflitos e comportamentos no enfrentamento da doença.

Preocupações sobre aparências externas tendem a surgir no início da doença, quando ainda há discretas alterações físicas que podem aumentar com o decorrer da experiência nas várias modalidades terapêuticas. A pessoa portadora de uma doença crônica passa a ter fisionomia característica não de si mesmo, mas da doença da qual é portador. O paciente, muitas vezes, pode ser submetido a intervenções necessárias para a colocação de fístulas, cateteres, etc., e, consequentemente, surgem as cicatrizes e mudanças corporais, as quais possuem significados especiais, sentimentos relacionados a estigmatizações e representações de imagem corporal que podem desencadear um processo de baixa autoestima.

REPRESENTAÇÕES PSÍQUICAS DO DOADOR VIVO

A espera pelo transplante coloca a família do receptor em nova rotina de vida, passando a existir uma desorganização da dinâmica familiar, com consequências emocionais para todos os membros. A escolha do tratamento por transplante requer discussões e esclarecimentos para o paciente, sua família e a equipe. Esse procedimento costuma provocar inúmeras implicações psicológicas que afetam o doador e o receptor do órgão vivo.[5]

O tratamento inclui restrições que geralmente se contrapõem aos desejos do "receptor". Além disso, são vários os aspectos que ocorrem interligados ao medo do futuro, como abandono de outros papéis e projetos de vida pessoais que um ou alguns dos familiares devem realizar para acompanhar o indivíduo em pré-transplante e suporte emocional que deve ser dado ao paciente. Dessa forma, o resultado geralmente é um abalo estrutural na identidade familiar. Dentro desse processo, também aparece a probabilidade de que um dos familiares seja o doador vivo.

Nota-se que os recursos emocionais dos familiares envolvidos muitas vezes não permitem suporte emocional adequado para o paciente. Problemas clínicos contínuos e faltas de perspectivas do retorno ao dito "normal" causam preocupações, medo e sensações de impotência, o que gera abandonos, falta de companheirismo e falta de oportunidade de se manter vida sexual ativa.

A doença ou o acidente que causou a necessidade de transplante passa a ser percebida pelo "receptor" como a causadora do desamparo, da solidão, quando, na realidade, muitas vezes, essas questões já existiam nas relações interpessoais dessa família sem que as pessoas envolvidas pudessem resolvê-las adequadamente do ponto de vista afetivo. A dinâmica familiar determina se será possível e quem será o doador. A compreensão dessa dinâmica anteriormente ao diagnóstico permite compreender o processo subjetivo de doação.

O principal determinante é o relacionamento do doador com o paciente, o padrão prévio no estabelecimento das relações afetivas estabelecidas entre o paciente e seus familiares em fases anteriores ao diagnóstico da doença, como qual era o tipo de interação estabelecida entre os membros dessa família e de que forma ocorriam os relacionamentos afetivos (complementares ou antagônicos, de proteção, de companheirismo, ambivalentes ou indiferentes).

O tipo de interação estabelecida entre os membros dessa família também permite determinar condutas clínicas necessárias. Existem famílias cujos membros agem de forma mais individualista em detrimento ao coletivo. Se a dinâmica da família do paciente possuir essa característica, tem-se sob cuidados profissionais uma pessoa mais solitária, mais fragilizada na situação de enfrentamento da doença, por não poder contar com suporte familiar, o que pode resultar em maiores solicitações aos profissionais e humor depressivo, entre outras reações emocionais. Essa dinâmica sugere a necessidade da assistência de profissional de saúde mental.

O doador vivencia sempre um conflito em relação ao receptor, pois muitas vezes possui, além do medo de morrer, uma grande angústia diante da possibilidade de não doar e perder definitivamente o ente querido. A resolução desse conflito pode fornecer vários tipos de reações. O doador familiar pode sentir-se prejudicado por ter sido identificado como o mais compatível em função da vivência dessa ambivalência e, posteriormente, estabelecer uma relação de cobranças e reparações.

Observa-se que, quando o doador não está seguro se deseja mesmo realizar o procedimento, ele se sente aliviado com o resultado da melhor compatibilidade ser com outra pessoa ou ao saber que existe a possibilidade de espera com doador-cadáver. Muitas vezes, o provável doador não consegue colocar seu desejo de não doação e passa a utilizar uma linguagem corporal para não ser o doador, como mencionando, durante consulta, que possui uma série de doenças. Ao ser submetido aos exames, constata-se que são apenas sintomas de doenças que ele ouviu dizer que eram contraindicações de doação, daí a importância de se observar as comunicações não verbais.

Outras vezes, o possível doador reluta em doar em função de medos do que pode ocorrer consigo, criando fantasias relacionadas à continuidade da própria vida e/ou das atividades do dia a dia, como produção profissional, atividades sexuais, etc. Isso fornece indícios da importância de se trabalhar o conhecimento que os familiares possuem do processo de doação e das crenças que o receptor e seus familiares possuem a respeito não apenas de religiosidade, mas de hospitalizações e equipe multiprofissional. O entendimento dos recursos socioculturais dessa família fornece, muitas vezes, o entendimento de atitudes diante do desenvolvimento do processo relacional com a equipe e da doação.

Assim, o pré-transplante é sempre em um período de crise para o receptor e o doador vivo relacionado. Muitas vezes, é sentido por esse "par" como um período de confronto com a morte, em que o indivíduo se prepara para viver ou morrer, o que reforça as representações de renascimento e cura que muitos pacientes e familiares possuem em relação ao transplante. Isso justifica a importância de se conhecer a dinâmica psicológica de receptor e doador e da história psíquica para se certificar de que a doação está sendo realizada na presença de saúde mental íntegra, sem representações norteadas por falsas expectativas e sem sintomas que prejudiquem o juízo crítico.

A reabilitação progressiva do transplantado depende, em grande parte, do apoio e do suporte familiar que o paciente terá durante todo processo, desde o pré até o pós-transplante. Nesse processo, estão inclusos a adaptação aos papéis desempenhados por cada um, a ressignificação dos vínculos afetivos previamente estabelecidos e o acompanhamento nos cuidados pré e pós-transplante estabelecidos. Também é importante o suporte social que ofereça estímulos para o desenvolvimento da proatividade diante da nova condição de vida e apoiar, acolher e motivar o paciente para que ele efetive a adesão ao tratamento e consiga realizar os ajustes necessários na dinâmica familiar e social.

REPRESENTAÇÕES PSICOLÓGICAS DOS FAMILIARES DE DOADORES FALECIDOS

A família é um sistema de relações fechadas e interdependentes. Quando acontece a morte de um de seus membros, surgem questões relacionadas à separação definitiva dessa pessoa, o que traz comprometimentos emocionais e afetivos. A morte do outro configura-se como a vivência da morte em vida, tornando-se uma experiência que é sentida como se uma parte de si morresse, a parte ligada ao "outro" por vínculos estabelecidos.[3,6]

A morte como perda retrata o vínculo que se rompe de forma irreversível, real e concreta. Nessa representação de morte, estão envolvidas "duas" pessoas: a que é "perdida" e a que deve conviver com o sentimento de perda. Essa vivência consciente, muitas vezes, é mais temida que a própria morte, porque esta não pode ser vivida concretamente. Então, a única morte experimentada é a perda, seja concreta ou simbólica.[7]

A morte como perda pressupõe um sentimento, uma pessoa e um tempo. Pressupõe a perda da relação afetiva entre pessoas, a perda do indivíduo que possui significados para essa família sob o prisma da afetividade, mas também pelo papel que exercia dentro do sistema. Na medida em que o sistema familiar percebe que não poderá mais contar com ele para o exercício desses papéis, pode haver uma crise no núcleo familiar. Esses aspectos trazem uma demanda emocional que dura algum tempo, o tempo do processo do luto.

O difícil momento da notícia da morte cerebral do membro e o início do processo de luto desses familiares podem fornecer reações diante da perda e da solicitação de doação. Bowlby[6] refere-se a quatro fases de luto, as quais podem facilitar o entendimento em relação às doações de órgãos:

- com a notícia, há uma fase de choque, que pode durar de algumas horas a de semanas. Pode ser acompanhada de manifestações de desespero ou de raiva, ou, ainda, o membro do sistema emocionalmente fragilizado pode utilizar-se de defesas de negação da perda/morte e, dessa forma, não permitir as doações de órgãos;
- a família pode entrar em uma fase de desejo e busca da figura perdida, que pode durar meses ou anos;
- o sistema pode paralisar frente ao impacto da perda, em função de desorganização psíquica e desespero, caracterizando uma crise que não permite qualquer tipo de decisão.

Os familiares, já em fase de alguma organização, identificam benefícios com as doações (p.ex., os familiares entendem que o indivíduo "permanecerá vivo em outra pessoa"). O grupo de captação de órgãos costuma constatar, em situações de entrevista familiar de abordagem, que:

- a notícia da morte pode ocasionar sentimento de perda, que pode estar aumentado pela condição que causou a morte (p.ex., homicídio, evento inesperado, violência, agressão, etc.);
- podem haver sentimentos de revolta pelo atendimento inadequado por parte do sistema de saúde (serviço público, demora para localização de UTI, etc.);
- a forma de abordagem familiar condiciona a decisão familiar na maioria das vezes. A família precisa confiar em um sistema de saúde, no diagnóstico da morte e na garantia do processo de doação/transplante para autorizar a doação.

Assim, é importante compreender a dor que a família sente com a perda. A abordagem deve levar em conta uma avaliação e o respeito pelo grau e capacidade de comunicação simbólica que os familiares possuem naquele momento. Devem-se observar, ainda, as relações afetivas e estruturais estabelecidas pelos membros da família. Esgotar a escuta a essa família e entender que o tempo de luto é necessário fornecem a possibilidade de reorganização emocional para que ocorra a doação.

Na fase de colaboração para o processo de uma aceitação da perda definitiva, pode-se facilitar a constatação de que uma nova vida precisa ser iniciada. Mostrar aos familiares que eles podem escolher entre dar continuidade ou não à vida diminui a sensação de impotência diante da perda.

Entende-se que existem alguns elementos preventivos para que não se processe um luto patológico e que facilite a doação de órgãos. O que importa para a família no momento da perda não são apenas as informações corretas sobre o processo de doação (tão importantes de serem fornecidas), mas também o oferecimento de um ambiente acolhedor e de continência que facilite a reorganização emocional e permita a recuperação da família, com capacidade de sobrevivência e de escolhas.

AVALIAÇÃO PSÍQUICA

Levando-se em conta a importância da avaliação pelo profissional de saúde mental (psicólogo e psiquiatra) dos pacientes que se submeterão a um transplante de órgãos, tanto no período pré-transplante como no período pós-operatório, discorre-se resumidamente sobre a avaliação possível do receptor e do doador em caso transplante intervivos.

Avaliação do receptor

O paciente renal crônico é sempre um desafio à equipe de saúde mental, dado o grande número de variáveis médicas e psicológicas que potencialmente podem influenciar o estado mental desses pacientes. A avaliação consiste em entrevistas com o paciente (anamnese subjetiva) e com um familiar próximo (anamnese objetiva). A equipe prioriza o agregar os saberes dos vários especialistas e, em função desse principio, a avaliação do psiquiatra após avaliação psíquica inicial é necessária em muitos casos.

Avalia-se a presença de moléstias mentais pregressas e atuais. Durante a anamnese com o paciente, realiza-se o exame psíquico, que inclui uma série de itens a serem observados, como nível de consciência, apresentação, contato, atitude, psicomotricidade, orientação têmporo-espacial, memória de fixação e de evocação, pensamento (que inclui forma, curso e conteúdo), humor e afeto, alterações de sensopercepção, inteligência, crítica social, pragmatismo, noção de doença, motivação/volição, suporte/apoio familiar, planejamento e expectativas.

Os detalhes dessa avaliação não são o objetivo deste capítulo e, portanto, sua descrição não será aprofundada. Entretanto, é interessante priorizar a escuta e a compreensão da história de vida do indivíduo como um todo biopsicossocial, o que ajudará a compreender a dinâmica comportamental para estabelecimento das condutas clínicas.

O respeito às especificidades de cada área (psicologia e psiquiatria) e a interdisciplinaridade dos profissionais de saúde mental têm trazido resultados favoráveis para o receptor, o doador vivo e a equipe multiprofissional. A avaliação conjunta entre psicólogos, psiquiatras, clínicos, enfermeiros e outros especialistas é necessária para a promoção da saúde com funções preventivas e terapêuticas.

Muitas vezes, depara-se com um contexto psicopatológico de receptor e familiares, o que insere dificuldades na relação médico-paciente e na adesão ao tratamento. A necessidade imperativa de se realizar um psicodiagnóstico do paciente baseia-se em estudos existentes no Brasil e no exterior sobre a prevalência de transtornos psiquiátricos, bem como na inter-relação entre fatores psicossociais e biológicos influentes nos comportamentos de evolução positiva em pacientes transplantados.

A avaliação feita pelo psiquiatra segue os moldes de uma entrevista psiquiátrica, mas existem alguns instrumentos mais formais, como o Psychosocial Assessment of Candidates for Transplant (PACT). Transtornos mentais como transtorno depressivo, transtornos de ansiedade, transtorno bipolar do humor, esquizofrenia, dependência química, transtornos de personalidade e outros devem ser diagnosticados e devidamente tratados antes da realização do transplante.

A escolha do medicamento leva em consideração as possíveis interações medicamentosas, mas, de modo geral, os inibidores da recaptação da serotonina e os neurolépticos de segunda geração são as drogas mais utilizadas. Os benzodiazepínicos lorazepam e clonazepam têm metabólitos inativos. Nesse contexto, cabe lembrar que a dependência do álcool e da nicotina pode e deve ser tratada nessa população.[8]

A qualidade de vida dos doentes em diálise ou transplantados tem correlação com a intensidade dos sintomas de depressão ou ansiedade apresentados por esses pacientes.[9] A espera de um órgão é quase sempre acompanhada por sintomas de ansiedade. Todavia, é importante o acompanhamento para observação da intensidade e da frequência dos níveis de ansiedade e sintomas de depressão.

A desesperança é outro fator importante a ser observado, pois pode estar associada significativamente à ideação suicida. Existe uma tríade que deve receber atenção especial: a depressão, a desesperança e a ideação suicida. Antidepressivos estão claramente indicados quando se trata de depressões moderadas (aquelas que levam a um comprometimento das atividades da vida diária, como estudo, trabalho, cuidados da casa ou comprometimento das atividades sociais) ou depressões graves (usualmente com risco de suicídio ou sintomas psicóticos).[10]

É importante ressaltar, ainda, que alterações psíquicas constatadas podem pertencer a um diagnóstico anterior do paciente e/ou serem desencadeadas por imunossupressores como a ciclosporina ou o tacrolimo.[10] Além disso, abuso ativo de substâncias e transtornos de personalidade, entre outros, necessitam de avaliação e conduta clínica, pois trata-se de diagnósticos diferenciais que requerem avaliação psiquiátrica.[10]

Constata-se, assim, que a avaliação da saúde mental do receptor durante o período de pré-transplante é imprescindível para que a equipe tenha a possibilidade de avaliar e acompanhar repercussões psíquicas. Seja o psiquiatra, para realizar terapia medicamentosa (como prescrever as medicações psicotrópicas), seja o psicólogo, para intervenções psicoterapêuticas.

Agregar os saberes dos especialistas assistentes permite um estudo psíquico completo do receptor, o que facilita condutas clínicas adequadas, já que os estudos mostram que os aspectos psíquicos podem alterar quadros de não adesão ao tratamento, alterações no exame psíquico e riscos de ideação suicida.

Outra questão importante refere-se às condições mentais que devem estar preservadas quando da assinatura do termo de consentimento para a cirurgia pelo receptor. Alguns pacientes têm, em virtude do quadro clínico, situações de rebaixamento de nível de consciência que o impedem de ter competência mental para tomar uma decisão. São exemplos dessas situações pacientes em encefalopatia hepática, choque cardiogênico, estados de uremia, etc.[3,10]

Além da análise do exame psíquico e da dinâmica comportamental do paciente e da família, praticam-se outras ações. Possuem-se projetos no pré-transplante, os quais enfatizam funções preventivas focalizando a educação em saúde. São fornecidas orientações ao paciente sobre a sua doença e os procedimentos a serem realizados e trabalha-se com a importância da necessidade de adesão às orientações dos médicos, nutricionistas e medicações no pós-transplante.

É necessário também um trabalho de orientação ao paciente e doador, que inclua as questões referentes aos riscos da cirurgia e da rejeição. Conforme colocado por Diniz e Levensteinas,[10] tem-se observado, quando da ausência dessas orientações, acréscimo de sintomas ansiosos no receptor e doador.

Uma questão fundamental para a escolha do transplante é a capacidade de autocuidado que o paciente tem e que será tão necessária no seguimento do tratamento. Estudos apontam como contraindicações absolutas ao transplante o uso ativo de substâncias, psicose significativa que limite o consentimento informado ou a adesão ao tratamento, recusa do transplante ou ideação suicida ativa e distúrbios factícios.[10,11]

Outras contraindicações para a cirurgia são apontadas pela literatura, como dados relativos à presença de demência, doenças psiquiátricas refratárias ou disfunções cerebrais quando associadas à falta de suporte social ou que levem a alto risco de problemas neuropsiquiátricos.[10]

É importante ressaltar, entretanto, que, em revisão de literatura, foi observado que não há consenso sobre as contraindicações absolutas ao transplante do ponto de vista psiquiátrico. Diniz e Levensteinas[10] afirmam que:

> [...] o uso de substâncias é um importante fator de risco para a não aderência ao tratamento necessário após o transplante e também maior risco de perda do órgão transplantado. Para dependentes de álcool, a identificação positiva com pessoas não alcoólatras, bom suporte social, estruturação do tempo adequada, e uma evolução mais suave da doença são fatores que ajudam na abstinência.

Além do trabalho da equipe interdisciplinar, observa-se outro fator relacionado à evolução positiva do transplante: suporte social, o qual envolve a rede de amigos, a equipe de saúde e a comunidade, como instituições religiosas e de caridade, e não apenas familiares do receptor.[3]

Em pós-transplante, pode-se constatar, muitas vezes, o desencadeamento de um transtorno depressivo, o qual deve ser trabalhado por um especialista em saúde mental que avaliará se está diante de um sintoma depressivo isolado ou de um quadro significativo de depressão. A incidência de depressão pode chegar a 9% no terceiro ano pós-transplante.[12]

O *delirium* (quadro confusional orgânico), habitualmente caracterizado por rebaixamento do nível de consciência, diminuição de atenção e desorientação temporoespacial, além de sintomas como agitação psicomotora, alucinações, sobretudo visuais, e delírios persecutórios, pode estar presente no pós-transplante. Esses quadros devem-se a causas orgânicas, como alterações metabólicas, infecciosas, alterações do equilíbrio hidroeletrolítico, uso de determinadas medicações, etc.[10]

Avaliação do doador vivo

Os doadores devem ser submetidos a uma avaliação por profissional da área de saúde mental, a fim de se rastrear a presença de transtornos depressivos e de ansiedade, psicoses, abuso de substâncias e transtornos de personalidade. É muito importante compreender a dinâmica familiar do doador e do receptor. Os doadores têm a opção de, a qualquer momento, desistir da doação. Suporte psicológico para o doador é fundamental em todas as fases do processo, incluindo o período pós-doação.

Em um estudo realizado pela Psiconefrologia da Unifesp,[13] com objetivo geral de analisar cobranças e reparações na relação entre receptores em pós-transplante renal e seus doadores e com objetivos específicos de analisar a presença de características de submissão e dependência, avaliando-se expectativas de ressarcimento financeiro, cobranças e mais cuidados para o doador, constatou-se, a partir de uma análise qualitativa, que de 29 prontuários analisados, três apresentavam discurso extremamente angustiante pela relação com o doador. Um dos receptores sentia-se extorquido financeiramente pelo irmão, outro paciente sentia-se superprotegido pela família e, consequentemente, com sentimentos de incapacidade e autoestima diminuída. Constatou-se, ainda, que o terceiro receptor se sentia cobrado pela família para ser um "bom rapaz", sem poder ter atitudes que geralmente tinha antes de receber o rim da irmã.

Os discursos de cobrança estavam relacionados aos pacientes do gênero masculino, os quais possuíam em média 30 anos, haviam sido submetidos ao tratamento hemodialítico por 17 meses e estavam em pós-transplante renal há aproximadamente 19 meses. Essa análise sugere que discursos de pacientes que relatam cobranças na relação receptor-doador devem ser acompanhados com maior atenção para que seja elaborada uma melhor relação interpessoal e consequente qualidade de vida.

CONCLUSÕES

Constata-se a necessidade emergente de uma equipe interdisciplinar que inclua psicólogos e psiquiatras em centros de assistência a pacientes que se submeterão a transplantes, seja no período pré, peri ou pós-operatório, nos quais possam ser trabalhadas as questões relacionadas às demandas emocionais de todos os envolvidos nesse complexo contexto de subjetividades e alta tecnologia: pacientes, familiares e especialistas.

Entende-se que um trabalho interdisciplinar realizado por toda a equipe (médicos, enfermeiros, assistentes sociais e outros) deve ser desenvolvido, favorecendo projetos assistenciais realizados por meio de um contexto dinâmico, integrado e humanitário, que inclua, também, técnicas disponíveis para a interação de educação e saúde, priorizando as funções preventivas e terapêuticas.

REFERÊNCIAS BIBLIOGRÁFICAS

1. Freitas LV. O ser humano entre a vida e a morte – visão da psicologia analítica. In: Kovács MJ (org.). Morte e desenvolvimento humano. São Paulo: Casa do Psicólogo, 1992.
2. Moretto MLT. O outro em si: o transplante como risco e renascimento. In: Quayle J, Lucia MCS (orgs.). Adoecer. As interações do doente com sua doença. São Paulo: Atheneu, 2003.
3. Diniz DHMP, Schor N (orgs.). Guia de qualidade de vida. Barueri: Manole, 2006.
4. Ross EK. Sobre a morte e o morrer. São Paulo: Martins Fontes, 1989.
5. Lazzaretti CT. Transplante de órgãos: avaliação psicológica. Psicologia Argumento 2006; 24(45):35-43.
6. Bowlby J. Apego e perda.v.3. São Paulo: Martins Fontes, 1985.
7. Kovács MJ. Morte, separação, perdas e o processo do luto. In: Kovács MJ (org.). Morte e desenvolvimento humano. São Paulo: Casa do Psicólogo, 1992.
8. Wyszynski AA, Wyszynski B. A primer on solid organ transplant psychiatry. In: Manual of psychiatric care for the medically ill. Am Psych Publ 2005; 205-19.
9. Baquelin-Pinaud A, Moinier D, Fouldrin G, Le Roy F, Etienne I, Godin M et al. Renal transplantation, anxiety and depressive disorders and quality of life. Encephale 2009; 35(5):429-35.
10. Diniz DHMP, Levensteinas I. Transplantes e repercussões psíquicas. In: Diniz DHMP, Schor N (orgs.). Guia de qualidade de vida. Barueri: Manole, 2006.
11. Messias E, Skotzko EC. Psychiatric assessment in transplantation. Rev Saúde Pública 2000; 34(4):415-20.
12. Dobbels F, Skeans MA, Snyder JJ, Tuomari AV, Maclean JR, Kasiske BL. Depressive disorder in renal transplantation: an analysis of Medicare claims. Am J Kidney Dis 2008; 51(5):819-28.
13. Diniz DP, Tsunematsu PAB, Coelho JC, Melaragno CS, Pacheco-Silva A, de Marco M. J Bras Nefrol. Anais do XXII Congresso Brasileiro de Nefrologia 2004; XXVI(3 Suppl.2):212.

CAPÍTULO 14

Impacto da depressão na qualidade de vida

MARIA TERESA D. P. DA CRUZ LOURENÇO
MARTIN A. B. ALVAREZ MATEOS

INTRODUÇÃO

A depressão é uma doença que afeta mais de 120 milhões de pessoas no mundo. Sua prevalência na população geral, segundo dados do National Comorbidity Survey (NCS), foi de 10,3% no National Comorbidity Survey-Replication (NCS-R) e de 6,6%[1] no Outcome of Depression International Network (ODIN). Quanto à prevalência vital, estima-se que 17% de toda a população norte-americana sofra pelo menos um episódio de depressão maior ao longo da vida.[2] No Brasil, um estudo epidemiológico multicêntrico realizado por Almeida-Filho[3] aponta prevalência de depressão variável, entre 3 e 10% da população geral, de acordo com as regiões estudadas.

Quando se consideram, para análise epidemiológica do impacto das doenças, incidência, prevalência, duração, gravidade, incapacidade associada, idade de início, curso, taxas de tratamento, mortalidade e esperança de vida da população em questão, as doenças mentais equivalem, em gravidade, às patologias cardiovasculares e respiratórias e ultrapassam o conjunto das neoplasias e patologias relacionadas à infecção por HIV.[2]

Em 1990, o Global Burden of Disease (GBD) da Organização Mundial da Saúde (OMS) indicava a depressão maior como a principal causa de anos vividos com incapacidade (YLI) e a quarta causa mais importante de anos de vida perdidos com doença (*disability-adjusted life year* – DALY). DALY é uma medida que combina anos de vida perdidos em razão de morte prematura e anos de vida perdidos em decorrência de incapacidade por uma doença. Em 2004, a depressão era a terceira causa de DALY no mundo, com previsão de que em 2030 viesse a ser a principal. Atualmente, estima-se que a depressão seja o problema de saúde mais incapacitante no mundo.[2,4]

Tendo em vista que o termo "qualidade de vida" engloba componentes físicos, afetivos, cognitivos, comportamentais e circunstanciais e que a depressão é uma doença que afeta precisamente essas mesmas dimensões da vida do paciente, é possível compreender o que determina que indivíduos deprimidos tenham indicadores de qualidade de vida pior do que aqueles portadores de uma série de outras doenças clínicas.[5]

Em avaliações de qualidade de vida, os pacientes tendem a dar maior ênfase ao impacto de sua saúde mental no grau de satisfação com a vida do que à sua condição de saúde física.[6] Nas duas últimas décadas, pesquisas nesse campo corroboraram esse achado, apontando que, de fato, os indivíduos com perturbações mentais apresentam déficits na qualidade de vida e que pacientes psiquiátricos parecem demonstrar menor satisfação com a vida que a população geral ou quando comparados a outros doentes com enfermidades não mentais.[5,6] Pacientes com transtornos do humor e psicossomáticos, por exemplo, tendem a classificar seu estado de saúde geral de forma significativamente pior que portadores de outras doenças, possivelmente porque esses transtornos tendem a reduzir mais a percepção do estado de saúde que problemas médicos como artrite, diabetes ou doenças pulmonares.[5,7]

Particularmente danosa para o funcionamento global de qualquer pessoa, a depressão vem sendo apontada como um dos problemas de saúde que mais prejudicam a qualidade de vida dos indivíduos.[5,6] Isso se deve não só à sua altíssima prevalência na atualidade, mas também ao fato de ser uma doença que acomete e distorce precisamente o modo como o doente se autoavalia e sua maneira de enxergar o mundo.

Apesar da alta prevalência e das evidências de efetividade do tratamento da depressão, estudos apontam que uma minoria de pacientes recebe tratamento adequado e de boa qualidade.[8] Nos serviços de atenção básica à saúde, a prevalência de depressão gira em torno de 10%, oscilando entre 2,6% em cidades do Japão e 29,5% na capital do Chile. A despeito disso, a capacidade de reconhecimento dos sintomas depressivos pelos clínicos gerais na atenção primária não passa de 35% desses casos.[8,9]

No cenário hospitalar, as taxas de depressão são ainda maiores. Estima-se que 25% dos pacientes internados em hospitais-gerais apresentem um quadro depressivo. Cerca de 25% daqueles com diabetes, infarto do miocárdio e acidente vascular cerebral apresentam transtorno depressivo comórbido. Essas taxas variam de acordo com as doenças associadas, mas tendem a ser sempre assustadoramente altas – até 20% dos pacientes com HIV ou doença de Parkinson preenchem critérios também para depressão, assim como 35% dos doentes com Alzheimer, 30% dos que têm dor crônica e 50% dos pacientes com esclerose múltipla.[10] Nos doentes com câncer, a prevalência de depressão varia de 5 a 25%, atingindo igualmente homens e mulheres.

Outro aspecto de extrema relevância em relação à depressão é seu impacto na produtividade e na capacidade de trabalho. Evidências consistentes apontam que enxaqueca, lombalgia, rinite alérgica, refluxo gastroesofágico, diabetes e depressão são as condições relacionadas à saúde que mais influenciam nos custos de perda de tempo de trabalho. Entre elas, a depressão é a mais onerosa, em decorrência de suas altas prevalência e comorbidade com outras doenças.[11]

A depressão, por sua alta prevalência e baixa taxa de busca de tratamento pelos doentes, ganha dimensão particular nesse campo. Estima-se atualmente que, nos Estados Unidos, a depressão custe aos empregadores cerca de 10 bilhões de dólares por ano em perda de produtividade de trabalho, sendo a doença mais custosa entre todos os problemas de saúde para os empregadores americanos. É também a maior causa de absenteísmo e presenteismo.[11-13]

Os custos socioeconômicos com a depressão são elevados. Segundo dados do Ministério da Saúde, entre os pacientes que mais utilizam serviços de saúde, 40% apresentam depressão. Custos com consultas, exames laboratoriais e hospitalizações, por exemplo, chegam a ser de 2 a 4 vezes maiores entre os pacientes que apresentam depressão associada a outras condições clínicas quando comparados aos pacientes não deprimidos.

DIAGNÓSTICO DA DEPRESSÃO

O diagnóstico de depressão compreende critérios estritos que são caracterizados a partir dos seguintes achados:

- segundo o Diagnostic and Statistical Manual, Fourth Edition, Text Revision (DSM-IV-R):[14]
  - sintomas que causam estresse clinicamente significativo ou prejuízo no funcionamento social ou ocupacional ou em outras áreas importantes de funcionamento. A duração dos sintomas toma a maior parte do dia, quase todos os dias, por pelo menos 2 semanas;
  - cinco ou mais dos seguintes sintomas, sendo pelo menos um deles humor deprimido ou perda de interesse ou prazer:
    - humor deprimido;
    - perda de interesse ou prazer;
    - perda ou ganho significativo de peso ou diminuição ou aumento do apetite;
    - insônia ou hipersonia;
    - agitação ou retardo psicomotor;
    - fadiga ou perda de energia;
    - sentimentos de inutilidade, culpa excessiva ou inadequação;
    - capacidade diminuída de pensar ou concentrar-se ou indecisão;
    - pensamentos recorrentes de morte, ideação suicida recorrente sem um plano específico, tentativa de suicídio ou um plano específico;
- segundo a Classificação Internacional de Doenças e Problemas Relacionados à Saúde (CID-10):[15]

- a duração de pelo menos 2 semanas é geralmente necessária para o diagnóstico de episódios depressivos, caracterizados por:
  - sintomas fundamentais:
    - humor deprimido;
    - perda de interesse e prazer;
    - fatigabilidade;
  - sintomas acessórios;
    - concentração e atenção reduzidas;
    - diminuição da autoestima e autoconfiança;
    - ideias de culpa e inutilidade;
    - visão desolada e pessimista do futuro;
    - ideias ou atos de autoagressão ou suicídio;
    - sono perturbado;
    - diminuição do apetite.

Em termos de gravidade, os episódios leves são aqueles com presença de dois sintomas fundamentais e dois acessórios, enquanto os moderados são aqueles com dois sintomas fundamentais e três ou quatro sintomas acessórios e os graves, aqueles que apresentam três sintomas fundamentais e mais de quatro acessórios.

TRATAMENTO

Estudo recente estimou o custo-efetividade a curto prazo de intervenção terapêutica em trabalhadores americanos que apresentavam quadro depressivo há 30 dias e concluiu que os custos do tratamento poderiam ser compensados em 45 a 98% pelo ganho da retomada da produtividade desses trabalhadores. Quando se consideram os custos indiretos da perda de produtividade, os autores acreditam que essa compensação pode ser ainda maior.[16]

Como agravante dessa condição na atualidade, está o fato de que, apesar da eficácia comprovada dos tratamentos para depressão, apenas uma pequena parte dos trabalhadores recebe tratamento e este, em geral, não é de boa qualidade. Além disso, em serviços de atenção primários e serviços médicos gerais, estima-se que 30 a 50% dos casos de depressão não são diagnosticados.[17,18]

A despeito dos tratamentos atuais, a depressão ainda é um transtorno crônico e recorrente na maioria dos casos. Dados apontam que 80% dos pacientes que receberam tratamento para episódio depressivo apresentarão recidiva ao longo da vida e até 12% deles terão curso crônico da doença, sem remissão dos sintomas.[19]

O tratamento para os quadros depressivos compreendem duas linhas de atuação – a farmacoterapia e a psicoterapia. Consistentes evidências sustentam a eficácia dos antidepressivos para o tratamento dos quadros depressivos agudos moderados e graves, tanto na melhora sintomática como na remissão dos quadros. Nos casos leves, essas medicações não tendem a se diferenciar do placebo. Não há dados que apontem diferenças de eficácia entre as classes de antidepressivos; no entanto, o perfil de efeitos colaterais de cada medicação é responsável por taxas diferentes de adesão ao tratamento. Comparações entre os inibidores seletivos de recaptação de serotonina (ISRS) e tricíclicos, por exemplo, mostram menor taxa de abandono do tratamento dos pacientes que usaram ISRS.[19,20]

Psicoterapias comprovadamente eficazes para tratamento de quadros depressivos leves e moderados incluem terapia cognitivo-comportamental (TCC), terapia interpessoal (TIP) e terapia de solução de problemas.[21,22]

Em caso de ausência de resposta ao tratamento inicial com antidepressivo, as possibilidades terapêuticas preconizadas pelas diretrizes mais atuais incluem aumento de dose da medicação até a dose máxima tolerada, potencialização com lítio ou tri-iodotironina (T3), associação de antidepressivos, associação de neurolépticos atípicos, troca de antidepressivo, ECT e associação à psicoterapia.[21,22]

Ainda que haja remissão completa dos sintomas na fase aguda, cerca de 35% dos pacientes apresentarão recaída da doença no primeiro ano após o tratamento. Manter o tratamento por 6 meses após a remissão tende a diminuir o risco de recaída em 50%. Nos casos de depressão recorrente, principalmente aqueles com mais de cinco episódios diagnosticados ao longo da vida, é preconizado tratamento de manutenção continuado.[22]

CONCLUSÃO

A depressão é uma doença altamente prevalente, de evolução crônica e recidivante e com imenso potencial incapacitante no funcionamento e na qualidade de vida dos pacientes. Vem sendo apontada como um grave problema de saúde pública em todo o mundo e, ainda hoje, é subdiagnosticada, com uma parcela mínima de pacientes tendo acesso a tratamento de qualidade. Estima-se que até 70% da morbimortalidade relacionada a essa doença possa ser prevenida com o tratamento adequado.[23]

Algumas medidas são essenciais para essa mudança de realidade, incluindo preparo adequado dos médicos generalistas para o diagnóstico precoce e tratamento apropriado da doença, educação continuada em saúde mental para a população, informações consistentes para os empregadores sobre o impacto da depressão na força de trabalho e orientações regulares nas empresas para informar os trabalhadores sobre a doença e desmitificar questões relacionadas ao adoecimento psíquico. O foco das intervenções deve se dar nas intervenções preventivas para os indivíduos não doentes e no restabelecimento da saúde e incremento do funcionamento e da qualidade de vida do paciente diagnosticado com depressão.

REFERÊNCIAS BIBLIOGRÁFICAS

1. Kessler RC, Berglund P, Demler O, Jin R, Koretz D, Mericangas KR et al. The epidemiology of major depressive disorder: results from the National Comorbidity Survey Replication (NCS-R). JAMA 2003; 289(23):3095-105.
2. Murray CJL, Lopez AD. The global burden of disease: a comprehensive assessment of mortality and disability from diseases, injuries, and risk factors in 1990 and projected to 2020. Cambridge: Harvard University Press, 1996.

3. Almeida-Filho N, Mari J de J, Coutinho E, França JF, Fernandes J, Andreoli SB et al. Brazilian multicentric study of psychiatric morbidity. Brit J Psych 1997; 171:524-9.
4. Murray CJ, Lopez AD. Alternative projections of mortality and disability by cause 1990-2020: Global Burden of Disease Study. Lancet 1997; 349:1498-504.
5. Barge-Schapveld D, Nicolson N, Bekof J, Devries M. Quality of life in depression: daily life determinants and variability. Psychiatry Research 1999; 88:173-89.
6. Bernice R, Rumsfeld JS, Hlatky MA, Liu H, Browner WS, Whooley MA. Depressive symptoms and health-related quality of life: the heart and soul study. JAMA 2003; 290(2):215-21.
7. Pyne J, Bullock D, Kaplan R, Smith T, Gillin J, Golshan S et al. Health related quality of life measure enhances acute treatment response prediction in depressed inpatients. J Clin Psych 2001; 62(4):261-8.
8. Magruder-Habib K, Zung WW, Feussner JR. Improving physicians' recognition and treatment of depression in general medical care. Results from a randomized clinical trial. Med Care 1990; 28(3):239-50.
9. Goldman L, Nielsen NH, Champion HC. Awareness, diagnosis, and treatment of depression. J Gen Intern Med 1999; 14(9):569-80.
10. Kessler R, White LA, Birnbaum H, Qiu Y, Kidolezi Y, Mallett D et al. Comparative and interactive effects of depression relative to other health problems on work performance in the workforce of a large employer. J Occup Environ Med 2008; 50:809-16
11. Kessler R, Birnbaum HG, Frank RG, Greenberg PE, Rose RM, Simon GE et al. Depression in the workplace: effects on short-term disability. Health Affairs 1999; 18(5):163-71.
12. Greensberg PE, Kessler RC, Nells TL, Finkelstein SN, Berndt ER. Depression in the workplace: an economic perspective. In: Feighner JP, Boyer WF (eds.). Selective serotonin re-uptake inhibitors: advances in basic research and clinical practice. Nova York: John Wiley and Sons, 1996.
13. Donohue JM, Pincus HA. Reducing the societal burden of depression: a review of economic costs, quality of care and effects of treatment. Pharmacoeconomics 2007; 25:7-24.
14. Diagnostic and Statistical Manual, 4.ed., text version. Disponível em: http://www.psych.org/mainMenu/Research/DSMIVTR.aspx.
15. Classificação estatística internacional de doenças e problemas relacionados a saúde. CID-10. 2008. Disponível em: http://www.datasus.gov.br/cid10/v2008/webhelp/cid10.htm.
16. Stewart WF. Cost of lost productive work time among US workers with depression. JAMA 2003; 289:3133-44.
17. Williams Jr JW, Mulrow CD, Kroenke K, Dhanda R, Badgett RG, Omori D et al. Case-finding for depression in primary care: a randomized trial. Am J Med 1999; 106(1):36-43.
18. Freeling P, Rao BM, Paykel ES, Sireling L, Burton RH. Unrecognised depression in general practice. BMJ 1985; 290:1880-3.
19. Anderson IM, Nutt DJ, Deakin JF. Evidence-based guidelines for treating depressive disorders with antidepressants: a revision of the 1993 British Association for Psychopharmacology guidelines. Brit Assoc Psychopharm. J Psychopharmacol 2000; 14(1): 3-20.

20. Geddes JR, Freemantle N, Manon J, Eccles MP, Boynton J. SSRI *versus* alternative antidepressants in depressive disorders (Cochrane Review). In: Cochrane Library; 1999 issue 4. Update software, Oxford.
21. Persons JB, Thase ME, Crits CP. The role of psychotherapy in the treatment of depression: review of two practice guidelines. Arch Gen Psychiatry 1996; 53:283-90.
22. Fleck MPA, Lafer B, Sougey EB, Del Porto JA, Brasil MA, Juruena MF et al. Guidelines of the Brazilian Medical Association for the treatment of depression. Rev Bras Psiquiatr 2003; 25(2):114-22.
23. McQuaid J, Murray BS, Laffaye C, Mccahill ME. Depression in a primary care clinic: the prevalence and impact of an unrecognized disorder. J Affect Disord 1999; 55:1-10.

CAPÍTULO 15

Qualidade de vida e transtornos mentais graves

ROSANA ZUOLO COPPINI
MIGUEL R. JORGE

INTRODUÇÃO

Qualidade de vida (QV) é uma dimensão importante para a avaliação de desfechos em diferentes áreas de tratamento clínico. Com o avanço da farmacoterapia, os indivíduos portadores de doenças crônicas até então sem tratamento eficaz podem ter os sintomas controlados e expectativa de vida maior, embora isso não signifique, necessariamente, uma vida melhor. O conceito de saúde amplia-se e o bem-estar passa a ser um aspecto tão importante quanto a ausência de doença. Consequentemente, a satisfação do indivíduo com a vida e sua adaptação a uma condição mórbida tornam-se componentes importantes em um planejamento terapêutico.

A avaliação da QV em psiquiatria é recente, mas bastante relevante nos estudos de efetividade farmacológica, de adesão ao tratamento e de avaliação de programas de reabilitação psicossocial.[1-5]

QUALIDADE DE VIDA E PSIQUIATRIA

Durante as últimas décadas, o cuidado com pessoas portadoras de doença mental grave e persistente tem apresentado avanços importantes. A gravidade é geralmente determinada pelo diagnóstico (esquizofrenia, transtornos de humor e transtornos graves de personalidade), pelos comprometimentos (dificuldades em desenvolver e em manter papéis sociais e profissionais), pela intensidade de sintomas e pela duração da doença (persistência dos sintomas, duração e número de internações). O desenvolvimento da psicofarmacologia permitiu um controle sintomatológico mais eficaz, ocasionando novas necessidades por parte desse paciente, o que provocou mudanças importantes quanto ao modelo de tratamento. Uma parcela considerável de pacientes portadores de doença mental grave passou a receber tratamento na comunidade, tornando-se possível permanecer períodos prolongados sem internação ou em internações de curta permanência.

Paulatinamente, o modelo hospitalocêntrico entrou em declínio, dando lugar às intervenções na comunidade. Esse processo de reintegração social provoca novas questões relativas às propostas terapêuticas e à reabilitação psiquiátrica, de modo que a avaliação do grau de satisfação do paciente com o ambiente torna-se tão importante quanto sua evolução clínica e funcional.[6,7] Uma consequência também importante é o papel de um ou mais familiares no cuidado do portador de transtorno mental. Avaliar tanto a sobrecarga quanto a QV desses familiares torna-se uma medida importante de efetividade clínica.[8-12]

Várias razões contribuem para que se considere a QV em psiquiatria.[13-16] Em primeiro lugar, dado o conhecimento médico atual sobre as doenças mentais graves, aumentar a satisfação dos portadores desses transtornos parece ser um objetivo mais realista que a cura. Em segundo lugar, os serviços voltados aos cuidados desse paciente são organizados a partir de um conjunto complexo de intervenções medicamentosas e psicossociais, voltadas às suas necessidades. Avaliar direta ou individualmente cada intervenção é difícil, tendo em vista o caráter multidimensional dos diversos programas. A QV, por ser uma variável que mede várias dimensões, reflete a interação de variáveis que, vistas isoladamente, seriam pouco significativas. Em terceiro lugar, o conceito de QV possibilita aos serviços ter como objetivo terapêutico também a melhora das condições de vida e da satisfação do paciente. Em quarto lugar, qualidade, mais que quantidade de vida, é um tema com domínio cada vez maior nas políticas de saúde.[17] Somadas a esses pontos, a presença de efeitos colaterais dos medicamentos e as questões de adesão ao tratamento são parâmetros relacionados à QV, também justificando sua avaliação em ensaios clínicos.

Para o paciente portador de um transtorno psiquiátrico grave, o conceito de QV difere do usado em outras populações. Esse paciente está submetido a necessidades específicas que influenciam profundamente sua existência e seu senso de bem-estar.[18] Um exemplo particular é a questão do estigma associado à doença mental, aos poucos recursos cognitivos, afetivos e sociais, às inabilidades que perduram para sempre, à cronicidade e à não remissão total dos sintomas. Por causa dessas peculiaridades, elaborar e testar instrumentos adequados e específicos para esses pacientes é uma meta importante para a otimização das abordagens terapêuticas.

Os principais modelos teóricos e operacionais para avaliação de QV em psiquiatria consideram:

- as medidas que priorizam a avaliação subjetiva em termos de satisfação, bem-estar ou felicidade em relação às diferentes áreas de vida, como trabalho, moradia, relacionamento familiar, relacionamento social, estudos e transportes;[17]
- as medidas baseadas nos pressupostos que consideram que satisfação e felicidade estão relacionadas às condições sociais e ambientais requeridas para o preenchimento de necessidades pessoais e objetivas de vida (p.ex., transporte, moradia e lazer). Trata-se de uma abordagem baseada nas teorias sobre satisfação de necessidades e de papéis sociais;[19,20]
- o modelo que preconiza a avaliação da QV de um indivíduo a partir da discrepância entre sua vida atual (presente) e sua expectativa quanto ao que ela poderia ser e quanto às suas aspirações pessoais;[21,22]
- o modelo que combina a satisfação com as áreas de vida e pondera sobre a importância de cada uma delas para cada indivíduo;[23]
- o modelo integrativo que leva em conta os sintomas psicóticos e sua gravidade, os efeitos da medicação e o grau de funcionamento psicossocial, além de aspectos secundários, como características da personalidade, ajustamento pré-mórbido, valores e atitudes em relação a saúde, doença, recursos cognitivos, afetivos, sociais e habilidades para usar esses recursos.

Em termos dos indicadores psicológicos, são duas as abordagens mais utilizadas na operacionalização da QV percebida: uma medida global de bem-estar, felicidade ou satisfação e outras medidas que avaliam o afeto, a autoestima e a reação individual em relação às várias áreas da vida (saúde, trabalho, moradia, educação, transporte, segurança, relacionamento social e familiar, finanças, etc.), identificadas empírica ou conceitualmente.[17]

AVALIAÇÃO DA QUALIDADE DE VIDA EM PACIENTES PSIQUIÁTRICOS

De acordo com uma definição consensual, a QV é entendida como um construto subjetivo que inclui a autoavaliação do paciente. A questão consiste no quanto a capacidade de autoavaliação de um portador de transtorno mental grave pode estar comprometida pela doença, uma vez que certo grau de habilidade cognitiva é requerido para tal avaliação. Na medida em que pacientes com transtornos psiquiátricos graves frequentemente apresentam alterações do pensamento, da comunicação e do senso crítico, assim como uma diversidade de déficits neurocognitivos, sua capacidade de avaliar os próprios sentimentos, valores e grau de satisfação pode estar comprometida. Como na maioria dos casos trata-se de pacientes que passaram por longos períodos de institucionalização ou de doença, sua expectativa em relação às áreas de vida pode, por um processo de resignação, estar rebaixada, o que também comprometeria essa avaliação.[24]

Para pesquisar se a avaliação subjetiva dos pacientes estava comprometida por sintomas psiquiátricos, funcionamento, suporte social e déficit intelectual, Corrigan e Buican[25] avaliaram a QV de 49 pacientes com doença mental grave, por meio da Quality of Life Interview, e utilizaram outros instrumentos para avaliação das demais variáveis. Os resultados mostraram que a QV subjetiva não está significativamente associada a sintomas positivos, como delírios e alucinações. Foi observada a associação entre depressão e QV subjetiva, assim como entre QV e funcionamento social. Esses resultados foram de encontro a estudos anteriores, nos quais não foram percebidas associações significativas entre sintomas positivos e QV.[26]

Em outro estudo,[27] foi utilizado o Quality of Life Index para comparar os resultados da avaliação subjetiva de QV (satisfação e bem-estar) aos indicadores objetivos de vida (moradia, estudos, finanças, etc.) em três grupos de pacientes psiquiátricos e em um grupo de pacientes com doença renal crônica. Os grupos de pacientes psiquiátricos consistiam em pacientes com esquizofrenia (n = 69), com transtorno afetivo bipolar (n = 37) e com depressão (n = 35). Os resultados mostraram que os dois grupos com transtornos do humor reportaram escores significativamente mais baixos de QV percebida que os pacientes com esquizofrenia, os quais foram similares aos dos pacientes com doença renal crônica. Uma tendência oposta apareceu quando os grupos foram comparados quanto às condições objetivas de QV: portadores de esquizofrenia referiram circunstâncias objetivas de vida mais adversas que os demais grupos. Os autores concluíram ser discutível a adequação dos questionários de autoavaliação de satisfação com a vida, principalmente entre os pacientes com transtorno de humor, uma vez que seus escores podem ser influenciados pelo estado afetivo.

Becker et al.[23,28] sugeriram que a avaliação subjetiva de QV, realizada exclusivamente pelo paciente, pouco reflete os indicadores objetivos usualmente associados à QV. Eles desenvolveram, assim, uma medida que inclui dados de avaliação da QV tanto do paciente quanto dos familiares. Fe Bravo-Ortiz et al.[9] estudaram a QV e a sobrecarga de cuidadores de portadores de esquizofrenia, empregando, entre outros instrumentos de avaliação psicopatológica, a EuroQol-5D, e concluíram que atividades de vida diária e ansiedade/depressão eram os fatores mais relevantes considerados como "problemas" pelos cuidadores. Outro estudo que validou a S-CGQoL mede a qualidade de vida do ponto dos cuidadores.[11] Segundo os autores, esse foi o primeiro instrumento a avaliar exclusivamente o impacto na QV de cuidadores de portadores de esquizofrenia.

Medidas de QV também têm sido cada vez mais empregadas para avaliar o impacto de terapias cognitivas, o estresse de pacientes com esquizofrenia e o impacto de eletrochoqueterapia.[1,29-31]

Instrumentos de avaliação de qualidade de vida para pacientes com transtornos psiquiátricos graves

O desenvolvimento de instrumentos de avaliação de QV específicos para pacientes psiquiátricos teve início na década de 1980. Essas medidas eram particularmente voltadas para portadores de doenças crônicas e incapacitantes, com predomínio do diagnóstico de esquizofrenia.[17,23,32-34] Há, basicamente, três campos de aplicação das medidas de QV:

- estudos descritivos, nos quais a QV de várias populações mentalmente comprometidas são estudadas e comparadas;

- estudos de associação, nos quais várias características dos pacientes são associadas à QV;
- estudos de intervenção, nos quais a QV é usada como medida de desfecho clínico.[17]

Assim como há várias conceituações sobre QV na literatura, múltiplas escalas têm sido desenvolvidas. Para que medidas de QV possam ser utilizadas em pesquisas, elas necessitam ser válidas, reprodutíveis e sensíveis às mudanças ao longo do tempo ou resultado de uma intervenção. Entre os aspectos considerados problemáticos envolvendo essas medidas, encontram-se: insuficiência teórica, ambiguidade conceitual, falta de dados sobre flutuação normal da QV (que ocorre independentemente da exposição a condições específicas, como medicação e programas de reabilitação), escassez de estudos sobre a sensibilidade dessas medidas em detectar mudanças na QV e necessidade de se estabelecer diretrizes quanto à QV para população alvo, por meio de estudos exploratórios que permitam identificar quais dimensões são realmente relevantes para a população alvo.[17]

Como o constructo QV ainda não foi devidamente validado, e por se tratar de um conceito subjetivo, não há um padrão-ouro para comparações, o que dificulta a avaliação das propriedades psicométricas dos instrumentos desenvolvidos. Em revisões sobre os instrumentos de QV específicos para portadores de transtornos psiquiátricos graves realizadas na última década, é possível perceber que, embora o número de instrumentos esteja crescendo, são poucos os que apresentam estudos de propriedades psicométricas bem conduzidos.[35] Podem-se observar, na Tabela 1, as escalas de QV específicas para portadores de transtornos psiquiátricos e seus respectivos índices de validade e confiabilidade. As mais utilizadas são:

- Quality of Life Interview (QLI): trata-se de um instrumento que serviu de base para o desenvolvimento de vários estudos. É utilizado para medir as condições objetivas de vida e fornecer dados sobre o impacto da doença e do tratamento no bem-estar geral;[36]
- Quality of Life Mental Health Index (QLMHI): traduzido e adaptado para uso no Brasil[37], é um instrumento de aplicação e pontuação complexas, o que pode comprometer sua utilização na clínica;[23]
- Quality of Life Scale (QLS): traduzida e adaptada para uso no Brasil,[38] tem seu foco nos déficits decorrentes da esquizofrenia e não apresenta uma definição precisa sobre QV. A avaliação é centrada na opinião do entrevistador, não levando em conta a percepção do paciente;[33]
- Lancashire Quality of Life Profile (LQOLP): apesar da similaridade com a QLI, na qual se baseia, tem sido amplamente testada em vários países nos quais já foi publicada. É mais abrangente no tocante à avaliação objetiva das áreas da vida, bem como na avaliação do bem-estar, da saúde mental e da satisfação com cada uma delas. Soma-se a isso o fato de os estudos sobre sua aplicabilidade na clínica terem demonstrado que

é um instrumento de fácil aplicação, com boa aceitação por parte dos pacientes e dos profissionais da área. Esse dado é bastante relevante, tendo em vista a população alvo, constituída, na maioria das vezes, por pacientes psicóticos graves, cuja tolerância em permanecer um longo período respondendo questões sobre sua vida é geralmente baixa. As características desse instrumento (multidimensionalidade, facilidade de aplicação e bom índice de aceitação) podem ter utilidade na avaliação de intervenções psicossociais;[13,39,40]

- Índice de Calidad de Vida (QLI-Sp): trata-se da versão em espanhol. Apresentou índices adequados de aplicabilidade, validade e confiabilidade, embora ainda necessite de estudos mais detalhados sobre sua validade. O instrumento mostrou ser de fácil aplicação, breve e apropriado para a obtenção de medidas de QV em populações clínicas e não clínicas;[41]
- Manchester Short Assessment of Quality of Life (MANSA): desenvolvida a partir do LQLP, a MANSA é uma versão condensada desse instrumento. Apresentou índices psicométricos adequados;[42]
- S-CGQol: trata-se de um instrumento multidimensional, autoaplicável, baseado no ponto de vista dos cuidadores de portadores de esquizofrenia. De rápida aplicação (5 min), contempla 25 itens e sete dimensões: bem-estar psicológico e físico, sobrecarga psicológica e vida diária, relacionamento com cônjuge, relacionamento com equipe de saúde mental, relacionamento familiar, relacionamento com amigos e sobrecarga física. Apresentou propriedades psicométricas satisfatórias.[11]

TABELA 1 INSTRUMENTOS DE QUALIDADE DE VIDA UTILIZADOS EM PSIQUIATRIA QUANTO A CARACTERÍSTICAS GERAIS, POPULAÇÃO ESTUDADA E PROPRIEDADES PSICOMÉTRICAS

Instrumento*	Características gerais	População estudada	Validade/confiabilidade				
			VC	VD	CI	TR	EO
CAF[43]	Entrevista semiestruturada, 45 min, 104 itens	Pacientes crônicos com esquizofrenia	–	–	–	–	–
QOLC[44]	Entrevista semiestruturada, 1 h, 95 itens Pontua os itens em satisfeito e insatisfeito	Pacientes crônicos com esquizofrenia	–	–	–	–	–

(continua)

TABELA 1 (CONT.) INSTRUMENTOS DE QUALIDADE DE VIDA UTILIZADOS EM PSIQUIATRIA QUANTO A CARACTERÍSTICAS GERAIS, POPULAÇÃO ESTUDADA E PROPRIEDADES PSICOMÉTRICAS

Instrumento*	Características gerais	População estudada	Validade/confiabilidade				
			VC	VD	CI	TR	EO
SLDS[45]	Entrevista estruturada,15 domínios, 10 min Pontua por meio de desenhos de expressão facial	Esquizofrenia, transtornos afetivos, adição, transtornos orgânicos	+	–	+	–	–
QLI[46]	Entrevista estruturada,143 itens, 45 min	Esquizofrenia, transtornos afetivos, depressão, entre outros	+	+	+	±	–
EQV[47]	Entrevista semiestruturada, 21 itens, 45 min	Esquizofrenia, depressão, transtornos afetivos e esquizoafetivos, não casos	±	–	+	+	+
CWBPCI[48]	Questionário de bem--estar, versão para consumidor-paciente (151 itens), familiares (76 itens) e equipe (77 itens)	Predominantemente crônicos	–	–	–	–	–
OQLQ[49]	Duas versões: entrevista de autoavaliação estruturada (263 itens) e entrevista semiestruturada feita por entrevistadores (146 itens), 45 min	Inespecífica	–	–	±	±	±
LQOLP[50,51]	Entrevista estruturada, autoavaliação, 105 itens, 35 min	Esquizofrenia, transtornos esquizoafetivos, transtorno bipolar, outras psicoses	+	–	+	±	–

(continua)

TABELA 1 (CONT.) INSTRUMENTOS DE QUALIDADE DE VIDA UTILIZADOS EM PSIQUIATRIA QUANTO A CARACTERÍSTICAS GERAIS, POPULAÇÃO ESTUDADA E PROPRIEDADES PSICOMÉTRICAS

Instrumento*	Características gerais	População estudada	Validade/confiabilidade				
			VC	VD	CI	TR	EO
QLI[52]	Entrevista estruturada, 17 itens	Pacientes psiquiátricos e com problemas sociais	+	+	+	+	–
QLS-100[53]	Questionário de 100 itens, 1 h	Esquizofrenia	±	–	+	+	–
QLMHI[23,37]	Versão do cliente (42), da família (28) e do profissional (68), 1 h, autoaplicável	Pacientes com esquizofrenia	±	–	–	+	–
QLESQ[54]	Entrevista estruturada, 93 itens	Depressão maior	±	–	+	+	–
QLI-Sp[46]		Pacientes psiquiátricos latinos e profissionais da área da saúde					
MANSA[41]	Versão condensada da LQoLP	Pacientes portadores de doença mental grave	+	–	+	–	–
S-CGQoL[11]	Escala multidimensional, autoaplicável, baseada exclusivamente no ponto de vista de cuidadores de portadores de transtornos psiquiátricos graves	Pacientes portadores de transtornos psiquiátricos de seis hospitais da França (n = 246)	+	–	+	–	–

VC: validade convergente; VD: validade divergente; CI: consistência interna; TR: teste-reteste; EO: entre-observadores; +: dados em correspondência com os critérios de confiabilidade e validade; ±: dados inconsistentes, resultados apresentados de forma breve, metodologia não adequada; –: dados não correspondem aos critérios.

Critérios para confiabilidade: coeficiente de confiabilidade para CI, TR e EO deve ser maior que 0,80, quando forem calculadas correlações, ou maior que 0,70 para o teste estatístico alfa de Cronbach, e maior que 0,60, quando *K* for calculado.

Critérios para validade: VC é mostrada para correlações significativas entre o escore das escalas e outros instrumentos que têm por objetivo medir o construto de QV. A VD do instrumento é mostrada pela baixa correlação entre o escore das escalas e outros instrumentos que têm por objetivo medir outro conceito que não a QV.

*A numeração indica a referência bibliográfica na qual o instrumento é descrito.

Na Tabela 2, é possível comparar os diferentes instrumentos quanto às áreas de abrangência para avaliação dos aspectos subjetivos e das condições objetivas de vida (casa, transporte, etc.).

TABELA 2 CARACTERIZAÇÃO DOS INSTRUMENTOS DE QUALIDADE DE VIDA, SEGUNDO ÁREAS DE ABRANGÊNCIA

Instrumento*	Aspectos objetivos	Medidas subjetivas
CAF[243]	História e *status* profissional, atividades de lazer, situação financeira, contato com a família e com os amigos, problemas legais, moradia, alimentação, cuidados médicos, utilização da instituição e qualidade de condição de vida	Satisfação com a vida e autoconceito (escala de Rosenberg)
QOLC[44]	Relacionamentos, cuidados médicos, moradia, educação, lazer, trabalho e religião	Dependência psicológica e experiências internas
SLDS[45]	Não há	Satisfação geral com moradia, vizinhança, alimentação, vestuário, saúde, pessoas com quem mora, amigos, relação com a família, relações sociais, trabalho, cotidiano, lazer, serviços, facilidades, situação econômica e local onde vive atualmente
QLI[46]	Satisfação das necessidades básicas, independência, interação interpessoal, papel conjugal, suporte social, trabalho doméstico, trabalho profissional, atividades de lazer, consequências negativas do uso de álcool, consequências negativas do uso de drogas, automanutenção, cuidados com a moradia, finanças, saúde física e medicação psiquiátrica	Desconforto psicológico, bem-estar e tolerância ao estresse
EQV[47]	Moradia, relações familiares, relações sociais, lazer, trabalho, finanças, segurança e saúde	Bem-estar global e satisfação com as diversas áreas da vida
CWBPCI[48]	Posse de objetos comuns, relações interpessoais, papel instrumental, papel ocupacional, nível de trabalho e inatividade	Funções intrapsíquicas, sentimento de finalidade, motivação, anedonia, curiosidade, empatia, interação emocional e satisfação com trabalho

(continua)

TABELA 2 (CONT.) CARACTERIZAÇÃO DOS INSTRUMENTOS DE QUALIDADE DE VIDA, SEGUNDO ÁREAS DE ABRANGÊNCIA

Instrumento*	Aspectos objetivos	Medidas subjetivas
OQLQ[49]	Recursos, idade, alternativas para hospitalização psiquiátrica, aspirações e benefícios	Quociente de bem-estar
LQOLP[50,51]	Trabalho, educação, lazer, religião, finanças, condições de moradia, condições legais, segurança, relações familiares, relações sociais e saúde	Bem-estar global, satisfação com as diversas áreas da vida, autoconceito, afeto, QV percebida e avaliação do entrevistador
QLI[52]	Saúde, autocuidado, filosofia de vida, padrão de vida, trabalho, recreação, aprendizagem, criatividade, serviço social, cidadania, relação amorosa, amizade, relação com os filhos, relação com os parentes, moradia, vizinhança e comunidade	Satisfação com as diversas áreas da vida
QLS-100[43,53]	Moradia, atividades domésticas e de autocuidado, ambiente doméstico, serviços na comunidade, conhecimento e educação, contatos, dependência, finanças, religião, experiências internas, saúde mental, saúde física, trabalho e lazer	Satisfação ou insatisfação com as diversas áreas da vida
QLMHI[23,37]	Atividades ocupacionais, saúde física, economia, atividades da vida diária, sintomas e objetivos	Grau de satisfação com os diversos indicadores objetivos e bem-estar psicológico
QLESQ[54]	Saúde física, lazer, relacionamentos sociais, atividades gerais, trabalho, atividade doméstica e estudos	Satisfação com as diversas áreas da vida e sentimentos subjetivos
QLI-Sp[46]	Bem-estar físico, autocuidado e independência funcional, funcionamento interpessoal, apoio socioemocional, apoio comunitário e de serviços	Bem-estar psicológico, sentimentos de satisfação pessoal e espiritual e avaliação global da QV
MANSA[41]	QV, rede social, funcionamento psicossocial, sintomas psiquiátricos, necessidade de cuidados, enfrentamento e experiência com estigma	Grau de satisfação com as diversas áreas
S-CGQoL[11]	25 itens e 7 dimensões	Bem-estar psicológico e físico, sobrecarga psicológica e com a vida diária, relacionamento com o cônjuge, com a equipe de saúde mental, com a família e com os amigos, sobrecarga material

*A numeração indica a referência bibliográfica na qual o instrumento é descrito.

DETERMINANTES DE QUALIDADE DE VIDA

Um dos primeiros estudos descritivos sobre QV em pacientes com transtornos psiquiátricos graves foi desenvolvido em Los Angeles, com 278 pacientes que viviam em diferentes tipos de moradias.[36] Nesse estudo, a Quality of Life Interview foi desenvolvida para obter dados demográficos e clínicos e indicadores objetivos e subjetivos de QV em oito áreas: moradia, relações familiares, relações sociais, lazer, trabalho, finanças, segurança e saúde. O objetivo dos autores era avaliar a relação entre características sociodemográficas e condições objetivas e subjetivas no bem-estar global. Os resultados revelaram a importância da percepção subjetiva na apreciação da vida em geral. A satisfação ou o sentimento de bem-estar estavam associados a quatro variáveis básicas: saúde, atividades de lazer, relações sociais e situação financeira. Entre os indicadores objetivos, os que mais se associaram ao bem-estar foram: não ter sido vítima de roubo ou assalto, ter feito menos uso de serviços médicos, ter um número maior de contatos sociais satisfatórios na moradia, ter um emprego e ter mais privacidade. As características pessoais relacionadas com bem-estar geral foram: estar casado, ter um nível educacional alto e não usar drogas. Esse estudo foi importante principalmente por apontar que o sentimento de bem-estar de pacientes crônicos está mais relacionado a aspectos sociais do que àqueles relacionados à própria doença.

Em estudo conduzido no Canadá[6,55] com 244 pacientes com doença psiquiátrica grave e persistente da região central, do subúrbio e de áreas mais distantes de Montreal, investigou-se a satisfação dessas pessoas com as diversas áreas da vida (moradia, alimentação, transporte, finanças, lazer, relações interpessoais, envolvimento com a justiça e segurança pessoal). Um inventário de sintomas ajudou a descrever o uso do serviço durante o ano precedente à entrevista. Nesses estudos, os indicadores subjetivos que mais se relacionaram à percepção da QV foram: satisfação com saúde, relações sociais, atividades diárias e percepção do grau de dificuldade com atividades da vida diária. Os indicadores objetivos que mais se relacionaram à QV foram: nível de funcionamento, idade da primeira hospitalização, contar com pessoas para pedir pequenos favores e ter uma ocupação primária (não necessariamente trabalho). Os pesquisadores concluíram que as áreas que parecem arcar com o maior peso em termos da apreciação da vida em geral são: saúde, ocupação, relações sociais e finanças.

Outro aspecto relevante diz respeito ao nível de funcionamento sócio-ocupacional, atuando como uma variável que afeta a QV. Baker e Intagliata[17] observaram uma correlação positiva entre o nível de funcionamento e a percepção subjetiva de QV. Estudo subsequente também apresentou resultados semelhantes.[55,56]

Quanto às condições de vida relacionadas ao ambiente, algumas diferenças em termos de QV foram identificadas entre portadores residentes em áreas rurais e moradores de áreas urbanas canadenses e americanas.[6] Os grupos das zonas rurais apresentaram maior satisfação com residência, vizinhança, saúde, lazer e serviços do que os grupos urbanos. Esse e outros estudos similares concluíram que pacientes vivendo em áreas rurais ou cidades pequenas estão mais satisfeitos com a vida do que aqueles que moram em grandes cidades.

Mercier[56] comparou pacientes em distintas condições de moradia. Os pacientes morando com família constituída expressaram maior satisfação e apresentaram melhor funcionamento sócio-ocupacional e menores índices de hospitalização. O grupo menos satisfeito foi o dos pacientes morando com sua família de origem, pois, mesmo tendo condições materiais similares às do grupo anterior, tinham menos atividades de lazer e pouco contato com a vizinhança. Os pacientes morando com "famílias adotivas" apresentaram maior incidência de hospitalizações, menos recursos materiais e baixa estabilidade em termos de moradia. Apesar disso, eles estavam mais satisfeitos do que aqueles que moravam com a família de origem. As pessoas que moravam sozinhas apresentaram condições materiais mais precárias, mas participavam de mais atividades de lazer e tinham um envolvimento maior com a vizinhança.

Investigações relacionando sintomas e outros aspectos referentes à doença com a QV revelaram que sintomas negativos graves (p.ex., embotamento afetivo, pobreza do discurso e isolamento social), presença de discinesia tardia e doença de longa duração estão associados a baixa QV. Um estudo naturalístico, no qual 148 portadores de esquizofrenia internados foram comparados a 51 pacientes com diagnóstico de transtornos esquizoafetivo e do humor, demonstrou níveis semelhantes de QV entre os pacientes.[57] Entretanto, na amostra de portadores de esquizofrenia, a melhora da QV está associada à redução dos sintomas positivos e ao aumento do nível de funcionamento sócio-ocupacional e da autoestima desses pacientes. Já para os pacientes com transtornos esquizoafetivo e do humor, uma melhor QV associa-se principalmente à remissão do estado depressivo.

CONTRIBUIÇÕES DOS SERVIÇOS DE SAÚDE MENTAL PARA A QUALIDADE DE VIDA

Em geral, programas de apoio comunitário ou de manejo de caso são efetivos para melhorar a QV de pacientes psiquiátricos crônicos. Uma análise dos tipos de variáveis que apresentam associação positiva com a QV pode ajudar a identificar áreas da vida desses pacientes cujas necessidades precisam ser mais bem atendidas pelos serviços de saúde. Por outro lado, variáveis associadas negativamente à QV podem chamar a atenção para necessidades dos pacientes nas quais os serviços têm menor impacto. As variáveis positivamente associadas à QV foram relações interpessoais, bem-estar psicológico e hobbies. Os resultados mostraram-se ambíguos nas áreas de trabalho, educação, satisfação das necessidades básicas, manutenção da moradia e finanças. É importante salientar que essas últimas localizam-se além da possibilidade de abrangência dos serviços de saúde e são afetadas por políticas de governo nas áreas da segurança, do trabalho, da educação e da moradia. A importância desses estudos consiste no fato de que, ao se identificar as áreas da vida que estão mais comprometidas, é possível ajudar na elaboração de um programa que vá ao encontro das necessidades reais de cada paciente em particular.[55]

Fato interessante é que estudos realizados em Montreal[41] e nos Estados Unidos[14,58] mostraram não haver uma relação direta entre receber cuidados em uma determinada área de vida e elevar a satisfação na área correspondente. Em Montreal, quanto mais os usuários participavam dos serviços voltados à reabilitação profissional, menos satisfeitos estavam nas áreas de atividades, nas ocupações diárias, durante o tempo livre e com a vida em geral.[55] Assim, quanto mais os indivíduos usavam os serviços, mais negativa era sua percepção quanto à QV.

A melhora das condições objetivas de vida (moradia, transportes, segurança, etc.) deve continuar sendo foco dos serviços, mas não se pode esperar que uma elevação dessas condições acarrete, necessariamente, um aumento na satisfação com a vida. É particularmente útil compreender o conceito de aspiração pessoal, porque não há uma relação direta entre intervenção em determinada área e uma mudança na percepção da QV. De acordo com esse conceito, a avaliação do indivíduo sobre sua QV ocorre por conta da discrepância entre sua situação atual e a que ele aspira alcançar. Essas aspirações podem estar baseadas em melhores condições vividas no passado ou no que se almeja para seu futuro. Entretanto, expectativas e aspirações se ajustam de acordo com as situações externas ou internas (subjetivas).

Esses estudos mostram que pessoas satisfeitas com as próprias vidas, apesar das situações adversas (doenças, perdas e incapacidades), podem ter diminuído suas aspirações. Nesses casos, os serviços de reabilitação podem favorecer um aumento de expectativas que poderia gerar uma insatisfação temporária. Em qualquer circunstância, é importante questionar não somente a relevância do serviço quanto à capacidade de encontrar necessidades, mas também seu significado para quem recebe os cuidados e a capacidade de satisfazer as expectativas.[6,36,55,59,60]

Outros estudos indicam que os serviços de saúde mental são mais do que um meio para se melhorar a QV dos pacientes, estando diretamente implicados na percepção da QV por essas pessoas. Em um estudo[55] no qual os participantes eram solicitados a identificar pessoas importantes em suas vidas, foram apontadas como as mais importantes aquelas com quem conversavam quando tinham problemas e aquelas a quem recorriam em situações de emergência. Embora a família de origem ocupe um lugar de relevância na rede de apoio, os profissionais e os amigos também aparecem como figuras proeminentes quando os pacientes precisam de alguém para discutir seus problemas. Assim, dada a importância do papel que o profissional tem na vida de seus pacientes, os profissionais de saúde mental interferem na QV deles.

CONCLUSÃO

Na área psiquiátrica, o conceito de QV deu origem a novas perspectivas no modo de se lidar com as necessidades do paciente portador de transtorno mental grave e persistente. A associação do controle dos sintomas a uma preocupação com o bem-estar e a satisfação pessoal também contribuiu para a adesão ao tratamento. Além disso, a QV tem se tornado uma variável cada vez mais adequada na identificação das necessidades do paciente e do impacto dos serviços em suas vidas. Dessa forma, avaliações de QV permitem que o paciente não seja visto como mais um caso a ser tratado, mas como um ser humano que tem uma vida com várias facetas não necessariamente relacionadas à sua doença. Muitas vezes, a doença ou os sintomas não são as principais preocupações do paciente, sendo que os aspectos relacionados à QV ajudam a identificar áreas da vida em que ele apresenta dificuldades ou insatisfação. Especificamente no caso daqueles com transtornos psiquiátricos graves ou de longa duração, essa avaliação pode ajudar a detectar essas dificuldades e, por meio dos serviços de saúde, superá-las.

Essa nova perspectiva deve refletir nas políticas de saúde e na elaboração de projetos terapêuticos que, baseados na QV, almejem identificar aspirações e expectativas do paciente, ordenando-as quanto às reais possibilidades de concretização de seus projetos pessoais. Outro ponto a salientar é o reconhecimento de atitudes e de estratégias utilizadas pelo paciente para lidar com situações do dia a dia, visando a aumentar sua efetividade e suas fontes de satisfação. Uma intervenção baseada na QV também pode potencializar as alianças com pessoas do ambiente do paciente, otimizando estratégias de adaptação.

Os serviços são, de fato, participantes ativos na melhoria da QV dos pacientes. O paciente psiquiátrico considera os profissionais de saúde mental as pessoas mais importantes em sua rede de apoio. Atenção especial também deve ser dada ao bem-estar desses profissionais, que têm um efeito direto na QV de seus pacientes.

REFERÊNCIAS BIBLIOGRÁFICAS

1. Garg R, Chavan BS, Arun P. Quality of life after eletroconvulsive therapy in persons with treatment resistant schizophrenia. Indian J Med Res 2011; 133(6):641-4.
2. Lehman AF, Kernan E, DeForge BR, Dixon L. Effects of homelessness on quality of life of persons with severe mental illness. Psychiatr Serv 1995; 46:922-5.
3. Sullivan G, Wells KB, Leake B. Quality of life of seriously mentally ill persons in Mississipi. Hosp Community Psychiatry 1991; 42:752-4.
4. Goodman M. Quality of life in schizophrenia: symptom, insight and neuropsychological determinants. Schizophr Res 1997; 24:223.
5. Meltzer HY, Burnett S, Bastani B, Ramirez LF. Effects of six months of clozapine treatment on the quality of life of chronic schizophrenic patients. Hosp Community Psychiatry 1990; 41(8):892-7.
6. Mercier C, Corten P. Quality of life and social reintegration: Canadian and Belgian surveys with the severely mentally ill. In: American Psychiatric Association. Syllabus of 41st institute on hospital and community psychiatry. Washington: American Psychiatric Association, 1989.
7. Stein LI, Test MA. Alternative to mental hospital treatment. I. Conceptual model treatment program and clinical evaluation. Arch Gen Psychiatry 1980; 37:392-7.
8. Caqueo-Urizar A, Gutierrez-Maldonado J, Miranda Castillo C. Quality of life in caregivers of patients with schizophrenia: a literature review. Health Qual Life Outcomes 2009; 7:84.
9. Fe-Bravo-Ortiz M, Gutierrez-Casares JR, Rodriguez-Morales A, Garcia MA, Hidalgo-Borrajo R. Influence of type of treatment on the well being of Spanish patients with schizophrenia and their caregivers. Int J Psychiatric Clin Pract 2011; 15(4):286-95.
10. Woon PS, Chia MY, Chan WY, Sim K. Neurocognitive, clinical and functional correlates of subjective quality of life in Asian outpatients with schizophrenia. Prog Neuropsychologicol Biol Psychiatry 2010; 34(3):463-8.

11. Richieri R, Boyer L, Reine G, Loundou AD, Simeoni MC, Auquier P, Lançon C. A preliminary validation of a new French instrument to assess quality of life for caregivers of patients suffrering from schizophrenia. Encephale 2011; 37(6):425-32.
12. Zahid MA, Ohaeri JU, Elshazly AS, Basiouny MA, Hamoda HM, Varghese R. Correlates of quality of life in an Arab schizophrenia sample. Soc Psychiatry Psychiatr Epidemiol 2010; 45(9):875-87.
13. National Institute OF Mental Health. The NIMH community support program: program descrition. National Institute of Mental Health, 1977.
14. Lehman AF, Slaugther J, Myers P. Quality of life in alternative residential settings". Psychiatr Q 1991; 62:35-49.
15. Huxley PJ, Warner R. Case mangement, quality of life and satisfaction with services of long – Term psychiatric patients. Hosp Community Psychiatry 1992; 43:799-802.
16. National Institute of Mental Health. A network for caring: the community support program of the national institute of mental health. Procedings of the fifth national conference. Rockville: Department of Health and Human Services, 1981.
17. Baker F, Intagliata J. Quality of life in the evaluation of community support systems. Eval Program Plan 1982; 5:69-79.
18. Lamb HR. What did we really expect from deinstitutionalization? Hosp Community Psychiatry 1981; 32(2):105-9.
19. Bigelow DA, McFarland BH, Olson M. Quality of life of community mental health program clients: validating a measure. Community Ment Health J 1991; 27:43-55.
20. Maslow A. Motivation and personality. Nova York: Harper & Row, 1954.
21. Campbell A, Converse PE, Rogers WL. Subjective measures of well-being. Am J Psychol 1976; 37:117-24.
22. Campbell JJ, Schraiber R, Temkin T, Tuscher T. The Well-Being Project: mental health clients speak for themselves. Report to the California Department of Mental Health, 1989.
23. Becker M, Diamond R, Sainfort FA. A new patient focused index for measuring quality of life in persons with severe and persistent mental ill. Qual Life Res 1993; 2:239-51.
24. Prieb S, Gruyters T, Heinze M, Hoffman C, Jaekel A. Subjective criteria for evaluation of psychiatric care – methods for assessment in research and routine care (in German). Psychiatric Praxis 1995; 22:140-4.
25. Corrigan PW, Buican B. The construct validity of subjective quality of life for the severely mentally Ill. J Nerv Ment Dis 1995; 183(5):281-5.
26. Endicott J, Nee J, Harrison W, Blumental R. Quality of life enjoyment and satisfaction questionnaire: a new measure. Psychopharmacology Bull 1993; 29(2):321-5.
27. Atkinson M, Zibin S, Chuang H. Characterizing quality of life among patients with chronic mental illness: a critical examination of self-report methodology. Am J Psychiatry 1997; 159:99-105.
28. Sainford F, Becker M, Diamond R. Judgments of quality of life of individuals with severe mental disorders: patient self-report versus provider perspectives. Am J Psychiatry 1996; 154(4):497-502.
29. Rocca P, Giugiario M, Montemagni C, Rigazzi C, Rocca G, Boggetto F. Quality of life and psychopathology during the course of schizophrenia. Compr Psychiatry 2009; 50(6):542-8.

30. Bechdolf A, Knost B, Nelson B, Schneider N, Veith V, Yung AR, Pukrop R. Randomized comparison of group cognitive behavior therapy an group psychoeducation in acute patients with zchizophrenia: effects on subjective quality of life. Aust N Z J Psychiatry 2010; 44(2):144-50.
31. Bowie CR, Gupta M, Holshausen K. Disconnected and underproductive speech in schizophrenia: unique relationships across multiple indicators of social functioning. Schizophr Res 2011; 131(1-3):152-6.
32. Skantze K, Halm U, Dinker SJ, May PRA, Corrigan PW. Comparison of quality of life with standard of living in schizophrenic out-patients. Br J Psychiatry 1992; 161:797-801.
33. Heinrichs DW, Hanlon TE, Carpenter WT. The quality of life scale: an instrument for rating the schizophrenic deficit syndrome. Schizophr Bulletin 1984; 10(3):388-98.
34. Malm U, May PRA, Dencker SJ. Evaluation of the quality of life of the schizophrenic outpatient: a checklist. Schizophreina Bull 1981; 7(3):477-86.
35. Van Nieuwenhuizen CV, Schene AH, Boevink WA, Wolf JRLM. Measuring the quality of life of clients with severe mental illness. A review of instruments. Psichiatric Rehabil J 1997; 20:33-41.
36. Bigelow DA, Brodsky G, Stewart L, Olson M. The concept and measurement of quality of life as a dependent variable in evaluation of mental health services. In: Stahler GJ, Tash WR (eds.). Innovative approches to mental health evaluation. Nova York: Academic Press, 1982.
37. Pitta AMF. Qualidade de vida de clientes de serviços de saúde mental. Rev Psiquiat Clín 1999; 26(2):68-77.
38. Marcolin AM. Escala de qualidade de vida em pacientes esquizofrênicos. Rev Psiquiat Clín 1998; 25(6):352-6.
39. Oliver JPJ, Huxley PJ, Prieb S, Kaiser W. Measuring the quality of life of severily mentally ill people using the Lancashire quality of life profile". Soc Psychiatry Psychiatr Epidemiol 1997; 32:5-45.
40. Oliver JPJ. The social care directive: development of a life profile for use in community services for mentally ill. Social Work and Social Sciences Review 1991; 3:5-45.
41. Mezzich JE, Ruiperz MA, Perez C, Yoon G, Liu J, Mahmud S. The spanish version of the quality of life index: presentation and validation. J Nerv Ment Dis 2002; 188(5):301-5.
42. Tommy B, Svensson B. Quality of life in people with severe mental illness. Reability and validity of the Manchester Short Assessment of Quality of Life (MANSA). Nard J Psychiatry 2005; 59(4):302-306.
43. Andrews FM, Withey SB. Social indicators of well-being. Nova York: Plenum Press, 1976.
44. Jambon B, Johnson K. Individual quality of life and clinical trials. MAPI – Research Institute 1997; 17:1-2, 16-7.
45. Awad AG, Voruganti LNP. Intervention research in psychosis: issues related to the assessment of quality of life. Schizopr Bull 2000; 26(3):557-64.
46. Frisch MB, Cornell J, Villanueva M. Clinical validation of the quality of life inventory: a measure of life satisfaction for use in treatment planning and outcome assessment. Psychological Assessment 1992; 4:92-101.
47. Kaiser W, Prieb S, Hoffman K, Isermann M. Subjective quality of life in patients with chronic schizophrenia (in German). Nervenarzt 1996; 67(7):572-82.

48. Breir A, Buchanan RW, Irish D, Carpenter WTJr. Clozapine treatment of outpatients with schizophrenia; outcome and long term response patterns. Hosp Community Psychiatry 1993; 44:1145-9.
49. Barry MM, Crosby C. Quality of life as evaluative measure in assessing the impact of community care on people with long-term psychiatric disorders. Br J Psych 1996; 168:210-6.
50. Lehman AF. Measures of quality of life among persons with severe and persistent mental disorders. Soc Psychiatr Epidemiol 1996; 31:78-88.
51. Lehman AF. A Quality of Life Interview for chronically mentally ill. Eval Program Plan 1988; 11:51-62.
52. Lehman AF. The well-being of chronic mental patients. Arch Gen Psych 1983; 40:369-73.
53. Koivumaa-Honkanen H, Honkanen R, Tanskanen A, Antikainen L, Joaskelainen J, Lehtonen J. Correlates of life satisfaction among psychiatric patients. Acta Psychiatr Scand 1996; 89:72-7.
54. Fleishhacker WW, Bergmann KJ, Perovich R, Pestreich L, Borenstein M, Lieberman JA, Kane JM. The hillside akathisia scale: a new rating Instrument for neuroleptic-induced akathisia. Psychopharmacology Bull 1994; 25:22-26.
55. Mercier C. Improving the quality of life of people with severe mental disorders. Social Indicators Research 1994; 33:165-92.
56. Mercier C, Renaud C, Desbiens F, Gervais S. The contribuition of services to the quality of life of psychiatric patients in the community. Otawa: Health and Wellfare, 1990.
57. Ristner M, Kurs R, Gibel A, Hirschmann S, Shinkarenko E, Ratner Y. Predictor of quality of life in mayor psychoses: a naturalistic follow-up study. J Clin Psychiatry 2003; 64(3):308-15.
58. Lehman AF, Ward NC, Linn L. Chronic mental patients: the quality of life issue. Am J Psych 1982; 139:1271-6.
59. Hachey R, Mercier C. The impact of rehabilitation services on the quality of life of chronic mental patients. Occupational Therapy in Mental Health 1993; 13(2):1-26.

CAPÍTULO

16

Saúde mental e direitos humanos

JOSÉ CÁSSIO DO NASCIMENTO PITTA
DENISE PARÁ DINIZ
TANIA MARIA NAVA MARCHEWKA

INTRODUÇÃO

O objetivo deste capítulo é apresentar a saúde mental na perspectiva da valorização dos direitos humanos. Para tanto, a preocupação inicial foi estabelecer a importância da reflexão e fixar os pontos fundamentais que devem ser tratados, utilizando-se a análise dos instrumentos jurídicos relacionados aos direitos humanos. Optou-se por uma abordagem relacionada à defesa dos direitos fundamentais do homem em qualquer situação de vida, pretendendo oferecer um referencial reflexivo capaz de orientar uma prática comprometida com a garantia do direito à saúde mental.

Giordano Jr. e Pereira relatam sobre a necessidade de oferecer assistência a uma população acometida por transtornos mentais. A manutenção de uma vigilância crítica sobre as articulações sociais dessa prática exige o abandono da crítica externa, ou seja, da simples denúncia do papel social da assistência, sendo substituída por uma postura direcionada ao conhecimento das relações entre as diversas instâncias que compõem esse conjunto complexo de práticas e modelos de organização e seus desdobramentos na produção de serviços.

Acredita-se que a ênfase interdisciplinar favorece o dimensionamento das relações entre direito e saúde mental, contribuindo para que a fragmentação na tomada de decisão possa ser superada com uma compreensão mais abrangente do direito. Esta pretende ser a elaboração de uma proposta de fortalecimento da política de saúde mental, utilizando os conceitos, os princípios e as teorias dos direitos humanos, constitucionais e sanitários.

Como forma de realizar tal empreendimento, este capítulo foi construído visando a, além de ressaltar uma retrospectiva histórica, apresentar o embasamento jurídico dessa área na contextualização da situação atual da política pública no Brasil. Ao final do capítulo, há uma apresentação sobre alguns instrumentos jurídicos de proteção dos direitos humanos nos campos nacional e internacional, destacando a diversidade de áreas motivacionais de pesquisa e as teorizações que fundamentam os direitos supracitados.

Segundo a Declaração dos Direitos Humanos, todo homem é livre. É próprio do homem conquistar sua liberdade. Isso é fundamental; afinal, no atual sistema, é possível dizer que o homem tem dignidade? Que o homem tem valor? Que o homem ainda é importante?

Nesta revisão do artigo, verificou-se que é possível produzir um diálogo entre o direito e a saúde mental. Parte-se de um modelo diferente do que se conhece, ou seja, o modelo que não pretende dizer as verdades absolutas, que tem com a vida uma relação de amor, que permita brincar com o mundo e o sujeito, que permita ser quase sujeito e quase mundo, um mundo calcado no frágil e no vital. Um mundo amoroso e também estratégico e político, porque sabe que cada opção sua é, em última instância, não uma construção de verdade, mas uma escolha.

O enfoque desta reflexão centraliza-se, portanto, nos direitos humanos, que devem ser direcionados para a garantia da dignidade e da proteção do indivíduo, sendo necessário identificar os diversos níveis dos instrumentos jurídicos para respaldar o estado democrático de direito na promoção da defesa da saúde mental.

EVOLUÇÃO HISTÓRICA CULTURAL

De Erasmo à Foucault: do Renascimento ao Humanismo

Erasmo de Roterdã, grande humanista do século XVI, foi um dos filósofos mais importantes do Renascimento, por expressar um dos ideais renascentistas: a dignidade do ser humano. Isso se deveu principalmente à publicação de seu livro *Elogio à loucura*. No tempo em que Erasmo viveu, o mundo assistiu a profundas transformações no campo da política, da economia, das artes e das ciências. O Renascimento ocorreu, nos séculos XV e XVI, com a retomada dos valores da cultura clássica (representada por autores gregos e latinos), como a autonomia de pensamento e o uso individual da razão, em oposição aos valores medievais, como o domínio da fé e a autoridade da Igreja. A palavra passou a indicar não mais um movimento do homem em direção a Deus, mas uma formação de valores dos humanos.

Para realizar seu intento de produzir uma obra ao mesmo tempo literária e filosófica, Erasmo valeu-se de um recurso interessante: a palavra à própria loucura, transformando-a em autora da obra. *Elogio à loucura* é um dos documentos mais representativos do Renascimento.

Em sua obra, Erasmo ainda aponta as diferenças entre o sábio e o homem comum. O sábio é arrogante e julga-se autossuficiente, tem coração duro e é avesso a qualquer sentimento natural, ao amor e à piedade. O homem comum sabe agradar seus semelhantes, é estimado por todos, conhece os prazeres da mesa, é amável e simpático com seus amigos. Nada do que é humano é estranho ao homem comum. Para ele, os nobres sentem-se lisonjeados com um título de nobreza, mas não são diferentes das pessoas comuns.

Michel Foucault, em *História da loucura*,[22] ao fazer uma breve construção sobre a história da loucura desde a época do Renascimento até o século XIX, analisou a mudança na representação do conceito de loucura, inicialmente compreendida como uma experiência cósmica e trágica, que posteriormente se transformou em uma reflexão puramente crítica e racional. Essa visão reflete na organização social e a internação é uma forma de o Estado isolar o que reconhece como marginal, insensato e obstáculo da ordem, para salvaguardar a "razão e a moralidade".

Ainda segundo Foucault, o apartamento entre razão e loucura, no plano filosófico, acompanha-se da exclusão social da loucura (e de seus assemelhados), e, no plano cultural, inicia o movimento chamado de "a grande internação". Esse movimento tornou evidente que o pensamento da época considerava que os pobres, os desempregados, os delinquentes e os insanos constituíam "erro da razão", faziam mau uso da liberdade e da vontade, justificando-se, assim, a adoção de "medidas preventivas" e "coercitivas", a fim de proteger a sociedade de seus "inimigos perigosos", a estrutura econômica, a nova ordem social que se estabelecia e, principalmente, a nova ideologia do trabalho. Assim, no século XVI, difundiu-se a aplicação de medidas de correção a vagabundos e mendigos sob a forma de prisão em casas de trabalhos, segundo Prado (2005).

Em 1532, o Parlamento de Paris mandou prender os mendigos e obrigou-lhes a trabalhar nos esgotos da cidade. Em 1606, o Parlamento decidiu que os mendigos de Paris fossem chicoteados em praça pública, marcados nos ombros, tendo a cabeça raspada e sendo expulsos da cidade. Para impedi-los de voltar, colocaram arqueiros nas portas da muralha da cidade (Foucault, 1999).

O Decreto de 1656 fundou o Hospital-geral de Paris, considerado o maior símbolo da estrutura do movimento de internamento. Sua criação representou uma solução nova de cunho assistencialista. Ali eram recolhidos, alojados e alimentados todos aqueles que se apresentavam espontaneamente e também os que eram encaminhados pela autoridade real ou judiciária. Entre os internados e a sociedade, estabeleceu-se um sistema implícito de obrigações.

No fim do século XVIII, ocorreu outra transformação, quando se produziu a patologização da loucura, ou seja, o reconhecimento da doença mental, ingressando o médico no asilo com funções terapêuticas. Roberto Castel, em seu livro *A ordem psiquiátrica: a idade de ouro do alienismo* (1979), demonstrou, assim como Foucault, que a internação como recurso de ordem social foi praticada anteriormente ao desenvolvimento da psiquiatria.

Até meados do século XVIII, a prática das internações hospitalares era de responsabilidade de grupos religiosos, como medida de caridade e benevolência. No caso da internação de uma pessoa doente, a função da internação não era promover a cura, mas prestar assistência material e espiritual até o momento da morte.

A presença do médico no hospital deu início a um processo científico, permitindo que um determinado conhecimento organizasse o ambiente para controlar e qualificar a observação. Assim, as doenças foram sendo isoladas e observadas minuciosamente em seu desenvolvimento, possibilitando todo um saber sobre elas.[18]

Em décadas mais recentes, muitos países implementaram a Reforma Psiquiátrica como Psiquiatria Democrática (Itália), Comunidade Terapêutica (Inglaterra), Psiquiatria de Setor (França) e Psiquiatria Comunitária (Estados Unidos). Birman (1992) relata que, apesar das tentativas de ruptura com o modelo alienista, os movimentos de reforma psiquiátrica e as novas concepções existentes nesse campo não produziram outro lugar social para a loucura, permanecendo como figura central a noção de enfermidade e o hospital psiquiátrico como lugar central de tratamento.

Segundo Amarante (2004), a experiência italiana demonstrou que não era preciso apenas reformar o modelo de tratamento, humanizando o hospital ou oferecendo o tratamento na comunidade a partir da criação de serviços pós-alta, mas também romper epistemologicamente com o modelo psiquiátrico anterior. A principal questão era o reconhecimento de um processo permanente de exclusão, no qual a discussão deveria pautar-se na condição de cidadania do sujeito denominado louco. Por esse motivo, tal experiência ficou conhecida como Psiquiatria Democrática Italiana.

A experiência italiana demonstrou a possibilidade real de transformações quanto ao modo de lidar com a loucura por meio de:

- transformação dos recursos assistenciais;
- transformação do reconhecimento social;
- transformação da inserção social.

Vale ressaltar o pensamento do filósofo Emmanuel Carneiro Leão,[28] professor da Universidade Federal do Rio de Janeiro, sobre a evolução histórica cultural pela qual passam os homens atualmente, chamando atenção para o fato de que a abordagem que está em jogo é a ética e os direitos humanos. Segundo ele, essa parece ser a questão do próprio questionamento do desafio da ética nos dias atuais, questionada em sua dinâmica de possibilidades dentro da nova realidade.

Assim, procura-se dar alguma consistência ao que chamou de "ética" nos dias de hoje, no contexto da ética na política pública de saúde mental no Brasil, que promove os direitos dos portadores de transtorno mental (Lei 10.216 de 2001). Para a explicitação de pelo menos um entendimento possível disso, que se está chamando de direito à dignidade, faz-se necessário que tais direitos sejam delineados e identificados. Segundo Emmanuel Carneiro Leão, ética é "o conjunto de padrões, ou seja, o conjunto de princípios, de fundamentos lógicos, de eficiência e de eficácia que produz e preenche todos os espaços do comportamento comunitário e, em singular e individual, dos homens".

Para que seja desenhada a experiência de maneira acentuada e atual, segundo Carneiro Leão, não há princípio que segure e sustente, em determinada ordem, em determinado padrão, a experiência. Em plena mudança de milênio, de século, tem-se transformação na atitude ética, na atitude diante dos conteúdos. O que se coloca em questão é a própria consciência, ou seja, do que ela se ocupou no desenvolvimento e na organização do comportamento social, histórico, individual e cultural do Ocidente.

A pergunta que o autor faz é: será possível repensar a eficácia da ética na civilização contemporânea reconsiderando as subjetividades em emergência? Afirma, ainda, que se tem, assim, transformação da experiência que, ao mesmo tempo em que questiona a consciência, desloca o primado dela para a tecnologia. Questiona: qual será mesmo a dinâmica que a experiência conjuga? "Conjuga qualquer verbo", enfatiza o professor, afirmando ser esta a grande artimanha da consciência. Ensina que os três verbos (amparar, orientar, aconselhar) são os que, na história do Ocidente, constituíram o princípio de organização de qualquer ética. Informa que a ética de Aristóteles e a ética cristã são montadas nesses três verbos. Toda ética tem como missão amparar a experiência, o comportamento do grupo, da comunidade e do indivíduo. E toda e qualquer ética é aconselhamento. Diz: "Aristóteles aconselha".

O mundo mudou muito ao longo do século XX. Não é mais apenas uma coleção de países agrários ou industrializados, pobres ou ricos, colônias ou metrópoles, dependentes ou dominantes, arcaicos ou modernos. Percebe-se que, aos poucos, todas as esferas da vida social, coletiva e individual, são alcançadas pela globalização. Por isso, todas as preocupações dimensionam-se no século XXI, para o estudo da técnica e da ética entre o fazer e o saber. Enfim, defender os direitos humanos.

CONTEXTO DA SAÚDE MENTAL NO BRASIL

Segundo Otávio Azevedo Mercadante (2002), no livro *Caminhos das Políticas Públicas e do Sistema de Saúde no Brasil*:

> Em 1990, realizou-se a Conferência de Caracas, sob a égide da Organização Pan-Americana (OPAS), da qual resultou a Declaração de Caracas. Este documento, do qual o Brasil é signatário, aponta para a substituição do modelo então vigente por outro de base comunitária. A partir das críticas que se vinham acumulando e, notadamente, após a realização desta Conferência, o sistema de saúde brasileiro, em sintonia com as transformações em curso internacionalmente, deu início ao processo de reestruturação de sua assistência psiquiátrica, sob a coordenação do Ministério da Saúde, e com substancial apoio da OPAS, apresentando extraordinário desenvolvimento nesta última década.
>
> Nesse período, criaram-se normas objetivas de qualificação dos serviços de internação psiquiátrica, bem como um dispositivo eficaz de fiscalização dos mesmos, o que permitiu que fosse retirado do sistema, sem acarretar redução da assistência, um grande número de leitos inadequados às exigências mínimas de qualidade assistencial e de respeito aos direitos humanos e de cidadania dos portadores de transtornos mentais.
>
> Concomitantemente, e seguindo-se a lógica de descentralização do SUS, foi sendo estimulada a constituição de redes de atenção psicossocial de base comunitária, substitutivas ao modelo

centrado na internação hospitalar, resultando na implantação gradativa de uma rede diversificada de serviços de atenção diária, que já ultrapassam a casa das três centenas em 2002.

Assim, no Brasil, como nos demais países ocidentais, a assistência psiquiátrica se desenvolveu com base na construção de hospitais psiquiátricos. De acordo com Resende (1990), a exclusão era a tendência central da assistência psiquiátrica brasileira, bem como o destino do doente mental seguia o dos marginalizados de toda natureza.

O movimento de reforma psiquiátrica brasileira iniciou-se na década de 1970, baseado no modelo italiano. Essa reforma provocou, fundamentalmente, uma nova concepção quanto aos transtornos mentais, estimulando o respeito às diferenças e a elaboração do conceito de cidadania. As políticas de saúde no Brasil, entre 1980 e 1990, tiveram seu desenvolvimento contextualizado em uma profunda crise econômica que, apesar de coincidir com o processo de redemocratização do país, não garantiu à sociedade o direito à cidadania. Nesse cenário, foram gerados os princípios da Reforma Psiquiátrica Brasileira, sendo algumas contribuições de grande relevância política, como as Conferências Nacionais de Saúde Mental, as intervenções dos órgãos públicos e privados e os movimentos sociais de profissionais de saúde mental, bem como os de usuários dos serviços de saúde mental e seus familiares.

O grupo de profissionais de saúde mental que liderou o movimento da reforma psiquiátrica denunciou os abusos e as injustiças geradas pelas políticas de saúde manicomial discricionárias, principalmente no que se refere à liberdade das pessoas portadoras de transtorno mental. O Movimento dos Trabalhadores de Saúde Mental representou a mudança da cultura de exclusão existente no imaginário da sociedade e do modelo assistencial asilar.

O movimento pela reforma psiquiátrica brasileira denunciou o descaso pelo doente mental. O Projeto de Lei n. 3657/89, de autoria do Deputado Paulo Delgado, foi alvo de graves críticas e sua discussão no Congresso Nacional permaneceu por aproximadamente 12 anos. Esse projeto representou um marco histórico na mobilização dos movimentos dos trabalhadores de saúde mental e do movimento antimanicomial.

A II Conferência Nacional de Saúde Mental direcionou sua política, a partir de 1992, para a reforma psiquiátrica brasileira, com o objetivo de reverter o modelo hospitalocêntrico, baseado na exclusão social. O caminho para substituição do hospital psiquiátrico passou a ser assumido como política nacional pelo próprio Ministério da Saúde. Essa política foi apoiada por um movimento social que reunia gestores, técnicos, familiares, usuários, parlamentares e organizações das categorias profissionais. Para Amarante (1995), esse processo foi influenciado pelas experiências internacionais de reformas anteriores, que levaram ao questionamento da psiquiatria clássica tanto do ponto de vista teórico quanto de sua prática, decorrendo principalmente do fato de a mudança no seu objeto deixar de ser somente o tratamento da doença mental e passar a incluir a promoção da saúde mental.

A reforma psiquiátrica conquistou o apoio da opinião pública e provocou a conscientização da inadequação do modelo manicomial, o que facilitou o crescimento de serviços como os Núcleos de Assistência Psicossocial (Naps), os Centros de Atenção Psicossocial (Caps) e os hospitais-dia, além das vistorias e denúncias das instituições hospitalares. Giordano Jr. e Pereira afirmam que o surgimento de um novo modelo de assistência para saúde mental se deu a partir da confluência de três fatores: a crítica ao hospital, a falência do modelo previdenciário e a ação supletiva da saúde pública na assistência psiquiátrica, incluindo os conceitos que orientaram a compreensão de doença mental que veio a seguir o processo saúde-doença, entendido em sua dimensão integral, isto é, o todo biopsicossocial e a história natural da doença.

Foi esse contexto da saúde pública que se verificou no Brasil: partiu de um movimento crescente em direção à reformulação assistencial, otimizando a organização, ao menos em termos de propostas oficiais, equipamentos e equipes instaladas.

IMPACTO DA SAÚDE MENTAL NOS HOSPITAIS DE CUSTÓDIA E TRATAMENTO PSIQUIÁTRICO

Vale destacar outro problema com impacto importante relacionado à interface dos direitos humanos e da saúde mental que se encontra nos hospitais de custódia e tratamento psiquiátrico do Sistema Penitenciário do Brasil, uma das maiores violações dos direitos humanos. Tal situação foi recentemente noticiada pela Agência de Notícias do Conselho Nacional de Justiça por Regina Bandeira, em 5 de dezembro de 2011. Trata-se do "Programa de Assistência aos Presos visita manicômio no Paraná":

> Um esforço conjunto de vários profissionais da Justiça e da saúde viabilizou o levantamento de medidas de segurança de 54 pacientes judiciários internados no Complexo Médico Penal do Paraná, em Pinhais-PA. Foi a primeira vez que o Programa Justiça no Bairro – que presta assistência aos presos e familiares – visitou o antigo manicômio judiciário. Determinada pelo Tribunal de Justiça do Paraná (TJPR), a visita está de acordo com a Recomendação n. 35 do Conselho Nacional de Justiça (CNJ), que incentiva a adoção da política antimanicomial pelo Poder Judiciário. Impressionada com o que constatou no hospital, que considerou "um depósito humano", a desembargadora Joeci Camargo, coordenadora do programa, afirmou que entre os 420 pacientes internados no local por transtornos mentais, existem pessoas internadas há mais de 30 anos sem contato algum com a família de origem. Ao todo, o hospital atende cerca de 700 detentos do sistema penal do Estado: destes, 380 são presos comuns recebendo tratamento de saúde. Vínculo – "Apesar de os peritos médicos-psiquiatras terem considerados aptos a viver em liberdade 54 pacientes judiciários, apenas seis voltaram para suas antigas casas. Eles obtiveram liberdade, mas perderam o vínculo com suas famílias e como não têm para onde ir, terão de ser mantidos, por enquanto , na Casa de Passagem (construída no antigo refeitório do manicômio) até que possam ser transferidos para outro local", explicou o Juiz Moacir Antônio Dela Costa, da 1ª Vara de Execução Penal (VEP), que conduziu o levantamento das medidas. O coordenador do departamento de Monitoramento e Fiscalização do Sistema Carcerário (DMF), Luciano Losekann, elogiou a iniciativa do Tribunal de Justiça do Paraná. "Isso é o ideal: que cada Estado realize seus próprios mutirões, imprimindo regularidade ao funcionamento da justiça criminal. Quando constatarem a necessidade, os tribunais não devem ficar no aguardo da visita do Conselho. Sem contar que é fundamental os juízes criminais conhecerem a realidade sobre a qual trabalham", disse. Benefícios – além da avaliação clínica dos pacientes, o programa contou com uma equipe do Instituto Nacional de Seguro

Social (INSS), parceira no Programa, destacada para analisar a possibilidade de concessão de benefício previdenciário (de até um salário mínimo) aos portadores de transtorno mental.

CONSTITUIÇÃO BRASILEIRA DE 1988: INSTITUCIONALIZAÇÃO DOS DIREITOS FUNDAMENTAIS

Segundo Flávia Piovesan (1997), o primeiro impacto do fato de o Direito interno brasileiro, em particular a Constituição Federal de 1988, conter inúmeros dispositivos que reproduzem fielmente enunciados constantes dos tratados internacionais de direitos humanos é observado no ângulo estritamente jurídico. Destaca como primeira referência o disposto no Art. 5º, Inciso III, da Constituição de 1988, que, ao prever que "ninguém será submetido à tortura, nem a tratamento cruel, desumano ou degradante", reproduz literalmente o disposto no Art. V da Declaração Universal de 1948, no Art. 7º do Pacto Internacional dos Direitos Civis e Políticos e no Art. 5º (2) da Convenção Americana. Segundo a autora, a reprodução de disposições de tratados internacionais de direitos humanos na ordem jurídica brasileira não apenas reflete o fato de o legislador nacional buscar orientação e inspiração nesse instrumental, como revela a preocupação do legislador em equacionar o direito interno de modo que se ajuste, com harmonia e consonância, às obrigações internacionalmente assumidas pelo Estado brasileiro. Em síntese, essas considerações têm o fito de revelar o quão intenso é o impacto dos direitos humanos na ordem jurídica nacional.

Resta destacar o papel do Ministério Público (MP) como "instituição permanente, essencial à função jurisdicional do Estado, incumbindo-lhe a defesa da ordem jurídica, do regime democrático e dos interesses sociais e individuais indisponíveis". O MP é um órgão com atribuições das mais diversificadas e, de acordo com a Constituição Federal (Arts. 127 a 129, caput) e com a Lei Orgânica n. 75/93, no seu Art. 5º, Inciso V, letra a, não pode se eximir de sua nova atribuição. Esse órgão deve zelar pelo efetivo respeito dos Poderes Públicos da União e dos serviços de relevância pública quanto aos direitos assegurados na Constituição Federal relativos às ações e aos serviços de saúde. Como agente do Poder Público, deve promover a tutela dos Direitos Humanos e da cidadania, intervindo em defesa dos direitos fundamentais.

A Constituição estabeleceu o MP como órgão autônomo de efetivação dos direitos do cidadão e, por essa razão, é independente dos Poderes Legislativo, Executivo e Judiciário. Essa condição de independência e autonomia é importante na medida em que fazem parte das tarefas do MP tanto a fiscalização das ações e das omissões que ferem os direitos constitucionais pelos poderes públicos como a atuação para garantir tais direitos. Trata-se, pois, de um órgão que congrega interesses sociais, cabendo a ele a defesa da sociedade pela promoção e pelo controle da execução e aplicação do Direito no objetivo da realização da justiça.

Na área da saúde mental, a atuação do MP era tradicionalmente direcionada aos processos de interdição, realizando a fiscalização do processo e do curador e promovendo a interdição. A partir da Constituição Federal de 1988 e da Lei n. 10.216/2001, a atuação do MP foi ampliada por meio de determinação da comunicação quanto à internação psiquiátrica involuntária para esse órgão.

O texto constitucional determina que, para a pessoa ser privada de sua liberdade ou de seus bens, é preciso haver o devido processo legal. A princípio, quando uma internação psiquiátrica involuntária é realizada, a pessoa é privada de sua liberdade, o que poderia ser considerado um crime, uma desobediência à Constituição. Entretanto, existem outros direitos essenciais também presentes na Constituição Federal, como o direito à vida, à saúde e à dignidade.

Na Constituição Federal, os Arts. 196 a 198, Incisos I, II e III, estabelecem como diretrizes do Sistema Único de Saúde (SUS) a descentralização, o atendimento integral e a participação da comunidade. O caput do dispositivo registra os princípios explicitados na Lei Orgânica de Saúde (Lei n. 8.080/90), como a igualdade da assistência à saúde, sem preconceitos de qualquer espécie. Isso resulta da interpretação do Art. 196 da Constituição Federal e do Art. 7º da Lei n. 8.080/90 (Lei Orgânica de Saúde), que dispõe sobre as condições para a promoção, a proteção e a recuperação da saúde, assim como a organização e o funcionamento dos serviços correspondentes, estabelecendo mecanismos para a operacionalização das disposições constitucionais nas esferas federal, estadual e municipal do governo brasileiro.

O MP, com o advento das Leis n. 7.347/85 e n. 7.853/89, tomou a iniciativa de intervir em processos cíveis na defesa de interesses das pessoas portadoras de deficiência. Os mesmos princípios foram aplicados com a promulgação da Lei n. 10.216/2001, que promove a proteção dos direitos dos portadores de transtornos mentais e redireciona a assistência psiquiátrica. O advento dessa Lei n. 10.216/2001 obriga os operadores do Direito, em geral, e o MP brasileiro, em particular, a reverem a concepção sobre o tratamento reservado pelo Direito para o portador de transtorno mental, sua pessoa, sua cidadania e todos os seus direitos, que mesmo após o advento da Reforma Psiquiátrica ficaram relegados a plano secundário. As práticas jurídicas anteriores à Reforma Psiquiátrica retratavam a negação dos direitos mínimos ao portador de transtorno mental. O foco era centralizado na interdição e na curatela que envolvia atos da vida civil do interditando, sobretudo a proteção do patrimônio do interdito e as medidas de segurança, que visam à defesa social sob o fundamento da periculosidade (Código Civil e Código Penal, Lei de Execução Penal). Pode-se, com isso, dizer que o portador de transtorno mental era visto como objeto e não como sujeito de direito. Na esfera da propositura da ação civil pública, podem ser ajuizadas medidas judiciais relacionadas, entre outras, à saúde, à educação e aos transportes para os deficientes.

Para a concretização dos direitos dos povos, surge como grande desafio a interpretação do Direito como instrumento fundamental no processo das transformações sociais, que viabilizam o pleno exercício dos direitos individuais, coletivos, sociais e políticos.

DIREITOS HUMANOS E DIREITO À SAÚDE

A partir da Constituição da República de 1988, a saúde foi inserida no texto constitucional demonstrando sua relevância como direito fundamental. O Art.196 da Carta Magna preceitua ser a saúde um direito e dever do Estado. Diante disso, traçaram-se o desenvolvimento e a aplicabilidade da assistência à saúde, pretendendo-se demonstrar a efetividade da saúde mental como direito do homem em qualquer situação de vida.

Art. 196 da CF: A saúde é direito de todos e dever do Estado, garantido mediante políticas sociais e econômicas que visem à redução de risco de doença e de outros agravos e ao acesso universal e igualitário às ações e serviços para sua promoção, proteção e recuperação.

O direito à saúde alcançou no Brasil consideráveis conquistas quanto ao cumprimento das garantias contidas na Constituição da República. O referido direito compreende um amplo e complexo conjunto de temas que se inter-relacionam. A partir desse reconhecimento, percebeu-se a necessidade de ampliar e estimular a colocação do tema "saúde" no universo jurídico. De igual modo, surgiu, a proteção da saúde mental no Brasil. Com essa proteção na Carta Política, a Lei Federal 10.216/2001 estabeleceu as linhas mestra da política sanitária nacional.

Segundo Álvaro Nagib Atallah (2010), na saúde mental, nenhum tratamento pode estar associado a respostas extremamente diferentes; a associação de drogas não é rara e leva a um maior risco de interações medicamentosas e efeitos adversos. Ele enfatiza que o aumento da prevalência dos transtornos mentais e neuropsiquiátricos nos próximos anos será exigido dos profissionais da saúde, assim como, de modo mais categórico, a tomada de decisão baseada nas melhores evidências disponíveis, considerando a condição de atendimento, a experiência profissional e a opinião do paciente.

Paulo César Zambroni-de-Souza contribui com relevante estudo, pois trata do trabalho na vida dos seres humanos, especialmente aqueles acometidos por transtornos mentais graves. Objetiva ampliar a compreensão do que é o trabalho, mostrando que este vai muito além daquilo que se realiza no mercado. Com essa abordagem, busca contribuir para a crítica e a transformação da ideia de que o ser humano deve construir sua própria saúde. Para isso, o ser humano precisa enfrentar as tentativas de imposições do meio em que está inserido em um dado momento; assim, ao colocar-se em situação de trabalho, a pessoa com transtorno mental grave desenvolve a capacidade de negociar com os elementos que o meio ambiente e o meio laborativo apresentam. Conclui que, ao colocar-se em situação de trabalho, a pessoa com transtorno mental grave desenvolve a capacidade de negociar com aquelas de imposição, construindo assim sua saúde e abandonando uma imagem social e pessoal de incapaz.

Assim, entende que o trabalho de pessoas com transtorno mental grave é algo a ser mais bem explorado pela psicologia, tanto quando esta se aproxima da reforma do campo da política de saúde contextualizada na reforma psiquiátrica quanto no momento em que essa política, além da de reorientar a assistência psiquiátrica, defende os direitos e a cidadania de pessoas com transtorno mental.

No Brasil, aos poucos, tem-se avançado para a necessidade de operacionalizar a saúde mental como direito humano. Nesse aspecto, cumpre acentuar que o acesso a tecnologias de saúde na literatura médica e psicológica resulta em estudos selecionados sistematicamente em busca das melhores evidências científicas nos tratamentos em saúde mental. O conhecimento desse universo científico encontra-se na obra intitulada *Psicologia baseada em evidências*, organizada por Álvaro Nagib Atallah e Tamara Melnik,[32] professores pesquisadores da Universidade Federal de São Paulo (Unifesp).

No trabalho supracitado, Raquel Riera informa que a prevalência mundial de pessoas que sofrem de transtornos mentais chega a 450 milhões, e a estimativa é de que uma em cada quatro pessoas será afetada por um transtorno mental em alguma fase da vida. Portanto, este deve ser um dos pontos de preocupação do Direito na contemporaneidade em prol da garantia da saúde mental dos indivíduos, razão pela qual se faz necessário o reconhecimento da interdisciplinaridade para que se estabeleça um diálogo entre direito e saúde.

No dia 10 de outubro de 2001, foi amplamente comemorado o Dia Mundial da Saúde Mental. Nessa data, a Organização Mundial da Saúde (OMS) cobrou mais investimentos em serviços de prevenção e no tratamento de doenças mentais, neurológicas e de distúrbios associados ao uso de drogas e outras substâncias. De acordo com o órgão, a falta de recursos financeiros e de profissionais capacitados é ainda mais grave em países de baixa e média renda – a maioria deles destina menos de 2% do orçamento para a área de saúde mental.

Outro alerta é que muitos países contam com menos de um especialista em saúde mental para cada milhão de habitantes, enquanto uma parte considerável de recursos alocados no setor são destinados apenas a hospitais psiquiátricos, e não a serviços oferecidos, por exemplo, na saúde primária. "Precisamos aumentar o investimento em saúde mental e destinar os recursos disponíveis para formas mais eficazes e mais humanitárias de serviços", reforçou a OMS. A estimativa é de que mais de 450 milhões de pessoas sofram de distúrbios mentais em todo o mundo.

Em 2011, em Brasília, durante a reunião do Conselho Nacional de Saúde (CNS), o Ministro da Saúde, Alexandre Padilha, destacou os avanços obtidos no Brasil por meio da reforma psiquiátrica, instituída por lei em 2001. Segundo ele, a quantidade de procedimentos ambulatoriais em saúde mental passou de 423 mil, em 2002, para 21 milhões, no ano de 2010.

O aviso da Organização Mundial da Saúde (OMS) vai ao encontro do alerta do pesquisador da ENSP e presidente Nacional da Associação Brasileira de Saúde Mental (Abrasme), Paulo Amarante, que aponta um retrocesso no financiamento e a preocupação com um tema que deve ser inserido com urgência no campo da saúde mental: o crack. Justificado na questão do crack e do credenciamento do SUS de comunidades terapêuticas para tratamento aos usuários da droga, o pesquisador argumenta que essas comunidades não são instituições de saúde, não cumprem com certos requisitos da Anvisa e não possuem rotina e procedimentos médicos adequados. Outra preocupação apontada está relacionada à internação compulsória de usuários de droga, que fere os direitos humanos, além dos princípios da reforma psiquiátrica e o Estatuto da Criança e do Adolescente. Ele afirma que há uma proposta revolucionária de cuidado com o usuário, razão pela qual deve questionar o porquê de os recursos estarem voltados para as comunidades terapêuticas enquanto existem experiências exitosas nos CAPs-AD. Afirma também que eles são raros no Brasil, mas que possuem experiências bem-sucedidas nas cidades de Salvador, Vitória, Santo André e São Bernardo, e informa que a ENSP já realizou um Centro de Estudos sobre o tema em maio de 2011 e que a instituição promoverá mais debates sobre o *crack*.

GARANTIA DOS DIREITOS HUMANOS EM SAÚDE MENTAL

Por ser um problema que envolve os direitos humanos, torna-se importante destacar os instrumentos jurídicos de garantia de direitos. O primeiro é a Convenção Americana sobre Direitos Humanos, que foi aprovada na Conferência de Costa Rica em 22 de novembro de 1969, cujo texto o Brasil aderiu em 25 de setembro de 1992 (Decreto de Promulgação 678, de 6 de novembro de 1992). Ressalta-se aqui, mais uma vez, o trabalho de Flávia Piovesan (1997) acerca dos direitos humanos e o Direito Constitucional Internacional, que destaca o impacto jurídico dos Tratados Internacionais de Direitos Humanos no Direito interno brasileiro.

> Um segundo impacto decorrente da incorporação do Direito Internacional dos Direitos Humanos pelo Direito Interno resulta no alargamento do universo de direitos nacionalmente garantidos. Com efeito, os tratados internacionais de direitos humanos reforçam a carta de direitos prevista constitucionalmente, inovando-a, integrando-a e completando-a com a inclusão de novos direitos.
> A partir de instrumentos internacionais ratificados pelo Estado brasileiro, é possível elencar inúmeros direitos que, embora não previstos no âmbito nacional, encontram-se enunciados nestes tratados e, assim, passam a se incorporar ao Direito brasileiro.

A posição de Augusto Cançado Trindade (1992) é de que, no campo de proteção, não se trata de primazia do direito internacional ou do direito interno. Afirma o autor referido:

> [...] que a primazia que se deve ter é a de que, no presente domínio das normas, aquela que seja uma norma de direito internacional ou de direito interno cumpre ressaltar que a mais importante é a de que a proteção dos direitos humanos interagem o Direito Internacional e o Direito Interno movidos pelas mesmas necessidades de proteção, prevalecendo as normas que melhor protejam o ser humano, tendo em vista que a primazia é da pessoa humana.

Assim, informa que os direitos internacionais constantes dos tratados de direitos humanos apenas vêm a aprimorar e fortalecer, nunca a restringir ou debilitar, o grau de proteção dos direitos consagrados no plano normativo constitucional. Por sua vez, a Constituição Brasileira de 1988 consagra o princípio da humanidade (Art. 1°, III), necessário em uma sociedade democrática, ao interesse da segurança jurídica, para proteger os direitos e as liberdades alheias.

O advento da Lei 10.216/2001 obriga os profissionais do direito em geral a reverem toda a concepção acerca da prática jurídica reservada ao portador de transtorno mental, sua pessoa, sua cidadania e todos os direitos dela advindos, os quais, mesmo após o advento da Reforma Psiquiátrica, ficam relegados a plano secundário. Vale dizer que o centro das atenções desse tema era somente a interdição e a curatela, que envolvem os atos da vida civil do interditando, sobretudo, a proteção do patrimônio.

Apesar de a Constituição Federal de 1988 determinar que o respeito à pessoa humana deve ser a principal conduta das autoridades e dos cidadãos, a grande maioria da população continua abandonada e privada dos seus direitos fundamentais. Reputou-se imprescindível, para uma melhor compreensão do objeto, um exame da evolução dos direitos humanos em minuciosa síntese, em uma perspectiva relacionada à proteção dos direitos do portador de transtorno mental. Por outro lado, atingir esse escopo passa pela construção de condições de possibilidades de uma análise multi/interdisciplinar sobre o tema proposto.

"Direitos humanos" refere-se à nomenclatura radicada em instrumentos internacionais e nacionais, vinculados às posições jurídicas outorgadas ao indivíduo. A expressão é corretamente empregada ao valorizar os direitos contemplados em tratados, protocolos, pactos, convenções e outros instrumentos internacionais e nacionais referentes ao homem. Os "direitos fundamentais" guardam uma identificação com os direitos relacionados à pessoa humana, garantidos positivamente pela ordem constitucional de determinado Estado. Portanto, não detêm caráter internacional, como os direitos humanos.

As declarações contêm a evolução histórica dos conceitos sobre os Direitos Humanos. Os documentos com maior repercussão foram a Declaração de Independência dos Estados Unidos (1776) e a Declaração dos Direitos do Homem e do Cidadão (1789), que se convertem no grande avanço para uma nova etapa histórica dos Direitos Humanos. Congregam a igualdade de todos os homens perante a Lei, dando condições aos direitos naturais e imprescindíveis com a proclamação de liberdade, propriedade, segurança e resistência à opressão. Segundo Fábio Comparato (2000):

> A Declaração de Virgínia possui importância histórica fundamental. Refere-se ao primeiro documento político que reconhece a legitimidade da soberania popular, a existência de direitos inerentes a todo o ser humano, independentemente das diferenças de sexo, religião, posição social. A proclamação da legitimação democrática, com respeito aos direitos humanos somente veio ocorrer, efetivamente, com a Revolução Francesa, em 1789.

O mundo contemporâneo evoluiu a tal ponto que, no direito comparado, os princípios e as garantias fundamentais colocam no eixo do sistema jurídico a tutela do indivíduo. Portanto, a ideia dessa proteção, discutida agora no Brasil, visando à possibilidade de reinserção social e ao exercício da cidadania, não é recente. Com as formas conceituais colocadas, verifica-se que a saúde mental deve ser tratada como a vinculação dos direitos humanos aos direitos fundamentais, recebendo a chancela da comunidade internacional que mantém um processo histórico de conquistas e reivindicações nas esferas tanto social como econômica.

A convergência da saúde mental com os princípios que intitulam os direitos fundamentais é evidente, sendo indispensável à dignidade do homem. Os Direitos Humanos estão diretamente relacionados à evolução histórica e cultural. O primeiro direito a ser garantido é o da acessibilidade. Muitas pessoas que sofrem de graves problemas mentais permanecem abandonadas, sendo vistas somente quando alguma situação trágica se apresenta em suas vidas.

A promulgação da Lei n. 10.216/2001 coloca o tema dos direitos no centro do debate da reforma psiquiátrica e deve ser vista como um poderoso instrumento para a conquista da cidadania do portador de transtorno mental. O germe da ideia de cidadania está em compartilhar uma cidade convivendo com outros cidadãos em busca do bem comum, com direitos e deveres.

É preciso analisar a inserção do portador de transtorno mental na sociedade sob o prisma dos Direitos Fundamentais. A partir da Constituição conhecida como Constituição Cidadã, não se pode mais permanecer fora dos processos de transformações sociais da comunidade para garantir os direitos, especialmente dos mais frágeis, como os portadores de transtornos mentais, o que inclui o direito de não ser submetido a maus-tratos e violações dos direitos mínimos.

Conforme a Constituição Federal, no Título I, os Princípios Fundamentais da República Federativa do Brasil são:

> Art. 1º A República Federativa do Brasil, formada pela união indissolúvel dos Estados e Municípios e do Distrito Federal, constitui-se em Estado Democrático de Direito e tem como fundamentos:
> I – a soberania;
> II – a cidadania;
> III – a dignidade da pessoa;
> IV – os valores sociais do trabalho e da livre iniciativa;
> V– o pluralismo político.
> [...]
>
> Art. 3º Constituem objetivos fundamentais da República Federativa do Brasil:
> I – construir uma sociedade livre, justa e solidária;
> II – garantir o desenvolvimento nacional;
> III – erradicar a pobreza e a marginalização e reduzir as desigualdades sociais e regionais;
> IV – promover o bem de todos, sem preconceitos de origem, raça, sexo, cor, idade e quaisquer outras formas de discriminação.

Os Arts. 1º e 3º trazem verdadeiros comandos superiores dentro da Constituição Federal. Em alguns casos, no entanto, os princípios não vêm enunciados expressamente, de modo a facilitar sua identificação, como ocorre com os artigos citados. Esse processo exige que os operadores do Direito se adequem à evolução das normas interpretativas modernas a fim de manter o sistema ao qual se dirige estável ou com garantias constitucionais respeitadas. Vale dizer que o poder é legítimo quando concorda ou institui o seu próprio processo de legitimação. A dependência da legitimidade em relação ao ambiente social é imprescindível, sendo institucionalizadora do reconhecimento das opções obrigatórias impostas pela sociedade em juízo majoritário e consolidado e, como consequência, fazendo crédito da decisão final.

A legitimidade do Direito deve ser diferenciada ao se tratar da transformação estrutural da expectativa social por meio de estatutos jurídicos que se fazem estuário do pensamento sociojurídico em relação aos cuidados de saúde e qualidade de vida.

Instrumentos jurídicos na esfera internacional

- Declaração Universal dos Direitos do Homem (1948);
- Convenção sobre a Proteção dos Direitos Humanos e das Liberdades Fundamentais (1950);
- Pacto Internacional dos Direitos Civis e Políticos (1966);
- Pacto Internacional dos Direitos Econômicos e Culturais (1966).

Instrumentos jurídicos na esfera nacional

- Constituição da República Federativa do Brasil (1988), Arts. 1º, 3º e 5º;
- Lei n. 8.080/90 – SUS;
- Lei n. 8.142/90 – dispõe sobre a participação da comunidade na gestão do SUS;
- Lei n. 10.216/2001 – dispõe sobre a proteção e os direitos das pessoas portadoras de transtornos mentais e redireciona o modelo assistencial em saúde mental;
- Lei n. 9.867/99 – criação e funcionamento de cooperativas sociais, visando à integração social dos cidadãos;
- Lei n. 7.853/89 – apoio às pessoas portadoras de deficiência em sua integração social;
- Lei n. 10.708/2003 – institui o auxílio-reabilitação psicossocial para pacientes acometidos de transtornos mentais egressos de internações;
- Lei n. 75/93 – Lei Orgânica do Ministério Público da União;
- Lei n. 8.625/93 – Lei Orgânica Nacional do Ministério Público;
- Lei n. 7.347/85– disciplina a Ação Civil Pública.

Legislação Federal em saúde mental

- Lei n. 8.687/93 – retira da incidência do Imposto de Renda benefícios percebidos pelo deficiente mental;
- Lei n. 8.742/93 – Lei Orgânica da Assistência Social (LOAS);
- Lei n. 9.867/99 – dispõe sobre o funcionamento das Cooperativas Sociais;
- Lei n. 10.216/2001 – dispõe sobre a proteção e os direitos das pessoas portadoras de transtornos mentais e redireciona o modelo assistencial em saúde mental;
- Lei n. 10.708/2003 – institui o auxílio-reabilitação psicossocial para pacientes acometidos de transtornos mentais egressos de internações.

Após a Declaração Universal dos Direitos Humanos de 1948, com o início do desenvolvimento do Direito Internacional dos Direitos Humanos, outros instrumentos internacionais revelaram esse reconhecimento. Na Saúde Mental, tem-se como exemplo a Resolução do Conselho da União Europeia, de 18 de novembro de 1999, reconhecendo a saúde mental como parte integrante da saúde, contribuindo de forma significativa para a qualidade de vida, a inclusão social e a plena participação na vida econômica. Em reunião conjunta da OMS e da Comissão Europeia sobre o equilíbrio entre a Promoção da Saúde Mental e os Cuidados de Saúde Mental, em Bruxelas, em 22 de abril de 1999, os participantes congratularam-se com a Conferência Europeia sobre a Promoção da Saúde Mental e da Inclusão Social realizada em Tempere entre 11 e 13 de outubro de 1999. Enfatizaram a importância da saúde mental e a premência da ação como parte da estratégia comunitária para a saúde pública.

A proteção dos direitos dos portadores de transtornos mentais, por meio da legislação vigente, deve ser compreendida como uma etapa inicial do processo da inclusão efetiva desses indivíduos na sociedade brasileira. Essa conquista pode estimular as soluções que promovem a real integração dessas pessoas, o que significa organizar, planejar e financiar atividades em todos os níveis. É preciso que as políticas públicas apresentem o caráter da interdisciplinaridade.

Uma política social, com a presença de todos os segmentos da população, deve envolver instrumentos legais e normativos, garantindo o direito à acessibilidade. Os recursos da comunidade e os serviços urbanos próximos devem ser integrados, facilitando a vida cotidiana.

CONCLUSÕES

Dos avanços e retrocessos na história da herança sanitária brasileira, firmou-se constitucionalmente, em 1988, a ampliação da saúde, estando inserida em seu arcabouço a reforma psiquiátrica. As mudanças vinham ocorrendo nas políticas de saúde desde 1970, propiciando o reconhecimento dos direitos do portador de transtorno mental, além do reconhecimento da interface entre direito e saúde, garantindo ao MP espaços na saúde mental.

O novo enfoque pôs fim ao distanciamento do conhecimento da Medicina e do Direito. O fim do hospital psiquiátrico garantiu novos espaços na assistência psiquiátrica que permitissem a proteção dos direitos e o exercício de cidadania ao portador de transtorno mental.

Essa conquista foi germinada no contexto sociopolítico e sociojurídico que deu suporte às profundas modificações no ordenamento jurídico, com enfoque na capacidade de consentimento do portador de transtorno mental, ensejando novo paradigma na justiça brasileira.

Uma política social com a presença de todos os segmentos da população deve envolver instrumentos legais e normativos, garantindo o direito à acessibilidade. Além disso, os recursos da comunidade e os serviços urbanos próximos devem ser integrados, facilitando a vida cotidiana.

A saúde constitui uma das mais importantes dimensões da vida moderna. É, de fato, um direito fundamental do homem. O Estado deve prover as condições indispensáveis para se alcançar esse direito, por meio de políticas sociais e econômicas que visem à redução dos riscos de doenças, estabelecendo condições que assegurem o acesso universal e igualitário às ações e aos serviços para promoção, proteção e recuperação das saúdes individual e coletiva. A proteção à dignidade insere-se como fundamento do Estado democrático, sendo pressuposta a participação social do indivíduo, na condição de cidadão, no próprio destino desse Estado. Como objeto de proteção, entende-se qualquer pessoa, independentemente de idade, sexo, cor, condição social, autodeterminação e *status* jurídico, incluindo também o nascituro, o morto ou os grupos homogêneos minoritários.

Considera-se que a elucidação dos processos de institucionalização relacionados às questões dos Direitos Humanos articula possibilidades de conexão com responsabilidades governamentais, empresariais e sociais, que podem permitir a criação de práticas, procedimentos e técnicas de inserção social em prol de uma transformação estrutural na área humanitária de abrangência universal.

BIBLIOGRAFIA

1. Amarante P (coord.). Arquivos da loucura: Juliano Moreira e a descontinuidade histórica da psiquiatria. Rio de Janeiro: Fiocruz, 2002.
2. Amarante P (coord.). Arquivos de saúde mental e atenção psicossocial. Rio de Janeiro: Nau, 2003.
3. Amarante P (coord.). Loucura, cultura e subjetividade: conceitos, estratégias, percursos e autores da Reforma Psiquiátrica Brasileira. In: Feury S (org.). Saúde e democracia: a luta do CEBES. São Paulo: Lemos, 1997.
4. Amarante P. (coord.). Relatório final de pesquisa internações em psiquiatria: proposta de construção de observatório de cidadania e proteção dos direitos das pessoas com transtornos mentais. Rio de Janeiro: Fiocruz, 2004.
5. Amarante P (coord.). Saúde mental, políticas e instituições: programa de educação a distância. A constituição do paradigma psiquiátrico e as reformas. Rio de Janeiro: Fiotec/Fiocruz, 2003.
6. Amarante P (coord.). Saúde Mental, políticas e instituições: programa de educação a distância. Reforma Sanitária e Reforma Psiquiátrica no Brasil. v.3. Rio de Janeiro: Fiotec/Fiocruz, 2003.
7. Barroso P. Interpretação e aplicação da constituição. São Paulo: Saraiva, 1996.
8. Bastos CR. Reforma da Constituição. Revista Jurídica Consulex 2002; IV(I):47.
9. Bonavides P. Curso de Direito Constitucional. São Paulo: Malheiros, 1997.
10. Botega NJ. Censo Nacional de unidades de psiquiatria em hospitais gerais II: internações psiquiátricas em enfermarias de clínica médica. Revista ABP-APAL 1997; 19:87-90.
11. Botega NJ, Dalgalarrondo P. Saúde mental no hospital geral: espaço para o psíquico. São Paulo: Hucitec, 1993.
12. Botega NJ, Schechtman A. Censo Nacional de unidades de psiquiatria em hospitais gerais I: situação atual e tendências. Revista ABP-APAL 19:79-86.
13. Cohen C. Saúde mental, crime e justiça. São Paulo: Edusp, 1996.
14. Comparato FK. Fundamentos dos Direitos Humanos. Revista Jurídica Consulex 2000; IV(I):48.
15. Costa JF. História da psiquiatria no Brasil. Rio Comprido: Garamond, 2007.
16. Desidério E. Elogio à loucura. Porto Alegre: L&PM, 2003.
17. Desviat M. A reforma psiquiátrica. Rio de Janeiro: Fiocruz, 2002.
18. Ferreira Filho MG. Direitos humanos fundamentais. São Paulo: Saraiva, 1995.

19. Finkelman J. Caminhos da saúde pública no Brasil. Rio de Janeiro: Fiocruz, 2002.
20. Foucault M. A ordem do discurso. São Paulo: Loyola, 1996.
21. Foucault M. A verdade e as formas jurídicas. Rio de Janeiro: Nau, 2003.
22. Foucault M. História da loucura na Idade Clássica. São Paulo: Perspectiva, 1997.
23. Foucault M. Leituras da história da loucura. Trad. Maria Ignes Duqye Estrada. Rio dc Janeiro: Relume Dumará, 1992.
24. Foucault M. Microfísica do poder. Rio de Janeiro: Graal, 2000.
25. Goffman E. Manicômios, prisões e conventos. São Paulo: Perspectiva, 1999.
26. Guerra Filho WS (coord.). Dos Direitos Humanos aos Direitos Fundamentais. Porto Alegre: Livraria do Advogado, 1997.
27. Leão EC. Aprendendo a pensar. v.1. Petrópolis: Vozes, 2002.
28. Leão EC. Aprendendo a pensar. v.2. Petrópolis: Vozes, 2000.
29. Leão EC. Aprendendo a pensar na modernidade e na religião. Rio de Janeiro: Vozes, 2008.
30. Lei n. 10.216 /2001. Dispõe sobre a proteção dos direitos do portador de transtorno mental e redireciona o modelo assistencial em saúde mental.
31. Melnik T, Atallah AN. Psicologia baseada em evidências: provas científicas da efetividade da psicoterapia. São Paulo: Santos, 2011.
32. Morais A. Direito Constitucional. São Paulo: Atlas, 1997.
33. Neves AC. Humanização da medicina e seus mitos. São Paulo: Companhia Ltda., 2005.
34. Projeto de Lei 3.657 de 1989. Dispõe sobre a extinção progressiva dos manicômios e sua substituição por outros recursos assistenciais e regulamenta a internação psiquiátrica compulsória.
35. Salgado JC. Os Direitos Fundamentais. Revista Brasileira de Estudos Políticos 1996; 82.
36. Schwartz, Germano. Direito à saúde: efetivação em uma perspectiva sistêmica. Porto Alegre: Livraria do Advogado, 2001.
37. Silva JA. Curso de Direito Constitucional Positivo. São Paulo: Malheiros, 1995.
38. Trindade AAC. A proteção internacional dos Direitos Humanos e o Brasil. Brasília: Humanidades, 1998.
39. Valentini W, Harari A. A reforma psiquiátrica no cotidiano. São Paulo: Hucitec, 2001.
40. Vasconcelos EM. Saúde mental e serviço social. São Paulo: Cortez, 2002.

CAPÍTULO 17

Relacionamentos interpessoais na área da saúde

PAULA COSTA MOSCA MACEDO

Este capítulo propõe-se a refletir sobre a dificuldade de se lidar com as relações em ambientes de trabalho e cuidados em saúde. Há muitas possibilidades metodológicas de observação nesse tema, desde as antropológicas, sócio-históricas e psicanalíticas até as organizacionais. Transitando-se por essas áreas, busca-se explorar a complexidade que o assunto merece, visando a fornecer subsídios aos profissionais e uma instrumentalização que facilite a compreensão dos fenômenos relacionais vivenciados, seja com seus pacientes, familiares ou colegas de equipe.

Considera-se que a capacidade de se relacionar representa uma qualificação do trabalho em saúde. Os processos de desenvolvimento das habilidades relacionais dos trabalhadores da saúde serão sempre reforçados no âmbito coletivo; pois seu aprimoramento traz repercussões positivas para a qualidade de vida no trabalho e para a qualidade da assistência prestada.

Os cenários de trabalho vêm passando por profundas mudanças desde o fim do século XX, por causa das transformações sociais, econômicas, tecnológicas e políticas. Essas transformações atingem principalmente o trabalhador, que se vê em meio a novas demandas de formação, desempenho e qualificação, impactando-o do ponto de vista biopsicossocial. Howard[1] discute que, de maneira geral, esse modelo de permanente transformação no mundo do trabalho e as novas demandas impostas ao trabalhador em termos de qualificação e desempenho colocam-no diante de uma grande quantidade de informações e conhecimentos, com uma complexidade de cuidados cada vez maior, alto nível de competitividade, maior necessidade de trabalhos em equipe, novos sistemas de gestão e de recompensas e, portanto, maior estresse ocupacional.

O trabalhador em saúde possui, ainda, uma especificidade em seu trabalho, pois, na maioria das vezes, nos processos de cuidado com o paciente, tem-se um produto final que é imaterial, ou seja, atenção, acolhimento, cuidado, vínculos de confiança, atenção às necessidades dos pacientes e familiares, tratamento para as doenças físicas, alívio para as "dores da alma" e bem-estar. Em tempos de grande desenvolvimento da medicina, no âmbito das pesquisas científicas e das tecnologias na área da saúde, o desafio que se coloca é atingir um padrão-ouro também nas relações interpessoais em suas diversas modalidades (médico-paciente, equipe-usuário e entre os membros da equipe de saúde) e, assim, almejar que essas relações funcionem como catalisadoras para que a ciência exerça com plenitude seu papel social de promover saúde para todos. Vale ressaltar que o conceito de saúde aqui aplicado é o preconizado pela Organização Mundial da Saúde (OMS), que, em 1948, definiu saúde como não somente a ausência de doença, mas também como o bem-estar físico, psicológico e social do indivíduo.[2]

Um elemento fundamental que se destaca quando se discutem as relações interpessoais em saúde é a empatia. O termo "empatia", segundo o Dicionário Aurélio,[3] é a faculdade de perceber de que modo uma pessoa pensa ou sente. Embora não se tenha conhecimento direto da mente dos outros, muitas vezes é possível fazer suposições bastante precisas sobre como as outras pessoas sentem ou o que pensam. Para Bolognini,[4] ser empático é uma condição especial que envolve autonomia diante do objeto e um compromisso com a verdade a partir do interno. Ser empático não é criar condições para uma relação harmoniosa nem conquistar o outro com uma espécie de sedução agradável; ser empático é, antes de tudo, uma possibilidade pessoal na relação com o outro, que requer desenvolvimento emocional e profundo respeito tanto naquilo que se refere ao objetivo determinado (o cuidado) quanto ao lidar com as diferenças e os conflitos que a própria empatia suscita.

As contribuições da psicanálise na semiologia do fenômeno empatia parecem oferecer à prática clínica elementos úteis aos profissionais diante da demanda emocional veiculada nas relações, apesar de o termo "empatia" não ser considerado um conceito psicanalítico e, por vezes, acabar sendo banalizado e associado a sentimentalismo e maternagem. Em sua essência, a empatia requer grande capacidade de separação e diferenciação, atenção e capacidade de manter operantes o pensamento e a racionalidade.

O vocábulo *empathy* foi criado por Tichener, em 1909, como tradução do termo alemão *einfühlung* ("sentir dentro") para sua obra *Experimental psychology of the tought processes*. Contudo, o termo "empatia" surgiu pela primeira vez na obra *Discepoli a sais*, em 1798, do poeta romântico Novalis. No período do Romantismo, principalmente entre 1790 e 1800, o cenário cultural era dos intensos e criativos encontros entre Novalis, os irmãos Schlegel, Goethe, Schiller, Hölderlin e os filósofos Schelling e Fichte, que apreciavam pensar e poetizar juntos. Esses encontros eram profícuos, pois aquilo que os unia eram as relações de amizade, os interesses comuns e a troca de ideias. Também no início da Psicanálise, os encontros entre Freud, Jung e demais discípulos costumavam render trocas de grande valor e riqueza científica tanto presencialmente quanto por meio das frequentes trocas de correspondência. O que havia em comum entre esses dois movimentos, o Romantismo e a Psicanálise, era um forte sentimento de pertença, uma experiência do tipo "fusional", de sentir-se parte integrante de um coletivo.[4]

Os historiadores da literatura consideram o Romantismo um período de grande riqueza emocional, amadurecimento, contato com o imaginário coletivo e profundidade reflexiva. Nesse mesmo período, ocorreu o nascimento de uma nova concepção da relação médico-paciente e um aspecto central foi bastante demarcado na literatura, a necessidade imperativa da simpatia do médico em relação ao sofrimento de seu paciente e a necessidade de seu interesse pessoal pelo paciente estar a serviço do progresso da ciência. Em outra obra, intitulada *Sobre o estado da medicina*, Schubert (1805) diz que, na relação com o paciente, "um interesse interior e amoroso pelo sofrimento do 'irmão' acelera a cura ao invés de retardá-la". A ideia central inspirada pelo Romantismo era de que as trocas e os intercâmbios profundos nas relações religavam o homem à natureza e aos outros homens, fechando um ciclo vital da dependência da vida do indivíduo à vida da totalidade.[4]

Na medicina moderna, esses conceitos são retomados e adaptados a uma possibilidade real de o profissional destinar parte de sua abordagem ao paciente para um foco determinado, que é o "sentir" receptivo, ou seja, uma atenção especial para tendências que ele possa apresentar, sejam elas de natureza mais construtiva, destrutiva ou regressiva. A experiência interna pela qual o profissional passará é de compartilhar e compreender temporariamente a condição psicológica que o adoecimento acarretou na pessoa, evitando, assim, os conflitos de intersubjetividades e os desencontros.

Onde houver doença, sempre haverá a irradiação do universo emocional daquele que dela padece, podendo ser manifestação de sofrimento, desesperança, dor, preocupação, raiva e até negação da realidade, mas, inexoravelmente, o profissional será afetado por essas demandas emocionais e a elas responderá com sua própria subjetividade. A partir da empatia, pode-se criar um campo relacional de entendimento, evitando-se formas de reação mais primitivas por parte do profissional.

A atuação da contratransferência, que nada mais é que os sentimentos positivos ou negativos suscitados na relação com o paciente, pode gerar grande desgaste emocional. Como exemplo, tomam-se os sentimentos negativos que podem se desenvolver inicialmente em relação a pacientes com traços desagradáveis de hostilidade e distanciamento e que, por meio da tentativa de compreender, percebe-se que podem estar relacionados a eventuais analogias com as próprias experiências ou fantasias, as quais, sendo percebidas precocemente, podem oferecer elementos e diretrizes sobre a tarefa que se está prestes a enfrentar. Da mesma forma, identificações com objetos internos de amor podem influenciar a forma de cuidar do outro, com atitudes superprotetoras que reforçam certo grau de dependência. Tanto uma como outra polaridade (afetos positivos e negativos) oferecem perigos emocionais ao profissional e somente por meio da percepção da atuação dessas forças na relação é que se desenvolvem habilidades de manejo e conduta com o paciente. Essa percepção é um importante fator clínico que favorece o vínculo de confiança e adesão do paciente ao tratamento.

O dia a dia das atividades assistenciais coloca os profissionais em contato com uma variedade de pacientes muito diferentes entre si em termos de características de personalidade, contextos socioculturais e também quanto à maneira como lidam com o adoecer. Esse panorama requer do profissional um verdadeiro arsenal de possibilidades de abordagem e intervenção, de acordo com os cenários relacionais estabelecidos. Isto é, é de fundamental importância que o profissional mantenha certo grau de autovigilância em sua tarefa assistencial, de modo que não adote um modelo relacional teórico e universal, baseado naquilo que idealiza como pertinente para sua relação com o paciente, levando aos automatismos do fazer em saúde. Uma atitude fundamental daqueles que desempenham funções profissionais de cuidado em saúde é manter um contato sincero e honesto com seus próprios sentimentos, quaisquer que sejam eles, e algum nível de introspecção, além de conseguir suportar estados de tensão até que o paciente possa reconhecer e modificar suas atitudes, suas posturas e seu comportamento, treinando, assim, sua tolerância.

Rosenfeld,[5] um estudioso no âmbito das relações terapêuticas, em seu trabalho *Impasse e interpretação,* enfatizou a importância de esclarecer para si mesmo quais são os sentimentos em relação ao paciente e que essa percepção é o grande facilitador da condução técnica da relação com o outro, uma vez que lança uma luz sobre o caminho mais saudável a seguir.

O que interessa aqui, sobremaneira, é como despertar nos profissionais essa motivação para ir ao encontro do outro, seu paciente, aproximar-se empaticamente de suas necessidades emocionais e manter uma atitude terapêutica sem ser contaminado pela emocionalidade que certamente o angustiará e poderá prejudicar sua intervenção. Esse desenvolvimento específico da sensibilidade empática do profissional de saúde é um instrumento útil, desde que mantido sob controle do ego, ou seja, com plasticidade e capacidade de aproximar-se e a percepção do momento em que precisará se afastar.

É frequente observar que muitos profissionais apresentam grande dificuldade nos relacionamentos interpessoais durante a tarefa assistencial, sentem-se incapazes de ser mais empáticos na relação com os pacientes e familiares, distanciam-se, e, muitas vezes, esse comportamento é resultado do uso intenso de mecanismos de defesa. Além disso, frequentemente os profissionais de saúde se deparam com relações profissional-paciente-família complexas do ponto de vista psicológico, para as quais habitualmente consideram não terem sido preparados adequadamente durante seu treinamento. Para ilustrar como esse pensamento reflexivo pode facilitar a relação dos profissionais com seus pacientes, sugere-se que algumas questões mentais sejam formuladas e autoaplicadas tão rapidamente quanto a própria prática diária deve ser.

1. O que sinto por essa pessoa é uma sensação positiva ou negativa?
2. Tenho vontade de me aproximar ou de me afastar?

3. Por que estou agindo assim?
4. O paciente (ou familiar) me lembra alguém?

É possível oferecer treinamento na área de saúde mental por meio de técnicas focais de fácil aplicação que capacitem o profissional a aliviar as tensões resultantes da atividade profissional, independentemente da formação profissional. Ao contrário do que muitas vezes se imagina, manter-se autovigilante, atento ao outro e aproximar-se de modo empático facilita o manejo das situações psicologicamente complexas, distensionando as relações.

Inúmeras pesquisas têm sido realizadas nas últimas décadas a respeito das dificuldades, peculiaridades e consequências na saúde física e mental dos profissionais de saúde relacionados à tarefa assistencial. O chamado sofrimento psíquico localiza-se em uma zona difusa entre a saúde e a doença. Dejours[6] desenvolveu estudos a respeito da psicopatologia do trabalho, com objetivo de discutir a relação que se estabelece entre psique e trabalho na vida das pessoas e elaborou o conceito de "trabalho penoso" para explicitar que o trabalho poderia suscitar vivências de intenso sofrimento psíquico, que, quando analisadas pelo olhar voltado para a coletividade, poderiam ganhar também dimensões macroscópicas. Muitas vezes, depara-se com profissionais que desenvolvem mecanismos de defesa coletivos para suportar a rotina assistencial, como os profissionais de enfermagem e os residentes de medicina.[7] Uma forma de manifestação coletiva dessas defesas são os estigmas embutidos em apelidos dados aos pacientes e/ou familiares que mascaram as dificuldades que as equipes apresentam nas relações. Por exemplo, a histérica, o chato, a poliqueixosa, o velho, a coitada, etc.

Há uma grande dificuldade de manejo dos profissionais de saúde, parte por falhas na sua formação em humanidades e parte pelas vicissitudes da prática diária, que dificultam estabelecer, ao mesmo tempo, uma proximidade terapêutica e um cuidado com o envolvimento emocional excessivo. O modelo de trabalho multiprofissional, apesar de ser reconhecido como de grande potência terapêutica, também é, por si só, produtor de tensões e conflitos. Uma maior autonomia é característica marcante do trabalho médico, enquanto os demais trabalhadores permanecem em configurações de trabalho mais hierarquizadas, como a enfermagem, o serviço social, a psicologia, a fisioterapia e a nutrição. Isso, de certa forma, traduz-se em relações de poder, pressupõe níveis de subordinação, e frequentemente surgem insatisfações. Para suportar e lidar com essas sensações, muitas vezes os profissionais se utilizam de mecanismos de defesa do tipo projetivos, ou seja, transferem para os pacientes e familiares aspectos negativos de suas experiências, tendendo à irritabilidade, à frieza e, por vezes, à hostilidade.[8]

No cenário da globalização e da medicina atual, ênfase é dada ao desenvolvimento de indicadores de qualidade nos serviços de saúde oferecidos à população, na busca de excelência no atendimento e na capacitação dos profissionais para atenderem a uma demanda cada vez mais complexa de cuidados. Essa excelência tem base em valores éticos, políticos, sociais e econômicos, porém a eficiência desses setores de atividade está intimamente relacionada às formas de gestão e à qualidade das ações dos trabalhadores da saúde, que, por sua vez, dependem de motivação, capacidade de enfrentamento, espírito de cooperação e tolerância para as diferenças. São necessários processos profundos de mudança e práticas inovadoras que introduzam definitivamente na saúde novos paradigmas que qualifiquem as relações interpessoais em saúde. Considera-se inovação o resultado da implementação de ideias, processos, produtos e serviços originários dos indivíduos e grupos da organização, bem como a introdução de novas tecnologias que sejam reconhecidos por ela como valiosas para o alcance de seus objetivos finais.[9]

Ao preconizar a necessidade de mudança no padrão relacional dos profissionais de saúde com seus clientes internos (demais profissionais da instituição) e externos (pacientes e usuários do serviço), pretende-se apontar na direção de uma eficiente abordagem da situação-problema, o que significa que, assumindo-se que relações interpessoais em saúde são fontes permanentes de estresse, emerge a necessidade de avaliação, treinamento e domínio de habilidades relacionais dos trabalhadores. A questão das competências individuais tem se tornado uma constante na articulação do trabalho realizado no formato multiprofissional em saúde.

Competência é um conceito que reúne, em uma só pessoa, conhecimento técnico, habilidades e atitudes necessárias para um bom desenvolvimento da função. Um elenco de quinze competências individuais foi descrito por Borges e Yamamoto[10] como desejável:

- capacidade de aprender rapidamente novos conceitos e tecnologias;
- capacidade de trabalhar em equipes;
- criatividade;
- visão de mundo ampla e global;
- capacidade de comprometer-se com os objetivos da organização;
- capacidade de comunicação;
- capacidade de lidar com incertezas e ambiguidades;
- domínio de novos conhecimentos técnicos associados ao exercício do cargo ou da função ocupada;
- capacidade de inovação;
- capacidade de relacionamento interpessoal;
- iniciativa de ação e decisão;
- autocontrole emocional;
- capacidade empreendedora;
- capacidade de gerar resultados efetivos em sua área de atuação;
- capacidade de lidar com situações novas e inusitadas.

No tocante à capacidade de comunicação, os trabalhadores da saúde não são devidamente treinados para utilizar o poder da comunicação como ferramenta de trabalho. Comunicação é essencialmente relação e comunicar-se exige atenção permanente aos seguintes aspectos: com quem se conversa (quem é o interlocutor), o que se comunica (foco e escolha do conteúdo) e para que se comunica (objetivos). Dessa forma, os profissionais de saúde precisam refletir sobre sua capacidade e habilidade de comunicação, pois é em torno delas que se estrutura um campo de práticas. Uma comunicação ruim ou empobrecida leva a distorções e conflitos, enquanto uma comunicação dialógica produz sujeitos comprometidos com a produção e a promoção de saúde.

Outro panorama que se coloca como desafiador é o estabelecimento do nexo causal entre os transtornos mentais e do comportamento e os aspectos organizacionais do trabalho.[11] Os trabalhadores da saúde representam uma categoria que tem como fator de risco a própria atividade, inseridos em um contexto de trabalho desgastante física e emocionalmente, inerente à tarefa dos profissionais. A exigência do profissional de relacionar-se de forma permanente gera a sensação de sobrecarga subjetiva, podendo desencadear o adoecimento físico e mental desse profissional. A própria formação médica pode ter consequências prejudiciais para aqueles que realizam seus treinamentos. Estudos indicam uma alta prevalência de suicídio, depressão, uso de substâncias psicoativas, estresse, incapacitação e *burnout* nessa população, que interferem e afetam a capacidade do profissional.[7,12]

Ressalta-se que o nexo entre adoecimento/sofrimento psíquico e trabalho representa uma importante atividade na assistência aos trabalhadores da saúde e que a identificação dos fatores de risco para o desenvolvimento de disfunções na prática assistencial deve ser abordada também na sua forma preventiva, por meio de programas de capacitação e assessoria em saúde mental aos profissionais de saúde. A educação continuada em saúde contribui para a identificação de problemas e dificuldades relacionadas ao trabalho, incluindo a temática das relações interpessoais, de modo a produzir e divulgar conhecimento especializado, estimulando a reflexão e a discussão relacionadas ao contexto das relações, dos processos de trabalho e do próprio trabalho em equipe.[13]

CONCLUSÕES

Para finalizar, na perspectiva de superar reducionismos, é necessário reconhecer a importância da subjetividade do profissional de saúde na sua tarefa assistencial; refletindo a respeito de quais são os significados que os indivíduos atribuem a determinadas situações vivenciadas no seu ambiente de trabalho; a maneira como cada um reage ao estresse emocional a partir de sua própria história de vida; o impacto de seus valores e sistema de crenças na atenção ao paciente; e a importância das suas experiências e representações sobre a atividade profissional que desempenham.

Ao mesmo tempo, devem-se valorizar as contínuas mudanças nos cenários de trabalho, tomando como referência que aquilo sempre permeará os cuidados em saúde será a relação interpessoal presente em todos os cenários de trabalho, contemplada tanto do ponto de vista de sua toxicidade bem como de seu poder curativo. Quanto maior for o investimento na capacitação dos profissionais de saúde para a atividade assistencial, melhores serão as perspectivas de um atendimento mais humanizado e efetivo. Qualificar o trabalhador de saúde para o manejo mais adequado das relações interpessoais beneficiará a si próprio, aos seus colegas de trabalho, pacientes e familiares.

REFERÊNCIAS BIBLIOGRÁFICAS

1. Howard A. The changing nature of work. San Francisco: Jossey-Bass, 1995.
2. Bowling A, Brazier J. Quality of life in social science and medicine. Soc Sci Med 1995; 41(10):1337-9.
3. Ferreira ABH. Aurélio século XXI: o dicionário da Língua Portuguesa. 3.ed. Rio de Janeiro: Nova Fronteira, 1999.
4. Bolognini S. A empatia psicanalítica. Rio de Janeiro: Cia. De Freud, 2008.
5. Rosenfeld H. Impasse e interpretação. Londres: Tavistock, 1987.
6. Dejours C. A loucura do trabalho. Estudo sobre a psicopatologia do trabalho. São Paulo: Cortez-Oboré, 1987.
7. Macedo PCM, Citero VA, Schenkman S, Nogueira-Martins MCF, Morais MB, Nogueira-Martins LA. Health-related quality of life predictors during medical residency in a random, stratified sample of residents. Rev Bras Psiquiatr (São Paulo) 2009; 31(2):119-24.
8. Macedo PCM. Desafios atuais no trabalho multiprofissional em saúde. Rev SBPH 2007; 10(2):33-41.
9. Bruno-Faria MF. Criatividade, inovação e mudança organizacional. In: Lima SMV (org). Mudança organizacional: teoria e gestão. Rio de Janeiro: FGV, 2003.
10. Borges LO, Yamamoto OH. O mundo do trabalho. In: Zanelli JC, Borges-Andrade JE, Bastos AVB (org). Psicologia, organizações e trabalho no Brasil. Porto Alegre: Artmed, 2004.
11. Brasil. Rede Nacional de Atenção Integral à Saúde do Trabalhador: Manual de Gestão e Gerenciamento. São Paulo: Hemeroteca Sindical Brasileira, 2006.
12. Peterlini M, Tibério IF, Saadeh A, Pereira JC, Martins MA. Anxiety and depression in the first year of medical residency training. Med Educ 2002; 36(1):66-72.
13. Macedo PCM, Martins MCFN, Martins LAN. Técnicas de intervenção psicológica para humanização das equipes de saúde: grupos balint e grupos de reflexão sobre a tarefa assistencial. In: Knobel E, Andreoli PBA, Erlichman MR (orgs.). Psicologia e humanização. Assistência aos pacientes graves. São Paulo: Atheneu, 2008.

CAPÍTULO 18

Morrer com dignidade

VALDIR REGINATO
MIRIAN APARECIDA GHIRALDINI FRANCO

TRANSCENDÊNCIA DA MORTE

Seguramente, um dos temas mais marcantes em toda a história da humanidade é a reflexão sobre a morte. Os registros relacionados a esse tema antecedem a própria história escrita, fazendo parte de histórias transmitidas ao longo das gerações. Os achados arqueológicos de múmias enterradas acompanhadas de utensílios e alimentos datam de milhares de anos, dando a entender que a morte era verificada, já naqueles tempos, como uma viagem para outro lugar.[1]

Em um cenário transcendental, constata-se que a ideia de perpetuação da vida em outra dimensão desconhecida parecia estar presente nos nossos primeiros pais. Ainda que essas conclusões sejam elucubrações contestáveis, alguns achados não podem negar ao pesquisador essas indagações. O ser humano é a única espécie que manifesta um senso de vida após a morte, verificado em lendas e mitos como pertencente a algo que se denomina espírito ou alma.

A convivência humana nesse plano transcendente levou ao surgimento de crenças e religiões em diversas civilizações e em diferentes pontos do planeta. Essas religiões e seus rituais favoreceram uma melhor compreensão dessa transcendência, tentando conduzir o ser humano a uma possível explicação das questões existenciais, como o fenômeno da vida e da morte, possibilitando conforto aos que ficam e esperança aos que estão prestes a partir.[2]

CONSEQUÊNCIAS DO PROGRESSO CIENTÍFICO

Passados mais de 10 mil anos de história do homem na Terra, pode-se dizer que, no que se refere à morte, pouco se avançou na sua compreensão plena. A morte se esconde em um mistério que se inicia no momento em que expira a vida e silencia o coração.

No entanto, ainda que não se compreenda a morte no motivo de sua existência, é fato que, ao longo dos últimos dois séculos, ocorreram transformações significativas a respeito do conhecimento do homem e da sua condição anatômica e fisiológica. Avançando em terrenos microscópicos do pulsar da vida, elaboraram-se teorias genéticas e moleculares sobre sua existência e, mediante o avanço da ciência e da tecnologia, foi possível aproximar-se dos limites, até então inquestionáveis, do viver e do morrer.

As últimas décadas propiciaram instrumentos que permitem gerar um ser humano fora do útero materno, assim como a fabricação de aparelhos e fármacos que permitem prolongar o instante da morte por tempo quase indefinido em determinadas circunstâncias. Essas condições introduziram o homem em um novo campo de atuação, outrora pertencente apenas ao divino, onde tanto o nascer quanto o morrer permaneciam nas mãos de Deus. A morte, antes aceita de modo resignado em conformidade com a vontade de Deus, colocava a pessoa falecida a caminho de uma jornada estabelecida por suas crenças, em uma atitude de fé e esperança. No entanto, os recursos mencionados tornaram o homem cada vez mais distante dessa chamada "morte natural", surgindo, muitas vezes, uma nova ordem de fé e esperança, agora direcionada a aparelhos, fármacos e profissionais da saúde.

Esse fenômeno alcançou dimensões sociais imprevisíveis. O fenômeno da morte, antes considerado um instante, passou a ser visto como um processo do qual a intervenção médica passou a ser um agente regulador. Esse fato pode ser mais bem compreendido quando se reporta ao advento dos transplantes, que possibilitou uma sobrevida prolongada a pessoas que não tinham mais chances de sobreviver.

UM NOVO CONCEITO PARA UMA NOVA REALIDADE

Em uma análise técnico-assistencial, a associação de aparelhos com drogas de ressuscitação, aliada ao fenômeno dos transplantes, provocou uma reflexão conceitual jamais ocorrida na História: a morte cerebral. Durante séculos, a morte foi associada à parada do coração e, consequentemente, à inviabilidade da vida seguir. Atualmente, porém, é possível preservar os batimentos, combater as infecções e utilizar a diálise renal, mantendo o corpo fisiologicamente "vivo" por um tempo quase indefinido.

As transformações do mundo moderno geraram, entre tantas consequências, um maior número de mortes por traumatismo, entre os quais se destaca o traumatismo cranioencefálico, em que a lesão cerebral pode inviabilizar totalmente a recuperação do paciente, ainda que fisiologicamente seja possível manter o funcionamento do corpo. Essa constatação, associada à necessidade de doadores de órgãos para transplantes, fez com que o conceito de morte cerebral fosse difundido e aceito em grande parte do mundo. Constatada a morte cerebral, o indivíduo passa a ser considerado morto e não há mais sentido em manter uma assistência por aparelhos e drogas. Esse fato favoreceu o crescimento de doadores de órgãos, beneficiando um número crescente de pacientes candidatos a transplantes.

REFLEXÃO PARA A BIOÉTICA

As consequências dessas mudanças, que não podem ser consideradas meras decisões do campo da medicina, forçaram uma reflexão mais ampla, com a participação da sociedade mediante representantes de diferentes áreas. Esse não é um assunto que diz respeito somente à esfera da saúde, mas à da vida em essência, de modo que sua discussão ocorre no campo denominado Bioética, área da ciência que se preocupa com tudo que diz respeito a gerar, preservar e manter a vida na sua dimensão mais ampla, respeitando e refletindo a diversidade de opiniões procedente dos diferentes campos do saber.[3]

A questão da morte deixou de ser somente uma disputa entre o esforço da equipe de saúde em manter um ser humano vivo a todo custo e seu inexorável fim para ser avaliada na qualidade de vida que se impunha àquela pessoa. A ocupação dos leitos de unidades de terapia intensiva (UTI) com pacientes que se arrastavam em agonia, sem horizontes promissores, tornava-se cada vez mais frequente. Pacientes em coma, sem condições de recuperação, transmitiam, tanto à equipe de saúde como aos seus familiares, uma sensação de impotência e desespero de difícil superação. Pequenas melhoras transitórias, seguidas pela agravação do quadro prolongado, conduziam a um desgaste que comprometia toda a dinâmica familiar.[4]

QUESTÃO DE DIGNIDADE

Diante desse cenário, o questionamento sobre o acompanhamento do processo de morrer torna-se mais evidente, colocando em pauta a reflexão sobre preservar a dignidade do ser humano mesmo quando ele não possui mais condições para sobreviver. Concomitantemente a esses fatos, desenvolveu-se, principalmente a partir da década de 1980, uma especialidade médica que rapidamente começou a ganhar importância: a medicina paliativa.[5] Dentro dessa perspectiva, o paciente e seu prognóstico devem ser analisados de modo a receberem a melhor alternativa de tratamento, sem abrir mão de sua dignidade como pessoa. Esse objetivo, nessa nova abordagem, torna-se mais importante que o empenho de se prolongar a vida à custa do emprego de toda tecnologia possível, mesmo diante da certeza do insucesso final.[6]

Com essa nova visão, o critério de encaminhamento para UTI passou a ser reavaliado para pacientes que tivessem perspectivas de possível alta diante de seu diagnóstico e prognóstico.[7] As próprias internações hospitalares passaram a ser substituídas pela assistência domiciliária com equipes especializadas nesses cuidados, evitando um grande número de intercorrências verificadas nesses pacientes quando em regime de internação. Ressalta-se ainda que o ambiente domiciliar promove, na maioria das vezes, uma condição mais acolhedora aos pacientes e familiares, evitando deslocamentos frequentes.

Essas condições, que ainda necessitam percorrer um longo caminho de conscientização, tanto por parte dos profissionais como da sociedade de maneira geral, têm colaborado para uma reestruturação da assistência a um grande número de pacientes. No entanto, permanece como ponto de interrogação a questão fundamental de todo esse processo: quando um paciente deve ser considerado em condições de terminalidade? Quais são as ações que oferecem, em cada caso, a melhor opção de qualidade de vida? Os médicos estão autorizados a antecipar o desenlace desses acontecimentos, ainda que por solicitação do próprio paciente?

As respostas a essas questões não estão somente nas mãos dos profissionais da saúde, uma vez que englobam uma complexidade de fatores que não dizem respeito somente ao que se denomina "saúde". Há que se levar em conta o aspecto fundamental de sentido de vida que cada ser humano tem, fatores que envolvem não somente a saúde corporal, mas também as crenças espirituais, escolhidas livremente por cada pessoa. O tema assume maior complexidade quando se trata de pacientes em condições especiais, havendo dificuldades para uma decisão que envolva plena autonomia, que pode estar comprometida tanto pelo sofrimento físico quanto pelo psicológico e espiritual. Não são raras as condições em que esses pacientes já não possuem capacidade própria para decisão, ficando para terceiros a responsabilidade de julgar e decidir a atitude mais adequada e próxima aos desejos do paciente.[8]

TRÊS ALTERNATIVAS: EUTANÁSIA, DISTANÁSIA E ORTOTANÁSIA

As condições que envolvem o processo de morrer e a decisão pelo instante da morte que ofereça a melhor dignidade ao paciente apresentam uma gama variável de alternativas sistematicamente classificadas em três conceitos fundamentais: eutanásia, distanásia e ortotanásia.[9-13]

Eutanásia

Entende-se por eutanásia a ação voluntária aplicada a um paciente por profissionais da saúde, que, atendendo ao desejo do paciente consciente, antecipam o instante da morte em condições clínicas de extremo sofrimento.

Distanásia ou obstinação terapêutica

É a decisão por atuar de modo perseverante na assistência a um paciente que se encontra com quadro clínico de gravidade irreversível, dentro do conhecido, aplicando-lhe todos os recursos terapêuticos possíveis oferecidos pela ciência e pela tecnologia, com a finalidade de sustentar pelo tempo mais prolongado possível a vida, ainda que haja consciência da possibilidade remota de sucesso por essa atuação. Isso resulta em prolongamento do sofrimento para o paciente e/ou dos acompanhantes e familiares, bem como dos profissionais envolvidos.

Ortotanásia

É a decisão de cessar toda e qualquer atuação para o prolongamento da vida de um paciente que esteja com quadro clínico extremamente grave, mantido tão somente pelos recursos de suporte de vida oferecidos por aparelhos e fármacos que, ao serem desativados, inexoravelmente, levarão à morte.

Apesar de as definições serem bastante distintas, em determinadas condições clínicas, podem oferecer dificuldades para suas diferenças, levando a conceitos como eutanásia ativa ou passiva, além da grave situação de confundir-se com omissão de atendimento. Isso ocorre pela enorme diversidade de situações que envolvem pacientes com diferentes idades, diagnósticos e prognósticos, bem como pela influência já mencionada dos fatores que envolvem aspectos que extrapolam a esfera da ciência e encontram esperança no transcendental mediante a atitude de fé religiosa. Esse aspecto, a fé, não pode ser negligenciado pela equipe de saúde.

Como encontrar, então, um caminho que ofereça ao paciente a melhor qualidade de vida? Não se pode ter a ousadia de responder por uma alternativa que contemple a diversidade de situações já apresentadas. Por outro lado, não se deve ignorar a responsabilidade de refletir sobre aspectos que possam colaborar para uma decisão que, ainda que não responda a todos, oferece ao paciente o que se julga melhor naquele momento, com retidão de intenção.[14]

CRITÉRIOS PARA UMA ESCOLHA

Os critérios que devem nortear a decisão são estabelecidos levando-se em consideração a condição básica do nível de consciência do paciente, ou seja, se ele é capaz de participar com autonomia da decisão a ser tomada. Nesse aspecto, podem-se estabelecer três grupos de pacientes:

- pacientes incapazes de decidir, por comprometimento traumático agudo e sequela neurológica grave, doença neurológica degenerativa avançada ou condição de sedação necessária. Nesses casos, a decisão é tomada por terceiros, considerando, sempre que possível, a condição desejada e previamente conhecida do paciente;
- pacientes que apresentam grau de consciência presente, mas com alternância, como em casos de comprometimento neurológico na senilidade avançada, a exemplo da doença de Alzheimer ou doentes psicopatas. Nesse grupo, ainda que com limitações, o paciente deve ser ouvido;
- pacientes que, apesar do grave comprometimento pela doença, seja crônica, de diferentes causas ou de natureza oncológica, apresentam plena autonomia de decisão. Mesmo nesse caso, é importante ressaltar que os pacientes podem estar fortemente acometidos pelo sofrimento da dor física e/ou psicológica e envolvidos pelos sentimentos que afetam suas crenças espirituais.

Uma vez avaliado o nível de consciência, o segundo critério fundamental é a dependência permanente ou não de recursos denominados extraordinários para o suporte da vida, ou seja, aparelhos de suporte para respiração e drogas vasoativas para condição hemodinâmica.

O outro critério a ser mencionado, frequentemente utilizado como parâmetro para os casos de justificativa da eutanásia, é o sofrimento por dor sem recurso terapêutico suficiente. Essa dor não se restringe somente ao aspecto físico, podendo acarretar perda de sentido em manter a vida, em função das circunstâncias apresentadas e em caráter irreversível. Ainda como critério a ser considerado, pode-se mencionar a condição de manter ou não hidratação e alimentação enteral em pacientes que se encontram em condições de quadro clínico grave e irreversível, mas que não dependem do suporte de aparelhos ou drogas vasoativas. É válido ressaltar, contudo, que o ato de se alimentar não é um fato extraordinário em si, pois é requisito natural a qualquer ser vivo.

Os critérios mencionados não podem ser analisados de maneira isolada, mas na interação de suas condições, que podem ser dinâmicas na evolução de cada paciente. Isso insere o quadro clínico em uma complexidade de formas de apresentação que, sem dúvida, tornam o juízo de decisão sujeito a críticas e discordâncias daqueles que devem participar do parecer final.[14]

DECISÃO PELA QUALIDADE DE VIDA

Como parâmetros que colaboram para o que se denomina assistência voltada para qualidade de vida digna do paciente, procura-se partir da ideia inicial entre preservar a vida ou antecipar a morte.[14,15] A antecipação da morte, ou seja, a aplicação da eutanásia, implica falência de todos os possíveis recursos existentes para minimizar o sofrimento do paciente, levando-o ao desejo de pôr fim à vida em vez querer preservá-la nas condições presentes. É um desejo que pode ser fruto de uma autonomia consciente, devendo a equipe de saúde saber interpretar essa solicitação como uma possível afirmação de desespero, de falta de esperança, um "grito de socorro".[4,16]

O desejo de sobrevivência é algo tão forte no ser humano que essa atitude, ainda que em condições críticas de sofrimento, não é reconhecida como a desejada pela maioria das pessoas. A assistência às necessidades de pacientes em condições de desespero, seja pelo alívio da dor ou pelo acolhimento solidário aos ideais existenciais, tem se demonstrado uma resposta muito mais frequente, mesmo em casos de dificuldades extremas. Essa situação, no entanto, é uma das principais responsáveis pela condição de distanásia que se estabelece em muitos pacientes. A decisão entre interromper a vida e mantê-la de modo obstinado pode ser tênue no seu limite, principalmente quando a utilização de analgésicos alcança doses cujos efeitos colaterais podem comprometer a vida.

O risco do benefício em buscar maior dignidade do cuidado por meio alívio do sofrimento encontra, em alguns casos, a finitude da vida. Na eutanásia, a diferença que existe entre essas duas situações está na intenção, quando ativa, de buscar o fim do sofrimento pela morte de quem sofre, ou passiva, quando, pela dignidade em não fazer sofrer, encontra o mesmo destino. Em ambas as condições, o parâmetro de respeito à autonomia do paciente, principalmente quando ele se encontra impossibilitado de atentar contra a própria vida, ficando na dependência da assistência de terceiros, é uma situação de maior complexidade. Nesses casos, realizar a vontade do paciente implica comprometimento de quem realiza o procedimento e, consequentemente, o fato de essa pessoa abrir mão de seus valores alicerçados na formação profissional e nas suas crenças pessoais. Não se trata de mera assistência a um procedimento técnico, mas de atuar de acordo com a própria consciência.[17]

A eutanásia não é reconhecida no Brasil como procedimento válido e legal.[17] A experiência observada em países que convivem com a legalização dessa conduta oferece dados que exigem uma reflexão aprofundada. A Holanda, que discute a legalização da eutanásia desde a década de 1970, foi o primeiro país a aprovar esse procedimento, em 2001.[18] Hoje, a realidade é bastante diversa daquela observada quando o procedimento foi legalizado. Se, no início, a autorização para a prática da eutanásia requeria o preenchimento de uma série de quesitos, dos quais a autorização livre e lúcida do paciente era condição indispensável, hoje surgem propostas para desencadear o procedimento pela solicitação de familiares que referem impossibilidade de manter assistência ao paciente ou mesmo por quadro clínico com diagnóstico que comprometa a sobrevida do paciente, como em casos oncológicos, ainda que estes não se apresentem em terminalidade.[19]

O tema tem gerado polêmica crescente e encontra-se na pauta das discussões com diversidade de opiniões, sem oferecer uma solução com unanimidade, procurando-se preservar os critérios iniciais da legalidade, baseada em doença incurável, com dores insuportáveis, solicitação do paciente e segunda opinião médica.[18] Não se pode deixar de considerar, contudo, a possibilidade de uma tendência à eugenia, com a seleção daqueles que podem ser considerados aptos a uma "qualidade de vida digna" dentro de critérios bastante discutíveis sobre o que seria qualidade digna de viver.

Como contraponto a essa alternativa, mencionam-se, entre outros fatos, a participação cada vez maior de deficientes físicos na sociedade ativa, mediante auxílio de próteses, assim como o desempenho de atletas nas Paralimpíadas. Na mesma linha, é válido constatar que não há indícios de que o suicídio seja provocado de modo mais frequente na população de deficientes físicos, em comparação aos índices encontrados na população sem essas ocorrências, ou mesmo que a deficiência física seja um fator de risco para esse evento.[20]

DISTANÁSIA: ATÉ QUANDO?

A grande questão que está relacionada a morrer com dignidade não está tanto na discussão da eutanásia, que, por antecipar a morte, coloca em cheque a dignidade e a legalidade do ato em si, como discutido anteriormente, mas principalmente nos pacientes que se enquadram na condição de candidatos à distanásia ou na oferta de uma alternativa que, provavelmente, em maior brevidade, encontrará o mesmo fim, mas com qualidade de vida melhor.[12,21,22]

Com a possibilidade de longevidade mesmo nas doenças crônicas degenerativas com comprometimento progressivo do organismo (controlado com medicamentos até estágios avançados da doença), uma maior tolerância à fatalidade da evolução de doenças cancerosas e a presença de sequelas graves em vítima de traumatismo agudo, o número de pacientes que passaram para o critério de escolha entre uma vida mais breve com melhor qualidade ou com risco de distanásia cresceu de modo considerável.[23]

As considerações socioeconômicas de pacientes com internação prolongada em situação de distanásia já foram mencionadas no início deste capítulo e seu custo social, ainda que questionável nos quantitativos diante do valor da vida por alguns, não pode ser desprezado, assim como o prejuízo em favor de pacientes que poderiam se beneficiar com a liberação de leitos. O que se deve refletir é a circunstância de dignidade dos pacientes que se apresentam no processo de morrer.

A esperança no sucesso pelo progresso da ciência e da tecnologia, como uma resposta a todas as situações de vulnerabilidade provocadas pela doença, passou a conhecer os seus limites. A esperança foi substituída por uma angústia desgastante diante da impotência de promover medidas que realmente possam reverter situações consideradas críticas e sem solução possível. A observação e o acompanhamento de pacientes que, em vez de melhorarem, pareciam crescer no seu sofrimento, transmitindo-o a parentes e à própria equipe de assistência, levaram à necessidade de rever esse quadro clínico. Não era mais possível acreditar que o melhor a ser feito era em simplesmente prorrogar uma vida que se revelava nos batimentos cardíacos de um monitor, promovidos pela perseverança na luta com o emprego de aparelhos, pelo uso de drogas, antibióticos e monitoramento laboratorial rigoroso. O paciente frequentemente era constatado como morto em um leito de UTI, sem a presença de qualquer familiar ou amigo, e tudo se encerrava como uma máquina que havia esgotado seus recursos.

A percepção do ser humano nas suas dimensões biológica, psicológica, social e espiritual estava reduzida à biologia. As outras três estavam praticamente esquecidas. A pessoa na sua dimensão transcendental, como alguém que encerra um ciclo de vida e transita na esperança de suas crenças para uma nova vida, era praticamente desconsiderada nesse cenário.

NOVA VISÃO NO PROCESSO DE MORRER

Uma revisão sobre os critérios de qualidade de vida, nos quais se insere a plenitude do ser humano, tornava-se urgente para que a morte não fosse um inimigo a ser derrotado, mas uma condição incontestável pela qual todo ser humano passa. O melhor a fazer pelo paciente deixou de ser a mera verificação de índices gasométricos ou níveis de eletrólitos e hemoglobina, ou mesmo o combate estafante a bactérias resistentes. Era preciso ampliar os horizontes dentro de uma nova perspectiva, além do raciocínio científico, e enxergar a pessoa como alguém com valores emocionais, sentimentos, vontade, fé e esperança.[8]

De fato, a dignidade alicerça-se na assistência ampla à pessoa doente, inclusive no seu atendimento técnico, imprescindível para a salvação da vida em situações limítrofes. É impossível e injusto negar o auxílio que foi possível promover à humanidade a partir do desenvolvimento científico-tecnológico, mas também não é possível restringir a dignidade somente a esse campo de atuação. É preciso reconhecer quando a obstinação terapêutica ultrapassa a dignidade humana em função de uma batalha pela melhora da avaliação de parâmetros que não são mais condizentes com a recuperação do paciente.

Cada vez mais, os estudos de qualidade de vida buscam avaliar o que seria o melhor a oferecer a esses pacientes.[24] É necessário também que se cumpra uma reformulação na formação dos profissionais de saúde, com uma nova visão de acompanhamento do processo de morrer, sem sentimentos de incompetência, impotência e de fracasso. Há sempre o que fazer pelo paciente que se aproxima da morte sem deixar de assisti-lo até o fim.

A condição principal a ser avaliada é a dor. Atualmente, o arsenal farmacológico promove uma ampla variedade de analgésicos para que o paciente não sofra. A assistência à dor não deve se limitar ao aspecto físico, mas também psicológico, pois amparar o paciente tanto com medicamentos como com terapia adequada pode ser de grande valia. É a hora de reavaliar reconciliações e verificar se há qualquer sentimento de culpa, arrependimento, mágoas, raiva ou ódio, que seguramente contribuem para o sofrimento do paciente.

Nas últimas décadas, tem crescido a preocupação com a assistência espiritual a esses pacientes, respeitando suas crenças e religiões. Cresce a cada ano o número de faculdades que inserem em seu currículo disciplinas que possam orientar melhor os futuros profissionais sobre como se comportar nesse aspecto. A avaliação da assistência espiritual a esse grupo de pacientes tem se revelado de efeito consolador, promovendo inclusive a melhora de sintomas clínicos.[25] Dessa forma, a permanência do paciente em sua casa, na presença da família e de amigos, sempre que a condição clínica assim o permitir, tem sido uma prática comum. Se for necessária a hospitalização, em função de maior conforto às necessidades clínicas do paciente, este poderá permanecer em enfermarias, onde o trânsito é facilitado no momento de despedida. Mesmo para aqueles que possam se encontrar em regime de terapia intensiva, promover condições de acolhimento, com permissão das visitas, é uma medida mais humanizada para assistir o paciente.

A humanização da assistência ao moribundo não deve se limitar ao paciente, devendo, sempre que possível, socorrer a família, que, muitas vezes, se encontra mais necessitada do que o próprio paciente, que está em condições de inconsciência ou sedação profunda. A assistência humanizada a esses pacientes, para que possam passar pelo instante da morte de modo mais digno, tem se tornado um desafio aos profissionais enraizados somente na ciência. Promover a conscientização da dignidade da morte, evitando a distanásia, é a grande questão que se coloca para o ponto de conclusão deste capítulo, que é a ortotanásia.

O DILEMA DA ORTOTANÁSIA

A constatação do quadro de distanásia leva à reflexão de cessar todos os esforços e permitir que o paciente siga o curso natural para a morte. Não é uma decisão confortável aos profissionais da saúde nem aos familiares e responsáveis,[26] mas há que se estabelecer uma nítida diferença entre a ortotanásia e a eutanásia. Enquanto na última se antecipa o fato da morte, na primeira, o paciente não é abandonado na sua assistência, optando-se pelo desenlace natural da morte para que não se prolongue o sofrimento. Acatar a ortotanásia como uma conduta legal, dentro de critérios analisados em comum acordo entre a equipe multiprofissional e os familiares diretamente envolvidos, é um procedimento que visa a promover uma morte com maior dignidade.

O confronto entre uma possível conduta médica legal e a condição jurídica ilegal de omissão aguarda definições.[27]

CONCLUSÕES

Ainda que a discussão possa se prolongar, em função da complexidade do tema, é necessário que desde já se avalie a necessidade de cada caso que se apresenta no nosso cotidiano. São situações concretas que estão ocorrendo e que não aguardam a decisão da lei. Para que assim se atue, que cada profissional procure crescer na sua reflexão pessoal, compartilhe com seus colegas de equipe, escute os principais envolvidos e decidam com respeito pelo que a consciência conduz a uma despedida digna, na qual não se aprisiona a vida na morte, mas permite uma transição a continuidade para os que assim acreditam.

MORRER COM DIGNIDADE

Encerra-se este capítulo com o relato de um fato envolvendo uma religiosa do século XX, conhecida por seu trabalho na Índia com moribundos procedentes das condições mais miseráveis que a vida humana pode percorrer.

Escreveu Curtis Pepper:

> Chamava-o pelo seu nome, Onil, e sussurava-lhe, em língua bengali, palavras de conforto. Nenhum hospital tinha querido recebê-lo. Ninguém, naquela cidade [Calcutá] de cinco milhões de habitantes, onde estão recenseados oficialmente três mil bairros pobres, tinha tido tempo de estender-lhe a mão enquanto estava para expirar. "Como te sentes, Onil?" – pergunta Madre Teresa. Para o velho já não havia esperança alguma: a desnutrição tinha-o levado ao ponto donde já não é possível voltar atrás. Nem o alimento, nem a ciência, nem nada o podiam salvar. Clinicamente, Onil estava morto, se bem que conseguisse falar ainda: 'Vivi como um animal, mas agora morro como um ser humano..." Logo a seguir, expirou nos braços da Irmã que rezava por ele em bengali.[28]

REFERÊNCIAS BIBLIOGRÁFICAS

1. Lenoir F. Vida após a morte. In: Entre o céu e o inferno. História viva. São Paulo: Duetto Editorial.
2. Gaarder J, Hellern V, Notaker H. O livro das religiões. São Paulo: Companhia das Letras, 2005.
3. Pessini L, Barchifontaine CP. Problemas atuais de bioética. São Paulo: Loyola, 2005.
4. Pessini L. Bioética: um grito por dignidade de viver. São Paulo: Paulinas, 2006.
5. Pessini L, Bertachini L. Humanização e cuidados paliativos. São Paulo: Loyola, 2004.
6. Santana JCB, de Paula KF, Campos ACV, Rezende MAE, Barbosa BDG, Dutra BS et al. Cuidados paliativos aos pacientes terminais: percepção da equipe de enfermagem. Revista Bioethikos – Centro Universitário São Camilo 2009; 3(1):77-86.

7. Moritz RD, Lago PM, Souza RP, Silva NB, Meneses FA, Othero JCB et al. Terminalidade e cuidados paliativos na unidade de terapia intensiva. Rev Bras Ter Intensiva 2008; 20(4):422-8.
8. Pessini L, Barchifontaine CP. Buscar sentido e plenitude de vida: bioética, saúde e espiritualidade. São Paulo: Paulinas, 2008.
9. Borges RCB. Eutanásia, ortotanásia e distanásia: breves considerações a partir do biodireito brasileiro, 2005. Disponível em: http://jus.com.br/revista/texto/7571. Acessado em: 30/1/2012.
10. Hintermeyer P. Eutanásia, a dignidade em questão. São Paulo: Loyola, 2006.
11. Pessini L. Eutanásia. Por que abreviar a vida? São Paulo: Loyola, 2004.
12. Pessini L. Distanásia. Até quando prolongar a vida? São Paulo: Loyola. 2001.
13. Ramos DLP, Kohler ICC, Silva ECC. Eutanásia. In: Ramos DLP (org.). Bioética. Pessoa e vida. São Caetano do Sul: Difusão, 2009.
14. Kovács MJ. Bioética nas questões da vida e da morte. Psicol USP 2003; 14(2).
15. Junges JR, Cremonese C, Oliveira EA, Souza LL, Backes V. Reflexões legais e éticas sobre o final da vida: uma discussão sobre a ortotanásia. Revista de Bioética 2010; 18(2):275-88.
16. Martins MSM. Direito à morte digna: eutanásia e morte assistida. Disponível em: http://jus.com.br/revista/texto/18008. Acessado em: 30/1/2010.
17. Praxedes H. Paciente terminal. In: Martins IGS (coord.). Direito fundamental à vida. São Paulo: QuartierLatin do Brasil, 2005.
18. Goldim JR. Eutanásia-Holanda. Disponível em http://www.bioetica.ufrgs.br/eutanhol.htm. Acessado em: 31/1/2012.
19. Vreij H. Médicos holandeses querem regras mais amplas para a eutanásia. 8/9/2011. Disponível em: http://www.rnw.nl. Acessado em: 31/1/2012.
20. Pires MCC, Kurtinaitis LCL, Santos MSP, Passos MP, Sougey EB, Bastos Filho CC. Fatores de risco para tentativa de suicídio em idosos. Neurobiologia 2009; 72(4).
21. Monteiro F. Ventilação mecânica e obstinação terapêutica ou distanásia, a dialética da alta tecnologia em medicina intensiva, ética da alta tecnologia em medicina intensiva. Rev Port Pneumol 2006; XII(3):281-91.
22. Santana JCB, Rigueira ACM, Dutra BS. Distanasia: reflexões sobre até quando prolongar a vida em uma Unidade de Terapia Intensiva na percepção dos enfermeiros. Revista Bioethikos – Centro Universitário São Camilo 2010; 4(4):402-11.
23. Pessini L, Barchifontaine CP. Bioética e longevidade humana. São Paulo: Paulinas, 2006.
24. Fleck MPA. Avaliação da qualidade de vida, WHOQOL 1998. Disponível em: http://www.ufrgs.br/psiq/whoqol.htlm. Acessado em: 31/1/2012.
25. Koenig HG. Espiritualidade no cuidado com o paciente. Por quê, como, quando e o quê. São Paulo: Jornalística, 2005.
26. Bomtempo TV. A ortotanásia e o direito de morrer com dignidade: uma análise constitucional. Revista Internacional de Direito e Cidadania 2011; 9:169-82.
27. News Med BR. Ortotanásia: Senado aprova lei que exclui de ilicitude a ortotanásia. 2009. Disponível em: http://www.news.med.br/p/saude/52543/ortotanasia+senado+aprova+lei+que+e.htm>. Acessado em: 30/1/2012.
28. Solidariedades. 26/6/2007. Disponível em: http://caminhos-de-solidariedade.blogspot.com/2007/06/madre-teresa-de-calcut.html. Acessado em: 30/1/2012.

CAPÍTULO 19

Ergonomia a serviço do bem-estar pessoal e do trabalho

MARIA CONCEPCIÓN MENÉNDEZ MONTAÑÉS
DENISE PARÁ DINIZ

EVOLUÇÃO E CONCEITOS

Etimologicamente, o termo "ergonomia" vem do grego *nomos*, que significa norma, lei natural, e *ergo*, que significa trabalho. Esse termo entrou para o léxico moderno quando Wojciech Jastrzebowski o usou em um artigo em 1857.

Em 1700, o médico italiano Bernardino Ramazzini foi o primeiro a escrever sobre doenças e lesões relacionadas ao trabalho, em sua publicação denominada *De morbis artificum* (Doenças ocupacionais). Ramazzini foi discriminado por seus colegas médicos por visitar os locais de trabalho de seus pacientes a fim de identificar as causas de seus problemas. No século XIX, Frederick Winslow Taylor lançou seu livro *Administração científica*, com uma abordagem que buscava a melhor maneira de executar um trabalho e suas tarefas. Mediante aumento e redução do tamanho e do peso de uma pá de carvão, até que a melhor relação fosse alcançada, Taylor triplicou a quantidade de carvão que os trabalhadores podiam carregar em um dia.

No início dos anos 1900, Frank Bunker Gilbreth et al. expandiram os métodos de Taylor para desenvolver *Estudos de tempos e movimentos*, o que ajudou a melhorar a eficiência, eliminando passos e ações desnecessárias.

A Segunda Guerra Mundial marcou o advento de máquinas e armas sofisticadas, criando demandas cognitivas jamais vistas antes por operadores de máquinas, em termos de tomada de decisão, atenção, análise situacional e coordenação entre mãos e olhos. Assim, vários cientistas passaram a reconhecer a importância do desenvolvimento de teoria e práticas adequadas. Em 1949, por exemplo, K. F. H. Murrel, engenheiro inglês, começou a produzir um conteúdo mais preciso a esse respeito e reconheceu essa disciplina científica, criando a primeira associação nacional de Ergonomia, a Ergonomic Research Society, que reunia fisiologistas, psicólogos e engenheiros que se interessavam pela adaptação do trabalho ao homem. A partir de então, a ergonomia se desenvolveu em outros países industrializados e em vias de desenvolvimento. Nas décadas seguintes à guerra e até os dias atuais, a ergonomia continuou a se desenvolver e a se diversificar.

O termo "ergonomia" foi adotado nos principais países europeus, a partir de 1950, quando se fundou, em 1959, em Oxford, a Associação Internacional de Ergonomia (International Ergonomics Association – IEA). Em 1961, essa associação realizou seu primeiro congresso em Estocolmo, na Suécia.[1] Nos Estados Unidos, foi criada a Human Factors Society, em 1957, e até hoje o termo mais frequente naquele país continua a ser *human factors and ergonomics* (fatores humanos e ergonomia) ou simplesmente *human factors*, embora "ergonomia" seja aceito como sinônimo desde a década de 1980.[2,3]

Segundo a Research Society, ergonomia é o estudo do relacionamento entre o homem e seu trabalho, equipamento e ambiente e, particularmente, da aplicação dos conhecimentos de anatomia, fisiologia e psicologia na solução dos problemas surgidos nesse relacionamento.

A IEA conceitua ergonomia como o estudo científico da relação entre o homem e seus meios, métodos e espaços de trabalho. Seu objetivo é elaborar, mediante a contribuição de diversas disciplinas científicas que a compõem, um corpo de conhecimentos que, dentro de uma perspectiva de aplicação, deve resultar em uma melhor adaptação do homem aos meios tecnológicos e aos ambientes de trabalho e de vida.[3] Segundo a Associação Brasileira de Ergonomia (Abergo), "a ergonomia é a adaptação do trabalho às características fisiológicas e psicológicas do ser humano".[4]

De acordo com a Organização Internacional do Trabalho (OIT), a ergonomia é a aplicação das ciências biológicas humanas e o ajustamento mútuo ideal entre o homem e seu trabalho, cujos resultados se medem em termos de eficiência humana e bem-estar no trabalho. É um conjunto de ciências e tecnologias que procura o ajuste confortável e produtivo entre o ser humano e seu trabalho.

Atualmente, pode-se constatar que ergonomia é concebida como uma ciência e tecnologia interdisciplinar (biomecânica, fisiologia, arquitetura, engenharia, psicologia, desenho, medicina, pedagogia, etc.) que cuida da pessoa em atividade. Seu interesse está centrado na adaptação das características e necessidades da pessoa (operário, usuário, residente, paciente) e de produtos, situações de trabalho, máquinas, materiais, ambiente, transporte e serviços para evitar esforços excessivos ou desnecessários, manter a saúde e promover o bem-estar. Servindo à adaptação e ao desenvolvimento das áreas de habilidade das pessoas, tem como objetivo estimular uma utilização mais eficaz dos recursos. Do ponto de vista operacional, oferece critérios de intervenção que procuram a manutenção e o controle da conduta ativa das pessoas tanto no âmbito pessoal como no profissional, ou seja, tem como objetivo o incentivo da competência, da atividade e do controle diante do desamparo e do risco biopsicossocial.

No Brasil, o Ministério do Trabalho e Emprego reconheceu essa ciência e elaborou várias normas regulamentadoras, entre elas, a NR 17, que trata especialmente do tema Ergonomia. A NR 17/Ergonomia determina parâmetros de adaptação das condições de trabalho às características psicofisiológicas dos trabalhadores, proporcionando um máximo de conforto, segurança e desempenho eficiente.[5]

A Associação Brasileira de Normas Técnicas (ABNT) publicou, em 2011, duas normas sobre ergonomia. A Comissão de Estudos Especiais de Ergonomia da Interação Humano-Sistema (ABNT/CEE-126) é a responsável pelas normas, que incluem:

- ABNT NBR ISO 9241-11:201: requisitos ergonômicos para o trabalho com dispositivos de interação visual (Parte 11: Orientações sobre usabilidade, adoção da ISO 9241-11:1998);
- ABNT NBR ISO 9241-12:2011: requisitos ergonômicos para o trabalho com dispositivos de interação visual (Parte 12: Apresentação da informação, adoção da ISO 9241-12:1998).[6]

Sobre o tema da ergonomia, existem cerca de 35 documentos normativos, como ambiente térmico, posturas de trabalho, sinais de perigo e de informação, entre outros. Contudo, o objetivo desse trabalho não é apresentar todas as normas disponíveis em ergonomia; é indicar os documentos publicados e em desenvolvimento sobre ergonomia de *softwares*.[7]

ÁREAS E APLICAÇÕES

Ainda como resultado dessa evolução positiva, a IEA divide a ergonomia em três domínios de especialização:[4]

- ergonomia física: lida com as respostas do corpo humano à carga física e psicológica. Tópicos relevantes incluem: manipulação de materiais, arranjo físico de estações de trabalho, demandas do trabalho e fatores como repetição, vibração, força e postura estática, relacionados a lesões musculoesqueléticas (lesão por esforço repetitivo);
- ergonomia cognitiva: também conhecida engenharia psicológica, refere-se aos processos mentais, como percepção, atenção, cognição, controle motor e armazenamento e recuperação de memória, e de que forma eles afetam as interações entre seres humanos e outros elementos de um sistema. Tópicos relevantes incluem: carga mental de trabalho, vigilância, tomada de decisão, desempenho de habilidades, erro humano, interação humano-computador e treinamento;
- ergonomia organizacional ou macroergonomia: relacionada à otimização dos sistemas sociotécnicos, incluindo sua estrutura organizacional, suas políticas e seus processos. Tópicos relevantes incluem: trabalho em turnos, programação de trabalho, satisfação no trabalho, teoria motivacional, supervisão, trabalho em equipe, trabalho à distância e ética.

Os mais de vinte subgrupos técnicos da Sociedade de Fatores Humanos e Ergonomia (Human Factors and Ergonomics Society – HFES) indicam a ampla faixa de aplicações dessa ciência.[2,8,9]

Ergonomia na realização do bem-estar pessoal

Ao contrário da ergonomia corretiva, a ergonomia prospectiva procura alternativas no desenho do trabalho, a fim de evitar a fadiga e o esgotamento do trabalhador, com o objetivo de promover a produtividade humana em benefício próprio e dos outros. Essa abordagem global inclui o desenho do equipamento e do local de trabalho, além das condições de trabalho determinadas por uma quantidade cada vez maior de processamento da informação e pela organização em contínua evolução em um contexto mundial de globalização, de mudança social e de progresso tecnológico. Ela envolve uma abordagem interdisciplinar de investigadores dos mais diversos campos, unidos pelo mesmo objetivo, e parte de uma base geral para uma moderna concepção da saúde e da segurança no trabalho.[10,11]

As principais diretrizes atuais estão focadas na análise do sistema sociotécnico a partir da avaliação dos efeitos das condições de trabalho, do desenvolvimento das novas tecnologias e da compensação dos riscos da organização e da produção, entre outras. Atualmente, a análise psicológica do trabalho é um relevante tema de interesse diante da necessidade de se ajustar às novas condições de trabalho derivadas do avanço tecnológico, das novas formas de organização e da comunicação, assim como dos contextos internacionais atuais e dos valores emergentes. Portanto, a ergonomia tem como objetos de investigação e de intervenção de um sistema que inclui a pessoa (e grupo), a máquina (meios técnicos) e o ambiente (físico, social e organizacional). O progresso, visto por esse enfoque sistêmico, envolve a otimização dos sistemas e suas interações com uma abordagem integral.[12] A preocupação reside em estabelecer uma aceitável qualidade de vida das pessoas a partir de uma perspectiva social e política.

Como mostra o Capítulo 21 – Qualidade de vida no trabalho: custos e benefícios, a atividade profissional é um dos âmbitos em que a preocupação tem aumentado, além da segurança do trabalho, e parece difícil combinar aspectos importantes para a pessoa, como a qualidade de vida, a segurança, o conforto, a saúde, a eficiência e o crescimento pessoal. Muitas vezes, a atividade laboral é focada ou realizada em condições que causam conflito entre essas conquistas e, assim, o resultado final não é favorável para a pessoa, já que, a princípio, o objetivo final do exercício profissional é saudável.

No Capítulo 1 – Qualidade de Vida Relacionada à Saúde e ao Trabalho, enfatiza-se a qualidade de vida como um conceito de caráter subjetivo e multidimensional, que inclui todos os fatores que impactam a vida do indivíduo. Associa-se a valorização pessoal de um indivíduo de dentro do contexto cultural e dos valores em que ele vive à sua situação de vida e tem-se como resultado a percepção de bem-estar resultante do equilíbrio entre os valores, objetivos, interesses, expectativas, exigências ambientais e recursos para lidar com elas.

O bem-estar pode ser definido operacionalmente como a associação de emoções ligadas ao sentimento de confiança em relação ao mundo que rodeia a pessoa, sua capacidade de lidar com os acontecimentos vitais significativos e com os conflitos e sua participação nas atividades. Atualmente, existe um grande interesse sobre o tema, destacando-se duas linhas de investigação:

- bem-estar subjetivo (concepção hedonista): resultado de um equilíbrio global entre o prazer e o desprazer, consiste em aspectos como a felicidade ou o resultado dos estados positivos e negativos (componente afetivo emocional) e a satisfação vital ou avaliação da trajetória vital (componente cognitivo);
- bem-estar psicológico (concepção eudaimonista): processo de conquista dos valores que fazem o indivíduo sentir-se vivo e autêntico e crescer como pessoas. Nesse enfoque, cabe destacar a proposta de Ryff[13] sobre as condições do bem-estar psicológico:
  - autoaceitação: capacidade de manter uma atitude positiva em relação a si mesmo;
  - relações positivas com os outros: capacidade de manter relações próximas com outras pessoas, baseadas em confiança mútua e empatia;
  - autonomia: qualidade de autodeterminação e capacidade de resistir à pressão social e avaliar a si mesmo e as situações em que se encontra a partir de critérios pessoais;
  - habilidade ambiental: existência de um senso de domínio e controle na gestão dos ambientes em que se está envolvido;
  - objetivo na vida: sensação de que a vida tem significado e que esse significado é capaz de integrar as experiências passadas ao presente e ao que o futuro traria. Inclui a presença de metas de vida definidas;
  - crescimento pessoal: visão de si mesmo como aberto a novas experiências que enriqueçam e permitam realizar todo o seu potencial.

Em relação à satisfação vital, os especialistas admitem a dificuldade de avaliar as necessidades individuais, que sempre limitam a intervenção otimizadora. A idade, por exemplo, é uma das variáveis que merece um tratamento mais de referência do que cronológico, pois reflete variações de percepção, expectativas, metas e objetivos para cada situação pessoal.

A satisfação com a vida e o bem-estar são resultados da execução de mecanismos e estratégias de adaptação e de integração que possibilitam o ajuste necessário e facilitam o cotidiano, permitindo redefinir expectativas, realizações e metas ao longo da vida. Os pesquisadores indicam alguns parâmetros para avaliar a qualidade de vida percebida:

- percepção da saúde;
- valorização do ambiente;
- satisfação social;
- habilidades funcionais;
- atividades/lazer;
- satisfação existencial.

Em função desses estudos, tornou-se imprescindível que, no contexto ocupacional, haja avaliações e ações que enfatizem as necessidades desses profissionais para que se consiga uma interação adequada entre necessidades, exigências e recursos. A intenção é promover a adaptação da pessoa como sistema biopsicossocial para adaptação à carga de trabalho e às condições ambientais e contextuais, evitando experiências do processo do estresse ocupacional. Assim, interessa o equilíbrio adequado entre o esperado e o conseguido, enquanto, desde a referência pessoal, se enfoca o interesse no equilíbrio entre ser/ter/representar e os níveis de aspirações.

A ergonomia, como ciência e técnica, pode colaborar na conquista desse equilíbrio a partir do desenho de sistemas de trabalho mais coerentes, consistentes e saudáveis, além de possuir entorno exclusivamente profissional e em situações patogênicas que geram fadiga, estresse, insatisfação ou falta de motivação. Com base nessa norma, que considera de modo sistêmico a hierarquia das necessidades pessoais e a hierarquia das áreas de competência do comportamento e dos atributos ambientais desejáveis, propõe-se um modelo de intervenção, mostrado na Figura 1.

Os atributos ambientais desejáveis[14] favoreceriam a habilidade na conduta e permitiriam satisfazer as necessidades tanto pessoais[15] como laborais, que são:[16,17]

- segurança: capacidade de um ambiente para minimizar os acidentes e riscos e de poder oferecer assistência em caso de necessidade. A saúde física é a mais importante dentro dos diversos âmbitos da competência da conduta;
- proteção: capacidade do ambiente para garantir psicologicamente segurança e outras necessidades pessoais. Portanto, assume o aspecto psicológico da manutenção da saúde física, incluindo também as necessidades de segurança que não estão relacionadas à saúde;

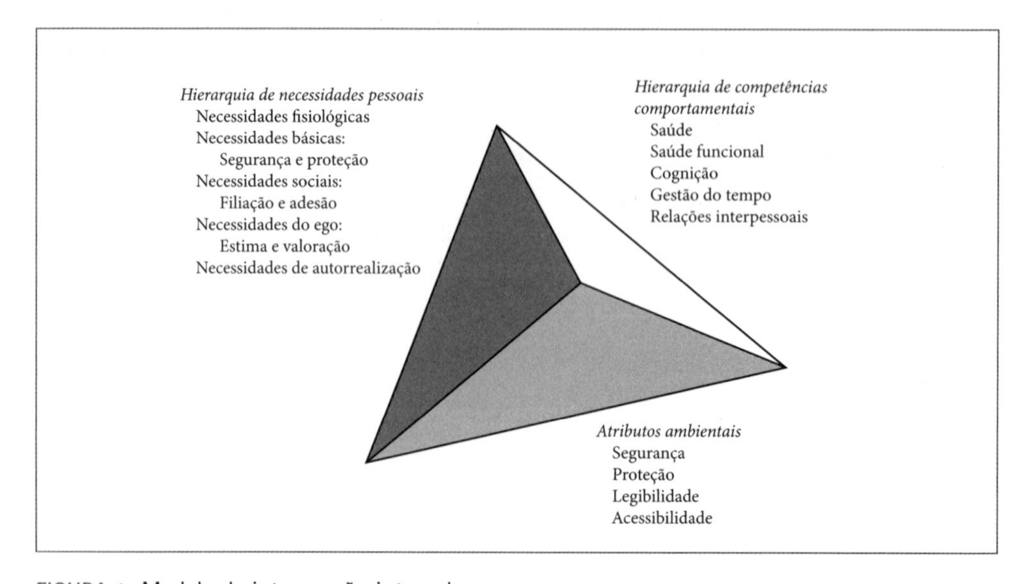

FIGURA 1 Modelo de intervenção integral.

- acessibilidade: capacidade do ambiente para garantir a entrada, o transporte e o uso dos recursos. Grande parte da saúde funcional, do uso do tempo e dos comportamentos sociais é facilitada pela acessibilidade;
- legibilidade: capacidade do ambiente para ser assimilável para o indivíduo, seja por meio de sinais, objetos indicativos ou estímulos estereotipados. Enquanto a capacidade cognitiva é especificamente otimizada por uma maior legibilidade, outros tipos de comportamentos adequados e competentes são ampliados, fazendo com que o ambiente seja compreensivo e previsível.

CRITÉRIOS PARA A ANÁLISE ERGONÔMICA

Para uma melhor otimização dos recursos nas situações de trabalho, é necessário realizar três níveis de análise, descritos a seguir.

Análise das condições de trabalho internas e externas

Incluem-se tanto as condições de caráter interno, próprias da pessoa (características antropométricas, idade, gênero, atitude, personalidade, qualificação/preparo, experiência/perícia ou estado orgânico), como as condições de caráter externo (condições físicas do entorno, técnicas, organizacionais, socioeconômicas, culturais, etc.).[18-20]

Análise das tarefas/atividades dos profissionais

Define a finalidade que se tem que alcançar em determinadas condições. Como técnica, pretende obter descrições das tarefas que as pessoas executam, representar essas descrições, prever dificuldades e avaliar os sistemas funcionais. É importante a situação da tarefa em seu contexto, bem como a descrição exaustiva dela conforme os objetivos, programas de funcionamento, divisão de tarefas, pressões temporais, regras, etc.

Análise de atividade

Envolve a descrição da atividade observável – o que faz, como, com o quê, onde, quando, quantas vezes, se consegue – assim como os mecanismos que regulam sua organização, isto é, as implicações perceptivas, cognitivas, motoras e sociais (coleta de informação, análise de situações, solução de problemas, tomada de decisões, coordenação, controle, ajuste espaço-temporal, atenção, automatização, socialização, etc.).

Análise das consequências/dos efeitos para o indivíduo e para o sistema

São importantes parâmetros, como carga de trabalho, rendimento, qualidade do produto, cansaço, absenteísmo, satisfação, saúde atual, a médio e longo prazo e efeito no sistema no qual a pessoa está integrada (família, equipe, empresa, comunidade). Além desses, consideram-se também a produtividade, a regularidade, a cooperação da equipe, a manutenção do material e das instalações, os incidentes, os acidentes, os conflitos, etc.

PRINCÍPIOS DE DESENHO ERGONÔMICO

De acordo com a norma da International Standard Organization ISO 6.385, de 2004,[21] "Princípios ergonômicos em desenho dos sistemas de trabalho", foram estabelecidos três grandes blocos de aspectos a se considerar, descritos a seguir.

Concepção do espaço e dos meios para a atividade

Avalia-se em função de:

- medidas corporais;
- posições, movimentos e esforços;
- meios de sinalização e representação;
- órgãos de mando/comandos ou dispositivos de controle.

Costuma-se a utilizar o termo "ergonomia geométrica", a partir do qual se atribui grande importância aos conceitos de plano e volume de trabalho, ângulos de conforto, repetição, redundância e compatibilidade.

Concepção do ambiente de trabalho

Refere-se à ergonomia ambiental, isto é, iluminação, cores, ambiente climático, ruído, vibrações, poluição e estado geral das instalações. É muito importante o desenho dos diferentes espaços físicos no local de trabalho e convém remover quaisquer obstáculos ou barreiras arquitetônicas e fatores de risco. Também é importante adequar a iluminação e a climatização, em razão de sua importância na realização de algumas atividades e de sua influência no estado de ânimo das pessoas. É igualmente importante incorporar os elementos decorativos pessoais e cuidar da seleção das cores. Devem-se considerar os diferentes tipos de usuários: pacientes, clientes, profissionais, etc.

Concepção dos processos de trabalho

Abrange a organização das tarefas quanto ao conteúdo do trabalho, às exigências de aptidões, responsabilidade, conhecimentos, monotonia, repetição, iniciativa e autonomia e às condições temporais (sequência e distribuição de tarefas, horas, turnos, horários, pausas, ritmo de trabalho, ajuste dos biorritmos, mudanças de horário, sincronização, etc.). Trata-se da ergonomia psicológica e psicossocial e da ergonomia temporal, de grande importância na administração e na organização das empresas, bem como na saúde e no bem-estar dos trabalhadores. É influência dos chamados fatores psicossociais e usa diferentes métodos para avaliar as condições de trabalho, conforme os contextos laborais e os interesses dos avaliadores (RNUR, FAGOR, EWA, ANACT, LEST, etc.).[12]

CARGA DE TRABALHO

A carga de trabalho refere-se às consequências para a pessoa das exigências da tarefa e às suas condições. Uma mesma tarefa avaliada de modo objetivo tem diferente carga de uma pessoa para outra; portanto, tem um caráter subjetivo. Ela pode ser avaliada por meio do funcionamento do organismo, do modo de interação com o meio, das modalidades da configuração usada, dos "sentimentos de carga" e por meio de procedimentos indiretos.

Seu caráter subjetivo aumenta a importância de sua consideração por parte dos profissionais da saúde e da segurança. Costuma-se distinguir entre carga física (CFT), carga mental (CMT) e carga psicossocial (CST) e pode ser apropriada ou não, nesse caso, por infracarga ou sobrecarga (Figura 2).

Por meio de vários métodos específicos, pode-se fazer uma avaliação dos parâmetros com os quais se avaliará as condições objetivas.[12] Pretende-se evitar situações que possam causar lesões, dores, conflitos e/ou desajustes no nível de ativação e ter consequência na saúde e no bem-estar das pessoas.

O trabalho deve ser estruturado de forma que evite toda carga interna inútil ou excessiva dos músculos, das articulações, dos ligamentos e do aparelho cardiocirculatório. Os esforços musculares devem situar-se nos limites fisiológicos satisfatórios e os movimentos corporais devem seguir um ritmo natural. Posturas, movimentos e esforços devem estar em harmonia entre si. A CFT inadequada pode provocar efeitos indesejados, como fadiga, contusões, cortes, fraturas, microtraumatismos repetitivos e problemas circulatórios. As precauções básicas são a prevenir quedas, a proteger a coluna, evitar a repetição, reduzir a força e melhorar a posição.

Ressalta-se uma série de situações de risco em relação à CFT: sobre-esforço e lesões osteomusculares por levantamento, deslocamento e acomodação de pessoas, ritmo de trabalho excessivo por *ratio* de pessoal elevada, realizar movimentos repetitivos com frequência, trabalhar muitas horas em pé, movimento de veículos de material, possíveis

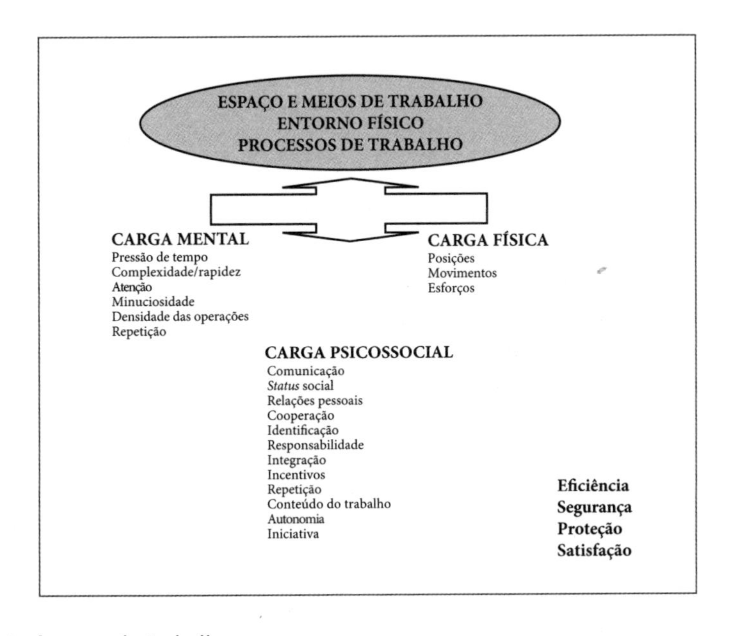

FIGURA 2 A carga de trabalho.

agressões por pessoas com disfunção cognitiva ou de personalidade e uso de instrumentos cortantes.

Fatores que podem incidir negativamente e que constituem possíveis queixas (CMT e CST) são:

- falta de *status* social da profissão no âmbito (sociossanitário, docente, etc.);
- falta de reconhecimento econômico ou moral da instituição pelo trabalho bem realizado;
- falta de recursos materiais, humanos e organizacionais adequados para o volume e a complexidade das operações diárias, necessários pelas dimensões dos centros (número de residentes, serviços prestados);
- falta de apoio e suporte do mando direto;
- não poder aplicar a criatividade pessoal na execução das próprias tarefas, em virtude de um autoritarismo excessivo;
- estilos de direção autoritários pouco participativos;
- adoção voluntária ou involuntária de responsabilidades superiores às que correspondem às funções de cada nível hierárquico;
- formas autoritárias de mando direto;
- ausência de pautas claras da direção, excesso de ambiguidade;
- formação específica insuficiente;
- impossibilidade de planificação pessoal em razão das mudanças de turnos diurno/noturno, de horários ou de centros de trabalho da empresa;
- medo de errar, de provocar sofrimento desnecessário, lesões, agravamento de patologias ou outros problemas nos residentes/pacientes;
- falta de cooperação entre os companheiros nas tarefas que devem ser realizadas em equipe;
- excessivo nível de exigência ou perfeccionismo na realização de tarefas;
- supervisão agressiva, autossuficiente, despersonalizada/impessoal, desmotivadora e/ou repressiva;
- estagnação no mesmo nível hierárquico, com falta de progresso e projeção profissional;
- falta de reconhecimento de cursos formativos realizados pelos empregados;
- relação interpessoal inadequada com o resto dos companheiros;
- inadequação do perfil profissional por problemas de cargo;
- insegurança no cargo de trabalho;
- fatores extralaborais (sociais, familiares, pessoais, etc.)

Muitas podem ser as consequências desses aspectos e sintomas, como o processo do estresse ocupacional, tema já abordado detalhadamente no Capítulo 20 – Estresse: saúde e trabalho, que pode ser causado em função de estressores presentes no contexto ocupacional, como superativação em decorrência de exigências excessivas, desproporção entre as exigências e a resposta dada, excesso/defeito de exigências relacionadas à própria capacidade de *coping* e percepção das exigências e/ou dos recursos para enfrentá-las.[12,22]

Há vários estudos relatando como muitos trabalhadores chegam ao *burnout*,[12] processo que traz como consequência um desequilíbrio no balanço entre as demandas e as expectativas, além de incluir a exaustão em virtude das excessivas demandas, impactando na energia, na motivação e em outros recursos pessoais.

O estresse crônico é produzido pelo contato com os clientes, pacientes e familiares, entre membros da equipe, com os gestores, etc., e pode levar, inclusive, ao distanciamento emocional do trabalho e/ou ao isolamento e/ou à desumanização. Observando-se a literatura internacional, constata-se, por exemplo, o inventário MBI de Maslach,[23] que, em 1986, definiu três dimensões para avaliação: cansaço emocional (CE), despersonalização (DP) e redução da autorrealização pessoal (RP). Isso mostra que anos atrás já se constatava que a avaliação deve incluir a compreensão de que o trabalhador enfrenta um processo que envolve todo o seu organismo nos aspectos biopsicossociais, que funcionam de forma dinâmica e integrada. Essa pessoa possui recursos que lhe permitem intervir em prol do equilíbrio, da saúde e do bem-estar, os quais devem ser acionados – daí a importância da utilização de estratégias preventivas com os colaboradores.[24]

FATORES PSICOSSOCIAIS NO TRABALHO

A implantação de medidas de intervenção preventiva que levem em conta aspectos psicossociais merece especial atenção. Uma categorização possível é:[12,25-27]

- organização do tempo de trabalho:
  - tempo de trabalho;
  - biorritmos;
  - flexibilidade de horários;
  - trabalho por turnos;
  - pausas e descansos;
- tarefa (tipo de conteúdo de trabalho):
  - caráter intrínseco;
  - caráter extrínseco;
  - ritmo de trabalho;
  - monotonia/repetitividade;
  - nível de qualificação;
  - nível de responsabilidade;
- estrutura da organização do trabalho e conduta organizacional:
  - estilo de direção;
  - participação;
  - tipo de supervisão e controle;
  - definição de rol;
  - comunicação;
  - clima organizacional;

- requisitos para motivação no trabalho;
- desempenho e evolução;
- relações interpessoais;
- novas estratégias de trabalho.

Dessa forma, tornou-se imprescindível realizar uma avaliação dos fatores psicossociais por meio de métodos reconhecidos que incluam avaliação de riscos e que possuam abrangência para a proposta de ação preventiva. Esses métodos devem permitir identificar as características da organização do trabalho que se apresentam e possuem a vantagem de poder ser utilizadas em qualquer setor e situação laboral, facilitando o desenho de adequadas soluções preventivas.

A participação é considerada essencial em todo o processo de intervenção preventiva. O método CoPsoQ serve como exemplo e a licença para sua utilização exige a participação das três partes: o empresário e seus representantes, os trabalhadores e seus representantes e os técnicos.[12,28]

PREVENÇÃO DE RISCOS DE CARÁTER PSICOSSOCIAL E OTIMIZAÇÃO DOS RECURSOS

Os programas de qualidade de vida no trabalho geralmente incluem alguma das seguintes iniciativas: solução de problemas participativa, redesenho de processos de trabalho, sistemas de compensação inovadores e melhoras ergonômicas do ambiente físico.

Para a intervenção nos riscos de caráter psicossocial, estudos apontam vasta utilização do modelo demanda-controle-apoio social,[29,30] que permite avaliar as situações e definir os critérios e parâmetros para realizar as mudanças otimizadoras. Karasek[29] observou que os efeitos do trabalho na saúde e no comportamento pareciam ser resultado da combinação das demandas psicológicas laborais e das características estruturais do trabalho, relacionadas à possibilidade de decisão e utilização de seus próprios recursos. Isso o levou a propor um modelo bidimensional que integrasse esses dois tipos de conclusões e que fosse útil para um amplo grupo de efeitos psicossociais das condições de trabalho (Figura 3).[12,29,30]

Por outro lado, epidemiologicamente, pode-se ver o papel amortecedor de uma terceira variável, o apoio social, que foi incorporado ao modelo. A partir dessa tripla perspectiva do modelo demanda-controle-apoio social, as propostas são as seguintes:[12]

- intervenção sobre as demandas:
  - distribuir com claridade e transparência as tarefas e competências;
  - estabelecer objetivos claros de trabalho;
  - marcar prioridades nas tarefas;
  - estabelecer a carga de trabalho considerando o conteúdo tanto quantitativo como qualitativo da tarefa;
  - estabelecer a carga de trabalho considerando as capacidades e os recursos da pessoa;

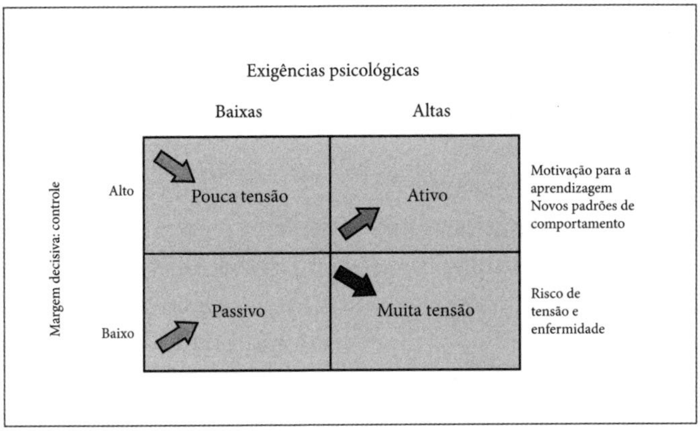

Exigências psicológicas

Baixas

Altas

Margem decisiva: controle

Alto

Baixo

Pouca tensão

Ativo

Passivo

Muita tensão

Motivação para a aprendizagem
Novos padrões de comportamento

Risco de tensão e enfermidade

FIGURA 3 Modelo demanda-controle.

Fonte: adaptado de Karasek, 1979.[29]

  - planificar e coordenar os trabalhos levando-se em consideração a possível chegada de trabalho extra ou um imprevisto;
  - proporcionar pessoal suficiente nas unidades de trabalho;
  - substituir adequadamente as baixas;
  - estabelecer pausas que permitam uma recuperação adequada depois de tarefas muito exigentes;
  - proporcionar tempo suficiente para que se possa fazer bem o trabalho;
  - estabelecer mecanismos que permitam ao trabalhador decidir sobre o ritmo e a quantidade de trabalho e as pausas;
- intervenção sobre o apoio social:
  - impulsionar a criação de grupos de consulta para diversos temas (p. ex., qualquer mudança no conteúdo e na estrutura do trabalho);
  - potencializar o trabalho em equipe e a comunicação;
  - consultar sobre a composição da equipe de trabalho;
  - fornecer formação específica sobre o trabalho em equipe;
  - favorecer o trabalho em pares quando não forem possíveis o enriquecimento, a ampliação de tarefas e o trabalho em equipe;
  - estabelecer objetivos de equipe que favoreçam a colaboração entre os companheiros;
  - criar espaços para reflexão e compartilhar dúvidas e experiências em comum;
  - dar espaço e importância às reuniões de trabalho iguais às outras tarefas que se realizam dentro do horário (p.ex., incluindo-as na programação, não as colocando no fim do dia, etc.);
  - estabelecer sistemas de recompensa e reconhecimento do trabalho;
  - estabelecer sistemas de retroalimentação/*feedback* ao trabalhador sobre seu desempenho;

  - apoiar as decisões tomadas pelos trabalhadores no desenvolvimento de suas tarefas habituais;
  - informar os trabalhadores sobre os assuntos que lhes dizem respeito e interessam;
  - proporcionar ao pessoal intermediário informação relacionada à direção/administração de pessoal;
  - avaliar formal e explicitamente o trabalho coletivo;
  - estabelecer medidas para prevenir o comportamento competitivo entre os trabalhadores (sistema de remuneração, acesso à informação, sistema de promoção, etc.);
  - divulgar, por parte da direção, declaração pública que rejeite explicitamente qualquer forma de acesso na empresa;
- intervenção sobre o controle:
  - estabelecer mecanismos que permitam ao trabalhador tomar decisões sobre os métodos e a ordem das tarefas;
  - assegurar mecanismos de consulta em relação às decisões que afetam a unidade ou o departamento onde se trabalha;
  - eliminar o trabalho estritamente controlado ou programado;
  - proporcionar tarefas significativas e com sentido;
  - incluir demandas que impliquem decisões qualificadas;
  - proporcionar tarefas que envolvam desafio;
  - criar oportunidades para a autorrealização;
  - proporcionar, para todos os *status* do trabalho, as oportunidades de aprender e usar habilidades novas;
  - proporcionar formação suficiente para assumir tarefas e responsabilidades;
  - proporcionar oportunidades de mais desenvolvimento profissional (formação contínua e específica, disposição de possibilidades de promoção);
  - potencializar o uso das capacidades mentais no trabalho em série;
  - ampliar e diversificar as tarefas mais ou menos criativas;
  - estabelecer, sempre que possível, o enriquecimento das tarefas, incluindo tarefas de planificação, controle de qualidade, etc.;
  - negociar com os trabalhadores sistemas de rotação, ampliação ou enriquecimento de tarefas para os cargos/áreas de piores condições psicossociais;
  - proporcionar um suprimento adequado de meios materiais;
  - evitar a excessiva burocratização das tarefas.

A OIT, seguindo o modelo demanda-controle-apoio social de Karasek,[29] propõe programas para a prevenção do estresse cuja intervenção está baseada nos diferentes focos de atenção.[31] Ampliando essa proposta, consideram-se possíveis estratégias:[12]

- Indivíduo:
  - facilitar a formação contínua;
  - sugerir assessoramento especializado sobre problemas pessoais;
  - promover programas de treinamento das habilidades psicológicas e sociais;

- Padrão de comunicação:
  - programas de informação-formação sobre estresse, *burnout*, *mobbing*, desenvolvimento pessoal, treinamento psicológico, etc.;
  - melhorar os sistemas de comunicação;
  - mitigar os conflitos por meio da comunicação;
  - fomentar a confiança interpessoal;
  - aplicar grupos de discussão;
- Estrutura e realização da tarefa:
  - enriquecimento do trabalho;
  - turnos, pausas e descansos;
  - controle e autonomia;
  - novas formas de trabalho: trabalho em equipe, grupos semiautônomos, flexisseguridade, técnicas de desenvolvimento de equipe *(teambuilding)*, teletrabalho, círculos de qualidade;
- Mudança organizacional:
  - diálogo entre as diferentes partes;
  - alternativas ergonômicas;
  - estilos diretivos eficientes e saudáveis;
  - métodos de interação participativa;
  - avaliação e intervenção nos fatores psicossociais;
  - reflexão sobre as planilhas e os sistemas de contratação;
  - respeito pela diversidade: contra o sexismo, o edaísmo (para jovens ou idosos), o racismo, etc.;
  - cuidar dos planos de carreira;
  - confidencialidade e respeito pela vida pessoal.

PROPOSTA DE INTERVENÇÃO INTEGRAL

A intervenção integral sobre situações de desajuste e de estresse é proposta com uma visão ergonômica e sistêmica, que deverá influir nos fatores individuais, sociais e organizacionais que o geram, tomar medidas atenuantes e corretivas e adotar atitudes e ações preventivas (Figura 4). O enfoque multidimensional considera os componentes situacional, fisiológico, psicológico e comportamental que abrangem diferentes aspectos importantes para conquistar o bem-estar pessoal e laboral.[25]

Componente situacional

Procurar a adequada interação entre as demandas do meio e os recursos pessoais, o que implica adaptar o entorno físico e social a:

- instalações: espaços e acessos;
- entorno laboral: dispositivos informativos, ferramentas, etc.;
- condições ambientais: iluminação, ruído, etc.;

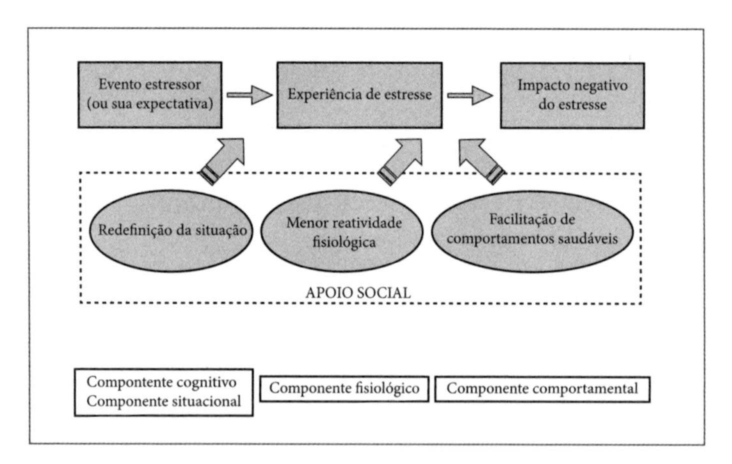

FIGURA 4 Intervenção no processo de estresse.
Fonte: adaptada de Cohen e Syme, 1985.[1]

- exigências das tarefas e condições organizacionais para seu desempenho, evitando infracarga e sobrecarga de trabalho.

Devem-se considerar também:

- papéis e responsabilidades;
- clima organizacional;
- condições temporais;
- conteúdo, repetitividade, autonomia;
- participação nas decisões.

Componente fisiológico

Considerar os câmbios fisiológicos ligados às reações emocionais e estas como consequência de uma inadequada vivencia laboral. Isso implica:

- fomentar a conscientização das mudanças;
- desenvolver estratégias de enfrentamento (*coping*) para evitar o abuso farmacológico e prevenir a dependência de substâncias (tabaco, álcool, jogo, etc.).

Componente cognitivo

Uma vez que, por meio do pensamento, a pessoa cria a realidade à qual ela responde, é importante melhorar o processo de avaliação cognitiva em suas atividades básicas:

- recepção automática da informação;
- avaliação das demandas da situação (irrelevante, benigna ou estressante);
- avaliação das habilidades para enfrentar a situação;

- seleção da resposta que dará lugar a diferentes estratégias de *coping*:
- confronto;
- distanciamento;
- autodomínio;
- busca de apoio social;
- aceitação da responsabilidade;
- fuga/esquiva;
- planejamento;
- reavaliação positiva.

Por tudo isso, convém fomentar:

- pensamentos positivos;
- atitudes adequadas relacionadas à motivação da competência e realização;
- capacidade de análise das possibilidades e habilidades pessoais reais;
- autoeficácia e percepção do controle.

Componente comportamental

A percepção e o controle das situações aumentam quando as pessoas melhoram sua competência, suas habilidades, seus conhecimentos e suas atitudes. A confiança nas próprias possibilidades aumenta quando se melhoram os níveis físico, técnico-estratégico, psicológico e social. A qualidade de vida melhora quando o clima organizacional fomenta:[12,32]

- administração de seu tempo;
- planificação de metas, objetivos e tarefas;
- negociação;
- delegação eficaz;
- equidade;
- trabalho em equipe;
- comunicação;
- relações interpessoais;
- autodomínio;
- flexibilidade e tolerância;
- senso de lazer e da satisfação vital.

CONCLUSÕES

A ergonomia é concebida como uma ciência e tecnologia interdisciplinar (biomecânica, fisiologia, arquitetura, engenharia, psicologia, desenho, medicina, pedagogia, etc.) que cuida da pessoa em atividade. Pode ser conceituada como a disciplina científica relacionada ao entendimento das interações entre seres humanos e outros elementos de um sistema. Caracteriza-se por ser uma profissão que aplica teoria, princípios, dados e métodos para otimizar o bem-estar humano e o desempenho geral de um sistema.

Os ergonomistas contribuem para o projeto e a avaliação de tarefas, trabalhos, produtos, ambientes e sistemas, a fim de torná-los compatíveis com as necessidades, habilidades e limitações das pessoas. A ergonomia possui como objetivo o incentivo da competência, da atividade e do controle diante do desamparo e do risco biopsicossocial.

Os maiores riscos atuais no âmbito pessoal e laboral não são os relacionados aos problemas somáticos decorrentes de quedas ao vazio, intoxicações, lesões ou microtraumatismos repetitivos; o principal problema diz respeito à saúde mental. Os especialistas insistem na proliferação dos transtornos de humor e personalidade. A ansiedade, a depressão, o vício, o transtorno bipolar e outros tipos de psicoses estão se generalizando em todas as idades e se tornando um verdadeiro problema preventivo e terapêutico. O "Pacto europeu para a saúde mental e o bem-estar: juntos pela saúde mental e o bem-estar", realizado em Bruxelas, em junho de 2008, propõe as seguintes áreas prioritárias: prevenção da depressão e do suicídio e saúde mental no ambiente laboral.[33] O Pacto, ao salientar a importância da saúde mental no meio laboral, propõe:

- melhorar a organização laboral, a cultura organizativa e as práticas de liderança para impulsionar o bem-estar no trabalho e favorecer a conciliação das vidas laboral e familiar;
- desenvolver programas de saúde mental e de bem-estar que incluam projetos de avaliação e prevenção de riscos para situações que possam ter efeitos adversos na saúde mental dos trabalhadores (estresse, comportamento agressivo, como violência ou assédio no trabalho, uso de drogas ou álcool) e padrões de intervenção precoce no trabalho;
- proporcionar medidas para apoiar a contratação, a manutenção ou a reabilitação e a reintegração ao trabalho de pessoas com problemas de saúde mental.

Assim, torna-se imprescindível o desenvolvimento de ações laborais em programas com métodos estabelecidos pela ergonomia, os quais visam ao estabelecimento de parâmetros que permitam a adaptação das condições de trabalho às características psicofisiológicas dos trabalhadores, de modo a proporcionar um máximo de conforto, segurança, qualidade de vida e desempenho eficiente.

REFERÊNCIAS BIBLIOGRÁFICAS

1. Cohen S, Syme SL. Social support and health. Orlando: Academic Press, 1985.
2. International Ergonomics Association. What is ergonomics. IEA, 2010. Disponível em: http://www.iea.cc/browse.php?contID=what_is_ergonomics. Acessado em 12/12/2011.
3. Human Factors Ergonomics Society. Human Factors Ergonomics Society. HFES. Disponível em: http://www.hfes.org/web/Default.aspx.
4. Associação Brasileira de Ergonomia. O que é ergonomia? Abergo, 2010. Disponível em: http://www.abergo.org.br/.

5. Legislação de Ergonomia. Disponível em: http://www.ergonomianotrabalho.com.br/legislacao.html. Acessado em 23/04/2012.
6. Associação Brasileira de Normas e Técnicas. ABNT publica normas sobre ergonomia. Disponível em: http://www.protecao.com.br/site/content/noticias/noticia_detalhe.php?id=JayAAJy4. Acessado em 23/04/2012
7. International Organization for Standardization. Disponível em: http://www.iso.org/iso/.
8. Dul J, Weedmeester B. Ergonomia prática. São Paulo: Edgard Blücher, 1995.
9. Vicente K. Homens e máquinas: como a tecnologia pode revolucionar a vida cotidiana. Rio de Janeiro: Ediouro, 2005.
10. Dejours C. O fator humano. Rio de Janeiro: Fundação Getulio Vargas, 1997.
11. Lauring W, Vedder J. OIT. Ergonomía: herramientas y enfoques. In: OIT. Enciclopedia de salud y seguridad en el trabajo. Geneva: OIT, 1998. Disponível em: http://www.insht.es/InshtWeb/Contenidos/Documentacion/TextosOnline/EnciclopediaOIT/sumario.pdf. Acessado em 17/01/2012
12. España. Ministerio de Trabajo y Asuntos Sociales. Instituto Nacional de Seguridad e Higiene en el Trabajo. Notas Técnicas de Prevención (NTP). Disponível em: http://www.insht.es/InshtWeb/Contenidos/Documentacion/FichasTecnicas/. Acessado em 15/01/2012
13. Ryff CD. Happiness is everything or is not? Exploration on the meaning of psychological well-being. J Person Social Psych 1989; 57:1069-81.
14. Lawton MP. Medio ambiente y satisfacción de necesidades en el envejecimiento. In: Castersen, Edelweis (eds.). El envejecimiento y sus trastornos. Barcelona: Martinez Roca, 1989.
15. Maslow AH. El management según Maslow: una visión humanista para la empresa de hoy (orig.: Maslow on Management). Barcelona: Editorial Paidós Ibérica, 2005.
16. Herzberg FI. One more time: How do you motivate employees? Harvard Business Review Sep/Oct 1987; 65(5):109-20.
17. McClelland DC. Managing motivation to expand human freedom. Am Psych 1978; 33(3):201-10.
18. Díaz-Morales JF, Sánchez-López MP. Relevancia de los estilos de personalidad y las metas personales en la predicción de la satisfacción vital. Anales de Psicología 2001; 17(2):151-8.
19. García MA, Berrios MP. El significado del trabajo en personas con patrón de conducta tipo A. Psicothema 1999; 11(2):357-66.
20. Kobasa SC, Maddi SR, Kahn S. Hardiness and health: a prospective study. J Person Social Psychol 1982; 42(1):168-77.
21. International Standard Organization. ISO 6385: 2004. Principios ergonómicos a considerar en el proyecto de los sistemas de trabajo. Norma UNE 1991; 81-425.
22. Lazarus RS, Folkman S. Estrés y procesos cognitivos. Barcelona: Martínez-Roca, 1984.
23. Maslach C, Jackson SE. Maslach Burnout inventory manual (MBI), 1981 Palo Alto: Consulting Psychologist Press, 1986.
24. Salanova M, Llorens S. Estado actual y retos futuros en el estudio del Burnout. Papeles del Psicólogo 2008; 29(1):59-67.
25. Menéndez C. Psicosociología. In: García-Ninet JI (coord.). Prevención de riesgos laborales: seguridad, higiene y salud en el trabajo. 2.ed. Barcelona: Atelier, 2005.

26. Schaufeli WB, Salanova ML. ¿Cómo evaluar los riesgos psicosociales en el trabajo? 2002. Disponível em: http://mtas.es/insht/revista/A 20 ST01.htm.
27. VVAA. Perspectivas de intervención en riesgos psicosociales. Evaluación de riesgos. Foment del Treball Nacional, 2006. Disponível em: www.foment.com/prevencion/documentos/perspectivas_intervencion_psicosociales.pdf.
28. Moncada S, Llorens C, Kristensen TS. Método ISTAS21 (CoPsoQ). Manual para la evaluación de riesgos psicosociales en el trabajo. Madrid: Istas, 2004. Disponível em: http://www.istas.ccoo.es/descargas/m_metodo_istas21.pdf.
29. Karasek R. Job demands, job decision latitude, and mental strain: implications for job redesign. Administrative Science Quarterly 1979; 24:285-309.
30. Karasek R, Theorell T. Healthy work. Stress, productivity, and the reconstruction of working life. Nova York: Basic Books, 1990.
31. Organización Internacional del Trabajo. La prevención del estrés en el trabajo. Condiciones de trabajo n.8. Madrid: INSHT, 1996.
32. Gasalla JM. La nueva dirección de personas. 5.ed. Madrid: Pirámide, 2000.
33. European Commission. European Pact for Mental Health and Well-being. Brussels, 2008. Disponível em: http://ec.europa.eu/ph_determinants/life_style/mental/index_en.htm.

CAPÍTULO 20

Estresse: saúde e trabalho

DENISE PARÁ DINIZ

INTRODUÇÃO

Nos últimos anos, um dos principais focos de atenção e preocupação das sociedades desenvolvidas e em desenvolvimento, como o Brasil, passou a ser o estresse. Desde a Revolução Industrial até os dias atuais, esse complexo processo passou a ser um dos principais responsáveis pela diminuição da qualidade de vida relacionada à saúde pessoal e corporativa.

"Estresse" é um dos termos mais utilizados tanto pela comunidade científica como pelo público em geral, difundido por diferentes meios de comunicação, para explicar inúmeros acontecimentos que o ser humano experimenta no cotidiano da vida moderna, nos vários contextos em que vive e se relaciona. A utilização generalizada, sem maiores reflexões, muitas vezes simplifica esse processo, ocultando os reais significados de suas implicações para o ser humano e as organizações.

Considerado um problema social e de saúde pública, sua prevenção tornou-se um dos principais objetivos no que se refere à nova visão de promoção de saúde biopsicossocial. Essa doença tem um elevado custo em termos de saúde e bem-estar.[1] Segundo dados da Organização Mundial da Saúde (OMS), 90% da população mundial é afetada pelo estresse em algum momento da vida, tomando aspectos de uma epidemia global.[2] Em 1992, o estresse foi categorizado pela Organização das Nações Unidas (ONU) como a doença do século XX e, recentemente, a OMS o descreveu como a maior epidemia mundial dos últimos 100 anos.[3,4]

A incidência do estresse não é limitada por idade, raça, sexo e/ou situação socioeconômica.[5] Estudos apontam que, nos Estados Unidos, grande parte das doenças que levam à morte é originada no estresse.[4,5] Outros estudos concluem que 75% dos trabalhadores apresentam condições físicas ou mentais relacionadas ao estresse. Esses números exorbitam no Japão, onde se estima que cerca de 30 mil trabalhadores morrem anualmente por excesso de trabalho.

O Brasil, por ser um país em desenvolvimento, propicia à sua população inúmeras mudanças no contexto sociocultural, nas áreas econômica, tecnológica e relacional a serem enfrentadas, alertando que o nível de estresse do brasileiro, que já é significativo, pode se tornar mais elevado.[5]

Foi constatado que esse processo está associado a um número significativo de portadores de doenças agudas e crônicas, com destaque para os profissionais de áreas distintas. Percebendo-se a influência desse processo na saúde e na produtividade dos seres humanos, foram aprofundados estudos e práticas clínicas e organizacionais, com clientes e trabalhadores, visando ao gerenciamento do estresse.

Este capítulo possui como objetivos principais discorrer sobre princípios gerais para a compreensão do processo do "estresse" pessoal e ocupacional e mencionar algumas técnicas de gerenciamento do estresse com funções preventivas e terapêuticas. Isso possibilitará compreender e elucidar de que forma os mecanismos neuropsicofisiológicos do processo do estresse ocorrem e influenciam na saúde e no trabalho, trazendo repercussões econômicas e sociais.

O QUE É ESTRESSE?

Estresse, ou *stress*, é um termo que provém do latim *stringo, stringere, strinxi, strictum*, que tem como significado apertar, comprimir, restringir. A expressão existe na língua inglesa desde o século XIV, sendo utilizada, por muito tempo, para exprimir uma pressão ou contração de natureza física. Apenas no século XIX o conceito foi ampliado, passando a significar também as "pressões" que incidem sobre os indivíduos.[6]

O termo "estresse" foi publicado pela primeira vez em 1936, pelo médico Hans Selye,[7] na revista científica *Nature*. Desde então, o conceito de estresse tem evoluído, sendo definido e investigado, algumas vezes, como variável independente, dependente ou como processo. Isto é, tem sido concebido e estudado como estímulo, resposta ou interação entre estímulo e resposta, sob a forma de um tipo de desequilíbrio entre a pessoa e o meio envolvente.[6]

Selye[7] demonstrou que o estresse se refere a um conjunto de reações que um organismo desenvolve ao ser submetido a uma situação que exige esforço de adaptação. Interessante frisar que se trata de um conjunto de reações. Portanto, o processo de estresse não é uma reação única, ele caracteriza um processo que envolve todo o organismo, em dimensões biopsicossociais, de forma dinâmica e integrada.[8] O autor considerou que várias enfermidades desconhecidas, como as cardíacas, a hipertensão arterial e os transtornos emocionais ou mentais, eram resultantes de mudanças fisiológicas decorrentes de um estresse prolongado nos órgãos, cujas alterações poderiam estar predeterminadas genética ou constitucionalmente. Ao continuar com suas investigações, verificou que não somente os agentes físicos nocivos, atuando diretamente sobre o organismo animal, são produtores de estresse, mas também, no caso do homem, as demandas de caráter social e as ameaças do ambiente do indivíduo, que requerem capacidade de adaptação e provocam o transtorno do estresse. Desde então, o estresse tem envolvido em seu estudo a participação de várias disciplinas médicas, biológicas e psicológicas, com a aplicação de tecnologias diversas e avançadas.[5]

Estresse refere-se, portanto, à alteração do organismo para se adaptar a uma situação nova ou à mudança de modo geral. Esse conjunto de reações envolve mecanismos neuropsicofisiológicos para restabelecer a homeostase perdida no enfrentamento do estressor.[8] O quão estressada a pessoa se sente depende de alguns fatores, como a percepção em relação ao evento estressante, a tolerância individual ao estresse, a possibilidade de pensamentos disfuncionais, as crenças pessoais sobre os recursos que tem para lidar com o estressor, etc.

Um estressor é um evento ou estímulo ambiental que ameaça o organismo e que, naturalmente, leva a uma resposta de enfrentamento (*coping*),[9] que é qualquer resposta dada pelo organismo para evitar, escapar ou minimizar um estímulo aversivo. As reações de estresse resultam, exatamente, do esforço adaptativo. Se essa situação de discrepância entre a reação apresentada e o estado fisiológico real durar tempo suficiente, ocorrerá um elevado desgaste do organismo, o que pode causar doenças e até morte.[8]

O estresse pode afetar o organismo de diversas formas e seus sintomas podem variar de pessoa para pessoa. Existe uma sensibilidade pessoal que reage quando se enfrenta um problema, e essa particularidade explica como lidar com situações desafiadoras, decidindo enfrentá-las ou não. Há vários estudos que analisaram a associação entre estresse e doenças agudas e crônicas.[7,10-12,16-24] Segundo pesquisadores da Universidade de Coimbra,[6] o processo do estresse pode ocorrer com:

- resposta: a partir de uma perspectiva fisiológica, o estresse é a resposta não específica do organismo a qualquer estímulo ou exigência sobre ele;
- estímulo: o estresse é definido como uma força exercida sobre o indivíduo, que resulta em uma reação do organismo, que tem apenas um certo nível de tolerância, para além do qual poderão ocorrer certos danos temporários ou permanentes;
- interação: as abordagens interacionais tiveram por objetivo o estudo de interações entre estímulos e respostas, bem como de variáveis moderadoras das relações *stressor-strain*;
- transação: a pessoa age e reage às trocas com o ambiente em uma causalidade circular e a interpretação do significado de determinada relação com o ambiente e as estratégias para lidar com as exigências contidas nessa mesma relação captam a essência da percepção de estresse. O processo do estresse não está, portanto, nem na pessoa nem na situação, mas na interação entre as duas.

Quando, de alguma forma, se interpreta alguma situação como ameaçadora, todo o organismo passa a desenvolver uma série de alterações denominadas, em seu conjunto, de síndrome de adaptação geral (SAG). A SAG refere-se a um padrão de respostas identificado por Selye[7] que consiste em três estágios: alarme, resistência e exaustão.

O estágio de alarme consiste em uma reação de emergência que prepara o corpo para lutar ou fugir do estímulo ameaçador-estressor. Nesse estágio, as respostas fisiológicas visam a impulsionar capacidades físicas enquanto reduzem as atividades que tornam o organismo vulnerável à infecção. Esse é o estágio em que o corpo poderia estar exposto a infecções e doenças, mas o sistema imune é mobilizado e ele começa a lutar para se defender.

Se esse estresse continua por um período mais longo, com maior intensidade, ou se surgem outros estímulos ameaçadores, sobrevém o segundo estágio, chamado de estágio de resistência, durante o qual o organismo adapta suas reações e seu metabolismo para suportar o estresse por um período. As defesas são preparadas para um ataque mais longo e duradouro contra o estressor. A imunidade a doenças continua a aumentar enquanto o corpo maximiza suas defesas. Nesse estado, a reação de estresse pode ser canalizada para um órgão específico ou para um determinado sistema, seja o sistema cardiológico, por exemplo, ou a pele, o sistema muscular, o aparelho digestivo, etc.

Entretanto, o corpo pode acabar entrando no estágio de exaustão, em que vários sistemas fisiológicos e imunes fracassam. Os órgãos que já estavam comprometidos antes do estresse são os primeiros a falhar.[7,12-16]

Lipp[8] propõe um modelo quadrifásico, acrescentando ao modelo de Selye a fase de quase-exaustão, entre as fases de resistência e exaustão. Segundo os autores, essa fase é de transição e nela se encontram pessoas que não conseguem resistir às tensões nem recuperar a homeostase. Nessa fase, o indivíduo ainda não sucumbiu totalmente aos agentes estressores, oscilando entre momentos de desprazer e ansiedade e momentos tranquilos. Nesse estágio, o indivíduo pode apresentar-se bastante vulnerável física e psicologicamente, com surgimento de doenças leves que geralmente não oferecem risco de vida, permitindo-lhe ainda trabalhar e atuar na sociedade. Caso haja uma dificuldade significativa na tentativa de manter a homeostase, o indivíduo passará à fase de exaustão.[8,24]

Estudos comprovam que os estressores levam à ativação do eixo hipotalâmico-pituitário-adrenal (HPA). Durante uma resposta de estresse, o hipotálamo (H) secreta um hormônio chamado fator liberador de corticotropina (FLC), que estimula a hipófise a liberar o hormônio adrenocorticotrópico (HACT) na corrente sanguínea. O HACT age sobre o córtex adrenal (A) para liberar glicocorticosteroides (geralmente referidos como cortisol), um tipo de hormônio esteroide das glândulas adrenais (suprarrenais). São os glicocorticosteroides que produzem muitos dos efeitos corporais do estresse, como decompor a proteína e convertê-la em glicose, o que ajuda a atender as necessidades imediatas de energia.[7,12-16]

Quando os níveis de glicocorticosteroides estão suficientemente altos, o sistema nervoso central interrompe o processo que libera o HACT. No entanto, como leva de 15 min a 1 hora para que os glicocorticosteroides atinjam um nível suficiente para sinalizar a terminação do HACT, a presença continuada de glicocorticosteroides na corrente sanguínea sustenta seus efeitos por um tempo estressor considerável após a ocorrência do estressor. Além dos glicocorticosteroides, as glândulas suprarrenais também liberam noradrenalina e adrenalina, em decorrência da ativação dos sistemas nervoso simpático e medular da adrenal.[7,12-16]

Em suma, toda essa revolução fisiológica produzida pelo estresse visa a colocar o organismo à disposição da adaptação, e não apenas à adequação do desempenho físico do organismo. A SAG viabiliza as atitudes adaptativas necessárias para a manutenção da vida diante de um mundo dinâmico e altamente solicitante.

É interessante ressaltar, ainda, uma diferença importante entre uma reação aguda ao estresse e o transtorno de adaptação, segundo a Classificação Estatística Internacional de Doenças e Problemas Relacionados à Saúde (CID 10).[25]

Reação aguda ao estresse

Caracteriza-se como um transtorno transitório que ocorre em indivíduo que não apresenta qualquer outro transtorno mental manifesto, seguido de um estresse físico e/ou psíquico excepcional e que habitualmente desaparece em algumas horas ou em alguns dias.

A ocorrência e a gravidade de uma reação aguda ao estresse são influenciadas por fatores de vulnerabilidade individuais e pela capacidade do sujeito de fazer face ao traumatismo.

Transtorno de adaptação

Sua definição não repousa exclusivamente sobre a sintomatologia e a evolução, mas igualmente sobre a existência de um dos dois fatores causais, como um acontecimento particularmente estressante, que desencadeia uma reação de estresse aguda, ou uma alteração particularmente marcante na vida do sujeito, que comporta consequências desagradáveis e duradouras e levam a um transtorno de adaptação.

O estresse altera as funções dos sistemas neuroendócrino e imune. Conforme Esther Sternberg[15] observou, "o estresse pode nos fazer adoecer porque os hormônios e vias nervosas ativadas por ele modificam a maneira pela qual o sistema imune responde, tornando-o menos capaz de lutar contra os invasores". O campo da psiconeuroimunologia estuda as respostas do sistema imune do corpo às variáveis psicológicas. Pesquisas nesse campo demonstram que alguns fatores moderam os efeitos do estresse, incluindo intensidade, novidade e previsibilidade.[15]

A intensidade do estressor está positivamente relacionada aos glicocorticosteroides e às respostas autonômicas, indicadores de resposta imune. A novidade está relacionada a reações fisiológicas, e a previsibilidade aumenta as respostas adaptativas ao estresse.

O estresse é um componente comum na vida emocional cotidiana e consiste em certas respostas emocionais. Embora tenha conotações negativas, um nível moderado de estresse é benéfico. Diferentes níveis de estresse são ótimos para diferentes pessoas.

Não são apenas as situações percebidas como ruins que deixam as pessoas estressadas. Todas as grandes mudanças ocorridas na vida são estímulos estressores, mesmo que sejam motivadoras e causem entusiasmo, acompanhadas de percepções de realização e de alegria. Pode-se passar pelos seguintes processos de estresse:

- eustresse: também conhecido como estresse saudável, é aquele que motiva, entusiasma e energiza, como o nascimento de criança na família, o casamento, uma promoção no trabalho, etc. Esse tipo de estresse aparece, geralmente, associado à motivação suscitada pelos desafios profissionais e por uma atividade produtiva que se constitui em atividade propiciadora de realização e vem acompanhado de sensações de bem--estar;
- distresse ou estresse disfuncional: característico das situações de não cumprimento das exigências das tarefas ou outras atividades, como solicitações e *dead-lines*, as quais fornecem sensações de insatisfação, incapacidade e subjugamento. Esse tipo de estresse costuma trazer consequências fisiológicas, psíquicas e comportamentais.

É importante salientar que, quando a pessoa sente sintomas como irritabilidade intensa e/ou frequente, cansaço ou um quadro de exaustão, dificuldade para administração de atividades corriqueiras, etc., deve iniciar um autocuidado, observando em si mesmo se já não está conseguindo efetivar respostas adequadas para o seu bem--estar e para a defesa de estímulos estressores. Esse quadro pode evoluir para níveis elevados de estresse.

Conforme um ponto de vista adaptativo, a resposta fisiológica que acompanha o estresse ajuda a mobilizar recursos para lutar ou fugir do perigo, facilitando a sobrevivência, a reprodução e a estabilidade emocional. Walter Cannon[26] propôs que a resposta humana de estresse segue um padrão de luta-ou-fuga, em que as energias são dirigidas a enfrentar e combater rivais e predadores ou a fugir deles. Recentemente, porém, Shelley Taylor et al.[27] salientaram que a vasta maioria das pesquisas com animais e humanos demonstra que esse padrão deve ser referido como cuidar e ajudar. Por esse pensamento, diante de estímulos ameaçadores e de possibilidades de respostas de estresse, formam-se alianças com grupos sociais para reduzir o risco individual.

O tipo de desgaste a que as pessoas estão submetidas permanentemente nos ambientes e as relações com o trabalho são fatores determinantes de doenças. Os agentes estressores psicossociais são tão potentes quanto os micro-organismos e a insalubridade no desencadeamento de doenças.

Entre as principais causas do estresse, os estudos citam resumidamente:

- estilo de vida: sedentarismo, alimentação não saudável (não somente o que se come, mas a forma como se alimeta), alcoolismo e tabagismo (o cigarro libera nicotina que, já na fase de menor concentração, provoca reações de estresse leve, depois bloqueia as reações do organismo e causa dependência psicológica);

- sobrecarga: a falta de tempo, o excesso de responsabilidade, a falta de apoio e as expectativas exageradas (dos outros, mas, por vezes, da própria pessoa em relação a si mesmo e ao que deve ou precisa alcançar em termos profissionais);
- crenças e expectativas do indivíduo;
- eventos vitais estressores;
- pensamentos disfuncionais: uma das maiores fontes de estresse pessoal e ocupacional que acontece quando existe uma discrepância percebida, seja ela real ou não, entre as demandas da situação e os recursos dos sistemas biológico, psicológico e social da pessoa;
- meio ambiente: ruídos colocam as pessoas sempre em alerta, provocando irritação e perda de concentração e desencadeando reações de estresse que podem levar à exaustão (p.ex., os aparelhos de centros de terapia intensiva, tanto para os doentes internados quanto para a equipe multiprofissional);
- trânsito: os congestionamentos, os semáforos, os assaltos aos motoristas e a contaminação do ar;
- relações interpessoais;
- comunicação deficiente no trabalho;
- medo do futuro: o medo acentua nas pessoas a preocupação sem necessidade, as atitudes negativas em relação à vida ou lembranças de experiências desagradáveis, com pensamentos repetitivos.

De forma extremamente sucinta, pode-se dizer que existem três grandes fontes de estresse: o corpo, o meio ambiente e os pensamentos. Portanto, as causas que podem levar as pessoas ao estresse provêm de vários estímulos estressores internos e externos ao indivíduo.

As condições clínicas que costumam acompanhar o estresse são inúmeras, entre as quais se destacam:

- fadiga: desgaste de energia física ou mental;
- somatizações: sensações e distúrbios físicos com forte carga emocional e afetiva;
- sintomas de depressão: combinação de sintomas em que prevalecem intensa angústia, falta de ânimo, descrença pela vida e profunda sensação de abandono e solidão;
- síndrome do pânico: estado de medo intenso, repentino, acompanhado de imobilidade, sudorese e comportamento arredio;
- síndrome de desamparo: medo contínuo da perda de emprego, acompanhado de sentimento de perseguição e queda de autoconfiança;
- síndrome de *burnout*: estado de exaustão total decorrente de esforço excessivo e contínuo.

Assim, o gerenciamento de estresse é imprescindível para a saúde dos indivíduos. Entretanto, como são as pessoas que realizam as metas organizacionais, tornou-se óbvia para os gestores administrativos a importância da gestão do estresse ocupacional como uma estratégia para o desenvolvimento das organizações. A intrínseca relação das condições de trabalho, a motivação, a saúde mental dos profissionais, o desempenho e a produtividade têm merecido atenção dos vários profissionais atuantes nas áreas e com os trabalhadores.

ESTRESSE OCUPACIONAL

O estresse ocupacional é um problema crescente, que necessita de atenção primordial em função dos consideráveis custos, humanos e organizacionais, para os trabalhadores. No Capítulo 21 – Qualidade de vida no trabalho: custos e benefícios, esses custos serão discutidos de forma mais detalhada e, naturalmente, o gerenciamento do estresse terá destaque primordial.

O contexto do trabalho evoluiu com o avanço das tecnologias e dos maquinários, mas também foram desenvolvidos inúmeros estudos avaliando estratégias que pudessem colaborar para a produtividade e os custos das empresas.[1-6,24,27-32] Assim, constatou-se a importância da relação empresa-trabalhador para que as organizações consigam atingir suas metas.

Atualmente, sabe-se que o trabalho pode promover saúde, motivação e produtividade ou caminhar em sentido contrário e gerar alterações psíquicas, variando conforme as categorias funcionais, as condições e a organização do trabalho, entre outros fatores. No trabalho, certo nível de estresse pode permitir o melhor funcionamento das organizações, desafiando e mobilizando os trabalhadores – um nível cujos limiares incluem a motivação. Entretanto, o que se tem observado em estudos realizados em diferentes contextos, tanto no Brasil quanto no exterior, é que esses limites costumam passar muito dos níveis considerados saudáveis e colaborativos de produção pessoal e organizacional.[5,28]

De acordo com Guimarães,[29] o estresse ocupacional ocorre quando há a percepção, por parte do trabalhador, da sua incapacidade para realizar as tarefas solicitadas, o que provoca sofrimento, mal-estar e um sentimento de incapacidade para enfrentá-las. Villalobos[30] afirma que os fatores psicossociais no trabalho representam um conjunto de percepções e experiências do trabalhador, ocorrendo uma interface entre aspectos subjetivos individuais e aspectos organizacionais.[3]

Em virtude da evolução técnica e do conhecimento científico, os trabalhadores passaram a acumular uma diversidade de papéis. Atualmente, efetivar o exercício profissional implica possuir conhecimentos de uma série de técnicas e habilidades, obter a apreensão das subjetividades e dinâmicas comportamentais de gestores, colegas, subordinados, entre outros. Para tanto, o trabalhador não pode pensar em obter apenas experiências relativas às suas funções; ele deve saber gerenciar suas relações interpessoais, desenvolver suas habilidades de comunicação, possuir elevada capacidade empática (no sentido de saber colocar-se no lugar do outro), estando, ao mesmo tempo, consciente de que a utilização de estratégias psicológicas no ambiente de trabalho resulta não só em benefício para as pessoas com quem trabalha, mas também para si mesmo.[31] Portanto, o tempo dos trabalhadores envolve, atualmente, uma multiplicidade de tarefas e atividades polivalentes, o que, sem dúvida, implica contínuas adaptações que podem, por esforço, colaborar para o início do processo do estresse.

Além disso, conforme Wallau,[32] o trabalho propicia a criação de um grupo que gera redes de influências derivadas de cooperação e competição e redes de afetos entre as pessoas que pertencem a ele. Para que ocorra a estabilidade dinâmica do grupo, deve haver equilíbrio. Se a regra de trabalho na empresa é tomar conhecimento desses aspectos relacionais e não parar a produção, estabelece-se uma suspensão da reciprocidade. Portanto, a relação empresa-pessoa será mais ou menos conflituosa quanto maiores forem as diferenças de expectativas entre empresa e empregado.[5]

A literatura mostra inúmeros trabalhos das consequências da multiplicidade de funções, inseguranças no emprego e administração do tempo.[3,31,33] Isso ocorre tanto no ambiente corporativo quanto em organizações e instituições de diferentes fins.

Essa sobrecarga de trabalho e de funções tem sido apontada como o fator que determina a maior estimativa de risco relativo de estresse. A questão da autonomia e a diferenciação de funções bem definidas levam, também, a conflitos, ambiguidade de papel e, consequentemente, altos níveis de estresse.

Muitas vezes, o trabalho acontece em contexto estressor desgastante, não apenas pelos aspectos apontados, mas também em razão das exigências relativas à prática de horários rígidos e ao trabalho por turnos. O gerenciamento de pessoal tem sido uma das fontes de estresse, apresentando maior número de correlações significativas com os sintomas.

Outros estudos correlacionam estresse com desmotivação, altos níveis de tensão, de angústia e de ansiedade. Faltas e abandonos da tarefa, bem como constantes mudanças de emprego, são comuns. Constata-se, ainda, alta frequência de problemas de saúde, os quais acabam por requerer dias de ausência no trabalho, e, às vezes, a angústia durante o desempenho de funções é tão grande que os trabalhadores apresentam, segundo estudos, uma tendência a abandonar a profissão.

Além de caracterizar absenteísmo, o estresse ocupacional pode trazer outra consequência extremamente grave: o presenteísmo, termo que designa a presença ao trabalho por parte do colaborador, o qual cumpre seu horário de trabalho rigorosamente, chegando e saindo na hora que rege o contrato, sem, entretanto, conseguir evoluir nas atividades que lhe são atribuídas. Isto é, há presença física, mesmo estando doente ou desmotivado, o que se transforma em queda de produtividade e prejuízos para a empresa. No Brasil, estima-se que as empresas perdem cerca de 3% do produto interno bruto em função do presenteísmo, conforme mostra o Capítulo 21 – Qualidade de vida no trabalho: custos e benefícios.

Outra perspectiva de estudo das consequências ao psíquico dos trabalhadores, geradas pelas mudanças implementadas, resulta no surgimento do *burnout*, que indica a exaustão energética expressa por meio de um sentimento de fracasso, causado por um excessivo desgaste de energia e recursos, que geralmente acomete os profissionais que trabalham em contato direto com pessoas.[34-36]

Estudos realizados nos Estados Unidos[34-36] indicam que a síndrome de *burnout* é um dos grandes problemas psicossociais atuais, despertando interesse e preocupação não só por parte da comunidade científica internacional, mas também das entidades governamentais, empresariais e sindicais norte-americanas e europeias, em razão da gravidade de suas consequências em nível tanto individual como organizacional. O sofrimento do indivíduo traz consequências sobre seu estado de saúde e igualmente sobre seu desempenho, pois passam a existir alterações e/ou disfunções pessoais e organizacionais com repercussões econômicas e sociais.

Conforme afirma Masci,

> Toda empresa é um conjunto sociocultural organizado para a realização de serviços e implica um sistema de redes, *status* e papéis. A coordenação das atividades é possibilitada pela divisão do trabalho, hierarquia, autoridade e responsabilidade. Tais atividades visam à satisfação das necessidades organizacionais, mas dependem da eficiência dos indivíduos.[3]

Nas organizações, o indivíduo é visto, muitas vezes, de forma fragmentada, como se fosse parte apenas do meio ambiente laboral, sem levar em conta suas características pessoais, sua história de vida, suas necessidades e seu sistema de valores socioculturais, o que totaliza percepções associadas aos seus comportamentos no trabalho. Acaba prevalecendo a importância de se atingir metas, e não a pessoa e/ou o grupo de trabalhadores que consegue atingi-las.

Segundo Villallobos,[30] o "homem organizacional" é aquele que leva toda sua potencialidade psíquica, física, social e mental, bem como suas características anatômicas, fisiológicas e sensitivas, para o espaço da empresa. O comprometimento da relação trabalhador-empresa ocorre no processo de adaptação do indivíduo aos modelos dos cargos e funções, sem levar em conta a singularidade de cada trabalhador, em seu conjunto de expectativas, habilidades desenvolvidas, dinâmica de comportamento, entre outros aspectos.[3]

Naturalmente, o esforço de adaptação para que haja equilíbrio entre o que a empresa possui de expectativa em relação a ele e as suas próprias pode gerar conflitos e quebra da estabilidade em sua dinâmica produtiva e, consequentemente, na do grupo.

Nos Estados Unidos, constatou-se que grande parte das doenças que levam à morte é originada no estresse. Estima-se que 60 a 80% dos acidentes de trabalho nesse país relacionam-se com o estresse. Estudos recentes concluem que 75% dos trabalhadores experimentam condições físicas, mentais e sociais relacionadas ao estresse. Esses números exorbitam no Japão, onde se estima que, anualmente, cerca de 30 mil trabalhadores morrem por excesso de trabalho.[4,5] Além disso, nos Estados Unidos, enormes prejuízos ocorrem para as empresas em função do estresse ocupacional, variando entre 75 e 100 bilhões de dólares ao ano, em função de absenteísmo, diminuição da produtividade e custos médicos. Em média, as empresas gastam 300 bilhões de dólares por ano em razão das indenizações pagas a profissionais que as acionam judicialmente pelos danos causados pelo estresse ocupacional.

O estresse ocupacional é responsável por cerca de 25% de taxa de absenteísmo na União Europeia, juntamente com as outras consequências do estresse ocupacional. As empresas brasileiras gastam, anualmente, 12,5 bilhões de reais com despesas decorrentes de acidentes e doenças relacionadas ao trabalho.[5,37]

Um boletim técnico elaborado e divulgado pela Agência Nacional de Vigilância Sanitária (Anvisa) em 20 de janeiro de 2012 quantificou, pela primeira vez em detalhes, o consumo de drogas vendidas que podem causar dependência.[38] Os ansiolíticos dominam a lista, que inclui todos os remédios de venda controlada, como emagrecedores, antidepressivos e anabolizantes. Os princípios ativos mais consumidos no país entre 2007 e 2010 foram clonazepam, bromazepan e alprazolam. Para Dirceu Barbano, diretor-presidente da Anvisa, o uso de ansiolíticos e antidepressivos tem sido observado em níveis agudos e, talvez, inadequados.[39]

Entre as várias causas de estresse, os autorrelatos de trabalhadores incluem:

- insatisfação profissional;
- condições de realização das tarefas na organização;
- mudanças contínuas de chefias e de exigências;
- conflitos interpessoais;
- falta de interação da equipe;
- redução na competência/produtividade;
- não saber no que sua parte contribuirá efetivamente para o grupo e a empresa;
- excesso ou falta de trabalho;
- necessidade de rapidez para realizar tarefas;
- obrigatoriedade de tomar decisões contínuas;
- fadiga por esforço físico importante (viagens longas e numerosas);
- excessivo número de horas de trabalho e mudanças no trabalho;
- falta de informação laboral adequada, principalmente referente às metas e funções a serem atingidas e às responsabilidades a serem assumidas no exercício profissional;
- eventos vitais estressores, como ameaça de desemprego, subpromoção consequente, mudança de condições econômicas e de *status* profissionais, etc.;
- necessidade de constante desenvolvimento científico e tecnológico acompanhada de aumento das pressões e de sobrecarga de trabalho, elevando os níveis de exigências qualitativas e quantitativas.[1,5,32,38]

Glowinkowski e Cooper,[40] ao discorrerem a respeito da sobrecarga de trabalho, entenderam que ela pode ser dividida em dois níveis: quantitativa e qualitativa. A sobrecarga quantitativa diz respeito ao número excessivo das tarefas a serem realizadas, enquanto a qualitativa refere-se à dificuldade do trabalho, ou seja, demandas que estão além das habilidades ou aptidões do indivíduo. As crenças e as expectativas acerca da retribuição e do reconhecimento dado pela organização ao seu trabalho são questões diretamente relacionadas à percepção de suporte organizacional. Esse constructo foi definido por Eisenberger et al.[41]

Estudos sobre estresse apontam a incidência das enfermidades associadas a algumas profissões em particular e ao grau de estresse que, de maneira geral, apresentam grupos de trabalhadores de determinado tipo de ocupação. Segundo Wallau,[32] podem-se citar:

- trabalho apressado;
- operários em linhas de produção mecanizadas;
- médicos, principalmente cirurgiões, e enfermeiros;
- perigo constante: policiais, mineradores, soldados, bombeiros, alpinistas, paraquedistas, boxeadores, toureiros;
- risco de morte: pessoal de aeronavegação civil e militar;
- motoristas urbanos;
- confinamento: trabalhadores petroleiros em plataformas marinhas;
- marinheiros;
- vigilantes, guardas;
- pessoal de centros nucleares ou de investigação;
- alta responsabilidade: médicos, políticos;
- risco econômico: gerentes, contadores, agentes de bolsa de valores.[5,32]

O estresse ocupacional associa-se significativamente, em muitos estudos, a consumo de álcool, absenteísmo laboral, baixa motivação no trabalho, baixa autoestima, tensão no trabalho, percepção de ameaça, alto nível de colesterol, incremento da taxa cardíaca e aumento de consumo de cigarros.

Cooper e Marshall[42] definiram fontes de estressores ocupacionais:

- intrínsecos ao trabalho: ameaça de riscos físicos ou tóxicos, condições desagradáveis, riscos ergonômicos, sobrecarga ou pressão de tempo;
- papel na organização: ambiguidade e conflito do papel, competição e rivalidade;
- desenvolvimento da carreira: falta de segurança do emprego, sub/super promoção, subutilização das capacidades, falta de controle;
- relacionamentos no trabalho: relações comprometidas com o chefe ou os colegas;
- estrutura e clima organizacional: pouco envolvimento nas tomadas de decisões e na política administrativa;
- fontes extras de trabalho: pessoais, familiares, relacionados à comunidade.

De forma mais abrangente, Cooper e Baglioni[43] propuseram que o estresse é resultado da interação de várias fontes de pressão com o indivíduo. Já Cooper et al.[44,45] identificaram como estressores fatores intrínsecos ao trabalho, os relacionamentos interpessoais, a satisfação do trabalhador em termos de carreira e perspectivas futuras e o clima e a estrutura organizacionais. É importante salientar as variáveis pessoais que influenciam o estresse ocupacional, como o estilo de enfrentamento do funcionário diante dos eventos estressores e nas relações sociais e o respectivo comportamento organizacional.[46] Assim, a análise de estressores ocupacionais, em suas intensidade, frequência e sobreposição, deve possuir atenção especial quando da avaliação do estresse ocupacional e seu gerenciamento.

A literatura indica o desenvolvimento de modelos teóricos de estresse, alguns descritos a seguir.[6,46]

Teoria dos acontecimentos da vida

Holmes e Rahe,[47] após uma investigação psiquiátrica, concluíram que certos acontecimentos que exigem mudanças de ajustamento à vida estão significativamente associados ao aparecimento de doenças. A partir desse pressuposto, elaboraram uma lista de acontecimentos, denominada Escala de Reajustamento Social.

Os acontecimentos foram ordenados pela mudança que representam na vida e que refletem o esforço de adaptação exigido ao indivíduo. Por essa teoria, o desenvolvimento de sintomas físicos de estresse é diretamente proporcional ao número e à gravidade das unidades de mudança de vida vividas em um determinado período. Deve-se salientar que esse modelo considera apenas os acontecimentos extraordinários que podem se transformar em evento estressor para a pessoa, ignorando os pequenos eventos do cotidiano que são fontes de pressão e cujo potencial pode provocar impacto a longo prazo, como se observa ao analisar e implantar projetos para o estresse ocupacional.[6,46-49]

Modelo de ajustamento pessoa-ambiente

As teorias de ajustamento pessoa-ambiente fazem referência à correspondência entre as características do indivíduo e do ambiente em uma relação íntrinseca. A falta de adaptação entre essas duas categorias gerais pode possibilitar o desencadeamento do processo do estresse. Esse modelo recebeu inúmeras críticas, por dois motivos principais: ser centrado em interpretações subjetivas e não explicar as relações dos desajustamentos. Segundo alguns autores, isso não forneceria a previsão das características indutoras de estresse.[6,47]

Modelo exigência-controle

Karasek[48] desenvolveu um modelo que salienta o papel da capacidade individual de controle (ou de decisão) como moderadora na relação entre as exigências do trabalho e o *strain*. Esse modelo observa dois fatores envolvidos na experiência de estresse: as exigências psicológicas do trabalho (entre elas, a sobrecarga de trabalho) e o grau de controle que a pessoa tem sobre seu trabalho, incluindo a autoridade de decisão e a autoridade para utilizar uma variedade de competências, isto é, a autonomia que lhe é conferida.

Segundo esse modelo, o *strain* resulta da combinação de elevadas exigências de trabalho e baixo poder de decisão. Restringir as probabilidades do indivíduo em cumprir as exigências funcionais pode originar consequências psicológicas negativas.

Entretanto, a combinação de elevadas exigências de trabalho e maior poder de decisão provoca resultados psicológicos positivos, como a motivação e o desenvolvimento pessoal, porque o indivíduo tem a possibilidade de enfrentar os estressores por meio de ações pessoais.[6,47]

TRATAMENTO E MEDIDAS PREVENTIVAS

Prevenção é a melhor estratégia. Para tanto, pode-se iniciar por avaliação do nível e da sintomatologia do estresse individual e dos estressores ambientais e autoproduzidos.

O tratamento do estresse pessoal engloba tratamento comportamental, suporte psicológico pessoal e tratamento medicamentoso.

Psicoterapia

Existem várias linhas que podem contribuir para que o paciente restabeleça seu equilíbrio, perdido em função do processo do estresse, e tenha comportamentos adequados para sua saúde física e emocional. Entre elas, a terapia cognitivo-comportamental (TCC) tem demonstrado excelentes resultados na prática, pois, por meio de análise funcional, com um número limitado de sessões, consegue-se atingir metas estabelecidas com a própria pessoa/trabalhador. Por meio do autoconhecimento, da auto-observação de seus comportamentos pessoais/organizacionais e de seus pensamentos disfuncionais, a pessoa pode determinar a relevância do estressor e a forma como se adaptar a ele. A análise funcional para determinar comportamentos assertivos para que o indivíduo atinja suas metas e técnicas de gerenciamento de estresse poderão minimizar seus efeitos prejudiciais.

Tratamento psicofarmacológico do estresse

Somente um especialista em saúde mental (clínico, psiquiatra, médico do trabalho) pode determinar a real necessidade e indicar a melhor medicação para cada pessoa. Os medicamentos mais utilizados são: ansiolíticos, antidepressivos, entre outros. O objetivo principal é diminuir componentes de ansiedade e/ou de depressão que fazem parte do quadro.

A escolha de medicamentos baseia-se na avaliação clínica acurada dos sintomas predominantes e de estratégias relacionadas à dinâmica de comportamento da pessoa (alguns autores incluem dinâmica de personalidade), ao contexto ambiental, ao tempo de duração do tratamento e às classes de psicofármacos mais utilizadas: ansiolíticos e antidepressivos – atualmente, há dois grupos principais: os benzodiazepínicos e as azaspironas.

Além desses, também chamados de tratamentos convencionais, é importante observar a necessidade de alimentação controlada e atividades físicas. Qualquer atividade física proporciona benefícios ao organismo, melhorando as funções cardiovasculares e respiratórias, queimando calorias, ajudando no condicionamento físico e induzindo a produção de substâncias com caráter relaxante e analgésico, como a endorfina – lembrando que devem ser supervisionadas por profissional habilitado. Enfim, o estilo de vida e a administração de si mesmo, com pró-atividade para desenvolver a saúde biopsicossocial, fornecem autonomia e qualidade de vida.

Essa prática pode ser realizada em clínica ou com colaboradores organizacionais, com técnicas de gerenciamento do estresse vinculadas às características fisiológicas e motoras (p.ex., relaxamento muscular progressivo, treinamento de habilidades, *biofeedback*, administração do tempo, etc.) e às características cognitivas, comportamentais e emocionais (treinamento da assertividade, reestruturação cognitiva, treinamento autógeno), entre outras técnicas possíveis de aplicação.

Há inúmeras outras técnicas que podem ser utilizadas para o gerenciamento do estresse pessoal e ocupacional. Atualmente, trabalha-se com programas de qualidade de vida no trabalho, os quais incluem a administração do estresse ocupacional, com técnicas que, para sua implementação, dependerão inicialmente de avaliação e análise de cada contexto corporativo e de cada grupo de trabalhadores para posterior implementação de ações e intervenções.

Para colaborar efetivamente em ambientes que caracterizam o estresse ocupacional, deve-se, inicialmente, analisar as relações estabelecidas entre a empresa e a pessoa, depois os fatores estressantes no ambiente ocupacional e, finalmente, o estresse nas atividades laborais, salientando a necessidade da monitoração das ações e estratégias aplicadas nesse gerenciamento.

CONCLUSÕES

O estresse é um processo complexo que tem em sua gênese a necessidade de se adaptar a estímulos estressores para restabelecer a homeostase do organismo. Envolve um conjunto de reações, designando condições neuropsicofisiológicas. Alguns autores o definem, ainda, como um processo pelo qual alguém percebe e responde a eventos considerados ameaçadores.[49,50]

O conceito de estresse descreve tanto os estímulos que geram a quebra no equilíbrio do organismo quanto a resposta comportamental, incluindo estratégias de enfrentamento. Sua percepção é subjetiva, isto é, o mesmo estressor poderá ser percebido de forma e com intensidade diferentes por distintos indivíduos.

Os estressores podem ser internos (como o próprio corpo em suas mudanças naturais ou acidentais e os pensamentos) ou externos aos indivíduos. O estresse possui consequências psicológicas, fisiológicas e comportamentais. Tudo "funciona" de forma dinâmica e integrada no ser humano, de modo que os sintomas consequentes do processo do estresse podem ser percebidos em aspectos específicos, mas os aspectos biopsicossociais possuem relação intrínseca. O ser humano deve ser avaliado em sua totalidade e com integração desses aspectos. O papel individual de gerenciamento no processo do estresse deve ser ativo.

Existem inúmeras técnicas para se recuperar a saúde e a produção no trabalho, entre as quais se dispõe de um trabalho específico com técnicas de gerenciamento do estresse vinculadas às características fisiológicas e motoras e técnicas vinculadas a características cognitivas, comportamentais e emocionais. As pessoas fazem o sucesso das ações organizacionais, mas o trabalho e as organizações podem ser potenciais estressores.

A gestão do estresse ocupacional deve ser considerada pelas organizações como ferramenta fundamental, com base em inúmeros estudos realizados que mostram as consequências para a saúde do trabalho, afetando diretamente a saúde corporativa, os níveis de produtividade e o sucesso organizacional.

O processo do estresse pode evoluir com consequências organizacionais e pessoais de grande porte, provocando, entre outros fatores, índices maiores de doenças, abuso de drogas, maior número de hospitalizações, gastos em saúde, taxas mais altas de absenteísmo e presenteísmo, rotatividade no emprego, insatisfação com o emprego, clima organizacional, pouca produtividade, elevadíssimos e avultados custos para as próprias organizações. Esses dados sugerem a necessidade de que o gerenciamento do estresse pessoal e ocupacional seja integrado aos programas com ações clínicas e às diretrizes que norteiam estratégias organizacionais.

Para que a organização possa oferecer serviços e produtos de qualidade, tornou-se fundamental proporcionar boas condições de trabalho e realizar ações dirigidas para a qualidade de vida de seus colaboradores, evitando expô-los a estressores que possam influenciar negativamente na saúde e no desenvolvimento das competências presentes no contexto ocupacional, os quais podem influenciar na produtividade, no alcance de metas administrativas e nos custos.

REFERÊNCIAS BIBLIOGRÁFICAS

1. Albrecht K. O gerente e o estresse. Rio de Janeiro: Jorge Zahar Editores, 1990.
2. Batista KM, Bianchi ERF. Estresse do enfermeiro em unidade de emergência. Rev Latino-am Enfermagem 2006; 14(4):534-9.
3. Masci C. A hora da virada: enfrentando os desafios da vida com equilíbrio e serenidade. São Paulo: Saraiva, 2001.
4. Estresse: problema de saúde pública. Administrador profissional. Órgão Informativo dos Administradores Profissionais de São Paulo 1997; 135:6-7.
5. Santos LP, Wagner R. Gerenciamento do estresse ocupacional: uma nova abordagem. Disponível em: http://www.aedb.br/seget/artigos07/265_Gerenciamento%20do%20Estresse%20Ocupacional%20Uma%20Nova%20Abordagem.pdf. Acessado em 20/01/2012.
6. Bicho LMD, Pereira SR. Stress ocupacional. Instituto Politécnico de Coimbra. Instituto Superior de Engenharia de Coimbra. Departamento de Engenharia Civil. 2007. Disponível em: http://prof.santanasilva.pt/gestao_de_empresas/trabalhos_06_07/word/Stress%20Ocupacional.pdf. Acessado em 20/01/2012.
7. Selye H. A syndrome produced by diverse nocuous agents. Nature 1936; 138(1):32.
8. Lipp MN. Mecanismos neuropsicofisiológicos do stress: teoria e aplicações clínicas. São Paulo: Casa do Psicólogo, 2003.
9. Gazzaniga MS, Heatherton TF. Ciência psicológica-mente, cérebro e comportamento. São Paulo: Artmed, 2005.
10. Diniz DHMP, Schor N, Blay SL. Stressful life events and painful recurrent colic of renal lithiasis. J Urology 2006; 176:2483-7.
11. Diniz DP, Marques DA, Blay SL, Schor N. Eventos vitais estressores e lesão renal aguda em centros de terapia semi – Intensiva e intensiva. J Bras Nefrol 2012; 34(1):50-57.
12. Glaser R, Kiecolt-Glaser JK. Handbook of human stress and immunity. San Diego: Academic Press, 1994.
13. Lane RD, Nadel L, Ahern G. Cognitive neuroscience of emotion. Nova York: Oxford University Press, 1999.

14. Jenkins JM, Oatley K, Stein NL. Human emotions: a reader. Malden: Blackwell Publishers, 1998.
15. Stenberg EM. The balance within. Nova York: Freeman, 2000.
16. Taylor SE, Klein LC, Lewis BP, Gruenewald TL, Gurung RA, Updegraff JA. Biohevarioral responses to stress in females: Tend-and-befriend, not fight-or-flight. Psychol Rev 2000; 707:411-29.
17. Stress may play a role in the development of periodontal diseases. Disponível em: http://www.sciencedaily.com/releases/2007/08/070808132009.htm. Acessado em 31/03/2012.
18. Cardiovascular health: understanding how oxidative stress impairs endothelial progenitor cell function. 2008. Disponível em: http://www.sciencedaily.com/releases/2008/11/081125132518.htm. Acessado em 31/03/2012.
19. Highly active antiretroviral therapy (HAART). Leads to pulmonary hypertension, study suggests. 2009. Disponível em: http://www.sciencedaily.com/releases/2009/02/090223124133.htm. Acessado em 20/01/2012.
20. Molecular mechanism links stress with predisposition for depression. 2011. Disponível em: http://www.sciencedaily.com/releases/2011/01/110126121452.htm. Acessado em 20/03/2012.
21. Koo I. Sick of stress or sick from stress? Stress-induced infectious diseases. 2008. Disponível em: http://infectiousdiseases.about.com/od/prevention/a/stress.htm. Acessado em: 31/03/2012.
22. Cohen S, Frank E, Doyle WJ, Skoner DP, Rabin BS, Gwaltney Jr JM. Types of stressors that increase susceptibility to the common cold in healthy adults. Health Psychology 1998; 17(3):214-23.
23. Leserman J, Petitto JM, Golden RN, Gaynes BN, Gu H, Perkins DO, Silva SG et al. Impact of stressful life events, depression, social support, coping, and cortisol on progression to AIDS. Am J Psychiatry 2000; 157:1221-8.
24. Calais SL, Carrara K, Brum MM, Batista K, Yamada JK, Oliveira JRS. Stress entre calouros e veteranos de jornalismo. Estud Psicol (Campinas) 2007; 24(1).
25. Organização Mundial da Saúde. Classificação Estatística Internacional de Doenças e Problemas Relacionados à Saúde – CID-10. São Paulo: Edusp.
26. Cannon W. Walter Bradford Cannon. 2009. Disponível em: http://en.wikipedia.org/wiki/Walter_Bradford_Cannon. Acessado em 08/01/2012.
27. Taylor SE, Lerner JS, Sage RM, Lehman BJ, Seeman TE. Early environment, emotions, responses to stress, and health. Special Issue on Personality and Health. J Personal 2004; 72:1365-93.
28. Sousa AF. Estresse ocupacional em motoristas de ônibus urbano: o papel das estratégias de coping. [Dissertação de Mestrado]. Salvador: Universidade Federal da Bahia, Faculdade de Filosofia e Ciências Humanas, 2005. Disponível em: http://www.pospsi.ufba.br/Aldineia_Sousa.pdf. Acessado em 20/01/2012.
29. Guimarães LM. Série Saúde Mental e Trabalho. 2.ed. São Paulo: Casa do Psicólogo, 2000.
30. Villallobos JO. Estrés y trabajo. Instituto Mexicano del Seguro Social. México: Medspain, 1999. Disponível em: http://www.medspain.com/n3_feb99/stress.htm. Acessado em 07/01/2012.
31. Diniz DHMP. Aspectos psicológicos da violência contra enfermeiros. In: Lima EX, Santos I (orgs.). Atualização de enfermagem em nefrologia. Rio de Janeiro 2004; 1:370-81.
32. Wallau SM. Estresse laboral e síndrome de burnout: uma dualidade em estudo. Novo Hamburgo: Feevale, 2003.

33. Vaziri ND, Rodríguez-Iturbe B. Mechanisms of disease: oxidative stress and inflammation in the pathogenesis of hypertension. Nat Rev Nephrol 2006; 2(10):582-93.
34. Orbáiz VR, Vicente AR, Molina OP, Rabiza AP, Purón CM, Rojas DV. Burnout syndrome epidemiology. Rev Enferm (Barcelona, Spain) 2004; 31(7-8): 29-38.
35. Gershon RR, Stone PW, Zeltser M, Faucett J, MacDavitt K, Chou SS. Organizational climate and nurse health outcomes in the United States: a systematic review. Ind Health (Industrial health) 2007; 45(5):622-36.
36. Hochwälder J. A longitudinal study of the relation between empowerment and burnout among registered and assistant nurses. A longitudinal study of the relationship between empowerment and burnout among registered and assistant nurses. Work 2008; 30(4):343-52.
37. Araújo TBL. Estresse ocupacional: a saúde e o estresse no trabalho. Disponível em: http://psicologatbla.wordpress.com/2011/01/11/estresse-ocupacional-a-saude-e-o-estresse-no-trabalho/. Acessado em 20/01/2012.
38. Erosa M. El stress. Disponível em: http://www.monografias.com/trabajos/stress/stress.shtml.
39. Nublat J. Calmantes lideram venda de remédios controlados. Folha de S. Paulo, 20 de janeiro de 2012. Disponível em: http://www1.folha.uol.com.br/equilibrioesaude/1036999-calmantes-lideram-venda-de-remedios-controlados-no-brasil.shtml. Acessado em 20/01/2012.
40. Glowinkowski SP, Cooper CL. Managers and professionals in business/industrial settings: the research evidence. In : Ivancevich JM, Gangster DC (orgs.). Job stress: from theory to suggestion. Nova York: Haworth, 1987.
41. Eisenberg R, Huntington R, Hutchison S, Sowa D. Perceived organization support. J Applied Psychol 1986; 71:500-7.
42. Cooper CL, Marshall J. Occupational sources of stress: a review of the literature relating to coronary heart disease and mental ill-health. J Occupation Psychol 1976; 49:11-28.
43. Cooper CL, Baglioni Jr AJ. A structural model approach toward the development of a theory of the link between stress and mental health. Brit J Med Psychol 1988; 61:87-102.
44. Cooper CL, Sloan SJ, Williams S. Occupational stress indicator management guide. Oxford: NFER-Nelson, 1988.
45. Iwata N, Suzuki K. Role stress – Mental health relations in Japanese bank workers: a moderating effect of social support. Applied Psychology: An International Review 1997; 45:207-18.
46. Pina e Cunha M, Rego A, Campos e Cunha R, Cabral Cardoso C. Manual de comportamento organizacional e gestão. Lisboa: Ra, 2004.
47. Holmes TH, Rahe RH. The social readjustment rating scale. J Psychosom Res 1967; 11(2):213-8.
48. Karasek RA. Job demand, job decision latitude, and mental strain: implications for job redesign. Administrative Science Quarterly 1979; 24:285-308.
49. Straub RO. Psicologia da saúde. Porto Alegre: Artmed, 2005.
50. Daian MR, Petroianu A, Alberti LR. Avaliação do estresse psíquico em pacientes submetidos a operações de grande porte sob anestesia geral. J Bras Psiquiatr 2009; 58(4):245-51. Disponível em: http://www.scielo.br/scielo.php?script=sci_arttext&pid=S0047-20852009000400005&lng=en. Acessado em 31/03/2012.

CAPÍTULO 21

Qualidade de vida no trabalho: custos e benefícios

DENISE PARÁ DINIZ
ELAINE HORIBE SONG

INTRODUÇÃO

Atualmente, empresas de todo o mundo enfrentam vários desafios para que possam ser economicamente viáveis e rentáveis. A produtividade dos trabalhadores de uma empresa é um dos fatores internos mais importantes que determinam sua competitividade. Essa competitividade leva à busca incessante da qualidade total, a qual traz a necessidade de ações permanentes para a ampliação de inovações gerenciais e tecnológicas.[1-6]

A avaliação e a análise de estratégias responsáveis por chegar a gestões administrativas eficazes têm demonstrado que se tornaram essenciais para que as organizações sedimentem competências e acompanhem o novo conceito de trabalho e os padrões exigidos para se construir os alicerces de uma organização inteligente, privilegiada, equilibrada e inovadora, bem como para superar os desafios inerentes a essa trajetória.[3-10] Na busca de importantes instrumentos para gestão administrativa, a qualidade de vida no trabalho (QVT) ganhou destaque, pois, por meio de análise e práticas de ações, demonstrou colaborar para soluções de fatores múltiplos presentes no contexto ocupacional, como o bem-estar do trabalhador, seu desempenho e sua produtividade, os lucros, a relação trabalhador-empresa e o clima organizacional.

O objetivo deste capítulo é realizar uma retrospectiva evolutiva resumida de trabalho e QVT, observando os custos e benefícios desse indicador cada vez mais utilizado em gestões administrativas eficazes.

HISTÓRIA E SIGNIFICADOS DO TRABALHO

"Trabalho" é uma palavra que vem do latim *tripalium*, que designava uma espécie de aparelho de tortura formado por três paus onde eram amarrados os condenados ou animais. Desse modo, originalmente, "trabalhar" significava ser torturado no *tripalium*.

Os torturados no *tripalium* eram os escravos e os pobres, que não podiam pagar os impostos, ou seja, as pessoas destituídas de posses. O uso comum de trabalho associado ao *tripalium* e ao castigo atravessou quase toda a Idade Média. É interessante observar essas crenças e os valores impregnados na atividade laboral. Em vez de "trabalho" traduzir reconhecimento por metas atingidas, essa palavra obteve, nos primórdios dos tempos, conotação negativa ou depreciativa, conforme afirmou Albornoz,[11] e foi associada à dificuldade de viver e sobreviver, à pobreza e às incapacidades. Observa-se que, muitas vezes, até os dias atuais, as pessoas denominam o que é difícil de ser alcançado como "trabalhoso".

O comprometimento dessa associação entre tortura e trabalho atravessou os tempos, mas é importante focalizar essa questão no ponto em que ela pode se tornar uma crença limitante, que pode interferir no envolvimento do trabalhador com suas tarefas e/ou com a empresa, se levá-lo a perceber seu trabalho como tortura e, portanto, sofrimento. Essa percepção pode estender-se a várias ações produtivas realizadas pelo trabalhador, o que traz um custo humano extremamente negativo para todos envolvidos no contexto ocupacional: trabalhador e empresas.

Por outro lado, analisando-se a evolução das atividades de trabalho, observa-se que o homem sempre trabalhou e que não o fez apenas por questões financeiras. Inicialmente, ele precisava obter seus alimentos para sobreviver, utilizando-se de caça e pesca. Também possuía a necessidade de se defender dos animais e de outros grupos que lutavam por alimentos ou terras, passando a trabalhar na fabricação de seus próprios instrumentos de defesa. Além disso, a necessidade de proteção em função do clima fez os homens trabalharem para criar seus abrigos. Assim, "trabalho", em suas mais variadas formas de ação, caracterizou-se como estratégia para a sobrevivência, para a concretização de necessidades.

Apenas no século XIV a palavra "trabalho" começou a ter o sentido genérico que hoje lhe é atribuído, o de aplicação das capacidades e habilidades humanas para alcançar determinado fim. Com a especialização das atividades humanas, imposta pela evolução cultural e pela Revolução Industrial, a palavra "trabalho" tem hoje uma série de diferentes significados.

A Revolução Industrial causou muitas mudanças socioculturais, políticas e econômicas. Mais do que um desenvolvimento técnico e científico, representou uma profunda transformação no cotidiano das pessoas e em seus sistemas de valores, crenças e comportamentos. Os operários organizados conseguiram superar obstáculos e obter inúmeras conquistas, porém as leis sociais específicas sobre a saúde do trabalhador surgiram apenas no final do século XIX.

No século seguinte, os operários passaram a ser denominados trabalhadores e surgiram novas atividades laborais. Além disso, foram alcançados benefícios trabalhistas, como redução da jornada de trabalho, salários mais condizentes com as atividades exercidas e até leis que fornecem atenção ao limite de idade mínima para iniciar no trabalho, entre outros.

A saúde do trabalhador passou a ser considerada uma das prioridades da saúde pública. A Medicina do Trabalho foi regulamentada, sempre observando que saúde não é apenas a ausência de doença, mas a integração dinâmica dos aspectos biopsicossociais do trabalhador e sua relação com o contexto ocupacional. A partir de vários estudos, relatados a seguir, constatou-se que os custos humanos e das organizações são inúmeros quando ocorre adoecimento do trabalhador, tendo sido criados políticas e programas específicos, além de legislação pertinente à saúde ocupacional. Atualmente, existe uma legislação voltada para programas específicos, como os do Ministério da Saúde e os do Ministério do Trabalho.[12]

EVOLUÇÃO E PRINCÍPIOS DE QUALIDADE DE VIDA NO TRABALHO

A constante busca por abordagens, métodos e técnicas que colaborassem para gestões administrativas continuou sendo o foco, incluindo parâmetros de associação entre saúde do trabalhador e metas empresariais. Dessa forma, o construto QVT ganhou espaço e teve sua evolução, que foi determinada por características e percepções nas diferentes épocas. Observar a Tabela 1 criada por Nadler e Lawler apud Fernandes, 1996.[13]

TABELA 1 EVOLUÇÃO DO CONCEITO DE QUALIDADE DE VIDA NO TRABALHO

Concepções evolutivas da QVT	Características ou visão
QVT como uma variável (1959 a 1972)	Reação do indivíduo ao trabalho Investigava-se como melhorar a QVT para o indivíduo
QVT como uma abordagem (1969 a 1974)	O foco era o indivíduo antes do resultado organizacional, mas, ao mesmo tempo, buscava-se trazer melhorias tanto ao empregado como à direção
QVT como um método (1972 a 1975)	Um conjunto de abordagens, métodos ou técnicas para melhorar o ambiente e tornar o trabalho mais produtivo e satisfatório QVT era vista como sinônimo de grupos autônomos de trabalho, enriquecimento de cargo ou desenho de novas plantas com integração social e técnica
QVT como um movimento (1975 a 1980)	Declaração ideológica sobre a natureza do trabalho e as relações dos trabalhadores com a organização. Os termos "administração participativa" e "democracia industrial" eram frequentemente ditos como ideais do movimento de QVT
QVT como tudo (1979 a 1982)	Panaceia contra a competição estrangeira, problemas de qualidade, baixas taxas de produtividade, queixas e outras questões organizacionais
QVT como nada (futuro)	Caso alguns projetos de QVT fracassassem no futuro, não passaria de um "modismo" passageiro

Fonte: Nadler e Lawler apud Fernandes, 1996.[13]

Com o decorrer dos anos, a QVT continuou sendo avaliada e utilizada como recurso estratégico, chegando a uma nova fase. Em 2012, a QVT pôde ser classificada como um indicador, pois se tornou, comprovadamente, política prioritária de gestão empresarial eficaz e um dos mais importantes recursos para gestões dinâmicas e contingenciais que priorizam fatores tecnológicos e abordam os aspectos de desenvolvimento dos trabalhadores, conforme mostram inúmeros trabalhos.[14]

A meta principal de ações de QVT reside na integração dinâmica dos interesses dos indivíduos e das organizações, em um equilíbrio entre desenvolvimento humano e metas organizacionais na relação empresa-trabalhador. Atualmente, não se pode falar apenas em custos organizacionais, se não forem considerados os custos humanos envolvidos no contexto ocupacional. Evitar sofrimento e dor no trabalho tornou-se estratégia organizacional, por ter sido observado, na prática, que benefícios se associam à produtividade. Conforme afirmou Karl Marx, "o homem é o Capital mais valioso".[15,16]

Evitar doenças ocupacionais, dirigir ações ao processo motivacional e ampliar satisfação no trabalho promove saúde pessoal e saúde corporativa, amplia o envolvimento com as tarefas e, consequentemente, traz melhores resultados, conforme afirmam inúmeros estudos.[4,17,18]

Um planejamento estratégico é fundamental para a prática das ações e dos programas de QVT a serem implantados, iniciando pela avaliação. O diagnóstico pode ser realizado para um levantamento das condições relacionadas à empresa e/ou aos seus recursos humanos. O desenvolvimento de programas deve otimizar as necessidades dos trabalhadores e da empresa, a fim de atingir um saudável e produtivo local de trabalho.[1,14,15] QVT reforça também a percepção de um colaborador com autonomia, proatividade em processos de produtividade e participação nas decisões dos grupos de trabalho. A própria evolução dos termos que designam pessoas que trabalham em uma organização revela o quanto a QVT tem contribuído para modificar a relação empresa-trabalhador. Inicialmente, os trabalhadores eram os empregados; depois, passaram a ser denominados operários, funcionários e, atualmente, são denomidados de colaboradores.

As mudanças dos termos de denominação dos trabalhadores exemplificam as evoluções. Nota-se que "colaboradores" designa uma relação de parceria para se atingir o mesmo fim, com um mesmo método de trabalho, como forma de garantir a qualidade do serviço. Essa é uma evolução que demonstra, por meio de ações, respeito e reconhecimento.

Segundo Nadler & Lawler (apud Chiavenato),[20] a QVT está fundamentada em quatro aspectos principais:

- participação dos funcionários nas decisões;
- reestruturação do trabalho por meio do enriquecimento de tarefas e de grupos autônomos de trabalho;
- inovação no sistema de recompensas para influenciar o clima organizacional;
- melhoria no ambiente de trabalho, tanto físico quanto psicológico.[21]

Com esses pressupostos, a QVT reforça a premissa básica do equilíbrio na relação empresa-trabalhador para a obtenção da qualidade de produtos e serviços. A importância da implantação de programas desse indicador nas organizações será analisada a seguir.

QUALIDADE DE VIDA NO TRABALHO: PRODUTIVIDADE E CUSTOS

A vida moderna, o sedentarismo, o estresse e o aumento de longevidade contribuem para a maior prevalência de doenças crônicas em todas as idades. Essas condições, por sua vez, geram grandes despesas para as empresas empregadoras, que são obrigadas a absorver não somente os custos mais elevados de seguros de saúde, mas também os custos derivados de absenteísmo (falta ao trabalho decorrente de problemas relacionados à saúde) e presenteísmo (comparecimento ao trabalho mesmo estando doente e com produtividade reduzida).[21-23] Um estudo nos Estados Unidos mostrou que mais de 80% dos gastos em saúde são decorrentes de condições crônicas.[25]

Diversos estudos demonstram que o trabalho pode ser percebido como altamente motivador, permeado de benefícios (o que traz como consequências saúde e melhor desempenho), ou como obrigação necessária, o que costuma proporcionar pouca produtividade, com altos custos para saúde do trabalhador e para a saúde corporativa.[25] Para se ter uma ideia sobre o impacto na economia, em 2001, o absenteísmo por doença custou para a Alemanha 44,76 bilhões de euros, enquanto para o Reino Unido a perda foi de 11 bilhões de libras esterlinas, principalmente em virtude de doenças dos sistemas osteomuscular e respiratório.[4,26]

No Brasil, as despesas aumentaram 31,8% com a concessão do auxílio-doença. Em 2000, o auxílio-doença representava 3,2% dos gastos da previdência social; em 2004, essa despesa subiu para 7,5%. Números do Ministério da Previdência Social servem como parâmetro para compreender a atual dimensão dessa questão. Em 2008, entre janeiro e dezembro, mais de 1,8 milhão de benefícios auxílio-doença foram concedidos pelo governo.[4,26]

A Organização Panamericana de Saúde acredita que mais de 70% das empresas não apresentam condições ergonomicamente favoráveis para a realização das tarefas solicitadas a seus colaboradores.[4,26] Por outro lado, pode-se observar, no dia a dia, que a maioria das pessoas trabalha apenas pelo salário, para pagar contas e manter o papel de provedor, o que costuma trazer doenças fisiológicas, psíquicas e comportamentais. Isso pode ocorrer em função de inúmeros motivos individuais, como *status* financeiro, relações interpessoais familiares, trajetória de vida profissional galgada em falta de oportunidades ou ausência de proatividade e empreendedorismo. Isso, sem dúvida, pode comprometer toda a seleção e capacitação da empresa, com perda de investimentos, pois onera tempo e dinheiro. Contudo, pode ocorrer também porque esse trabalhador encontra-se em ambientes ocupacionais que não valorizam estratégias inovadoras para se conseguir motivação, participação e envolvimento com as metas organizacionais, o que pode favorecer o início do processo de estresse ocupacional.[27]

O estresse ocupacional ocorre quando há a percepção, por parte do trabalhador, da sua incapacidade para realizar as tarefas solicitadas, o que provoca sofrimento, mal-estar e sentimento de incapacidade para enfrentá-las.[28] Villalobos[27] afirma que os fatores psicossociais no trabalho representam um conjunto de percepções e experiências do trabalhador, ocorrendo, então, uma interface entre aspectos subjetivos individuais e aspectos organizacionais.

O estresse ocupacional e as condições clínicas associadas a esse processo, como o *burnout*, o absenteísmo e o presenteísmo, são exemplos de reações que incluem o intenso sofrimento psíquico que afeta o trabalhador, o esforço de adaptação para participar da organização do trabalho e realizar o conteúdo das tarefas (conteúdo significativo e conteúdo ergonômico, incluindo gestos, postura, ambiente físico, entre outros).[4,26]

Estudos concluem que 75% dos trabalhadores experimentam condições físicas ou mentais relacionadas ao estresse. Nos Estados Unidos, estima-se que 60 a 80% dos acidentes de trabalho estão relacionados ao estresse e que empresas americanas perdem, por ano, cerca de 150 bilhões de dólares por absenteísmo, presenteísmo, desmotivação, doenças, afastamentos, acidentes e conflitos interpessoais, o que compromete os resultados finais das organizações.[17,28-33]

Dados alarmantes são obtidos pelo Ministério da Saúde, revelando que as empresas brasileiras gastam, anualmente, 12,5 bilhões de reais com despesas decorrentes de acidentes e doenças relacionadas ao trabalho.[16-35]

Esses fatos levaram várias multinacionais a se interessar por intervenções que possam melhorar a saúde de seus empregados e que estejam relacionadas ao aumento da produtividade deles. Portanto, apesar de em vários países as empresas não serem diretamente responsáveis pelos gastos com tratamentos médicos de seus empregados, os custos resultantes da redução de produtividade em razão de doenças fazem com que elas invistam em estratégias que aumentem a saúde e a produtividade deles.

O interesse por esses tipos de intervenções vem acompanhado pelo interesse no desenvolvimento de métricas padronizadas que possam quantificar não somente os custos financeiros em produtividade perdida, mas também as perdas funcionais em produtividade geradas por absenteísmo e presenteísmo.[36] A seguir, será apresentado um resumo de evidências encontradas na literatura que enfatizam a relação entre qualidade de vida, produtividade e custos em saúde.

RELAÇÃO ENTRE RISCOS DE SAÚDE, GASTOS EM SAÚDE, ABSENTEÍSMO E PRESENTEÍSMO

Um estudo retrospectivo realizado entre empregados da multinacional Novartis concluiu que empresas que conseguirem reduzir certos riscos entre os seus empregados podem economizar em gastos com saúde e aumentar a produtividade. O estudo teve como objetivo quantificar o impacto de fatores de risco dos empregados em gastos com saúde e custos relacionados à baixa produtividade. Para isso, os autores analisaram 5.875 empregados em 2005-2006, identificando a relação entre os vários fatores de risco. Realizaram, então, múltiplas regressões estatísticas, para estimar a relação entre os fatores de risco e custos, e os resultados mostraram que:

- há associação constante e estatisticamente significativa entre três fatores de risco modificáveis (valores altos de medidas biométricas, uso de álcool e cigarro e saúde emocional comprometida), aumento de presenteísmo (tanto entre homens e quanto entre mulheres) e aumento de absenteísmo para mulheres;
- os gastos em saúde foram 13 a 22% maiores entre homens e mulheres, com risco maior para valores biométricos altos e problemas emocionais.

Em estudo prospectivo em 2009, Loeppke et al.[36] analisaram a produtividade perdida relacionada a problemas de saúde entre dez empresas. Para tanto, os autores combinaram resultados de 51.648 questionários Health and Work Performance Questionnaire (HPQ) respondidos pelos funcionários das empresas e 1.134.281 solicitações médicas às seguradoras de saúde que serviam essas empresas. Realizaram vários modelos de regressões estatísticas para estimar as associações entre as condições de saúde dos empregados, o absenteísmo e o presenteísmo e os resultados mostraram que:

- para cada dólar gasto em remédios e tratamentos médicos, 2,3 dólares foram perdidos em produtividade medida por absenteísmo ou presenteísmo, ou seja, os custos de produtividade relacionada à saúde são significativamente maiores que os gastos em intervenções médicas e remédios (2,3:1);
- condições crônicas como ansiedade, depressão, obesidade, artrite e dores lombares e cervicais são causas especialmente importantes de produtividade perdida;
- os custos de produtividade perdida relacionada a depressão e dores lombares são iguais ou maiores entre profissionais em cargos executivos ou de gerência quando comparados aos de trabalhadores operários.

Intervenções no ambiente de trabalho que geram resultados[37]

Programas de gerenciamento de estresse

Um estudo de resultados baseados em evidências realizado por Seymour et al.[39] mostrou que esses programas apresentaram nível moderado de evidência. Os programas incluíam identificação de fatores estressantes no trabalho e estratégias para melhorar a habilidade para lidar com estresse. No entanto, ainda não há evidência de que possam prevenir problemas comuns de saúde mental.

Programas abrangentes envolvendo táticas focadas no indivíduo e na organização

Possuem nível moderado de evidência apoiando a eficácia desses programas na melhora da produtividade dos empregados.

Terapia individual breve para empregados com problemas mentais

Foram encontradas fortes evidências de que as terapias individuais, particularmente terapia de comportamento cognitivo, são eficazes no tratamento de problemas mentais.[40]

Parceria entre empregado e empregador

É importante considerar não apenas os problemas de saúde do empregado, mas também sua atitude e seus valores. Boa comunicação e bom relacionamento entre empregado e empregador podem resultar em recuperação mais rápida caso o empregado adoeça.[39]

Boas práticas de gerenciamento

O gerente tem um papel importante ao lidar com os problemas mentais dos membros de seu time. Sem boas práticas de gerenciamento, como comunicação e gerenciamento de expectativas do empregado, o risco de que os profissionais com problemas comportamentais deixem a empresa aumenta.

Ainda estão sendo procuradas as práticas com melhores resultados, mas é importante ter em mente que, ao desenvolver estratégias de intervenção, as organizações precisam procurar por respostas dentro e fora de si, estabelecendo parcerias com empregadores, empregados, profissionais da saúde e seguradoras. O envolvimento e o apoio da alta chefia das empresas é fundamental para que os programas sejam bem-sucedidos.

Depressão

A depressão é uma das condições que mais gera despesas em medicamentos, presenteísmo e absenteísmo.[36] Programas estruturados para tratamento de depressão podem melhorar os resultados, porém as empresas empregadoras os têm adotado muito lentamente, visto que não há evidências suficientes que justifiquem sua implementação.

No intuito de demonstrar a eficácia e a custo-efetividade de um programa de tratamento de depressão, Wang et al.[40] analisaram os efeitos desse programa realizado no ambiente de trabalho. Para tanto, fizeram um ensaio clínico randomizado envolvendo 604 empregados com diagnóstico de depressão – empregados com outras comorbidades psiquiátricas foram excluídos. Os organizadores do programa contataram os participantes do estudo por telefone e ofereceram-lhes tratamento (psicoterapia ou medicamentos antidepressivos), além de avaliarem a continuidade dos tratamentos e tentarem melhorar a qualidade dos sujeitos por meio de educação médica continuada dos médicos e terapeutas envolvidos na pesquisa. No 6º e no 12º mês após o início do tratamento, os participantes foram avaliados pelos seguintes instrumentos: Questionário Quick Inventory of Depressive Symptomatology, que avalia o grau de depressão; questionário World Health Organization Health and Productivity Questionnaire (HPQ), que avalia o desempenho no trabalho; além de um questionário de autoavaliação que mede retenção no trabalho, tempo de trabalho perdido, desempenho no trabalho e incidentes no local de trabalho. Os resultados e as conclusões das avaliações do 6º e do 12º mês mostraram que:

- o grupo tratado por meio do programa teve pontuação do questionário QIDS significativamente menor (intervalo de confiança 95%, 1,1-2,0; P = 0,009), retenção no trabalho significativamente maior (intervalo de confiança 95%, 1,1-3,3; P = 0,02) e mais horas trabalhadas do que o grupo tratado com terapias individuais, não padronizadas, fora do programa (P = 0,02; equivalente a 2 semanas de trabalho ao ano);

- um programa sistemático para identificar depressão e promover tratamento efetivo melhora significativamente não somente os resultados clínicos, mas também o desempenho no trabalho;
- há outros ganhos para o empregador, como menor custo com recrutamento, treinamento e salário de novos empregados que teriam de ser contratados para repor ou complementar o trabalho de empregados com depressão. Esses ganhos sugerem que muitos empregadores teriam um grande retorno se investissem em um programa que identificasse, contatasse e tratasse sistematicamente os empregados com depressão.

CONCLUSÃO

Atualmente, a definição de metas e ações empresariais inclui um planejamento estratégico, com necessidade de avaliação econômica de programas de gestões administrativas focalizando fatores e benefícios que interferem diretamente no processo produtivo e na qualidade do produto e do serviço da empresa, como saúde do trabalhador, satisfação de suas necessidades, desenvolvimento de suas competências, motivação, relação empresa-trabalhador e clima organizacional.[41]

Um programa de QVT pode e deve atingir todos os níveis, direcionando esforços para a motivação e o desenvolvimento das competências. Suas ações compreendem aspectos físicos, sociológicos e psicológicos dos trabalhadores, interagindo de forma dinâmica e interferindo diretamente na satisfação dos trabalhadores e no contexto ocupacional, equilibrados com os aspectos tecnológicos da organização do próprio trabalho. Em conjunto, afetam a cultura e interferem no clima organizacional.

As organizações que se preocuparam em desenvolver projetos de QVT têm constatado, por estudos nacionais, internacionais e práticas de ações, melhora de desempenho, aumento de produtividade, colaboradores mais motivados e envolvidos com suas tarefas, melhoria da imagem corporativa, menores índices de absenteísmo e presenteísmo, redução de *turnover*, baixas taxas de enfermidades que impedem as atividades laborais, melhoria das relações interpessoais na empresa e do clima organizacional, concretização de metas e resultados e maiores lucros.[2-5,19]

Assim, ganharão mais espaço, além de melhores resultados e maiores lucros, as organizações que proporcionarem aos colaboradores saúde e desenvolvimento de suas competências. Entretanto, é importante ressaltar que ganharão espaço, também, os trabalhadores proativos em relação à busca de suas atividades ocupacionais, as quais devem ser congruentes com suas experiências teóricas e práticas, fornecendo oportunidades relacionadas às suas expectativas (que devem estar baseadas em dados de realidade), para que seja possível lançar mão de estratégias e ferramentas que lhe permitam alcançar metas pessoais e ocupacionais. Sua saúde e a relação empresa-trabalhador também depende de suas ações. Como dizia Confúcio: "Encontre um trabalho que lhe dê prazer e nunca mais terá que trabalhar na vida".

REFERÊNCIAS BIBLIOGRÁFICAS

1. Moretti S. Qualidade de vida no trabalho x autorrealização humana. Disponível em: http://www.ergonomia.ufpr.br/PB%20qvt%20realiz%20humana.pdf. Acessado em 23/01/2012.
2. Rodrigues MVC. Qualidade de vida no trabalho – Evolução e análise no nível gerencial. Rio de Janeiro: Vozes, 1994.
3. Weiss D. Motivação e resultado – Como obter o melhor de sua equipe. São Paulo: Nobel, 1991.
4. Absenteísmo e presenteísmo. Disponível em: http://www.ogerente.com.br/novo/colunas_ler.php?canal=6&canallocal=53&canalsub2=177&id=839. Acessado em 01/02/2012.
5. Davis K, Newstrom JW. Comportamento humano no trabalho – Uma abordagem psicológica. São Paulo: Pioneira, 1992.
6. Chiavenato I. Gestão de pessoas: o novo papel dos recursos humanos nas organizações. Rio de Janeiro: Elsevier, 2004.
7. Brasil. Ministérios do Trabalho, da Previdência Social e da Saúde. Política Nacional de Segurança e Saúde do Trabalhador. Brasília, 2009 Disponível em: http://www.previdenciasocial.gov.br/docs/pdf/pnsst_CNPS.pdf. Acessado em: 02/02/2012.
8. Vasconcelos AF. Qualidade de vida no trabalho: origem, evolução e perspectivas. Cadernos de Pesquisas em Administração 2001; 8(1):23-35.
9. Calais SL, Carrara K, Brum MM, Batista R, Yamada JK, Oliveira JRS. Stress entre calouros e veteranos de jornalismo. Estud Psicol (Campinas) 2007; 24(1): 69-77.
10. Presenteísmo é um fenômeno invisível nas empresas. Disponível em: http://www.parana-online.com.br/canal/vida-e-saude/news/376394/?noticia=PRESENTEISMO+E+UM+FENOMENO+INVISIVEL+NAS+EMPRESAS. Acessado em: 19/04/2012.
11. Albornoz S. O que é trabalho. São Paulo: Brasiliense, 1997.
12. Ministério da Saúde. Lista doenças relacionadas ao trabalho. Normas Regulamentadoras: Relativas à Segurança e Medicina do Trabalho, 2003.
13. Fernandes E. Qualidade de vida no trabalho: como medir para melhorar. Salvador: Casa da Qualidade, 1996.
14. Alves EF. Programas e ações em qualidade de vida no trabalho. Revista INTERFACEHS 2011; 6(1):60-78.
15. Ramadan ZVA. Lesões por esforços repetidos. In: A dor no trabalho. São Paulo: Edicon, 1997.
16. Dejours C. A loucura do trabalho. São Paulo: Cortez, 1992.
17. Masci C. A hora da virada: enfrentando os desafios da vida com equilíbrio e serenidade. São Paulo: Saraiva, 2001.
18. Santos LP, Wagner R. Gerenciamento do estresse ocupacional: uma nova abordagem. Disponível em: http://www.aedb.br/seget/artigos07/265_Gerenciamento%20do%20Estresse%20Ocupacional%20Uma%20Nova%20Abordagem.pdf. Acessado em: 19/04/2012.
19. Albuquerque LG, Limongi-França AC. Estratégias de recursos humanos e gestão da qualidade de vida no trabalho: o stress e a expansão do conceito de qualidade total. Revista de Administração 1998; 33(2):40-51.
20. Chiavenato I. Gestão de pessoas: o novo papel dos recursos humanos nas organizações. Rio de Janeiro: Campus, 1999.

21. Conte AL. Funcionários com qualidade de vida no trabalho são mais felizes e produzem mais. Revista FAEBUSINESS 2003; 7:3234. Disponível em: http://www.fae.edu/publicacoes/pdf/revista_fae_business/n7/rev_fae_business_07_2003_gestao_10.pdf. Acessado em: 19/09/2012.
22. Blumenthal D. Employer-sponsored insurance-riding the Health Care Tiger. N Engl J Med 2006; 355:195-202.
23. Thorpe KE. Factors accounting for the rise in health-care spending in the United States: the role of rising disease prevalence and treatment intensity. Public Health 2006; 120:1002-7.
24. Partnership for Solutions National Program Office. Chronic conditions: making the case for ongoing care. Baltimore: John Hopkins University, 2004.
25. Dejours C. Psicodinâmica do trabalho. São Paulo: Atlas, 1994.
26. Capelo R. Uma praga corporativa chamada presenteísmo. Disponível em: http://www.voce-commaistempo.com.br/bn_conteudo.asp?cod=215. Acessado em: 01/02/2012.
27. Villallobos JO. Estrés y trabajo. Instituto Mexicano del Seguro Social. México, 1999. Disponível: http://www.medspain.com/n3_feb99/stress.htm. Acessado em: 01/02/2012.
28. Taylor SE, Lerner JS, Sage RM, Lehman BJ, Seeman TE et al. Early environment, emotions, responses to stress, and health. Special Issue on Personality and Health. J Personal 2004; 72:1365-93.
29. Portal Carreira & Sucesso. Investir na qualidade de vida do funcionário aumenta a produtividade da empresa. Disponível em: http://www.catho.com.br/carreira-sucesso/gestao-rh/investir-na-qualidade-de-vida-do-funcionario-aumenta-a-produtividade-da-empresa.
30. Wallau SM. Estresse laboral e síndrome de Burnout: uma dualidade em estudo. Nova Hamburgo: Feevale, 2003
31. Selye H. Stress: a tensão da vida. São Paulo: Instituto Brasileiro de Difusão Cultural, 1965.
32. Estresse: problema de saúde pública. Administrador Profissional. Órgão Informativo dos Administradores Profissionais de São Paulo 1997; 135:6-7.
33. França ACL, Rodrigues AL. Stress e trabalho: guia básico com abordagem psicossomática. São Paulo: Atlas, 1997.
34. Hochwälder J. A longitudinal study of the relation between empowerment and burnout among registered and assistant nurses. Work 2008; 30(4):343-52. Acessado em 19/04/2012.
35. Araújo TBL. Estresse ocupacional: a saúde e o estresse no trabalho. Disponível em: http://psicologatbla.wordpress.com/2011/01/11/estresse-ocupacional-a-saude-e-o-estresse-no-trabalho/.
36. Loeppke R, Taitel M, Haufle V, Parry T, Kessler RC, Jinnett K. Health and productivity as a business strategy: a multiemployer study. J Occup Environ Med 2009; 51(4):411-28.
37. Cooper C, Dewe P. Well-being – Absenteeism, presenteeism, costs and challenges. Occup Med (Lond) 2008; 58(8):522-4.
38. Seymour L, Grove B. Workplace interventions for people with common mental health problems: evidence review and recommendations. Londres: British Occupational Health Research Foundation, 2005.
39. Hill D, Lucy D, Tyers C, James L. What works at work? Review of evidence assessing the effectiveness of workplace interventions to prevent and manage common health problems. Sussex University: Institute for Employment Studies, Health Work Wellbeing Report 2007.

40. Wang PS, Simon GE, Avorn J, Azocar F, Ludman EJ, McCulloch J -et al. Telephone screening, outreach, and care management for depressed workers and impact on clinical and work productivity outcomes: a randomized controlled trial. JAMA 2007; 298(12):1401-11.
41. Maeda AMC, Maeda EY, Silva ERF. A dor do trabalho. São Paulo: Edicon, 1997.

Índice remissivo

A

abandono 243
  do tabagismo 36
abdome 56
abordagem(ns) 257
  familiar 146
absenteísmo 246, 259, 260
abstinência 71, 82, 122
Academia de Medicina do Sono em 2050 (REF) 49
ação(ões) 202, 255
  concêntrica (encurtamento muscular) 37
  corporificada 124
  empresariais 263
  laborais 234
  nociva do cigarro 82
  positivas 135
  psicossociais 4
  voluntária 208
acessibilidade 191, 223
acidente(s) 129, 260
  vascular cerebral 57
    encefálico 62
acolhimento 210
adaptação 143, 218
adesão 29, 72
  ao tratamento 145
adesivo transdérmico 80
administração 233
adoecimento 203
adolescência 140
adolescentes 15, 37, 114
adultos 15, 114
  pequenos 113
afastamentos 260
afeto 147, 163
agitação psicomotora 150
agonia 207
agressões verbais 132
álcool 132, 261
alcoolismo 242

aleitamento materno 114
alimentação 35
alongamento muscular 37
alterações
  anatômicas 55
  cognitivas 32, 49
  físicas 58, 143
  neurofisiológicas 55
  psíquicas 58
alucinações 150, 164
amadurecimento pessoal 86
ambiente(s)
  acolhedor 147
  desestruturado, 125
  de trabalho 197, 218, 258
  familiar 51
  físico 260
  sociais 129
amplitude de aspectos investigados 24
amputação 57
analgésicos 55, 62
análise
  das tarefas 223
  de atividade 223
  multi/interdisciplinar 191
  qualitativa 150
anamnese 147
  objetiva 147
anatomia 218
angioplastia 36
angústia(s) 142, 143, 144
anomalias neurológicas 61
ansiedade 50, 70, 100, 103, 139, 142, 261
antidepressivos 148
antioxidantes 38
apacidade empreendedora 202
aparelhos 207
apneia 52
articulações 56
artrite 261
aspecto(s)
  biopsicossociais 137, 142
  psicológico(s) 86, 108
  subjetivos e multidimensionais em DR 101
assédio 234
  moral 131
assertividade 78
assistência 185
  psicológica 104
  psiquiátrica 183
Associação
  Americana de Diabetes 37
  Brasileira de Normas Técnicas (ABNT) 219
  Internacional para o Estudo da Dor 56
aterosclerose 36
atitudes 200
atividade(s) 224
  assistenciais 200
  dos profissionais 223
  física 35
    crônica 36
  laboral(is) 125, 256
  lúdicas 114
  sexuais 145
  sociais 49
autoavaliação 163
autocontrole emocional 202
autocuidado 149
autoeficácia 74
autoestima 143, 163
autonomia 140, 186, 201, 209, 258
avaliação
  da QV 30, 32
  do doador vivo 150
  do receptor 147
  psicopatológica 164
  psíquica 147
avaliar estado de saúde 12
avanços tecnológicos 85

B

baladas 121
bancos de dados sobre QVRS 17
bem-estar 44, 51, 114, 138, 198, 234
  pessoal 220
benefício(s) 210, 245
bens coletivos 8
bioética 207
brincar 115
bullying 131
burnout 203

C

cabeça 56
cachimbos 67

cadeias operatórias 126
calúnias 132
câncer 58, 89
  de pulmão 68, 69
capacidade(s) 140, 240
  de aprender 202
  de comunicação 202
  de lidar com incertezas 202
  de trabalhar 202
  de vínculos 125
capacitação 201
caráter objetivo 24
  subjetivo 31
    clínico 31
    e multidimensional 220
carga
  de trabalho 224, 228
  física 225
  mental (CMT) 225
  psicossocial (CST) 225
casais inférteis 85
cataplexia 51
cateteres 143
células cancerígenas 69
charutos 67
cicatrizes 143
ciclo de vida 212
ciência 208
cigarro(s) 67, 261
cinesioterapia 63
Classificação Internacional de Doenças e Problemas Relacionados à Saúde (CID-10) 155
clima organizacional 227, 255
Clinician's Computer Assisted Guide to the Choice of Instruments for Quality of Life Assessment in Medicine 17
cloridrato de bupropiona 80
cobranças 141, 145, 150
Cochrane 17
codificação do receptor dopaminérgico D2 123
coito programado 87
colegas de equipe 197
coma 207
Comitê de Atenção Multiprofissional 109
comorbidades psiquiátricas 262
competência 202
comportamento 200, 222, 248
  agressivo 234
  doloroso 55
compreensão biopsicossocial ocupacional 126
compulsão 124
comunicação 202, 220, 229, 231
  verbal e gráfica 106
comunidade 194
  científica 22
conceito multidimensional 4
concentração e atenção reduzidas 156
concepção
  eudaimonista 221
  hedonista 221
conclusões 262
condição(ões)
  ambientais 231
  anatômica e fisiológica 206
  de trabalho 223
  de vida 134
  humana 126
  jurídica ilegal 214
  psicossociais 230
conduta(s)
  clínicas 149
  médica legal 214
Conferência Europeia 194
confiabilidade 13
conflito(s) 140, 144, 199, 223
  interpessoais 260
congelamento de embriões 89
conhecimento(s) 138, 198
  científico 26
Conselho Nacional de Saúde (CNS) 189
consequências na saúde 201
Consolidated Standards of Reporting Trials (CONSORT) 17
Constituição 186
constructo 247
  QV 165
consumo
  de álcool 36, 69
  de tabaco 69
contexto(s)
  corporativo e institucional 9
  laborais 224
  ocupacional 222
  sociocultural(is) 122, 200

contratransferência 199
controle 173
  da obesidade 36
  do peso 74
cooperação 223
coorte longitudinal 27
corpo
  real 142
  simbólico 142
corticotropina 240
crenças 205, 206, 243
  espirituais 209
crescimento 113
  econômico 4
criança(s) 15, 37, 113, 140
criopreservação 85, 89
crítica(s) 210
  social 147
cuidado(s)
  em saúde 200
  multiprofissionais 106
  paliativos 63
cuidador(es) 32, 116
cura 141
curso de Especialização em Saúde Mental e Qualidade de Vida 109
custo(s)
  das empresas 244
  -efetividade 156
  humano 256
  médicos 246
  socioeconômicos 155

D

decisão(ões) 202, 208, 209, 210, 213, 230, 232
  de saúde 117
Declaração dos Direitos Humanos 180, 193
defesas 240
déficit(s)
  intelectual 163
  neurocognitivos 163
delírios 164
delirium 150
demanda(s) 228
  de formação 197
  de desempenho 197
  de qualificação 197
  emocional(is) 146, 199
demenciados 32
dependência 50, 139, 141
  permanente 209
  química 70, 71, 121
depressão 50, 100, 153, 203, 243, 261, 262
Depression International Network (ODIN) 153
depressores do sistema nervoso central 122
desafio(s) 230, 255
  da ética 182
desamparo 144
desejo 124
desempenho 197, 229, 244, 262
  eficiente 234
desenho(s) 21
  de estudos 27
  ergonômico 224
  longitudinais 27
  transversal (*cross-sectional*) 27
desenvolvimento 113, 218
  físico 115
  humano 2
  mental 115
  social 4, 115
desesperança 148
desestabilização emocional 134
desgaste 242
desidratação 35
desigualdade 130
desmames precoces 114
desmotivação 260
despesas 259
destino 210
determinantes
  de qualidade de vida 171
  sociais da saúde 5
Deus 206
diabete melito 35
Diagnostic and Statistical Manual 155
diálise 148
diálogo 180
dia mundial da saúde mental 189
dieta balanceada 39
dificuldade(s) 201
  nos relacionamentos interpessoais 200
dignidade 207, 210, 212
dimensões 206
  biológica 212

espiritual 212
psicológica 212
social 212
biopsicossociais 238
diminuição da autoestima e autoconfiança 156
dinâmica
comportamental 149
da família 144
familiar 207
psicológica 107, 145
direito(s) 194
fundamentais do homem 179
humanos 179
internacional 190
diretrizes clínicas 77
disability-adjusted life year (DALY) 154
discinesia 172
disciplinas médicas, biológicas e psicológicas 239
discordâncias 210
disfunção erétil 68
distanásia 208
distímicos 32
distresse 242
distúrbios do ritmo vigília-sono 51
doador(es) 138
de órgãos 207
-falecido 138
vivos 138, 144
doença(s) 140, 260
crônica(s) 140, 161
infectocontagiosas 113
mental grave 161
ocupacionais 258
orteomuscular relacionada ao trabalho (DORT) 59
pulmonares 69
renal 99, 115
crônica (DRC) 97, 102, 164
reumatológicas 89
dopamina 78
dor(es) 55, 210, 213, 261
cervical crônica 57
da alma 198
neuropática 60
pélvica crônica 57
drogas 132, 171, 207
DSM-IV-R 155
duração 49
da doença 162

E

educação 116
continuada em saúde 203
em saúde 149
efeitos
colaterais 156
corporais 240
de comorbidade 15
fisiológicos 39
hormonais 38
psicossociais 40
residuais 50
efetividade
clínica 162
farmacológica 161
eficácia 56, 182
terapêutica 26
eficiência 182
de um procedimento 26
elementos
principais 71
biológicos 71
psíquicos 71
sociais 71
eletroterapia 63
elevadas taxas de mortalidade 101
empatia 198
empreendedorismo 259
empregado 262
empregador 262, 263
empresas 224, 259
endometriose 87
energia 240
ênfase na subjetividade 24
enfermeiros 115
engenheiros 218
ensaios clínicos 27
randomised clinical trial 28
entendimento 199
entorno laboral 231
entrevista(s) 147
motivacional (EM) 72
equidade 233
equilíbrio 138, 220, 222

equipe(s) 138, 201
  de saúde 207
  de trabalho 229
  interdisciplinar 150
  multiprofissional 138, 214
    interdisciplinar 138
ergonomia 217
  ambiental 224
  geométrica 224
Ergonomic Research Society 218
erro da razão 181
escalas 12
escolha 209
  da medida 31
  do questionário 13
escore(s)
  de Fagerstrom 72
  de QVRS 16
escuta 147
esforço(s)
  de adaptação 246
  excessivos 218
esgotamento 220
espaço 224
  psicoterapêutico 108
especialistas 137
esperança 206
espírito ou alma 205
esquizofrenia 161, 164
estabilidade na relação 87
estado(s)
  depressivo 172
  de tensão 200
  funcional 7
estigmatizações 143
estilo de vida 55, 88, 242
  saudável 36
estimativa de vida 56
estimulantes do sistema nervoso central 122
estímulo(s) 42, 239
  ambiental 239
  estressores 242
estratégias 5, 174, 228, 259, 263
  de adaptação 221
  de promoção de qualidade de vida 114
estresse 109, 203, 222, 227, 234, 237, 238
  ocupacional 244, 259, 260
  oxidativo 36
estressor 239
estrutura 231
estudo(s)
  de associação 165
  de intervenção 165
  descritivos 164
  longitudinal(is) 27, 101
    retrospectivos 27
    follow-up 28
  transversais 28
etnia 99
EuroQol (EQ-5D) 24
eustresse 242
eutanásia 208
evolução 4
  científica 9
  histórica 191
exame psíquico 149
excesso de trabalho 238
exercício(s) 63
  físico 74
exigências
  ambientais 220
  da(s) tarefa(s) 224, 232
existência 206
expectativa(s) 163, 173, 221
  de vida 1, 43
experiência(s) 199, 201
  prazerosa 88

F

fadiga 49, 155, 220, 222, 243
faixa etária 143
falência 210
falsas expectativas 145
família(s) 116, 144, 145, 147, 149
  adotivas 172
familiares 197, 207, 214
fantasias 141, 145, 199
farmacoterapia 156, 161
fatalidade 211
fatores
  biológicos 122
  de crescimento 38
  genéticos 122
  psicodinâmicos 122
  psicossociais 97, 227, 244
  psiquiátricos 32
fé 206

ferramentas 263
fertilidade 85
fertilização *in vitro* 87
fibromialgia 57, 59
filhos 86
fiscalização 186
fisiologistas 218
fisioterapeutas 115
fissuras 70
fístulas 143
flexibilidade 39, 44
fonoaudiólogos 115
Food and Drug Administration (FDA) 11, 82
força e resistência muscular 39
formação 197
Foucault, Michel 181
função
  biológica 55
  jurisdicional do Estado 186
funcionamento 206
  psíquico 123

G

gametas masculinos 85
gastos em saúde 260
gerenciamento de estresse 78
gestão(ões)
  administrativas 7, 255, 263
  empresarial 258
gestos 260
glândulas adrenais 240
glicocorticosteroides 240
Global Burden of Diseases (GBD) 153
globalização 220
goma de mascar 80
gravidade irreversível 208
gravidez 85
grupo(s) 262
  comparados 31
  de Qualidade de Vida da Organização Mundial da Saúde 7
  sociais 9

H

habilidades 230, 232
  de manejo 199
hábitos
  de vida 56
  infantis 39
health-related quality of life (HRQOL) 11, 16, 23
hemodiálise 97
herpes-zóster 60
hidroterapia 63
hipersonolência 49
hipófise 240
hipofuncionamento dopaminérgico 123
hipopneia 52
hipotálamo 240
história da loucura 181
HIV 57
homens 154
homeostase 42, 239
homicídio(s) 129, 135
homofobia 131, 133
hormônio adrenocorticotrópico 240
hospital(is)
  -gerais 154
  São Paulo (HSP) 100
hostilidade 201
humanidade 4, 205, 212
humanização 213
humor 49, 147
  deprimido 155

I

idade 238
ideação suicida 155
identidade 140
  familiar 107, 144
identificação de fatores psicossociais 104
idoso(s) 15, 43, 56
igualdade de oportunidades 134
impacto 173
  da sonolência 50
  na economia 259
  socioeconômico 69
implementação de programas 8
impulso 124
imunidade 240
inatividade física 36
incapacidade 55, 260
incapacitação 203
incêndios 68

inclusão social 194
independência 186
indicador(es)
como QV 9
da patologia 7
psicológicos 163
índice(s) 12
de Calidad de Vida (QLI-Sp) 166
de Desenvolvimento Humano (IDH) 1
ajustado à desigualdade (IDHAD) 2
indivíduo 122, 249
infarto agudo do miocárdio (IAM) 69
infertileutas 87
infertilidade 85
informação(ões) 198, 232
descritiva 15
longitudinais 16
infracarga 225
injustiça social 134
inovação no sistema de recompensas 258
insatisfação 222
profissional 247
insegurança 70
inseminação intrauterina 87
inserção
do outro em si 140
social 182
insônia 50, 58, 155
instalações 223, 231
instantaneidade da unidade 125
instituição 186
instrumentos 12, 163
de medida 16
de QVRS 12
específicos 12, 33, 50
genéricos 25, 33
ou de avaliação 12
jurídicos na esfera
Internacional 193
Nacional 193
modulares 12
insuficiência renal crônica 98
integração 221
dinâmica 258
inteligência 147
intensa desorganização psicológica 138
intensidade de sintomas 162
interação(ões) 116, 239
interpessoais 135
progressiva 116
interdição 186
intergrupo 27
International
Ergonomics Association (IEA) 218
Society for
Pharmacoeconomics and Outcomes
Research (ISPOR) 18
Quality of Life
Research (ISOQOL) 17
Studies (ISQOLS) 17
interpretação 30
coletados 30
de relato 25
dos dados 17, 31
sobre QV 31
inter-relação 138
interrupção do hábito 71
intersubjetividades 199
intervalo de confiança 30
intervenção 174
integral 231
terapêutica 156
intragrupo 27
intrínsecos ao trabalho 248
invisibilidade da violência 131
ironia 132
irreversibilidade da doença 138
isolamento social 125

J

julgamentos morais 133
Justiça 185

K

Karnofsky Performance Scale 23

L

Lancashire Quality of Life Profile (LQOLP) 165
lazer 172
legalização 211
legibilidade 223
Legislação Federal em saúde mental 193

lei(s) 187
Maria da Penha 135
Orgânica de Saúde 187
Seca 135
leite
artificial 113
materno 114
lendas 205
lesão(ões) 69, 217
patológica 55
liberdade 191
ligação emocional 116
limite(s) 140, 256
lombalgia 57, 59
lombociatalgia 59
longevidade 211
lucros 255
luto 146

M

machismo 131
mãe 114
manifestação coletiva 201
manipulação corporal 139
manutenção 234
MAPI-Trust Institute 17
máquinas 141, 217
mecanismos 229
de defesa 201
fisiopatológicos 55
medicações 141
medicamentos 62
medicina 194
moderna 199
reprodutiva 86
medida(s) 234
de independência funcional (MIF) 58
de QVRS 15
preventivas 181
medo(s) 139, 145
do futuro 243
meio ambiente 243
metas 221, 233, 263
pessoais e ocupacionais 263
método(s) 257
contraceptivo 85
terapêuticos 26
metodologia de pesquisa 21
ministério
da Previdência Social 126
do Trabalho e Emprego 219
modalidades terapêuticas 143
modelo(s) 163, 185
conceituais sobre QV 22
da expectativa 22
de ajustamento pessoa-ambiente 249
demanda-controle-apoio 230
desenvolvidos 22
exigência-controle 249
hospitalocêntrico 162
integrativo 163
moléstias
crônicas 115
debilitantes 115
incapacitantes 115
infecciosas 113
bacterianas 113
virais 113
mentais 147
moradia 173
morbidade(s) 22, 113, 130
associadas 103
psiquiátrica 32
morrer 144
mortalidade 22
infantil 113
morte 140, 141, 146, 205, 206
cerebral 146, 207
motivação 24, 147, 222, 244
movimentos repetitivos 225
mudança(s) 202, 224
comportamental 74
corporais 143
de humor 50
emocionais 138
sociais 138
organizacional 231
social 220
mulheres 154
multidimensionalidade 7
múltiplas causas 58

N

narcolepsia 51
National Comorbidity Survey-Replication (NCS-R) 153

necessidades 173, 213, 218, 240
  subjetivas 26
nefrologia 97
neoplasia do cólon 35
neuralgia
  do trigêmeo 57, 61
  idiopática 61
neurolépticos 157
nicotina 70, 71
nível(is)
  de consciência 209
  educacional 99, 171
  elevados de estresse 242
  socioeconômico 99
nortriptilina 82
NR 17/Ergonomia 219
nutrição 113
nutricionistas 115

O

obesidade 261
óbitos 130, 132
objetivos 202, 221, 223, 233
obstinação terapêutica 208
operários 248, 256
oportunidades 230, 263
ordem jurídica 186
organização(ões) 185, 220, 237, 260
  da sociedade 131
  do tempo de trabalho 227
  Internacional do Trabalho (OIT) 218
  laboral 234
  Mundial da Saúde (OMS) 85, 129, 153, 237
  Panamericana de Saúde 259
  social e sexual do trabalho 134
ortotanásia 208, 209
Outcome of Depression International Network (ODIN) 153
ovários policísticos 87

P

paciente(s) 149, 197, 207
  depressivos 32
  portadores de LRA 100
padrão(ões)
  culturais 130
  de vida digno 1
papéis sociais 163
parâmetros
  educacionais 51
  interpessoais 51
  profissionais 51
parar de fumar 69
parecer final 210
participação 228, 232
participantes ativos 174
pastilhas 80
Patient
  Generated Index (PGI) 24
  -Reported Outcome and Quality of Life Instruments Database (PROQOLID) 17
  -Reported Outcomes & Drug Marketing Authorizations (PROLabels) 17
peculiaridades 201
pediatras 115
pensamento(s)
  disfuncionais 239, 243
  reflexivo 200
percepção(ões) 7, 11, 22, 154, 212, 221, 260
  da autointegridade 139
  subjetiva de QV 171
perda(s) 142, 146
  concreta 146
  de interesse 155
    e prazer 156
  simbólica 146
perpetuação 205
perseverança 212
personalidade 163
peso corporal 39
pesquisa formal 26
  reflexiva 26
  sistemática 26
pessimista 156
pessoa 249
placebo 156
planejamento
  estratégico 258
planificação 230
poder
  executivo 186
  judiciário 186
  legislativo 186
polissonografia 52

política(s) 258
  de saúde 174
população(ões) 179
  específicas 30
  feminina 67
  geral 30
  idosa 15
posição na vida 22
pós-operatório 147
pós-transplante 143
postura(s) 200, 260
potencial fértil 89, 90
pragmatismo 147
prática(s) 195
  de gerenciamento 262
  periódica 37
preconceito 52
pré-diálise 98
presenteísmo 259, 260
pressão
  diastólica 37
  sistólica 37
pressões das chefias 134
pré-teste 14
pré-transplante 144, 147
princípio da interdependência volume--intensidade 42
pró-atividade 145, 258, 259
procedimento(s) 141
  válido e legal 211
processo(s)
  legal 187
  multifatorial 75
    dinâmico 75
    integrado 75
  sociais 130
  subjetivo de doação 144
produtividade 223, 238, 244, 255, 259, 260
produtos 259
profissionais 141
programa(s) 259
  das Nações Unidas para o Desenvolvimento (PNUD) 1
  de cessação de tabagismo 70
  de gerenciamento de estresse 261
  sistemático 263
projeto(s)
  de orientação sobre sexualidade 106
  terapêuticos 174
prolongamento da vida 209
promoção 180, 194
  de saúde biopsicossocial 237
prontidão 73
propedêutica 87
proporções epidêmicas 56
propriedades
  de medida 13
  psicométricas 12, 15
proteção 190, 194, 222
protocolo 29
psicofarmacologia 162
psicólogos 115, 218
psiconefrologia 103, 105, 150
psicopatogias 103
psicoterapia 156, 250
psicóticos 32
psiquiatra(s) 32, 115
publicações 22

Q

qualidade de vida 1, 21, 67, 90, 99, 129, 234, 237
  digna 211
  no trabalho (QVT) 7, 244, 255
  relacionada à saúde (QVRS) 7, 11, 15, 101
    como indicador de produção de conhecimento 16
qualificação 197
  do trabalhador 133
Quality of Life
  Enjoyment and Satisfation Questionnaire's (Q-LES-Q) 24
  Index 164
  Interview (QLI) 165
  Mental Health Index (QLMHI) 165
  Methods Group pelo Cochrane Collaboration 17
  Scale (QLS) 165
quantidade de sono 49
queixas 226
questões aplicáveis a diversas doenças 12
questionários de avaliação 12
quit day (dia da parada) 81

R

raça 238
racismo 131
radioterapias 89
ráticas inovadoras 202
reabilitação 26, 234
  progressiva 145
  psicossocial 161
reação(ões) 146
  aguda ao estresse 241
  emocionais 138
  individual 163
recaída 157
receptor(es) 138, 142, 143, 144, 148
recompensa 229
  cerebral 123
reconhecimento social 182
recrutamento 263
recuperação 194, 206, 229
recurso(s)
  assistenciais 182
  emocionais 144
  estratégico 258
  humanos 226
  materiais 226
  organizacionais 226
  socioculturais 145
  terapêutico 210
redução da masculinidade 87
reestruturação do trabalho 258
reforma psiquiátrica brasileira 184
reintegração social 162
relação
  empresa-pessoa 245
  empresa-trabalhador 244, 263
  especialista-paciente 108
  médico-paciente 148, 199
  sexual 88
  trabalhador-empresa 255
relacionamento(s)
  do doador com o paciente 144
  interpessoais 248
relações 142, 197
  afetivas 144
  estruturais 147
  familiares e interpessoais 51
  humanas 8
  interpessoais 172, 198, 233
relaxamento 78
relevância pública 186
religiões 205
remédios 261
  estimulantes 51
renascimento 141
reorganização emocional 147
reparações 145
repercussões psíquicas 148
representações
  de imagem corporal 143
  de renascimento e cura 145
  pessoais 109
  psíquicas 144
resistência 43, 191, 240
respiração 78
responsabilidades
  empresariais 195
  governamentais 195
  sociais 195
responsividade (sensibilidade) 13
resposta(s) 239
  adaptativas ao estresse 241
  emocionais 241
  fisiológicas 240
ressarcimento financeiro 150
ressuscitação 206
resultados 25
  efetivos 202
retenção 262
retroalimentação 229
retrotradução ou back-translation (tradução de trás para frente) 14
revisão de um comitê de especialistas 14
revolta 146
Revolução Industrial 256
risco(s)
  de ideação suicida 149
  de morte 69
  de saúde 260
  econômico 248
ritmo 225

S

salário 259, 263
satisfação 24
  vital 233

saúde 1, 5, 22, 129, 140, 197, 200, 237, 243, 256
corporativa 251
emocional 117, 261
integral 137
mental 32, 147, 154, 157, 179, 180, 234, 244
pediátrica 117
infantil 117
pública 97
Schedule for Evaluation of Individual Quality of Life (SEIQoL) 24
Schizophrenia Caregiver Quality of Life Questionnaire (S-CGQoL) 166
sedação paliativa 63
sedentarismo 35, 45, 242
segurança 173, 191, 220, 222, 225, 234
pública 133
seleção de instrumentos 15, 17
Selye, Hans 238
sêmen 89
sensação
negativa 200
positiva 200
sensopercepção 147
sentimento(s) 87, 138, 143
de impotência 141
sequelas físicas 132
serviços 259
de saúde 186
urbanos 194
setor
de Psicologia da Nefrologia da Escola Paulista de Medicina da Universidade Federal de São Paulo (EPM-Unifesp) 100
de Psiconefrologia da EPM-Unifesp 109
sexo 238
síndrome
complexa de dor regional (SCDR) 61
da apneia obstrutiva do sono 52
de *burnout* 243, 245
de desamparo 243
dolorosa crônica 55
do pânico 243
miofascial 56, 59
singularidade biológica 122
sintomas depressivos 88
sintomatologia física e psicológica 23
sistema(s) 145
fisiológicos 240
funcionais 223
nervoso central 240
nervoso simpático 62
neuroendócrino e imune 241
Único de Saúde (SUS) 98
situação(ões) 142
social 130
socioeconômica 238
sobrecarga 225, 243
de trabalho 134
sobrevida 63
sobrevivência 137, 210
social 117
sociedade(s) 4
Brasileira de Nefrologia (SBN) 97
democrática 190
internacionais 17
sofrimento 55, 139, 199, 210
físico 208
psicológico 88, 134
psíquico 203
solidão 144
solução
de problemas 218, 228
sonolência diurna excessiva 51
status
profissionais 247
social 226
stress 238
Subjective Health Status 23
subjetividade 9, 143
substância(s) 122
psicoativa(s) 121, 123
sucesso 208
suicídio(s) 129, 203, 211
superação 207
suporte
familiar 145
psicológico 150

T

tabagismo 67, 242
combate
tamanho da amostra 25
tarefa(s) 229, 230, 233, 245

assistencial 200
tartarato de vareniclina 81
tecido ovariano 86
técnica(s) 257
cognitivo-comportamentais (TCC) 77
combinadas 78
da injeção intracitoplasmática de espermatozoide (ICSI) 85
de fertilização *in vitro* 85
de relaxamento 63
focais 201
tecnologia(s) 137, 202, 208
interdisciplinar 218
tempo 233
de execução 42
de trabalho 227, 262
de vida 140
tendência 245
teoria dos acontecimentos da vida 249
terapia
cognitivo-comportamental (TCC) 89, 157
comportamental 70
de reposição de nicotina 79
de solução de problemas 157
individual breve 261
interpessoal (TIP) 157
renal substitutiva 105
terceiros 210
terminalidade 211
The
On-Line Guide to Quality of Life Assessment (OLGA) 18
US Department of Health and Human Services Food and Drug Administration 17
tipologia do desenho 31
tolerância 50, 200
individual 239
tórax 56
trabalhador(es) 198, 202, 224, 255, 260
trabalho 49, 217, 237, 245, 256
da população brasileira 5
digno 134
noturno 134
transcendência 205
transformação(ões) 195, 206
físicas 138
transplantados 148
transplante(s) 102, 141, 207
intervivos 147
transportes 173
transtorno(s)
de adaptação 241
de humor 32, 154, 161
depressivo 148
graves de personalidade 161
mentais 183
psiquiátrico grave 162
tratamento(s) 261
cognitivo comportamental 51
farmacológico 62, 78
psicofarmacológico do estresse 250
traumatismos 129
treinamento 200
da equipe 29
de habilidades comportamentais 78
tripalium 256
tumores 69

U

unidade(s)
de terapia intensiva (UTI) 207
de trabalho 229
uso de álcool 51
utility (termo relativo à preferência) 12

V

validação 14
validade 13
valores do desvio padrão 30
vareniclina 82
variável(is)
dependentes 25
independente(s) 25, 238
psicológicas 241
vida 140, 208, 218
privada 130
vigilantes 248
vínculos 146
afetivos 145
violações 185
violência 129, 130, 234
autoinfringida 133
doméstica 131
sexual 131

vírus da imunodeficiência humana (HIV) 57
visão subjetiva da QV 32
vitalidade 36
vítima 133
volição 147
vontade de mudar 73

W

World Health Organization Quality of Life 24